中國歷代墨寶

[台湾商务印书馆学术经典]

中国历代思想家

清

(一)

主编:
台湾中华文化总会
王寿南

九州出版社 JIUZHOUPRESS | 全国百佳图书出版单位

出版说明

《中国历代思想家》系由台湾中华文化总会（原名“中华文化复兴运动推行委员会”、“中华文化复兴运动总会”等）与王寿南教授共同担任主编，两岸学者联袂撰写，台湾商务印书馆出版。这套著作对于读者具有很好的参考意义。作为海峡两岸出版交流中心重点引进项目，此次以简体字出版，对文中的古今地名对照、注文体例和文字错误等作了必要的订正，并将原25分册按历史年代合并为先秦、汉、魏晋南北朝、隋唐、宋明、清和现代等凡7种14册。

原版本的卷头语和三篇序言，从不同角度介绍了该书系的出版缘起和有关情况，简体版将其主要内容附于书前。

该书关于中国历代思想家的选取立意及某些作者的观点，我们并不完全认同。但为便于参考研究，仍保留其原貌，在书中加编者注予以说明；个别之处，有所节略，但不改动原书之观点。

九州出版社

卷頭語

二十年前，舊同學王賡武博士來訪，出示其所擬中國四書方面人計劃：時賡武任教於漢文歷史系，為中國史學會長職，同時兼任文化收與指引無數書目及讀書會出版研究會主編，實為勞極一切勤勞，茲其言，乃為後任會副會長，司庫主任出版研究委員會，近年以病，請辭提倡精神，歸功賡武相助。既而不揣計劃，謂可賡於年後為任務，關係密切，而於研究，述了墳圖，並已編撰陳跡，每當向中外學術文

他至受各方之福助，結果我們福助要合乎團
，是否已數出者，未及詳估。因爲其事尚爲問文
改爲稱出者必將以它行更見，時此乙力乃甚
同，並將中至各福助之款力爲函數，當以該各
繼有之草書會協助，使底於成。此書之能訂正也
。時年爲稿也，未計程供實見，因爲此事一字
之新，凡重經定年世界各國記來也。
三年以來，自始至日，爲繼承各家意見，爲
檢驗改革草書，以至繼稿校定。世界因爲前一
右任之，不辭勞苦也，厥功至偉。茲已並稿集刻

《中国历代思想家》更新版序

王寿南

《中国历代思想家》一书于一九七八年六月初版问世，颇受社会各界的好评，并获得一九七九年“金鼎奖”，在各大学中的文、史、哲各系师生常以本书作为教学与研究的重要参考书。

《中国历代思想家》原本包含自古至今的重要思想家一百人，出版后，即有学界友人询问何以仍遗漏一些在中国思想史上占有一席之地的人物，其实，在最初选录的思想家名单不止一百人，但约稿之时，苦于难觅适当撰稿人，有些重要的思想家，只好从缺，当然我心中一直感到遗憾，总想加以增补。同时，自一九七八年以后的十几年间，若干当代大师级的思想家（如牟宗三、冯友兰、钱穆、陈大齐等）先后逝世，自应将他们纳入本书之内。基于上述两个因素，近十年来在我内心中一直盘算着如何对本书进行增订。

一九九五年七月，我向中华文化复兴运动总会秘书长黄石城先生表示希望该会能支持本书的增订工作，我也提出了一份增订《中国历代思想家》计划草案，黄秘书长回函同意，愿支付增补部分的稿费和审查费。本书的出版发行者是台湾商务印书馆，如果增补，则原来的版本必要废弃，重新排印，费用亦甚可观，幸蒙该馆总经理张连生先生慨然应允重排更新版书稿。在黄秘书长和张总经理的支持下，我开始进行增补工作，感谢海峡两岸学术文化交流的开放，让我能邀约到几位大陆的学者参与撰稿，使本书的增补工作进行顺利。

本书增订工作从一九九六年一月开始，九七年三月完成集稿，计增加思想家十九人：吕不韦、寇谦之、杜光庭、陈献章、李贽、刘宗周、惠栋、阮元、包世臣、胡礼垣、欧阳竟无、马一浮、陈大齐、梁漱溟、钱穆、冯友兰、方东美、唐君毅、牟宗三。

本书更新版能够问世，更感谢中华文化复兴运动总会和台湾商务印书馆的支持，也更感谢新增十九篇文章的作者们。

王寿南谨识

一九九八年七月二十日

于政治大学历史系

《中国历代思想家》序

谷风翔

自周公、老子、孔子以还，二三千年间，中国之学术思想成为一股巨流，思想家辈出，无代无之，成为中华文化发展之指导，亦蔚为中国文化史中奇观景象之一。中华文化能长流不竭，久而弥新，历代思想家为文化而奉献之智慧与心力，乃为一重要之因素。近年来，出版界日趋繁荣，坊间虽有二三种中国思想史之专书，然似嫌偏于艰深，作为大学专门参考书则可，一般人却未必有阅读之兴趣，时下青年学生往往熟读尼采、罗索之言，对董仲舒、王船山之学说则懵然无知，往往高谈存在主义、社会主义，对老庄哲学、知行学说则毫未涉猎，此种现象极可忧虑，盖不能了解中国学术思想之演变，则容易对传统文化产生误解，由误解容易进而为盲目之反对，因此，为使人们对中国学术思想之演变有较深入之认识以坚固其对中国文化之信心，本会遂着手编撰本书，选择历代重要之思想家一百人，介绍其生平、思想、著作与影响。中国历史悠久，思想家之人数何止一百，本书由于篇幅所限，仅能选择一百人，然则何人应该入选，见仁见智，常有不同，本书一百位思想家之名单系本会与数位学者专家一再研究而后确定者，读者先生如对本书所选之思想家名单有异议，尚请赐教为幸。

本书编撰之目的，在向广大之社会人士提供一套可读性较高之中国思想史，同时，亦提供有志研究中国学术思想之中外学者一项入门导引，因此，本书文体采用语体文，以深入浅出之叙述使读者易于接受。

本书之编撰工作始于一九七四年九月，历时三年余而完成，本书系由本会主编，然实负其责者乃本会学术研究出版促进委员会兼任执行秘书王寿南教授，本书之作者多达七十九人，集稿工作，殊非易事，三年而成三百余万言之巨构，在文化复兴运动之历程中，当能留下一笔光彩之痕迹。

本书由于字数庞大，负担之稿费甚巨，本会经费拮据，实有不胜负荷之感，幸蒙中山文化基金会董事长兼本会副会长王云五先生慷慨应允由中山文化基金会拨款新台币六十万元，以为支持，遂使本书得以完成，本人谨代表本会向中山基金会暨王云五先生致深挚之谢意。

文化复兴工作千头万绪，决非本会所能独任，愿人人以复兴中华文化为己任，则我民族文化之前途必光明灿烂也。

谷凤翔谨识

一九七七年十二月二十三日

于中华文化复兴运动推行委员会

《中国历代思想家》序

王寿南

中国是一个文化源流久远的古国，中国文化的能久能远，其基本的原因是中国学术思想的发达，给予中国人在政治、社会及人生观各方面极大的启示和引导。中国文化能够历久而弥新，便是历代的思想家不断有创新与发明，给中国文化不断地注入活力的缘故。

梁启超先生在《中国学术思想变迁之大势》中把中国学术思想的发展划分为七个时期："一、胚胎时代，春秋以前是也；二、全盛时代，春秋末及战国是也；三、儒学统一时代，两汉是也；四、老学时代，魏晋是也；五、佛学时代，南北朝唐是也；六、儒佛混合时代，宋元明是也；七、衰落时代，近二百五十年是也；八、复兴时代，今日是也。"梁任公的分期大致能为一般人所接受，梁任公所说的衰落时代即指清代，而复兴时代便指清末以至今日。

纵观中国学术思想发展的大势，春秋战国、宋明、清末以后为三个兴盛的高峰，这三个高峰的造成有其共同的因素，便是中国人的生存环境（物质的与精神的）受到了严重的威胁而产生自救性的觉醒，这种自救性的觉醒使中国文化增加活力而得以继续生存下去，所表现出来的便是思想界结出了许多光辉灿烂的花朵。

本书编撰的目的是要介绍历代有重要贡献的思想家的生平、思想和影响，希望这份"整理"传统文化的工作，对目前正在推行的中华文化复兴运动有所帮助。

本书的编撰构想和策划从一九七四年夏开始，我首先向前辈学者王云五先生、钱穆先生、屈万里先生、萨孟武先生、沈刚伯先生等请教，诸位前辈先生对编撰方针、思想家人选、撰写体例，都提供了不少宝贵的意见，使本书得以顺利开始拟订体例。

本书要求以浅显的白话文撰写，都是希望本书成为一部人人能读、愿读的思想史。我从许多年前便提倡“学术通俗化”，呼吁学术走出古代士大夫的象牙之塔，应该对社会大众作更多的影响。中国是一个文明古国，学术思想一向受到世人的重视，可是，我们一般民众和学生却很少对我国的学术思想有较深入的了解，中学课程里虽然选读《论语》、《孟子》，但却很少学生能够畅述孔孟的思想，这是因为教科书所选的是文言文，学生背诵的目的在应付考试，其中思想的精义并没有溶入脑海，所以，背诵古人的名著虽多，却只当作文学作品去欣赏，不能影响观念，本书的力求通俗化，便是希望以通俗的方式，将中国的学术思想介绍给社会大众，使社会大众易于接受。

本书的约稿工作从一九七四年九月开始。每篇文稿交来以后，都要另请一位专家学者予以审阅，应邀担任本书审阅工作的有屈万里先生、萨孟武先生、陶希圣先生、林尹先生、严灵峰先生、陈立夫先生、高明先生、胡秋原先生、程文熙先生、沈云龙先生、何佑森先生、魏汝霖先生、龙宇纯先生、杨树藩先生、周何先生、贺凌虚先生、王尔敏先生、张朋园先生、陆宝千先生、张曼涛先生、陈鼓应先生、何启民先生、吕实强先生、陈新雄先生、李云汉先生、蒋永敬先生、黄锦鋐先生、张玉法先生、黄清连先生、李世杰先生、洪金富先生和印顺、慧岳、晓云三位法师，我在此特别向各位审阅先生致谢。

本书是由中华文化复兴运动推行委员会主编，文复会副会长王云五先生和秘书长谷凤翔先生对本书的编写给予全力的支持，才使本书得以出版。文复会副会长王岫庐（云五）先生是中国出版界的拓垦者，数十年来，一直都是中国文化园地中辛勤工作的园丁，岫庐先生是我最敬爱的老师，他兼任中山学术文化基金会的董事长和商务印书馆的董事长，为了支持本书的编写和出版，岫庐师特别指示中山学术文化基金会拨付六十万元作为本书的稿费，不足之数由文复会负担，本书的出版工作则由商务印书馆负责。本书的能够出版，可说是岫庐师和岐山先生的支助所赐，我愿意在此向岫庐师和谷先生致最高的敬意和谢意。

本书的作者都是饱学之士，他们在学术上的成就毋庸详介，他们肯为本书撰写通俗化的文章，我十分感激，本书如果能得到社会的重视，实在是他们的心血所换来的。

本书的出版是学术通俗化的一项尝试，也是为文化复兴工作尽知识分子的力量。本书的缺点在所难免，我诚恳地希望读者先生们给予指教。

王寿南谨识

一九七七年十一月二十日

于政治大学历史系

目　录

黄宗羲

许锬辉　著

目　录

一、传略

1. 家世

黄宗羲，字太冲，又字德冰，号南雷，又号梨洲，浙江绍兴府余姚县黄竹埔（浙江省余姚县）人，学者称梨洲先生。生于明神宗万历三十八年八月，卒于清圣祖康熙三十四年七月（公元一六一〇——一六九五年），年八十六岁，卒后门人私谥为文孝。

梨洲父名尊素，万历四十四年（一六一六年）进士，是东林党领袖之一。天启年间，任都御史，为人正直，与杨涟、左光斗、魏大中等人，志同道合，交往很密，当时宦官魏忠贤的势力日益张大，尊素和杨左诸公，日论朝事，每至深夜，梨洲随侍在侧，对朝政的清浊，因而有进一步的了解，后来尊素曾因三次弹劾魏忠贤，终为忠贤所害，死于狱中，福王时，追谥忠端。

梨洲母姚氏，知书达礼，明辨时政是非，尊素系狱，每夜向北斗祈拜，并上书朝廷，请求代死，崇祯即位，诰封夫人，梨洲出生时，曾梦见麒麟，所以梨洲的乳名为麟。

梨洲年最长，有弟四人——宗炎、宗会、宗辕、宗彝。而宗炎、宗会都有异才，梨洲亲自教导他们，当时学者称为浙东三黄。

2. 生平事略

·少年时期——党锢时期

梨洲生而貌异，略有口吃，八岁时，父忠端公任宁国府推官，梨洲随往，十三岁回余姚应绍兴童子试。十四岁补仁和博士弟子员。那年秋天，随父至京城，梨洲在京邸，好读书，而不墨守章句。忠端公督促他学习应考科举的课业，梨洲在功课之余，私下买些小说野史阅读，忠端公并不反对，以为如此足以启发他的智慧。

天启五年（一六二五年）三月，忠端公因弹劾魏忠贤，被削去官籍，回归故里，梨洲时年十六。同年十二月，梨洲与同县按察使叶六桐之女结婚，叶氏治家贤能，事亲至孝，梨洲深为赞许。明年三月，忠端公与高攀龙、周顺昌、周起元、缪昌期、周宗达、李应升等人，先后被捕，梨洲送父至郡城，刘宗周也前来送别，于是忠端公命梨洲随宗周求学，闰六月，忠端公受酷刑死于狱中。

崇祯元年（一六二八年），梨洲年十九，袖中暗藏铁椎，写了一份奏疏，进京替父申冤，时魏忠贤已死，梨洲上疏奏请诛杀阉党曹钦程、李实、许显纯、崔应元等人，这些都是受魏忠贤之命，陷害东林党人的。朝廷下旨交刑部审讯。五月，会审逆党，在公庭对簿时，梨洲用铁椎把许显纯打得流血满身。又殴打崔应元，并拔下他的须发，后烧之祭于忠端公灵前。又与周宗达之子延祚等，以捶击毙虐待他们父亲的狱卒叶咨、颜文仲。崇祯叹为“忠臣孤子”，没有追究他伤人之罪。朝廷终于判了曹钦程等人的罪，当日忠端公等人被逆党陷害的冤情终于大白，于是梨洲偕同受害各家子弟，在监狱门前设祭，痛哭不已，见者莫不深为感动。梨洲把受害各家子弟，依照各人的爵里年龄，编成《同难录》，和他们结为朋友，其中交往最密的，是周茂兰（顺昌之子）。

父冤既伸，梨洲便离京回归家乡，日夜勤读。当时刘宗周在蕺山（今浙江绍兴市东北）讲学，梨洲遵忠端公遗命，前往蕺山随刘宗周求学，并且约了六十多人，一起前去。当日浙江一带的风气，承周汝登的遗绪，喜将佛学来附会儒家思想，王阳明倡导的姚江学派，明揭致良知的学说，几乎被毁弃，只有刘宗周守阳明之学，以慎独为宗旨，力排这种援佛入儒的异说，梨洲等人从宗周为学，也都能秉承师说，重气节而尚操守，个个都道德高超，名重一时。

忠端公被捕之时，曾对梨洲说：读书人不可不通晓史事，应该先读《献征录》。梨洲随宗周求学，并未忘却父亲遗训，一面学制义，准备应考，一面研读史书，探求经世致用之学，他先读明代十三朝实录，然后又读二十一史，无不专心精研，每日朱笔圈点一本，黎明即起，到夜深鸡鸣才休息，如此花了二年时间，便圈读完毕。崇祯三年（一六三〇年），梨洲应南京解试，榜发落第。于是他觉得科举考试只是求取功名的阶梯，无关真才实学。而且科举考试限制了个人的思想，所以他在日后一直不忘改革科举之事，他在《明夷待访录》中，便提出了许多改革科举制度的办法。

·青年时期——结社时期

梨洲的青年时期，正是他从事结社活动最活跃的时候。明末，结社之风很盛，其中组织最大、影响最深的，便是“复社”。天启年间，张溥、陈贞慧等人，继承东林遗风，再度组织“应社”。崇祯时，又集合南北文社中人，在吴县继东林讲学，称为“复社”，取兴复绝学之意。当时浙中应和的人很多，冯元扬、元飙兄弟二人，率同浙江才彦以及子弟多人，前来参加。又陆文虎、万履安以及梨洲兄弟三人，也都响应参加了复社。崇祯三年（一六三〇年），梨洲年二十一，前往南都（今江苏南京），正好南方各社举行大会，周仲驭便邀梨洲入社，何乔远也邀梨洲入诗社，而与南方词人汪逸、林友度、黄居中、林云凤、闵景贤等人相交很深。崇祯十一年（一六三八年），梨洲年二十九，遍游大江南北，当时朝廷起用马士英为凤阳都督，士英以阮大铖为援手，并勾结宦官，势力日益张大。不久，流寇进逼安徽，阮大铖避居南京，招纳一批亡命之徒，成天谈兵说剑，想借此引起朝廷的注意而召用他，他估量复社诸人，年轻有为，日后必能出人头地，显居高位。而且阮大铖当初曾拜认魏忠贤为义父，攻击东林党人。魏忠贤事败，他又转而上疏弹劾忠贤，但仍被朝廷定入逆案，削去官职，他心想：唯有东林遗族子弟对他容恕，才能洗刷他定在逆案中的罪名。因此极力笼络复社诸人的感情，然而复社中的名流，像顾杲、杨廷枢、沈士柱、梨洲等人，都深恶阮大铖的为人。不久，传闻阮大铖将以边才起用，复社诸人便写了一篇《南都防乱揭》，揭发阮大铖的罪行。由陈贞慧、吴次尾二人起草，署名的有一百四十二人，大都是梨洲的朋友，于是公推顾杲居首名，梨洲居次。梨洲又与当日被魏忠贤陷害诸人的子弟，大会桃叶渡，声讨阮大铖的罪状。大铖心中既惧怕，又恨怒，处心积虑伺机报复。不久，弘光帝即位，阮大铖与凤阳都督马士英定策有功，再居高官，便勾结宦官，向弘光帝进谗言，说复社诸人是东林余孽，议论活动不利于朝廷，将《防乱揭》中署名诸人，编成一份名册，名为《蝗蝻录》，计划兴起大狱，把他们一网打尽，梨洲和顾杲先后被捕下狱，幸好清兵攻破南都，梨洲便仓皇逃回家乡。

梨洲二十四五岁时，曾在杭州南屏山下读书，与张歧然同学，张歧然在杭州曾组织读书社，又吴梦寅在石门组织“澄社”，梨洲都曾参加，但对于结社只讲求虚文，不求实事的做法，很不以为然。后来他在鄞县举行讲经会，由讲文而读经，讲学以经史为依归，力求实事求是，不尚虚文，便是有鉴于结社诸友不求实事的弊病，才如此做的。

·壮年时期——复国运动时期

梨洲的壮年，从事复国运动，不遗余力。崇祯十七年（一六四四年），梨洲年三十五。李自成攻陷北京，崇祯殉难。不久，清兵入据北京，弘光帝即位南京，马士英、阮大铖当政，朝政纷乱。五月，清兵南下，南京不守，弘光帝被执遇难。接着嘉定、苏州相继失守，清兵所至，屠杀无辜。当时两浙遗臣义士，风起云涌，先后奋起抗清，九江道佥事孙嘉绩，吏部都给事中熊汝霖同起兵余姚，同年闰六月十八日，派遣举人张煌言赴台州，迎请鲁王监国。同时定海总兵王之仁、方国安等，也先后来归，浙东声势大振。二十八日，鲁王至绍兴即监国位，下令东自固陵，西至萧山，列兵钱塘江上，画地戍守。梨洲兄弟也募集了同乡子弟五、六百人，徒步前来江边，担任沿江防守，当时号称世忠营。于是清兵南下之势便缓了下来。当初孙、熊二人迎立鲁王时，由于自己是书生，不懂兵事，便请王之仁、方国安二人前来相助，而将原有营兵卫军，都交由方、王二人指挥。而招募来的地方兵，则由自己率领。不料方、王二人专横跋扈，蔑视孙、熊二人是书生，不知用兵，彼此为了分饷争兵的事，争执不已，并将熊、孙二人辛苦编练的义兵精锐，尽行并吞。而孙、熊二军，又因粮饷不给，众心涣散，正好梨洲率子弟兵前来，孙、熊便把所属残余军队，交付梨洲指挥，于是与余姚知县王仲㧑的军队合并，得三千人，梨洲曾向王之仁建议，划江而守，只能苟安一时，根本之计，自应进攻浙西，规复南京。然而王之仁不用其言，梨洲只好率所属三千人，渡海进攻浙西。鲁王监国元年（一六四六年），梨洲率兵攻陷海宁，驻军乍浦，正准备分掠海盐、平湖，进入太湖，召集吴中豪杰，而清兵突破钱塘江，方国安与马士英、阮大铖不加抵抗，列军投降。方、马至清营，被杀。阮从征福建，过仙霞岭，坠马而死。王之仁也战死，全师溃散。于是鲁王由江门出海，梨洲在浙西闻报，急回师余姚，已无可收拾，所属义兵多系近乡人，便暂行遣散了二千多人，余下五百人愿随军效忠，梨洲率领他们退守四明山，驻军杖锡寺。梨洲计划先结寨固守，然后再作渡海进攻的打算，自己准备先微服访查鲁王下落，临行时，嘱咐属下汪涵、茅瀚二人，多与山民联络，才可从事复兴大业。但二人不听梨洲约束，在近村征粮，触怒山民，于是山民相约数千人，乘二人不备，夜半焚烧杖锡寺，士卒睡梦中逃出，都被打死，汪茅二人也被烧死了。

梨洲自四明事败后，清兵追捕甚急，便回乡将太夫人及家小安顿在化安山忠端公的墓舍，自己另择深山一处，结庐独居，研究象数历学。鲁王监国四年（清顺治六年，一六四九年），梨洲访知鲁王在福建沙埕，便从宁波浮海，前往鲁王行朝，鲁王任他为左副都御史。梨洲暇时，每日与尚书吴钟峦，对坐舟中，推算授时、泰西、回回三历，或相与唱和赋诗。时清廷对于追随南明，在海山抗清的人，下令由地方政府查报眷口，准备逮捕他们的家属，作为人质，促使他们归降清廷。梨洲便向鲁王陈情，更换名姓，潜回家乡，探望太夫人。当时立寨而守的，还有冯京第、王翊二人。王翊驻军大岚山，冯京第结寨杜奥山，遥相接应，兵势颇盛，有冯家军、王家军之称。鲁王监国六年（一六五一年），清兵谋攻舟山，恐王冯二人援击其后，就一面集结兵力，由奉化、余姚、上虞，进攻四明山，一面采怀柔政策，以高官厚禄为饵，向义兵招降，贪利之徒，相继归附清廷，于是王冯二人的军队溃散，二人也被俘成仁了，梨洲恐舟山无备，便派人入海告警，未至而舟山已陷落。于是清兵追捕，梨洲甚急，梨洲恐在家乡一隅，终会有被捕的危险，便远离家乡，居无定所，过着流亡的生活。

·老年时期——授学著述时期

梨洲从事复国的运动没有成功，在清廷追捕之下，在外到处流浪，匆匆过了十多年。当时南明最后一代永明王已亡，吴三桂之反也已敉平，清廷统治了中国，对梨洲这位书生，一来年老锐气已消，不必担心他再造反，二来因他在文史方面的造诣有相当地位和声誉，虽无明令赦免，却已默容，不再追究旧事，梨洲遂得重返家园，定居下来，从事讲学和著述的工作。

当浙东结社风气正盛之时，梨洲曾参与其事，见结社诸人只务虚文，不尚实事，颇不以为然。后来在鄞县、海宁、石门等处，从事讲学。当时鄞县的子弟，如万斯大、万斯同、陈锡嘏、范光阳等三十多人，都在梨洲门下受学。其中最著名的是万斯同兄弟，直接得梨洲治史方面的传授。清康熙六年（一六六七年）梨洲年五十八，又在绍兴主讲证人书院，这是他老师刘宗周往年讲学的地方，宗周去世之后，已虚席二十多年，现在梨洲又在此讲学，尽力阐扬其师的学说。又在海昌北寺、宁波延震寺主持讲经会，以两年时间，讲毕《易经》和三《礼》，四方学子纷纷前往余姚入门受业。此时，清廷以梨洲饱学博闻，有意起用他，而绍兴知府先聘他纂修郡志，梨洲去信婉辞不就。接着浙江督抚又请他主修省志，他也婉言谢绝了。康熙十七年（一六七八年），梨洲年六十九，清廷征博学鸿儒，大学士叶方蔼荐举梨洲，已移文吏部，因梨洲去信在京城的弟子陈怡庭，向当道陈明自己安贫读书的心志，极力婉辞而作罢。康熙十八年（一六七九年），叶方蔼、徐元文奉诏监修《明史》，想征梨洲同修《明史》，梨洲推辞不就，只好改征梨洲的弟子万斯同。康熙十九年（一六八〇年），叶、徐二人又想征梨洲为顾问，向康熙帝奏荐，下旨令督抚以重礼敦聘，梨洲仍是以老病为理由，坚持不就，徐、叶二人知梨洲无意功名，不受征召，便又建议朝廷，敕令浙江督抚派人把梨洲所著有关史事的著作，抄送入京。梨洲心想前朝忠义事迹，湮灭已久，正可借此机会加以表彰，便应允浙江督抚的请求，让他派了书吏数十人，到家誊抄所辑《明史》二百四十四卷，以及其他有关史事的文献，梨洲顺便把母亲《姚太夫人事略》，也一并移送史馆。康熙二十九年（一六九〇年），梨洲八十一，康熙帝又命尚书徐干学召梨洲至京城，并声明不任以职事，干学奏称梨洲已老病，恕不能就道，康熙只好感叹人才的难得而作罢，从此不再有征召之议。

梨洲在讲学之余，更从事著作，如《明儒学案》、《明文海》、《今水经》等书，都是晚年完成的。梨洲的著述，取材很广，把家中藏书搬出来阅读，还嫌不够，又向同里钮石溪、祁承业、黄居中、范钦、钱谦益等藏书家中借了书来钞缮，其晚年用功之勤如此。

梨洲生前在父亲忠端公墓旁山麓，挖掘一个大穴，用石块砌成圆拱形的穴顶，中间放置石椁，作为生圹。死前自己写了一篇《末命篇》，遗命死后用棕棚把他的遗体抬至圹中，只要一被一褥，不得增加。不可用纸块钱串，凡世俗折斋做七之事，一概免除。友人来吊时，银钱香烛尽行谢却，如有相交至友，愿在他坟前种五株梅树，他会感激不尽，要子孙代他稽首致谢。明亡之后，梨洲不能再穿戴明代衣冠，又不愿穿着清人规定的长衫马褂、瓜皮小帽，便仿照古制，穿戴角巾（晋代处士所戴帽子），深衣（古代大袖宽身的庶人吉服），以示他不事异族，不随流俗之意。梨洲死后，家人遵照遗嘱，把他安葬在石椁中，并把梨洲生前穿戴的角巾、深衣一并殉葬。梨洲所以要遗嘱葬仪用石椁，而不用棺木，是因为梨洲身遭家国之痛，希望死后遗体早些腐朽，只是梨洲并未明言此意，由这些小事，也可见梨洲高风亮节的一斑了。

二、学术思想

1. 时代背景

·学术思潮

清代学术思想，和明代大异其趣。一般说来，清代是两汉经学的复兴，注重文字、训诂、校勘与考订，有朴学之称。明代则是两宋理学的延续，注重义理和心性的阐发。

明代的学术思潮，可说是朱熹和陆象山二派学说的交互消长，初期在成化以前一百年间，学者注重修身工夫，以穷理为目标，这一期的学者，为学笃实，偏于“道问学”，以朱派学说为主流，曹端、王恕为其代表，中期自弘治至万历一百年间，学者注重参悟，以透性为宗旨，这一期的学者，专讲本体、为学崇尚高明，偏于“尊德性”，以陆派学说为主流，而以王阳明为其代表。自阳明以致良知之说，崛起姚江，门徒极盛，对明代学术影响很大。只是阳明之学到了末流，王艮、罗汝芳等人，侈言心学，流于空疏，而罗念庵静坐习禅，阅读《楞严经》，逃儒而入佛，颇受到后世的批评。晚期自万历至天启五十年间，学者又由本体之说回到笃实的修身工夫，而以东林学派的高攀龙、钱一本为代表，可说是朱派学说的复兴。他们以理学而兼言政治，合学术与政治为一流。对于理学则选择了讲求笃实穷理的朱学一派，对于陈白沙、王阳明的学说，加以轻视和讥评，他们批评白沙之学，由静坐入手、有类禅学。阳明之学侈言心性，空疏无实用。他们认为明代学风的崇尚心性，流于高明，使国家积弱，导致清人入关的后果。明末自天启以后，学者深受东林诸人讲求笃实，不尚空言的影响，于是顾炎武提出了经学即理学，根本否定理学的独立，认为学者舍弃经学，独言理学，趋尚高明，不务笃实，才会有清人入关的悲剧发生。而梨洲则注重学术史的阐述，从事于宋元明三代学者学术思想的研究，创立了“学案”体。他希望从历代学术思想的研究中，发现各家学说的得失，以及其对于社会国家兴亡的影响。他力主史学才是笃实有用之学，而开启了清代征实之学的风气。

·政治背景

明代自洪武十三年（一三八〇年），右相胡惟庸谋反以后，太祖以宰相弄权，可以篡夺王位，竟废除中书省，以六部直辖皇帝。于是一切大权均归君主独裁。明室为厉行专制，一面废去宰相，一面又广事封建。太祖二十六子，除太子及生而即殇的皇子楠以外，其余二十四人无不封王。绝对王权由是确立。在绝对王权之下，明代却又内政凋敝，弄得民不聊生，怨声四起。明代的敝政，要而言之，约有三件：第一是吏事之弊。贪污风气厉行，至于永乐年间，已是贪官污吏遍布内外，剥削及于骨髓。加以上下壅蔽，世宗、神宗不理朝政，竟达二十余年，大权旁落，朝政大乱。第二是兵制之弊。嘉靖以后，由于用兵边境，数度增加赋税，作为军饷。以有限的钱财，去养一批无用的军队，弄得边境不能安定，人民生活困穷已极。第三是田赋之弊。明代田赋极不公平，有钱人家拥有三四百亩田产，却不须负担分厘的赋税，穷苦人家田产没有收成，却要负担百十亩的重税。

在君权的高压、贪官污吏的鱼肉之下，人民生活穷困至极。在此情形之下，思想学术、社会风气，无不趋于腐败之境，多数士子沉溺于科举之中，如痴如狂，且又谄媚结附，全无廉耻。

清人入关以后，以异族入主中国。开国之初，便兼施高压和怀柔政策。一方面兴起多次文字狱，对汉人民族思想与言论，力加控制；一方面开博学鸿儒科，来笼络士子。康熙在位，极力奖掖程朱之学，先后刊定《性理大全》、《朱子全书》等书，特命朱子配祀十哲之列。究其用意，只是在消除士人故国山河之思，而效忠于清廷。但是明末遗民，出为清官的，仍是少数。大多数的人，在清廷初入关时，都曾从事抗清的运动。后来见事不可为，便又归隐山林，从事讲学，埋首著作，借此阐扬我国传统文化，振奋民族精神，深植反清复明的种子，以待后之来者。而黄梨洲、顾炎武、方以智、陆世仪等人，表现最特出，影响后世最大。

2. 学术渊源

梨洲之学，以阳明为根柢，这是他思想的重心所在。阳明之学的重点，即在于“致良知”。良知即是理性，致良知亦即自觉人格尊严，保持良心自由，而把理性表现在日常言行中，运用在事事物物上。而要致良知，首在立志，去私欲之蔽，立圣贤之志。其次，致良知不只是静坐读书而已，必须致良知于事事物物，亦即知与行要合一，才有效果可言。总之，阳明之学在教人本自由思想，求实事求是。梨洲一生治学，最重实证，为文取诸事实，不凭传闻，这一点可说是深受阳明的影响。

梨洲之父忠端公，是东林名士，梨洲本人则是刘宗周的门人。所以梨洲的学术思想，与东林学者以及业师刘蕺山有很深的渊源。

宋代杨时曾在无锡创立东林书院，授徒讲学，后来东林书院日久失修，已不为世人所知。到了明代万历年间，顾宪成、允成兄弟，与同里高攀龙，把东林书院重加整修，并在此授徒讲学。在讲学中，常对当时朝政有所讽议，对朝中大官有所讥评。当时士大夫闻风响应，前往讲学听道的人很多，时人称之为东林党。东林党人既对朝政时加评论，而当时正是魏忠贤掌权乱政，对于东林党人甚为顾忌，于是伺机搜捕东林党人，党人被陷害而死的很多，魏阉又著《东林党人榜》颁示天下，在官的削除官籍，禁锢终身，不得为官。已死的，也都追夺官爵，由此而被削夺禁锢的，计有三百零九人。

东林讲学的宗旨有二：第一是矫挽王阳明心性之学的末流。宋明理学到阳明提出致良知之学说，已可说是达到极点，此后王畿、王艮、聂豹、穆孔晖等人，承阳明之学而流于禅学。王畿提出四无之说，以为正心是先天之学，诚意是后天之学，从心上立根，无善无恶之心即是无善无恶之意。聂豹则以归寂为宗，已渐流于空言，所以东林学者起而力加抨击，而梨洲之师刘宗周在这方面表现最积极。宗周之学在慎独二字，梨洲在《先师蕺山先生文集序》，一开头便明揭“先师之学在慎独”，在《子刘子行状》一文，他又阐发其师慎独的要旨，以为宗周之学始从主敬入门，中年专于慎独工夫。慎则敬、敬则诚，故慎独须用静存工夫，静存之外不为功。梨洲早年从学宗周，到了晚年回到浙东讲学，极力阐扬其师慎独的遗教。东林讲学的第二宗旨，是评议政治是非。明代自万历以后，朝纲已坏，阉党执权，势力日大，忧时之士对此深表不满。东林学者既创此清议风气，四方就纷纷响应了。要之，东林精神在于分黑白，明是非，肯做忤时抗俗之事，不畏祸害，不怕损名，不肯与阉党同流合污。梨洲幼承庭训，父执辈又都是东林名士，在此环境熏陶之下，对于他思想与人格的形成，自然有很大的影响。

梨洲业师刘宗周，是万历二十九年进士，授行人的官，他见阉党肆意迫害东林学者，于是上疏说东林学者多是君子，不应加以随便弹射，并劾举魏忠贤的乱政害国，后来朝廷起用他，他都力辞，最后朝廷认为他矫情厌世，便把他革职为民。宗周讲学以慎独为宗旨，毕生行事，在于纠政事的得失，做国家的诤臣。崇祯即位，又起用他为顺天府尹，宗周为人耿直，当时崇祯对朝臣，曾怀疑他们谋国不忠，而稍稍亲近太监，宗周便直言上谏，要崇祯开诚布公，共度国难。把亲近内臣的心去亲近外臣，把看重武官的心去看重文官，太平基业才能一举而定。宗周又曾上《祈天永命疏》，建议崇祯减省刑罚、赋敛。崇祯认为迂阔之论，没有接纳。但经三思后，又降旨召宗周入文华殿，询问人才、粮饷、流寇三事，宗周都有简要的见解，崇祯虽然认为是迂阔之言，但仍举用他为工部左侍郎，并曾临朝感叹说：刘某清廉守法，敢于直言，朝廷群臣没有人能赶得上他的。

梨洲跟随宗周求学，亲见宗周奋不顾身，为国诤谏的情形，深受其影响，在他所著《明夷待访录》中，充分表现了批评的精神，对于朝政的缺失以及君权的专制，都不加保留地予以抨击。崇祯十七年，京师沦陷，崇祯殉难，宗周徒步荷戈，来到杭州，要巡抚黄鸣骏发兵讨贼。不久福王监国南京，宗周又转而从事抗清之举。弘光元年五月，福王遇害。六月，潞王降清，宗周乃绝食而死。梨洲在宗周死后，继而奋起，主持抗清的运动。事败之后，清廷追捕甚急，他便远离家乡，在外过了近二十年的流亡生活，晚年，清廷不究往事，他又回到绍兴，在他业师刘蕺山当年讲学处——证人书院，授徒讲学，阐扬其师“慎独”的学说宗旨。由此可知，梨洲不仅在学术上承袭了师说，而且也在行动上实践了师教。

3. 治学方法

梨洲治学的方法，与他的学术渊源关系密切。换言之，梨洲治学的态度，深受阳明及忠端公、刘宗周的影响。梨洲治学的方法，要而言之，有下列三点：

·六经为本

梨洲鉴于明代学者讲学之失，在于袭取语录的糟粕，而不以六经为根柢，把经书束之高阁，而专务游谈，放言心性，终流于空疏无用。明末的积弱，未始不是此种清谈风气所造成的。他认为经学是一切学术之本，所以他教学生，乃先从穷经入手，而经学之中，又以礼学为要，先王所言修己治人之道，莫不归本于礼。梨洲晚年在宁波延震寺主持讲经会，以两年时间讲毕三《礼》，他对礼学的重视，于此可见。

·博学于文

明末学者受宋明理学家的影响，注重义理，多讲心性，往往离开书本，闭门冥思。梨洲以为如此治学，耗用工夫而不切实用。所以他一生对于静坐参悟一类的工夫，绝不提倡，而教人治学从读书着手，他认为读书不多，无以证斯理之变化。他在讲学之时，旁及诸家之说，旨在博学详说以集其成。他自己一生也是无日不读书，到晚年读书更为勤奋，把家中藏书读尽，还嫌不够，又向同乡钮石溪、钱谦益等藏书家借书阅读，他的著作旁征博引，上及天文历算，下及地理音乐，无所不通，这都是他一生博学之功。清儒阎若璩曾说：“海内博而能精，上下五百年，纵横一万里，仅有三人，即钱牧斋、顾亭林、黄梨洲”。阎氏的话实非过言。

·学行合一

梨洲之学以阳明为根柢。阳明之学的重点在致良知。梨洲对阳明“致良知”之说，有所阐发。他以为“致”即是行，只有行才能救当时学者那种空疏穷理在“知”上讨个分晓的缺失。梨洲一生无日不读书，也无日不做事，他一生即在实践他的“行的哲学”。他一面鼓励学生要多读书，以证斯理之变化；一面又提醒学生读书多而不求于心，就不免流为俗学。“求于心”也就是实践之意，与孔子所言“学而优则仕，仕而优则学”，用意相同，都是教学生把所学在行中得其验证，使学与行合一，钱穆先生谓梨洲论学和亭林不同。亭林主张博学于文，行己有耻，是把“学”与“行”分为两橛，博学是一事，行己又为一事。梨洲是合博学、行己为一，他以为行己则有耻已得，不复深求，正是强调此点。

4. 思想内容

梨洲的学术思想，一方面与东林学者以及业师刘宗周有很深的渊源。一方面受到当时学术思潮、政治背景的影响，再加上他个人深切体认的治学方法所致，所以他的著述中，既表现了强烈的民族意识，又显示了独特的史学见解。而有清一代，在乾隆初期，则有全谢山的极意表彰梨洲的民族思想和气节于前；嘉、道之世，又有章学诚的弘扬梨洲史学于后。兹将梨洲的思想，就政治、史学、文学、经济、教育五点，分述如下：

·政治思想

由于师学的渊源，梨洲深受儒家传统思想的影响。他综合了《孟子》“民贵君轻”、《礼记》“天下为公”的学说，形成了一套以“民本”为主的政治思想。梨洲的民本思想，在当时君权至上的情形下，确实有予人耳目一新之感。他以历史的眼光，对君主的职权与地位，作一番检讨，他认为上古之世，以天下为主，君为客，君主的职权在“使天下受其利，使天下释其害”，人君有勤劳的义务，而没有享乐的权利，只是众民的公仆，而不是万民的主宰。所以当时的君主，以天下为主，把帝位禅让给有贤德的人，而不视为一己的产业。三代之后，君主的威权日高，由利众的义务，转变为自私的权利。把帝位看作私人莫大的产业，传给子孙，受用无穷。为了保有此一帝位，不惜采取高压专制的手段；为了争得此一帝位，不惜荼毒生灵。既然争取此一帝位，要花如此大的代价，所以争得帝位之后，便极意榨取民脂民膏，以供一己的淫乐，而置万民福利于不顾。在此情形之下，为人君的不仅不能使天下受其利，甚且使天下蒙其害了。所以梨洲以为人君的职权应是为民谋利，地位只是人民的公仆，这种以天下为主，君为客的思想，是他政治思想中最重要的一环。

梨洲既以天下万民为主，所以人君固然是人民的公仆，而朝廷任职的群臣，也应以服务人民为其职责。他认为国家设有文武百官，只是由于天下之大，非一人之力所能治，而由群臣分工合作。所以人臣的出仕，是为天下，不是为人君；是为万民，不是为一姓。梨洲此一思想，破除了两种世俗的谬见：其一是“暴君亦君”的谬见。他认为暴君既已未能在其职位上尽到为民兴利的责任，便应去位。所以，汤的伐桀、武王的伐纣，都是合乎天理，本乎民意的。其二是“君父一体”的谬见。一些小儒把“君臣”、“父子”同列为伦常大纲，把君父视为一体，使人君的地位更显得绝对超然。梨洲以为君臣的关系，是建立在为民服务的职责上。人臣一旦解除为民服务的职责，便与人君如同路人，那些只忠于君主一人，而不以天下万民为重的人臣，只能算是人君的仆妾。所以君臣的关系，和父子的关系是不能相提并论的。

梨洲由民本的思想，而推衍为人群平等的思想。他把孟子“人皆可以为尧舜”的思想，作更精细的推衍：其一是男女的平等。梨洲认为男女应该有同等的受教育权和就业权。不能把女子看作是玩物。其二是宗教的平等。他认为和尚道士，在社会上的地位，与一般人民同等，而一般从事士农工商行业的人，也都应有信教的自由。其三是种族的平等。梨洲认为元朝据有中国，认同赵宋礼教的成就，远在元人自己军事武功之上。既然元人承受了中原的文化，蒙古人也就成为中国人了，不应再有种族间的隔阂，更不应有某些种族居优越地位的观念，种族之间应是一律平等的。所以梨洲在《明夷待访录》一书中，没有谈到夷夏的问题，他认为既然主张民本主义，就不应再有汉族优于夷狄的论调。其四是政治的平等。梨洲力主"天下为主，君为客"，君与人民处于平等的地位，而并非君主高高在上。他称许尧舜不传子而传贤的伟大胸襟，并且认为后世君主不传贤而传子，于是才有南朝宋顺帝的被迫禅位，而说出了"愿后身世世勿复生帝王家"如此伤心欲绝的话。而明末崇祯帝挥剑斫杀长平公主，感叹地说出"汝何故生我家"的话，也都是此种传子不传贤的做法所导致的人间悲剧。

梨洲在民本思想之外，又提出了法治的思想。他认为法治是人治的基础。先有法治，然后才能收到治人的效果。梨洲以为立法的最高原则，在谋求人民的乐利。三代以上的圣王，能为人民解决衣食的问题，立土地法，平均授田；立学校法，兴办学校，解决教育的问题；立婚姻法，解决婚姻的问题，使他们在物质和精神上，都生活得愉快安定。这是先有治法，然后才有治人。所以梨洲认为三代以上有法。三代以后的君王，只顾到自己王位的巩固，只担心子孙能不能保有此一王位。所立的法，都以保有王位为第一优先，而违背了立法以谋求人民乐利为目的之原则。只能说是一家之法，而不是天下之法。所以梨洲认为三代以下无法。此外，梨洲又认为治法的标准不在于法律条文的疏密，而在于立法精神的为公为私。立法存私心，只为了一己的利益，则法愈密而天下之乱就生于法中，人们多利用法律的空隙而逞一己的利益。立法为大公，谋求大众的福利，则法律虽疏，而不致生乱。

梨洲又提出了以学术领导政治的理想，所以在政治制度上，主张将全国行政大权，分属天子和丞相，而谋其制衡。一方面减少君主的专制，加强天子在养民、教民、保民方面的职责。一方面提高宰相的职权。明代君权很重，臣下见君，行跪拜礼。国家大事由天子一人批示，宰相无权过问。梨洲主张天子南面，宰相、六卿、谏官东西面，依次并坐。并且主张臣下奏章，由给事中负责，给事中向宰相报告，宰相向天子报告，同意与否，由天子以朱笔批示，天子批示不能尽善的，再由宰相批示，然后交六部施行。这种由君臣共议的制度，充分表现梨洲提高臣权的思想。

梨洲主张提高臣权以对抗君权，这是我国古代政治思想的创见。然而臣权的提高，与君权的减少，则不免引起君权与臣权的冲突。于是梨洲提出了解决冲突的办法，在中央政治中，设立太学祭酒一官，负起纠正天子缺失的责任，而一本学术领导政治的原则。太学祭酒一职，推选当世大儒担任，有时由退位的宰相担任，其重要性与宰相齐等。每月初一，天子临幸太学，宰相六卿、谏议等官都随行，太学祭酒南面为天子讲学，天子就弟子之列，政治上有何缺失，祭酒可以直言进谏。梨洲此一构想，实在仍是他民本主义的贯彻，极力提高知识分子的地位，来实践孟子以德抗位、以师教君的理想。

此外，梨洲本着历史的眼光，对于奠都的问题，也有独特的见解，他以为国都不能建在北京，他从明代建都北京的种种不利，提出了他的卓见，他以为明代定都北京，仅二百年，而英宗困在土木堡，武宗困在阳和，景泰初年，京城受围。嘉佑二十八年再受围，崇祯年间，京城严密戒备，而李自成轻易陷京。梨洲检讨北都所以如此轻易就沦陷，原因固然很多，而建都失算，是最主要的原因。当李自成围京城之时，崇祯也曾经想南下，再图复兴，却因北京孤立北方，与南方音讯不通，一时无法脱围，所以才身殉社稷的。这一点，更可见梨洲之学的实用性，而不尚空言了。

· 史学思想

明末史学兴盛，其中尤以梨洲之史学成就最大。梨洲在史学上最大的创见，便是体认史学是经学之用，他认为明代学者空言心性，导致清人入关，明代覆亡的悲剧。所以他一面力主学者必先穷经，以六经为根柢，破除明人游谈心性的弊失；一面又恐学者拘执经术而不适于用，因此力主兼读史书，明了历代的兴衰得失，以便学有实用，免得成为食古不化，不切实际的迂儒。梨洲的史学思想，要而言之，有下列七点：第一，多取事实，不凭传闻。梨洲在《谈孺木墓表》中，既明揭晚明史学家但凭传闻，不核事实的通病。在《辞张郡侯请修郡志书》中，又表明他治史多取诸事实，而加以别裁，不凭传闻的态度。他向张郡侯婉辞修郡志，正是由于他自认是乡野鄙人，身处山林，对于典章文物，礼乐刑政，有所不逮，不敢但凭传闻而妄自参与修郡志的工作。然而他一面请辞修郡志事，一面又着《移史馆熊公雨殷行状》、《移史馆吏部左侍郎章格庵先生行状》、《移史馆先妣姚太夫人事略》诸文，这是因为熊雨殷、章格庵以及姚太夫人的事迹，梨洲亲所见闻，知之甚详，而非得之传闻，与一般谀墓之文，不足征信者，迥然不同。梨洲所著《明文海》、《明儒学案》，都是访求各家遗书，搜辑数百家的著述，积数十年之力而后写成的。第二，注意近代当世的史事。梨洲之父忠端公被捕之时，曾对梨洲说：学者不可以不通知史事，应读《献征录》。于是梨洲治史，便先读明代十三朝实录，对近代的史实有了了解，然后才上溯二十一史，如此便能收触类旁通之效。这种治史而注意当身现代之史，与后世言史而多偏于研究古史者不同。第三，注意文献人物之史。梨洲曾读《姚牧庵集》、《元明善集》，深感二书中，对于宋元二代兴废的史料，很多是史书中所未详言的。所以他认为像《姚牧庵集》、《元明善集》中多叙战功之事，可补史书之不足。如果明末诸人能在文集中多叙南明抗清之事，对后世治史者裨益必大。梨洲所著《行朝录》十三种——《隆武纪年》、《赣州失事记》、《绍武争立记》、《鲁纪年》、《舟山兴废》、《日本乞师记》、《四明山寨记》、《永历纪年》、《沙定洲记乱》、《赐姓始末》、《江右纪变》、《张玄箸先生事略》、《郑成功传》等，以及《海外恸哭记》、《思旧录》，即是本此意而写的，都是有关南明极重要的史料。这种治史而注意文献人物，与后世言史而多偏于考订的态度，也有所不同。第四，立学术史之规模。学术史由司马迁开其先河，而由梨洲确立其规模。梨洲所著《明儒学案》六十二卷，开启我国纯学术性之专史。《明儒学案》叙当代的学术，把当时重要各学派全数网罗，而不以爱憎为去取。它又叙各家的学说，将各家学说的特点，提纲挈领，使人读了有明晰的观念。而且《明儒学案》还忠实传写各家学说的真相，而不以主观上下其手。尤其梨洲把各人的时代和他一生经历，简要叙述，使人对其人其事先有个了解，再研究其学说，便更能把握其要点，这些都是一部学术史应具备的条件。梨洲《明儒学案》一书，实为学术史确立了完整的规模。第五，注意“表”、“志”。一般人读史，大都注意记载人物事迹的本纪、世家、列传，而对于记述典制的表、志，往往忽略了。梨洲以为旁行斜上的表、考正典礼的志，都与史事有极深的关系，治史不可不加以重视。梨洲在《补历代史表序》中，提到《后汉书》有志无表，《三国志》表志皆无，《晋书》、《宋书》、《南齐书》皆无表，《梁书》、《陈书》表志皆无，《魏书》、《隋书》无表，《北齐书》、《周书》表志皆无，《五代史》无表，这都是读史者感到遗憾之处。而对于弟子万斯同所补《二十一史表》五十四卷，认为是不朽的盛事。自从梨洲提出此说，其后补志、补表的，便相继而起了。第六，注重地理历法。梨洲以为史学的范围，不仅及于政治学术而已。要考定史事的真伪、时代的正确，地理、历法尤其不可忽略。他在《补历代史表序》中，提及《汉书·律历志》把“统母”误为“统法”，“见月法”误为“月法”，“见日月法”误为“日法”，可见历法对于治史的重要。所以梨洲对于《明史》的《律历志》，多有所补正，监国鲁王的大统历，就是梨洲推算出来的。至于地理方面，梨洲著《今水经》，补正郦道元《水经注》缺失之处很多。梨洲治史而注重历法、地理，这是他在史学上的一大贡献。第七，注重条例。梨洲治史，尤其注重条例，对于金石中的称谓，归纳为三十六例，引用此种归纳的方法，对于史学上的事实和年代，往往能得到比较确实的证据，而为后世考史，开启一条新的途径。

·文学思想

明代以八股取士，最后，八股时文趋于恶滥，引起文人普遍的反感。于是前后七子的古文运动；王阳明、归有光的平易文体运动；万历末年，公安、竟陵的古文平民化运动，都是针对八股时文而兴起的文学改革运动。梨洲幼年虽在父亲忠端公督促下学习举业时文，但他私心却喜欢小说野史。崇祯三年，应南京解试落第后，他更深切体认到制义时文限制个人思想至巨。梨洲曾撰《明文案》二百十七卷，而感叹明文的衰微，他以为如以一章一体论，明代也许有像韩愈、柳宗元、欧阳修、苏轼一般水平的文章，但明代却没有一人能像韩、柳、欧、苏自成一家的。明代文学所以如此没落，据梨洲的解释，是由于明代三百年来，学者的精神专注在八股时文，行有余力才偶尔做些古文，自然比不上唐宋文学之盛了。梨洲深切体认八股时文之害，所以时常兴起改革时文的心意。

梨洲的文学思想，要而言之，有下列四点：第一，重实用。梨洲由于反对时文，而主张文学的实用性。在他的著作中，不是传记碑状一类的记实之文，便是谈哲学问题、文章流变、或做人、治国、为文之道的论辩文。他反对八股时文，他也扬弃应酬文章。因为这些都是不切实用的。他曾有作文三戒——一戒当道之文，二戒代笔之文，三戒应酬之文。充分表现他重实用的文学思想。第二，六经为文学之本。梨洲既鉴于时文之弊，所以他又认为文学需从六经扎下根基。梨洲曾评论茅鹿门对于唐宋八大家文章的批评，多不得要领，其主要原因，在于茅坤只知学文章，而对于经史之学用功疏浅，才有如此的错失。梨洲以为六经之文无不是圣贤留下的至佳美文，韩愈提倡古文运动，即以六经之文振起八代之衰，改正六朝华靡不实的文风。梨洲教学生必先穷经，其用意固然在纠正当时学者空谈心性之弊，但也有意想借六经至文来振起明代衰落的文风。不过梨洲虽认为文必本之六经，才有根本，但并不是说文章中多引六经的话，才是本之六经。梨洲曾评论刘向、曾巩的文章，多引经语，反而显得文意破碎，不如韩愈、欧阳修等，能融合圣人之意，而表现在字里行间，不必引用经语，却是最高妙的经术之文。第三，注重通俗自然。明代古文运动盛行之时，阳明提出了“明洁”二字，作为改革时文的主张。梨洲秉承此说，而主张文章多用通俗语，梨洲认为文在随地流出，方言俗语都可入文。梨洲尤其注重文章要讲求性情的自然流露，对于刻意修饰、用典、讲求训诂斗钉的文学，梨洲是最反对的。第四，注重文学的变迁。梨洲以为要了解文学，先要注意历代文学的变迁，也就是要注意文学史的发展，所以他在《庚戌集自序》中，曾提到古文的变迁，以为古文自唐以后为一大转变。唐以前用字华丽，唐以后用字质朴，唐以前句短，唐以后句长；唐以前如高山深谷，唐以后如平原旷野。彼此的界限分明。要学文，就要注意历代文学的发展，才能收事半功倍之效。

·经济思想

梨洲深受孔孟均富思想的影响，所以其经济思想，一切以提高人民生活水平，务使人民均富为重点。他首先提出了土地政策，希望能恢复三代的井田制度。不过古书对井田之制的说明很含糊，只是说方里而井，井九百亩，中间是公田，八家各百亩，同养公田。梨洲对于井田制度，提出了二项具体的办法：第一是授田法。他主张统计全国的田地和户口，然后平均授田。每户平均可得五十亩，其余的可听由富户分占，而不必行限田政策。其次是方田法。由于人民所授的田，有肥瘠之分，如果只是平均授田给人民，分配到肥田的，年有余粮，而分配到瘠田的，便不免饥乏了。所以梨洲以方田之法弥补肥瘠不均的缺点。他主张先丈量天下的田地，再依方田之法，上田二百四十步为一亩。中田四百八十步为一亩，下田七百二十步为一亩，又斟酌情形，有三百六十步为一亩的，有六百步为一亩的，如此把田分成五等，使田地依丈量的宽窄为等第，而下田、中田、上田所耕种的收成，便可以公平而达到均富的目的。

梨洲的土地政策，既主张平均授田，解决人民的生活问题。但是要真正做到均富，除了提高人民耕种的成果之外，还要减低国家的税收，减轻人民的负担。所以梨洲主张轻田赋，来减轻农民负担，而达到养民富民的目的。他检讨明代的税制，一亩的田赋，从三斗到七斗不等，七斗之外，还有官吏私自的增收，总计一亩田，一年收成不过一石，而全部充作田赋尚且不够，这实在不合情理。所以梨洲主张必须复位田赋的制度，而以下下为法则。梨洲认为汉初税率是十五分之一，文景之世更减为三十分之一，光武帝最初税率是十分之一，后来也改为从文景三十分之一的税率。这样，可以使贫瘠土地的人民，不至于太穷困。所以合九州岛之田，以下下的税则最为适宜，这样可以使天下不困，而文景三十分之一的税率，便是下下之税。

梨洲又提出废金银的意见。他认为必须废绝以金银为交易的媒介，而彻底采用钱钞作为通货，才可使天下安定富裕。他主张专以钱钞为通货，每钱重一钱，制作精巧，式样画一。除田地赋税征收粟帛外，其余盐酒等税，一律以钱为税。废金银而赋税改以粟帛相抵，人民的力量足以自致，每家容易富足。政府铸钱作为通货，可以继续不断地铸造，而财货不愁匮竭。以钱钞作为通货，家家不藏金银，使家家贫富相当，没有很贫或很富的家庭。而且钱钞轻，单位价值小，不便携带很多，不像金银细软，价值大，可以随身携带。人民在此情形之下，便不会轻易离去家乡。由于钱钞单位价值小，官吏所受的赃款，很难隐藏，官吏便不敢随便贪赃。盗贼盗取钱钞，由于钱钞单位价值小，背着偷来的钱钞，也不便隐藏，很易暴露形迹。而废金银，专用钱钞，最大的便利，在于钱钞容易流行通用，不过梨洲认为在废金银，用钱钞之前，必先加重禁令，凡盗取铜矿，私自铸钱的，以及仍用金银交易的，都要以死刑论处，然后钱钞币制才能收效。

梨洲对于工商也很重视，他以为一般读书人轻视工商，随便提出压抑工商的议论，这是不对的。他强调《礼记·中庸》，把劝勉百工视为治理天下国家的九经之一，而孟子也曾说过，圣王推行仁政，农民都愿在圣王的田野上耕作，商贾都愿在圣王的市场上做买卖。可见圣人并无轻视工商之意，工商属于四民之一，为民生的根本，是不容轻视的。

·教育思想

梨洲既是民本主义的支持者，所以他的教育思想的重点，在于提高人民教育的水平，亦即国民教育的普及。他认为地方城邑都应设校，当地生童都要自己携带米粮，来学校就学；离城邑较远，而士人众多的地方，也要设置经师，为士人授经讲学；民间童子在十人以上，就由诸生中年老而不仕的充当启蒙师。总之，使各郡邑的教育普及，人人都有老师教导。

至于女子和佛僧、道士，也应就学，这是人人平等的权利，不能随便加以剥夺。又天子的继承人，也要与一般士子同入太学，借以了解民间疾苦。所以梨洲认为天子之子，年达十五岁，就与大臣之子就学于太学，使他们了解民间生活的情形，并且使他们略为习惯劳苦的生活，而不致养成骄佚的习气。

梨洲除了力倡国民教育的普及外，又主张教育要着重实用，总要使学生能学以致用。他认为明人讲学，不以六经为根柢，徒然从事游谈，流于空疏，不切实用。所以特别讲求修身治世的实学。他明示为学的途径，认为学者必先研治经书，只有从经书中，才能获得治世的实学。他又竭力鼓励学者兼读史书，才不致成为迂儒。在学校中，梨洲主张除了设置五经之师外，并设置兵法、历算、医、射各科。尤其主张文武合一的教育，他认为一般士人，只知学文，而不尚武，甚至有人把用兵之事，视为尚力之事，是豪健之流；也有人视为阴谋之事，是倾危之士。这都是不正确的看法。他主张文武要合为一途，儒生也要知兵书战策，而不尚空谈。武夫也要学文，知道亲上爱民的道理，而不以粗暴为能。

梨洲主张以学术领导政治，他曾有以学校做议会的构想，他认为学校的任务有二：第一是培养政治人才，第二是国家政务批评裁判的场所。如此，天子不致自以为是，自以为非，而把政治的是非，公之于学校，使学校主持公是公非，成为监督政府的清议机关。学校既是国家政务批评裁判的场所，所以梨洲认为各地方区域应有每月二次之民众集会，集会之时，地区的全部知识分子均应参加。而地方长官则北面就弟子列，向当地知识分子请教。集会的目的，除了讨论学术，宣讲民本主义的精义之外，最主要的，还是讨论政府之施政而审判之。如有缺失，小的就提出纠正，促使改正补救。大的就召开群众大会，公决应有的处置。这种以学术领导政治，以学校做议会的方案，是梨洲教育思想中重要的一环。

5. 著作简介

梨洲的学术出于刘宗周，以阐明慎独之说为宗旨，他认为明人讲学，袭取宋人语录，不以六经为根柢，这是不对的。他主张治学必先穷经，经书中所述的，都是治世之道，经书读通了，还要兼读史书，才不会食古不化，流为迂儒。梨洲的学术很博，从天文地理、九经百家的学说，无不精研，著作也很多，计有下列九十五种：

（1）《易学象数论》六卷

（2）《授书随笔》一卷

（3）《孟子师说》七卷（《梨洲遗著汇刊》收录）

（4）《律吕新义》二卷

（5）《宋儒学案》（未写定）

（6）《元儒学案》（未写定）

（7）《明儒学案》六十二卷

（8）《深衣考》一卷

（9）《历代甲子考》一卷（《梨洲遗著汇刊》收录）

（10）《今水经》二卷（《梨洲遗著汇刊》收录）

（11）《明史案》二百四十四卷

（12）《宋史丛目补遗》三卷

（13）《弘光纪年》一卷

（14）《隆武纪年》一卷（《行朝录》之一）（《梨洲遗著汇刊》收录）

（15）《赣州失事记》一卷（《行朝录》之二）（《梨洲遗著汇刊》收录）

（16）《绍武争立记》一卷（《行朝录》之三）（《梨洲遗著汇刊》收录）

（17）《鲁纪年》二卷（《行朝录》之四）（《梨洲遗著汇刊》收录）

（18）《舟山兴废》一卷（《行朝录》之五）（《梨洲遗著汇刊》收录）

（19）《日本乞师记》一卷（《行朝录》之六）（《梨洲遗著汇刊》收录）

（20）《四明山寨记》一卷（《行朝录》之七）（《梨洲遗著汇刊》收录）

（21）《永历纪年》一卷（《行朝录》之八）（《梨洲遗著汇刊》收录）

（22）《沙定洲纪乱》一卷（《行朝录》之九）（《梨洲遗著汇刊》收录）

（23）《赐姓始末》一卷（《行朝录》之十）（《梨洲遗著汇刊》收录）

（24）《江右纪变》一卷（《行朝录》之十一）

（25）《张玄箸先生事略》一卷（《行朝录》之十二）（《梨洲遗著汇刊》收录）

（26）《郑成功传》一卷（《行朝录》之十三）（《梨洲遗著汇刊》收录）

（27）《剡源文钞》四卷

（28）《南雷文案》四卷外集一卷（《梨洲遗著汇刊》收录）

（29）《南雷文定前集》十一卷（《梨洲遗著汇刊》收录）

（30）《南雷文定后集》四卷（《梨洲遗著汇刊》收录）

（31）《南雷文定三集》三卷附录一卷（《梨洲遗著汇刊》收录）

（32）《南雷文定四集》四卷（《梨洲遗著汇刊》收录）

（33）《南雷文定五集》三卷（梨洲之子百家编辑）

（34）《南雷文约》四卷（《梨洲遗著汇刊》收录）

（35）《南雷诗历》四卷（《梨洲遗著汇刊》收录）
（36）《续宋文鉴》（未写完）
（37）《元文钞》（未写完）
（38）《明文海》四百八十二卷
（39）《明文授读》六十二卷
（40）《明文案》二百十七卷
（41）《台宕纪游》一卷
（42）《匡庐游录》一卷（《梨洲遗著汇刊》收录）
（43）《西台恸哭记注》一卷（《梨洲遗著汇刊》收录）
（44）《海外恸哭记》一卷（《梨洲遗著汇刊》收录）
（45）《明夷待访录》一卷（《梨洲遗著汇刊》收录）
（46）《破邪论》一卷（《梨洲遗著汇刊》收录）
（47）《冬青树引注》一卷（《梨洲遗著汇刊》收录）
（48）《金石要例》一卷附论文管见（《梨洲遗著汇刊》收录）
（49）《滇考》一卷（《梨洲遗著汇刊》收录）
（50）《思旧录》一卷（《梨洲遗著汇刊》收录）
（51）《留书》一卷
（52）《姚江文略》十卷
（53）《姚江遗诗》十五卷
（54）《姚江琐事》二卷
（55）《补唐诗人传》一卷
（56）《汰存录》一卷（《梨洲遗著汇刊》收录）
（57）《明季灾异录》一卷
（58）《庚戌集》一卷
（59）《东浙文统》一卷
（60）《蜀山集》四卷
（61）《撰杖集》四卷

（62）《吾悔集》四卷
（63）《六家着法》六卷
（64）《四明山志》九卷
（65）《四明山水题考》一卷
（66）《圜解》一卷
（67）《南雷诗补》一卷
（68）《黄氏攟残集》七卷
（69）《黄氏丧服制》一卷
（70）《黄氏宗谱》三十六卷
（71）《忠端公祠神弦曲》一卷
（72）《病榻随笔》一卷
（73）《姚江诗略》一卷
（74）《子刘子行状》二卷
（75）《二程学案》二卷
（76）《葬制或问》一卷
（77）《鲁监国大统历》二卷
（78）《大统历法辨》四卷
（79）《授时历故》一卷
（80）《大统历推法》一卷
（81）《时宪书法解》一卷
（82）《新推交食法授时历》一卷
（83）《授时历假如》一卷
（84）《公历假如》一卷
（85）《回回历假如》一卷
（86）《割圜八线解》一卷
（87）《气运算法》一卷
（88）《勾股图说》一卷

(89)《开方命算》一卷

(90)《测圆要义》一卷

(91)《春秋日食历》一卷

(92)《正气录》一卷

(93)《梨洲集》一卷

(94)《天一阁书目》一卷

(95)《梨洲年谱》一卷（梨洲曾自撰年谱，后被火焚毁，其七世孙垕炳辑为《黄梨洲先生年谱》三卷）

以上所列梨洲著作九十五种，其中有些是未完成的，有些只是稿本，尚未出版。梨洲的著作，后世刊印得很多，其中以蒋麐振所编《黄梨洲遗书十种》（光绪三十一年，杭州群学社出版）以及薛凤昌所编《梨洲遗著汇刊》（宣统二年，上海时中书局出版。民国十六年，上海扫叶山房重印，民国五十八年，台北隆言出版社又据上海扫叶山房本重印，共收梨洲遗著三十二种），最为完备。兹将梨洲遗著中较常见而足以代表梨洲学术思想与成就的十五种，简述其内容如下：

·《明儒学案》六十二卷

明代周汝登曾作《圣学宗传》，孙钟元曾作《理学宗传》。梨洲认为此二书阙遗很多，而且体例不够精粹，有芜杂浮浅之失。因此搜采明儒文集语录，分别其宗派，编辑成此书。明代学术以王阳明为宗，梨洲此书先将明儒作有系统的排列，以姚江阳明学为主，而折衷于其师蕺山宗周之学。对于姚江、蕺山二案，采用鸟瞰之法，将其学说大旨揽括无余。至于其他各家，则用提要钩玄之法，把各儒者的学说宗旨，作深入而简要的说明，提要钩玄，纤屑无遗。其次又搜辑明儒的著作，辨别考订其年代，分析一生前后的思想，说明其思想的变迁。

全书分为崇仁、白沙、河东、三原、姚江、浙中王门、江右王门、南中王门、楚中王门、北方王门、粤闽王门、止修、泰州、甘泉、诸儒、东林、蕺山等十七学案。其中浙中、江右、南中、楚中、北方、粤闽六王门，都是姚江余绪。至于崇仁、白沙、河东、三原四案，如以时间先后为序，应是河东、崇仁、三原、白沙，然后及于姚江。梨洲所以先列崇仁，是因为阳明之学出自娄谅，而娄谅则是崇仁吴康斋的门人，所以先列崇仁，表示推崇阳明之意。

·《宋元学案》一百卷

梨洲原著《宋儒学案》、《元儒学案》，都未写定，遗命其子百家续成，后又经全祖望重修为一百卷。体例仿照明儒学案。全书分为二部分，其中宋儒分为安定，泰山、高平、庐陵、古灵四先生、士刘诸儒、涑水、百源、濂溪、明道、伊川、横渠、范吕诸儒、元城、华阳、景迂、荥阳、上蔡、龟山、蕺山、和靖、兼山、震泽、刘李诸儒、吕范诸儒、周许诸儒、王张诸儒、武夷、陈邹诸儒、紫微、汉上、默堂、豫章、横浦、衡麓、五峰、刘胡诸儒、赵张诸儒、范许诸儒、玉山、艾轩、晦翁、南轩、东莱、艮斋、止斋、水心、龙川、梭山复斋、象山、清江、说斋、徐陈诸儒、西山蔡氏、勉斋、潜庵、木钟、南湖、九峰、北溪、沧州诸儒、岳麓诸儒、二江诸儒、丽泽诸儒、慈湖、絜斋、广平定川、槐堂诸儒、张祝诸儒、邱刘诸儒、鹤山、西山真氏、北山四先生、双峰、存斋晦静息庵、深宁、东发、静清、巽斋、介轩、荆公新学略（王安石）、苏氏蜀学略（苏洵）等八十二案；元儒分为鲁斋、静修、草庐、静明宝峰、师山、萧同诸儒等六案。又宋代发生二次党锢事件，第一次是元佑党禁，是由于蔡京、蔡卞、章惇、安惇等新派的人攻击元佑年间旧派在朝执政的大臣司马光、程明道、伊川等人而引起的，结果元佑、元符年间的大臣五百九十三人，都牵连在内，列入党人籍，立党人碑于端礼门。第二次是庆元党禁。可说是元佑党禁的余波，先由郑丙、陈贾等人，攻击伊川、横渠之学，以为欺世盗名，不宜信用。至庆元元年，韩侂胄为相，把朱熹之学称为伪学，奏请朝廷加以摈斥，并下诏把朱熹、赵汝愚等五十九人俱列党籍。元佑、庆元二次党祸，关系两宋道学的兴废，国家的治乱，所以全祖望在书末列元佑党案、庆元党案。此外王学苏学余派的李纯甫，晚年喜佛，着《屏山鸣道集》，援儒入佛，推释附儒，抨击濂溪、明道、伊川以下各家之说，全祖望以为狂言而不足取，所以在本书最后列《屏山鸣道集说略》，目的在辟邪说，使后世学者见而嗤之。

·《明夷待访录》一卷

全书分为《原君》、《原臣》、《原法》、《置相》、《学校》、《取士上》、《取士下》、《建都》、《方镇》、《田制一》、《田制二》、《田制三》、《兵制一》、《兵制二》、《兵制三》、《财计一》、《财计二》、《财计三》、《胥吏》、《奄宦上》、《奄宦下》，计二十一篇。本书是梨洲政治思想之所寄。"明夷"是周易卦名，此卦离下坤上，离是日，坤是地，日入地中，表示化明为暗之意。明夷卦的象辞说："明入地中，箕子之贞，明不可思也。"这正暗示明朝在清廷统治之下，不是灭亡，而是"明入地中"，只是把抗清的行动由明为暗，由公开转为地下而已。所谓"明夷待访"，意指待抗清复明志士之访。梁启超说："《待访录》成于康熙二年，当时遗老以顺治方殂，光复有日，梨洲正欲为代清而兴者说法耳。"(《中国近三百年学术史》页四八)，杨家骆先生也认为《明夷待访录》有"箕子明夷"的话，箕子虽受武王之访，而另外立国于朝鲜，然则梨洲所待的，或许是像箕子朝鲜之类的郑延平海国，因为梨洲此书写成于康熙二年，即郑成功取台湾的第三年，吴三桂杀明桂王、鲁王薨于金门的第二年，"明夷待访"是希望像郑延平一类的人物来访。本书对于民本原理、政治制度、教育政策、土地政策、财经政策、国防政策、文官政策、奄宦问题，都有精辟的见解，对于伸张民权，抨击专制，更有很大的贡献。

·《行朝录》六卷

梨洲初辑《明史案》，书未成，先取海东一隅的山水，以及所见所闻，写成此书，名为《行朝录》。李慈铭《越缦堂日记》说：此书分为六卷，卷一为《隆武纪年》、《赣州失事记》、《绍武争立记》。卷二为《鲁纪年》上下篇，《舟山兴废》、《日本乞师记》、《四明山寨记》。卷三为《永历纪年》。卷四为《沙定洲纪乱》、《赐姓始末》，卷五是《江右纪变》、《张玄箸先生事略》。卷六为《郑成功传》。前有梨洲自序。梨洲自言着此录数十种，今仅见十三种，自非完书。后来薛凤昌编《梨洲遗著汇刊》，收录十二种，《江右纪变》未收，而且各种单独成篇，未如李慈铭所说编为六卷。其中《隆武纪年》，即唐王聿键的传记。《赣州失事记》，记隆武二年三月，万元吉、杨廷麟、郭维经等三人，率部属死守赣州，奋力抗清，终于壮烈成仁的史实。《绍武争立纪》，即唐王聿鐭的传记。《鲁纪年》，即监国鲁王以海的传记。《舟山兴废》，记弘光元年（一六四五年）迄永明王永历十年（一六五六年），此十二年间，南明君臣屯守舟山，力图复兴的史实。《日本乞师记》，记南明诸臣为了抗清复明，先后由周崔芝、冯京第、阮美，三次前往日本，请求日本出师相助，都因故未成的史实。《四明山寨记》，记唐王隆武元年（一六四六年），梨洲以五百人入四明山，结寨固守，迄永明王永历十年，此十一年间，南明诸臣据四明山，从事抗清运动的史实。《永历纪年》，即永明王由榔的传记。《沙定洲纪乱》，记福王弘光元年（一六四五年），云南蒙自土司沙定洲作乱之事。《赐姓始末》，即郑成功传。成功本姓郑，名森，唐王隆武帝即位，成功年方二十一，入朝，隆武帝视为奇才，赐姓朱，改名成功，故书名称“赐姓始末”。《江右纪变》,《梨洲遗著汇刊》未收,梨洲自注:"太仓陆世仪、道威述",陆世仪世称桴亭先生,此篇为陆桴亭所作。《张玄箸先生事略》,即明末鄞县张煌言的传记。《郑成功传》,记郑成功的生平事迹。《行朝录》十三种,是南明重要的史料。

·《易学象数论》六卷

本书专考象数之说,目的在排除方士道家对易学的窜乱附会,而对于朱熹提倡河图洛书之说的不当,也加以辨明。书分二部分:前三卷属内篇,论河图洛书、先天方位、纳甲、纳音、月建、卦气、卦变、互卦、筮法、占法等问题,而附以梨洲自著的原象,这是专论易象的部分。后三卷属外篇,论太玄、干凿度、元苞、潜虚、洞极、洪范数、皇极数,以及六壬、太乙、遁甲等问题,这是专论易数的部分。

·《南雷文案》四卷、外集一卷

康熙十九年,梨洲弟子郑梁等,计划刻印梨洲之文,于是梨洲选所作古文十之二三,名为《南雷文案》,由弟子郑梁作序。书凡四卷,卷一收诗文集序十篇。卷二收答友人书信八篇,墓志铭七篇。卷三收墓志铭十篇。卷四收传记杂文十篇。又外集一卷,收寿序十一篇。

·《南雷文定前集》十一卷

梨洲之文原有《南雷文案》、《吾悔集》、《撰杖集》、《蜀山集》,都由门人分别刻印。康熙二十七年,梨洲又将已刻印诸文,钩除不必存者三分之一,名为《南雷文定》。由靳治荆作序。书凡十一卷,卷一收诗文集序十五篇,其中十二篇后来又收入《南雷文约》。卷二收杂记文六篇,其中五篇收入《文约》。卷三收答友人书信八篇,其中七篇收入《文约》。卷四收答友人书信八篇，其中三篇收入《文约》。卷五收墓志铭六篇，其中四篇收入《文约》。卷六收墓志铭七篇，全部收入《文约》。卷七收墓志铭八篇，其中七篇收入《文约》。卷八收墓志铭七篇、碑文一篇，其中四篇收入《文约》。卷九收事略行状三篇，全部收入《文约》。卷十收传记八篇，其中二篇收入《文约》。卷十一收杂文九篇，其中七篇收入《文约》。

·《南雷文定后集》四卷

卷一收诗文集序、杂文十二篇，其中四篇收入《文约》。卷二收墓志铭九篇，其中六篇收入《文约》。卷三收墓志铭十篇，其中九篇收入《文约》。卷四收墓志铭四篇、传记四篇、杂文三篇，其中四篇收入《文约》。

·《南雷文定三集》三卷、附录一卷

卷一收诗集序、书信十九篇，其中十篇收入《文约》。卷二收墓志铭十一篇，传记四篇，杂文一篇，其中六篇收入《文约》。卷三收金石要例。录金石例三十六则，后附论文管见九则。后又单独刊印。附录一卷，录钱谦益、顾炎武等二十位名公巨卿写给梨洲的书信。

·《南雷文定四集》四卷

卷一收诗文集序十八篇，其中八篇收入《文约》。卷二收传记杂文十三篇，其中七篇收入《文约》。卷三收墓志铭二十篇，其中七篇收入《文约》。卷四收破邪论。梨洲对于前人所论天人关系有不尽之处，再加补述，名为破邪。计《从祀》、《上帝》、《魂魄》、《地狱》、《分野》、《唐书》、《赋税》、《科举》、《骂先贤》等九篇，其中除《分野》、《唐书》二篇外，其余七篇又收入《文约》。后又将此九篇单独刊印。

·《南雷文约》四卷

梨洲所著古文，旧有《南雷文案》、《吾悔集》、《撰杖集》、《蜀山集》等，晚年加以删削，名为《文定》。后更刊存四卷，名为《文约》。书分四卷：卷一收墓志铭二十三篇。卷二收墓志铭二十七篇。卷三收行状、传记十篇、杂文十八篇。卷四收诗文集序二十六篇、寿序二篇、答友人书信十一篇、杂记十三篇，共五十二篇。

·《南雷诗历》四卷

梨洲一生所作诗近千篇，汰存十之一二，名为《诗历》。前有梨洲题辞，并附艾南英、罗万藻、陈际泰三人之序。

·《孟子师说》七卷

梨洲业师刘宗周，学本阳明，而上溯孔孟，对于四书之义，平日讲学颇为重视，然而宗周讲述四书，于《大学》有统义，于《中庸》有慎独义，于《论语》有学案，唯独于《孟子》未成书。梨洲潜心研读《刘子遗书》之后，粗识宗周述《孟子》之意，因此本其师说，写成《孟子师说》七卷。按照《孟子》原书七卷的次序，分别阐述各章的微言大义。

·《今水经》二卷

梨洲读郦道元注《水经》，参考诸图志，多有不合。因此条贯诸水，名为《今水经》。前列今水经表，分天下河流为北水、南水二系。北水分河、辽、鸭绿江、混同江、大凌河、小凌河、胶、潍、丹、沽、墨、淄、滦、白、卫、淮十六支，而以入海为依归。南水分江、太湖、浙、姚江、灵江、永宁江、永嘉江、安阳江、连江、建水、洛阳江、晋江、漳江、汀江、广江、漠阳江、鉴江、廉江、钦江、元江、澜沧江、大盈江等二十二支，也以入海为依归。各水详记其发源、流经之处，以及下流注入江河或海，条理井然。

·《明文授读》六十二卷

梨洲想保存明人散文精华，广泛阅读明人文集二千余家，选为《明文海》六百卷（现存四百八十卷），后又从《明文海》中，用朱笔圈选出佳作，让他儿子百家阅读，百家根据其父所圈选的，辑为《明文授读》，并且把梨洲所记有关作者的介绍，作品的批评，分别钞录而附在各篇之下，以便参考。全书标明句读，并把人名、地名，以及文章脉络精彩处标出，以便初学者阅读。全书共收作家二百八十四人，文章七百八十篇，从明初杨维桢、宋濂、刘基起，至明末邱维屏、顾炎武止。内容分为奏疏四卷、表一卷、论五卷、议一卷、原考辨一卷、解说释一卷、颂赞箴铭一卷、疏文对答述丛谈一卷、书八卷、记七卷、序十四卷、碑文一卷、墓文五卷、哀文一卷、行状一卷、传四卷、赋五卷、经一卷。卷首有梨洲《明文案序》上下，徐秉义、靳治荆、张锡琨以及梨洲之子百家等人的序。

三、对后世的影响

梨洲生当明末，正是朝政大坏，内有流寇作乱，外有清兵入侵，可说是内忧外患，岌岌可危，然而梨洲在此危乱的大时代里，一面表现了他伟大的民族气节，爱国情操，亲自参与抗清复明的工作，一面又发挥了他精博的学养，扭转明代的学风，也启发了有清一代征实之学的风气。梨洲在学术上，可说是集明代学术之大成，他的弟子郑梁在《南雷文案序》说："三百年来，作者林立，先生实集其大成。"这是一点也不过言的。

明末学者承阳明之学的末流，讲学之风日盛，而虚疏之病愈甚，学者多束书不读，而空谈性命之旨，游谈无根，相争口舌之间，重蹈魏晋清谈的覆辙，而置国家民族于不顾。梨洲有鉴于此，首倡经世致用之学，力矫空谈之弊，振民族人心于既亡，一反浮虚的习气，为清代征实之学，奠下了稳固的基础。梨洲的学术对后世的影响，最重要的，有下列二点：

1. 激发强烈的民族意识

梨洲中年以后，从事抗清复国运动，不遗余力。后来见事不可为，便转而从事讲学、著作，希望借此把反清复明的思想灌输给下一代，激发后人强烈的民族意识，继续从事抗清的运动。他的巨著取名为《明夷待访录》，正暗示明朝在清廷统治下，不是灭亡，而是"明人地中"，只是把抗清的行动，由明为暗，由公开转为地下而已。而他所待的，即是复兴明朝的人，待后起之秀，待下一代青年，梨洲传递抗清复明的思想，使民众心中，尤其是帮会组织，具有强烈的民族意识。后来孙中山先生从事推翻清朝，建立民国的革命大业，才能得到广大民众的支持，而底于成功。

2. 奠定史学的丕基

梨洲幼受父亲忠端公的教训，以为学者不可不通知史事，所以梨洲一生治学，主张先读经，兼读史书。他在讲学之时，也是鼓励学生兼读史书，以免流为空疏而不切实际的迂儒。梨洲在史学上的成就很大，他所著《明儒学案》，是中国学术史的巨著，此外他所写《行朝录》十三种，《思旧录》、《海外恸哭记》、《西台恸哭记注》、《明史案》，都是南明的重要史料。他的弟子万斯同（字季野），最能得梨洲史学的真传。康熙十七年，斯同曾以布衣身份入明史馆，参加编纂《明史》的工作，清廷主持编修《明史》的官员们，都把初稿送给斯同复审。他所著《补历代史表》，稽考历代掌故，端绪清晰，贡献史学至大，又创为《宦者侯表》、《大事年表》二例，都是过去史书所没有的。此外《纪元汇考》、《庙制图考》、《石经考》、《周正汇考》、《历代宰辅汇考》、《宋季忠义录》、《六陵遗事》、《庚申君遗事》、《河渠考》等，也都是史学上的重要著作。乾隆初，大学士张廷玉等，奉诏刊定《明史》，以王鸿绪的史稿为底本，而加以增减，然而王氏的史稿大半出自万斯同之手。

斯同之后，浙东有全祖望（号谢山），他私淑梨洲，在史学方面下过很大的工夫。对于江南文献，明祖靖难，魏忠贤阉祸，东林儒学，唐王、桂王等明末史事，更是精通。梨洲曾写过《宋儒学案》、《元儒学案》，而未成定稿，遗命其子百家编成，后又由全祖望加以修补，成为《宋元学案》百卷，与《明儒学案》同为学术史上的巨著。此外，祖望有《七校水经注》四十卷、《汉书地理志稽疑》，也都是有关史学的重要作品。

总之，斯同、祖望同为浙东史学大家，而斯同史学传自梨洲，祖望也私淑梨洲，浙东史学可说是由梨洲奠定其丕基，在维系故国文献于不坠方面，梨洲的功劳是不可磨灭的。

参考书目

《黄梨洲学谱》，谢国桢著，台湾商务印书馆印行，一九六五年五月一版。

《中国近三百年学术史》，梁启超著，台湾中华书局印行，一九五八年六月二版。

《中国近三百年学术史》，钱穆著，台湾中华书局印行，一九六七年二版。

《黄梨洲政治思想研究》，高准著，文化学院政治研究所印行，一九六七年。

胡秋原：《伟大的爱国者和思想家黄梨洲》，《中华杂志》五卷六号（页一九一二五），一九六七年六月。

目　录

方以智，字密之，号曼公，安徽桐城人。生于明神宗万历三十九年（公元一六一一年），卒于清康熙十年（一六七一年）。别号很多，早年称浮山愚者、龙眠愚者、宓山、鹿起山人；明亡后改称吴秀才，又称吴石公；流寓岭南时期称愚道人、愚者智、笑翁；逃禅梧州之初法名行远，号无可；至天界改名大智，又称弘智；此外还称五老、药地、浮庭、墨历、木立、愚者大师、栾庐大师、笋参上人、极丸老人、浮渡智、闲翁。他是明末清初（即相当于十七世纪）一位风格奇特的思想家。从生平上说，他一生深受内忧外患与国破家亡之痛，以及社会上“忌才忌能”、“善妒成风”之害；在朝廷中遭到专横太监与恶性官僚的迫害，逃禅世外后仍无法免除来自俗世的谗言谗语，终于在六十一岁之年自沉赣江，完节以终，是一位悲剧型的人物，也是名副其实的“大伤心人”。但是在思想方面，他却处在宋明理学转变到清代经学的过渡时代、儒释道三教融合很盛的时代，以及中西文化交流相当频繁的时代，因此他不但要统一朱王、合一三教，而且更要会通中西；他自负要“坐集千古之智，折中其间”，又要“借远西为郯子，申禹周之矩积”，换言之，就是想要把古今中外学问当做药材一样会集一炉，加以烹炮烧煮，进而以此药方医治学术思想界的千疾百病，特别是要医治那些“争挂单方招牌”而不谙灵素的庸医之病，即他所自负的所谓“医医之愿”，时人因之称他为“大医王”，就此而言，他是一位乐观型的人物。悲剧与乐观的相反相因与相辅相成，塑造了方以智圆满的人格与光辉的思想。他这种人格与思想曾为当时人所赞佩不已，江子长曾称他为四真子，即“真孝子、真忠臣、真才子、真佛祖”，张英也称他为“为才人、为学人、为忠臣、为孝子”；黄宗羲早年便佩服方以智在医学与易学方面的成就，并引为四畏友之一；王夫之虽然婉拒方以智逃禅之劝，对方以智研究中西科学、会通儒释道三教以重建儒学的努力则仰慕终生、叹为观止。但是入清以后儒学定于一尊，考据又趋独盛，方以智这种会通中西、合一三教以重建儒学的主张，却不能为“以考据为儒学中心”的乾嘉学者所理解与受容，因此除了早年从事的文字音义考证（即《通雅》一书）被誉为清代考据学先河以外，他几乎可以说是清代儒学界的“异乡人”；至于三百年后的今天，我们不但不太理解他的学术思想主张，就是对他的生平也感到极为陌生。事实上，清末民初以来，我们也正处于中西文化交流鼎盛的时代，也是寻找中国思想文化出路最迫切的时代，方以智所提出来的重建明末清初中国思想文化的方案，应该可以作为我们的借镜，对于方以智生平与思想的探究与理解，也就更具有重要的时代意义了。以下我们将分数节略加说明。

一、时代背景

一位思想家的生平遭遇或思想形成，都与其所处的时代背景有密切的关系。就方以智而言，明末清初汉满政权的转移、宋明理学与清代经学的过渡、儒释道三教的融合及中西文化的交流等时代特征对他影响最大。

汉满政权的转移是明末清初政治上最大的变动，对知识分子的影响也最大。这种影响有两方面：一是来自于明朝本身政治上的腐败与亡国，一是来自于清的入主与异族的统治。就前者而言，黄宗羲《明夷待访录》一书是最典型的代表，因为它是对于明朝腐败政治与亡国原因的全盘检讨；就后者而言，王夫之的《宋论》、《读通鉴论》是最明显的代表，因为它借着史实的分析表明其反对异族统治与清政权的强烈种族主义。方以智对异族统治固然反对，对于明末政治的腐败更是灰心。

明末政治的腐败从朝廷党争的激烈可以反映出来。当李自成、张献忠所领导的民乱与中央政府对立起来、而满洲异族亦陈兵与明朝为敌之际，朝廷中恶性官僚与专横太监也同时结党营私、互相倾轧。不过明末党争大抵上可以追溯到万历朝。盖自张居正死后，明朝便缺乏贤能有力的首辅，东林党与非东林党（齐楚浙三党）开始对立，并轮流专政；熹宗天启年间，宦官魏忠贤、崔呈秀得势，非东林党勾结阉党打击东林党，故东林党人士几乎全遭罢黜。崇祯即位后，魏、崔伏诛，东林党人复起，但是万历以来党争旧习一时未能尽除，东林与非东林仍旧斗争不止，以致短短十七年间，居然有五十人先后入阁。北都灭亡后，福王即位南京，马阮当政，既排除史可法，又大捕东林及复社人物，正人君子都纷纷离去，故福王于即位后第二年便告灭亡。唐王聿键即位福州后，内有黄道周与郑芝龙文武相争，外与监国于绍兴的鲁王也争名分、斗意气，因此不久双双都在清兵进逼下覆亡。桂王即位肇庆后先有瞿式耜与刘承胤不和，继有吴党、楚党之争，最后亦不免为清兵所亡。在内忧与外患交逼之下，朝廷仍不断党争，朝臣竭力应付异己已唯恐不及，哪有余暇平定内乱、消灭外患？因此我们甚至可以说明朝实亡于朝廷党争。方以智说：“一朝之上，各树私人，各怀私怨；此急报之，彼又报之，人材摧折，曾几何矣！日相寻之未已，遑筹所为控夷狄、裕财用哉？”即暗指此意。

方以智家世不但对明末政治上党争感到不满，而且也深受党争之害。方以智祖父方大镇在天启年间与邹元标、冯从吾等讲学于首善书院，天启四年（一六二四年）因魏忠贤毁书院而罢官归里。父方孔照也在同一年因忤阉党崔呈秀而被削籍，祸几不测。崇祯十三年（一六四〇年）抚楚任内，因极力主张剿灭张献忠而忤主抚之权相，被诬下狱，几至于死。方以智流寓金陵时期便深恨朝中太监及阉党之弄权，并劝好友钱秉镫脱离阉党阮大铖所主的中江社，中江社因之解体。崇祯十七年（一六四四年）二月召对德政殿，皇帝称善，却因忤权相之意而未被重用。福王即位南京后，马阮乱政，大捕东林及复社，方以智亦以降贼罪名列名追捕，不得已亡命岭南。永历帝即位肇庆，以拥戴功擢左中允兼经筵讲官，却因司礼太监王坤弄权，挂冠离去。可见方以智本人及其家世都在朝廷党争中遭受到恶性官僚与阉党的排挤与迫害；他们不但在政治上无法施展抱负，最后甚至对政治感到失望与灰心。

对于腐败政治的失望与灰心，使得方以智家世一致对现实政治表现冷感，转而在学术思想上表现高度的关心。他们似乎认为唯有从道德上与学术上提高每个人的水平，政治才能上轨道。因此方大镇说“蜀洛党争，我见为祟”，又说“无我而备物。藏悟于学，学而不厌，此圣人之无我也”。换言之，只要每个人“好学”，便能“无我”，也就可以消除党争，政治也就可以清明。这种“无我而好学”的信念深为方以智所继承发挥，从而有了均的哲学与知识主义的展开。

反对专权的太监与腐败的官僚而不反对皇权，是明末大部分知识分子的共同态度，方以智也不例外。因此他尽管对明末腐败政治极为不满，对于明朝皇室的效忠却始终一致。永历四年（一六五〇年)、永历七年（一六五三年）他曾两度拒绝清廷袍帽，并以遗民僧终其生就是忠于明室的最具体表现。此外异族虽然打败了腐败官僚与专横太监所建立的汉族政权，但却打败不了汉族知识分子所维系的思想文化，这也是当时知识分子所深信不疑的，因此方以智在明朝亡国后，虽然没有在行动上从事反异族的革命工作，也没有在文字上宣扬种族主义，却把余生献身于儒家思想文化的重建上，换言之，异族的入主并没有激起方以智强烈的种族主义，但却激发起他更浓厚的文化主义。

从学术思想上说，明末清初是儒学由宋明理学过渡到清代经学的时期。如果从思想史发展的“内在理路”来说，这种过渡主要是宋明理学内在的矛盾发展到尖锐化以后所导致的结果。所谓“宋明理学内在的矛盾”即指程朱理学与陆王心学二派之间的矛盾而言。盖朱子鉴于五代以来天下流于二氏虚无之弊，故强调实有，并且把格物解为“即物穷理”，即“求理于外物”。同时的陆象山却认为若依朱子方法去做，必定流于支离滞实，永远求不得理，故主张“心即理”，把格物解释为“求理于内心”。实有与虚无，求理于外物与求理于内心因而成为朱陆争论的焦点以及宋明理学内在的矛盾。

朱子“求理于外物”乃针对时弊而发，故能经得起陆象山的挑战而成为宋明理学主流，但末流却不出陆象山所料而流于支离滞实。明代王阳明出，遂上承陆象山之教，主张“心即理”、“致良知”，心学于是大盛。但到了明末“求理于内心”发展太过，却流于“扫物尊心”、“扫外言内”的虚无之弊，故有识之士乃又借朱子“求理于外物”的主张以挽救之，这种“以朱救陆”（或“以朱救王”）的思潮萌芽于十六世纪，过渡于十七世纪，至十八世纪乾嘉时代而完成。换言之，十六、十七、十八世纪是“求理于内心”至“求理于外物”、虚无至崇实，陆王至程朱的一个消长过程。

根据以上所述可以更明确地归纳为以下几点：(1)“求理于外

物”（实有）与“求理于内心”（虚无）是朱陆之间最大的矛盾，也是宋明理学始终存在的矛盾。（2）朱子倡“求理于外物”之时，“求理于内心”的主张已因陆象山而萌芽，至明初陈献章得到进一步的发展，至王阳明而达全盛；当王阳明“求理于内心”的主张全盛之时，“求理于外物”的主张已在阳明弟子中萌芽，至明末清初诸大儒得到进一步的发展，至乾嘉经史考据而达全盛。（3）王阳明使陆象山“求理于内心”的理论得到进一步的发展，乾嘉学者则使朱子“求理于外物”的主张得到更充分的实践，这是一种有机的进步发展，而不是机械式无进步的循环。（4）王阳明心学对朱子学末流滞实之弊而言是一种反动，但对陆象山“求理于内心”的主张而言则是一种连续；乾嘉经学考证对于王学末流掠虚之弊而言是一种反动，但对于朱子“求理于外物”的主张而言则是一种继承。

方以智生逢这样一个过渡时代里，思想上有很大的特色，（1）他鉴于明末王学末流掠虚逃玄之弊，故继承曾祖父方学渐“藏陆于朱”、“藏虚于实、潜无于有”之崇实论，以挽救王学末流之弊；（2）因鉴于朱子崇实、求理于外物而末流不免滞实驰外，阳明崇虚、求理于内心而末流又不免掠虚偏内，故在提倡崇实与求理于外物之时，亦不忽略崇虚与求理于内心的重要性，因而提出“合外内、贯一多”与“虚实交”的主张。

一个时代思想文化的变迁常是全面的，明末清初儒学有由虚无至实有、求理于内心至求理于外物的转变，佛道二氏亦然。本来宋明理学与佛道思想便有密不可分的关系，陆王一派尤其如此。陆王不但强调儒学中求理于内心的传统，而且更结合了佛道二氏言心的大成；其末流不但儒学流于逃玄掠虚，佛道亦然，故正当儒家学者挽救王学末流之弊之时，佛教界也出现了莲池（名袾宏，一五三五——一六一五年）、憨山（名德清，一五四六——一六二三年）、蕅益（名智旭，一五九八——一六五四年）几位大师以挽救佛学之弊。

他们挽救的方法约有两方面，一是强调修持工夫的重要，一是重视学问佛藏的地位。目的都在矫正禅宗末流掉弄机锋、束书不观之弊，并恢复原始佛教崇实重学的传统。譬如当时禅宗末流总以达摩“不立文字、见性则休”、“止贵直下有人、何必经典”来反对工夫、反对学问，而莲池却肯定地说：“学儒者，必以六经四子为权衡，学佛者，必以三藏十二部为模楷”。可见儒佛动向之一致。陈援庵先生也说：“明季心学盛而考证兴，宗门昌而义学起，人皆知空言面壁，不立语文，不足以相慑也。故儒释之学，同时丕变。问学与德性并重，相反而实相成焉。”梁任公在《中国近三百年学术史》中也明白地指出这种共同的趋向。

明末党争甚烈，而佛门中也有激烈的纷争。黄宗羲致熊开元诗中有“脱得朝中朋党累，法门依旧有戈矛”，即慨叹法门之纷争。关于佛门此一纷争史，陈援庵在《清初僧诤记》一书中做了很有系统的论述。全书共三卷十子目，卷一济洞之诤，分五灯严统诤、晦山天王碑诤、五灯全书诤三子目；卷二天童派之诤，分天童塔铭诤、密云弥布扁诤、灵岩树泉集诤、牧云五论诤四子目，卷三新旧势力之诤，分云门雪峤塔诤、平阳御书楼诤、善权常住诤三子目。在《明季滇黔佛教考》中更进而把这些纷争分为四类，即宗旨学说之争、门户派系之争、意气势力之争、墓地田租之争。佛门如此激烈的纷争，虽然可以看出法门之盛，同时也可看出法门之衰。

方以智外祖父吴应宾精于佛典，曾祖父以来又以理学相传，故思想上早有三教合一的渊源，因此他除了致力于儒学的重建以外，更力矫二氏末流之弊。他一方面发扬三教崇实的传统以矫末流虚无之弊，一方面以儒学虚实合一之旨会通三教。其最后目的在以虚实合一的三教取代王学末流集虚无大成之三教。对于学说宗旨以外的佛门纷争，方以智则始终有意令其自息。明亡后他皈依曹洞宗，当时曹洞与临济势如水火，先有五灯严统之诤，继则有晦山天王碑之诤，但方以智认为都是无关学说宗旨，都不愿介入。

明末清初除了本土思想文化的大变迁以外，还有中西文化交流的问题。明神宗万历年间西方耶稣会士利玛窦等相继来华传教。他们是欧洲宗教改革运动中新兴的一个天主教教会，也是一个以重视知识为主要特色的教会。因此他们除了传教以外，也传入西方各种学问，特别是科学知识，如天文历算、机械物理、工程学、数学、医学、生物学、地理学等。同时为了与中国士大夫往来，也为了在中国儒家中寻找与天主教教义相合的证据，他们不但学习中国语文，而且还精读中国儒家经典。此外，为了与佛教辩论，不得不输入西书七千部，以与“佛藏”相抗（当时在三教争辩中，佛以有“佛藏”讥讽儒家与天主教，故儒有编“儒藏”之议，后来的《古今图书集成》、《四库全书》就是这种儒藏说下的产物；天主教因之而输入的西书七千部，我们也可以称之为“天藏”）。

天主教在当时虽然无法与佛教相抗衡，但其对中国的影响却不容忽视。譬如在地理学方面介绍了最新世界地图，给中国知识分子带来了近代的世界观念，中国不再是天下了，中国只是天下的一国而已；天文历算方面则带来精确的观测天文的仪器（如望远镜）以及较精确的历法，解决当时朝廷中历法不验的难题；他们所介绍进来的兵器火炮在明清的战争中也都实际被加以利用。此外如数学、医学、动植物学等知识，对中国本土正在发展中的科学研究也有辅助之功。此外其崇实有、重实学的精神在明末清初反王学末流虚无心学的运动中，也扮演了相当重要的角色。

方以智虽不信天主教，但与传教士汤若望、毕方济甚善，对于西方传教士之爱读书、重科学表示非常敬慕，尤其对西方科学接受不遗余力，认为颇多可以补中国科学之不足。即所谓“借远西为郯子，申禹周之矩积”。《物理小识》一书便可以充分看出他所受西学影响之大。

由以上的叙述可以看出方以智所处的明末清初（即十七世纪），实在是一个黑暗的时代，也是一个光明的时代，是一个过渡的时代，也是一个多样的时代。黑暗与过渡的政治社会使方以智一生在患难悲剧中，最后并且薙发为僧，自沉以终；但过渡与多样的思想文化背景，又使他充满着乐观与进取，使他得以提出统一朱王、合一三教与会通中西的主张。此外，政治上的激烈党争、民乱，学术思想界的朱王之争、三教之争以及中西文化之争，也使得方以智思想主张上有浓厚的调和性格。

二、家世

从外在环境对于一位思想家的人格与思想的影响而言，除了时代背景以外，最重要的就是家世。方以智的家世自先世德益公迁来安徽桐城枞阳定居，至清末方昌翰为二十一世。其间族氏旺繁，人才辈出，特别在明末清初更为通显。兹列一家世简表于后：

①德益公→②？→③？→④宣使公→⑤法→⑥懋→⑦琳→⑧印→⑨敬→⑩祉→⑪学渐→⑫大镇→⑬孔照→⑭以智→

⑮ 中德
　　中通
　　中履→⑯正瑗→⑰张登→⑱赐豪→⑲？→⑳宝仁→㉑昌翰

五世祖方法（一三六八—一四〇三年），字伯通，中明惠帝建文元年（一三九九年）应天乡试，出方孝儒门，授四川都司断事，刚正廉直，执法不挠。靖难之变后成祖即位，下诏诸藩署名入贺表，方法不肯署名。旋即下诏逮捕诸藩之不署名者，方法名列其中，乃与家人登舟至安庆，自沉于望江，作《绝命词》二首云："休嗟臣被逮，是报主恩时，不草归降表，聊吟绝命词，生当殉国难，死岂论官卑，千载波涛里，无惭正学师。闻道望江县，知为故国滨，衣冠拜邱陇，爪发寄家人，魂定依高帝，心将愧判臣，相知应贺我，不用泪沾巾。"可见方法不但不愿草归降表而辜负主恩，更不愿贪生而惭对其师。他这种忠义之风影响方氏甚为久远。方大镇不但为之请求入表忠祠，而且以大理卿封蜀藩立祠，成都王为赋诗，群公和之，成《锦江燕诒录》。方以智流寓南京时闻朱白民好谈逊国时事，有意以此相赠。并有"感念祖德，敬书长律一篇"云云。方孔照有《谒方正学先生祠》诗云："断事只今依俎豆，吾家书种托门墙"之句。方昌翰也有诗云："吾家忠孝基，断事光楣扁。"由此可见方法忠义之风对家世影响之深远，明亡之后，方氏以遗民世其家亦非偶然。

方以智的曾祖父方学渐（一五四〇——一六一五年），字达卿，号本庵。幼年家贫，但颖敏善读书，其父遂尽鬻所有土地四十亩以资其学。适汉阳张甑山署桐城教谕，学渐首称弟子，毅然有为圣贤之志。旋耿定向督学南畿，方学渐亦往受教。晚年构筑桐川会馆讲学，并颜其堂曰"崇实堂"。中祀至圣孔子，右庑则祀张甑山与桐人何唐（何氏字宗尧，号省斋，是桐人之始言理学者）。同时桐城有赵鸿赐、童自澄也潜心学问，人称"桐川三老"。晚年不轻出有司，独热心讲会，西有斗冈，东有孔川，南有枞川，北有金山；旁郡则有九华、齐山、祁阊、龙舒、庐江，皆如期往赴。与邹守益、吕坤、冯从吾皆有往来。晚年与弟子安述之、汪崇正、吴畏之等赴无锡东林书院讲会，与顾宪成、高攀龙阐明性善之旨，甚得顾、高之推许。日人冈田武彦氏甚至认为东林学者之主张性善系受方学渐性善说的影响。除了性善说以外，方学渐主张下学而上达，重视下学工夫；亦深受顾宪成推许。方学渐为了挽救阳明学末流之弊，因此明确地提出“藏陆于朱”的主张，意即主张借朱子学以补阳明学之不足。

方以智祖父方大镇（一五六二——一六三一年），字君静，号鲁岳。万历十七年（一五八九年）进士，官至大理寺少卿，居官公廉，所至有声。他非常重视学的工夫，而且认为即使在仕途中也不应废学，曾说：“仕优而学，学优而仕，随学随仕，随仕随学，两相济相成也。”居官期间，也极力倡导理学；先是为陈献章、胡居仁请谥，继则疏请召用理学名臣邹元标、周汝登、蔡悉，并请褒崇王艮、罗汝芳、顾宪成等。天启元年（一六二一年），邹元标、冯从吾于北京创立首善书院，邀集同志讲学，方大镇亦应邀参与。后因朝廷小人排斥理学，并毁首善书院，邹、冯皆去位，方大镇乃篚得同人于野，引疾归里，自号野同翁，隐居白鹿山，建荷薪馆于明善祠旁，与门人阐述家世理学。

方以智父方孔照（一五九一——一六五五年），字潜夫，号仁植，中万历四十四年（一六一六年）进士。天启初为职方司员外郎，忤崔呈秀削籍，崇祯元年（一六二八年）起故官。以忧归，定桐城民变还朝。崇祯十一年（一六三八年）以右佥都御史巡抚湖广击贼，八战八捷。因极力主剿，与时相不合，遂因香油坪一败而逮下狱。以方以智孝心感动皇上，而免死得释。狱中与黄道周朝夕论易不辍。明亡后，隐居白鹿，潜心学问。各经皆有著述，尤精于《易》，著成《周易时论合编》二十三卷，集方氏易学之大成。有顺治十七年（一六六〇年）刊本。

方以智有三子，即方中德、方中通、方中履。中德字田伯，号依崖。少侍京邸，京城陷，随父南奔，值马阮用事，罗织善类，于以智尤所切齿。中德时年十三，为父讼冤，继而与弟徒步追从其父。父殁事母潘氏极孝。所著有《古事比》、《易爻拟论》、《性理指归》、《经学撮钞》等。中通，字位白，号陪翁。郡诸生，考授州同知。著《数度衍》最有名（二十四卷），其他有《音韵切衍》二卷、《篆隶辨从》二卷、《心学宗续编》四卷、《陪翁集》七卷、续四卷。又与广昌揭暄论难日轮大小，得光肥影瘦之故，及古今岁差之不同，须测算消长以齐之，一昼夜人一万三千五百息，每息宗动天行十万里有奇。别录一书为《揭暄问答》。中履字素伯，号合山，性孝友，与两兄奉母寻父于岭海间，归而独往，随侍十余年。既扶榇归葬，筑稻花斋于湖上，殚力著述，遗世远俗，所著《古今释疑》十八卷。讨论天人性命经史律象算法声韵之理，无不赅备。

方氏自学渐以来累世以学问相传，至方以智而集大成。至中德、中通、中履又转为专门分科。故马其昶说："方氏自先生（方以智）曾祖明善（学渐）为纯儒，其后廷尉（大镇）、中丞（孔照）笃守前矩，至先生乃一变而为宏通赅博，其三子中德、中通、中履并传父业，于是方氏复以淹雅之学世其家矣。"

方昌翰（一八二七—一八九七年），字宗屏，号涤斋，方氏二十一世孙。曾任河南新野县知县五年，自免归，一以撰著为事，著有《虚白室诗文集》十二卷。他因有鉴于方氏累世著述繁富，历经变乱，散佚极多，故于光绪十四年（一八八八年）刊行《桐城方氏七代遗书》，计选刻方学渐（十一世）三种，即《性善绎》、《东游纪》、《庸言》；方大镇（十二世）三种，即《宁澹居奏议》、《宁澹居集》、《宁澹语》；方孔照（十三世）六种，即《职方旧草》、《抚楚疏稿》、《抚楚公牍》、《知生或问》、《西库随笔》、《蒭荛小言》；方以智（十四世）三种，即《向言》、《膝寓信笔》、《稽古堂文集》；方中履一种，即《汗青阁文集》；方正瑗（十五世）三种，即《方斋小言》，《关西讲堂课问》、《方斋补庄》。方张登（十六世）一种，

方孔照著《周易时论》顺治十七年刊本

（日本内阁文库藏）

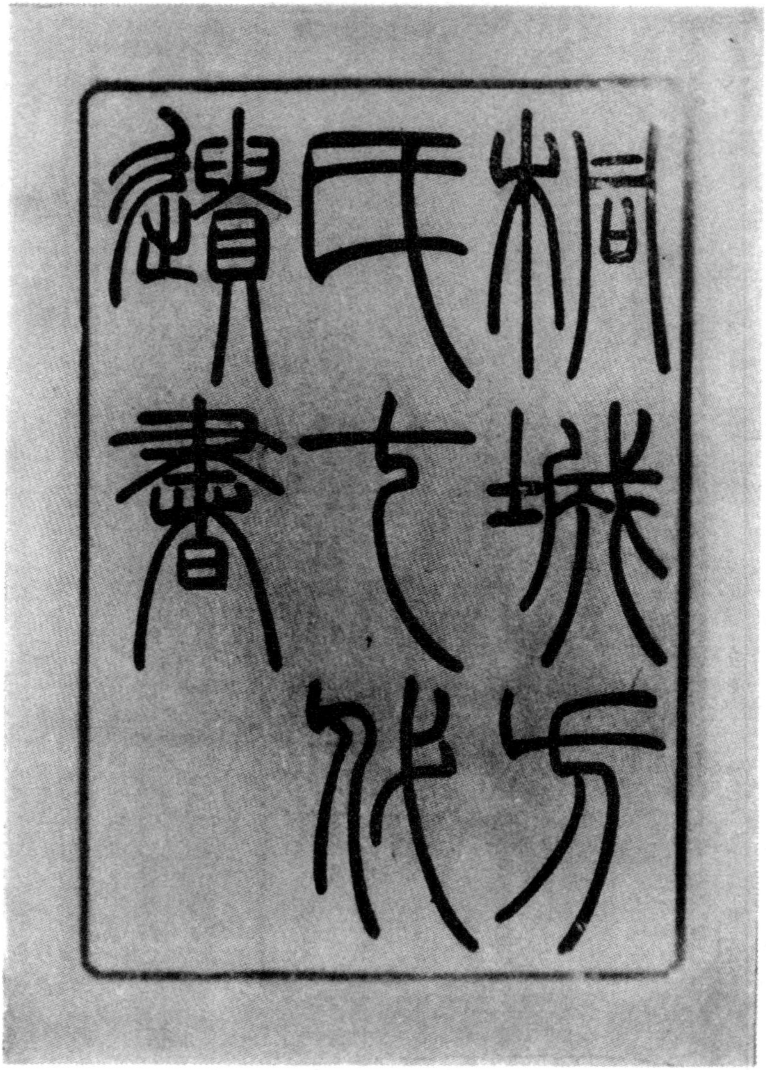

方昌翰编《桐城方氏七代遗书》光绪十四年刊本

（日本东洋文库藏）

即《褚堂文集》。方氏七世著述当然不只上述数种，方昌翰只是就所自出之祖，择要刊行。书前有七代系传，各附遗书考，对每人著作之存佚做了详细的考证。方昌翰此举不但于表扬祖德，功不可没，对于吾人今日研究方氏家学更留下宝贵的史料。

方氏累代以忠孝与学问世其家，而影响所及，女子亦然。方法自沉望江完节以终，其妻郑崇德哭曰："寰土腥秽，固宜濯骨清江"。守节四十年如一日。方法女方川贞许聘盛郎，未笄而盛郎卒，川贞同殉未果，亦以完节终。至明末则有所谓"方门三节"，即指方孟式、方维仪、方维则。孟式字如耀，方大镇长女，博学工书画，能画大士像，神采欲生，适山东布政使张秉文。崇祯十一年（一六三八年），清兵攻济南，次年正月初二日城破，秉文战死，遂投大明湖自尽；侍婢数人，亦感而同殉。著有《纫兰集》八卷。有《与妹方维仪书》云："吴人好名而不学，不独男子然也"，章实斋谓"其言有丈夫气，巾帼中少见此识"。方维仪字仲贤，方以智仲姑。年十七适姚孙棨，次年守寡。请大归，守志清芬阁，博学高才，著有《清芬阁集》八卷。方以智曾为作《清芬阁集跋》。维仪精禅理，擅画白描大士。方以智十二岁丧母，便由方维仪抚养长大。方维则，字秀准，适吴绍忠，十六而寡，亦孀居守志，有《茂松阁集》。方孔照曾于崇祯十七年（一六四四年）正月，上《请旌表方门三节疏》，以加表扬。方昌翰更因之欲编《方族烈女行谊》而未就。

除了"方门三节"以外，方以智妻潘翟，方中通妻陈舜英，方中履妻张莹也都才德兼具。潘翟乃潘映娄女，小方以智三岁。自结发为婚后，患难与共，未尝一日以鱼轩象服之荣，耀其闾里，却能秉其夫志，视功名如土苴，诫子孙不可趋时求荣。陈舜英系陈名夏三女，字玉佩，有《文阁诗选》一卷。粤难作，中通被逮，舜英有诗云："世外犹遭难，人间敢惜生，便捐男子血，成就老亲名，君指天为誓，余怀刃是盟，一家知莫保，不用哭啼声"，可见其临难之不苟。张莹有《友阑阁遗稿》一卷，从兄张英曾为撰序，不但论断见识非流俗女子可比，即操守大节亦非一般学士大夫所能及。清初曾征博学宏词与隐逸于方中履，中履皆未往应，此与张氏之深明节义有密切关系。方中履有《亡妻张氏行略》称其“富贵不动其心，穷约不易其守，学士大夫犹难之，况于闺阁”，又说：“余自隐遁以来，遇世情凉薄，有时难堪，尚不能不感愤，君则慰我勉我，其识、其论，类非世俗女子所及”。张氏志节于此可见一斑。

总之，方以智家世早在明末清初已有很重要的学术史地位，它不但在明清学术思想转变过程中具有重要地位，即使在文学发展史上也有重要地位，清末谭献便曾说方氏家学不但开乾嘉考据学先河，同时也开桐城派古文之先河。他说：“桐城方氏七世（指方学渐以下七世）之学，不独灵皋侍郎（方苞）文辞授受之先河，抑亦阎（若璩）、顾（炎武）之流一代经师之先河”。后人论及桐城方氏总以方苞为代表，实有失先河后海之意。何况方苞祖籍桐城，却世居金陵，以之代表桐城方氏，亦欠允当。

三、略传

方以智的一生约可分为六个时期：(1) 在乡时期（一六一一——一六二九年），即一岁至十九岁；(2) 出游及流寓金陵时期（一六三〇——一六三九年），即二十岁至二十九岁；(3) 仕宦北京时期（一六四〇——一六四四年），即三十岁至三十四岁；(4) 流离岭南时期（一六四四——六五〇年），即三十四岁至四十岁；(5) 逃禅前期（一六五一——一六六四年），即四十一岁至五十四岁；(6) 逃禅后期（一六六四——一六七一年），即五十四岁至六十一岁。兹依次略述于后。

1. 在乡时期

方以智于明神宗万历三十九年（一六一一年）十月生于安徽桐城之枞阳镇。是月曾祖父方学渐自无锡东林书院讲学归，故乳名“东林”。祖父方大镇以“易蓍圆而神，卦方以智，藏密同患，忧易不易”，取其名“方以智”，别称宓山氏。因浮山有此藏轩，又称浮山愚者；少读书于龙眠山廖一峰下，故称龙眠愚者。根据他的自述，他年九岁便能赋诗属文，十二岁诵六经。长更博学，遍览史传，通阴阳象数、天官望气之学，穷律吕之源、讲兵法之要，意欲为古之学者，遇时以沛天下。又善临池，取二王之法；好围棋舞剑，少知弹琴、吴歌、杂技等。由此可见方以智早年便很博学，而且有经世的大志。

方以智早年学术思想的形成受方大镇的影响最大。七岁（万历四十五年，一六一七年）入塾读书，方大镇便亲自为他择塾师，并撰《示塾师》一文，提示“下学上达”的教育原则（此亦方学渐主张）；方以智理学方面的造诣也可以说奠基于方大镇。其次是王宣（一五六五——一六五四年），字化卿，号虚舟，方学渐门人，精于河洛象数易，授予方以智；并著有《物理所》一书，方以智于崇祯四年（一六三一年）梓行，并始撰《物理小识》；其次是白瑜，字瑕仲，号石塘，反对明末学术思想界虚病，而重视实学、经学。此外，方以智于九岁（万历四十七年，一六一九年），随父至福建福宁州任所，在长溪聆听熊明遇议论西学与物理学，也得到很大启发。熊明遇著有《格致草》、《掖草》等。十二岁丧母，由仲姑方维仪抚养长大，自然也受其影响。

在乡时期与周岐（字农父，号需庵）、孙临（字克咸、号武公；后娶方以智妹方子耀）、六叔方文（字尔止，号需庵）、舅氏吴道凝（字子远，吴应宾独子）最相往来。他们辈分或有不同，然年相若，所志亦同，故常同学、同游；常感于时事而饮酒悲歌，虽至夜半，亦往往同游深山，或歌市中，旁若无人。人人以狂生视之，他们亦以狂生自居。然而方以智始终把握"以旷达行吾曲谨"的原则，不因为狂放而踰越礼法。

2. 出游及流寓金陵时期

方以智因慕司马迁之周游天下，于二十岁（崇祯三年，一六三〇年）载籍出游江淮吴越间，其目的在游览山川名胜，并结交天下名士；结果他发现天下之所谓"名山大川"不过如此，而所见天下人物中，知己不过数人，大都材知相埒而已；更无所谓"如古人者，过古人者"。因此，乃回桐城准备入山读书著书，并拟定了人生计划，预定"从此以往，以五年（即二十岁至二十五岁）毕词赋之坛坫，以十年（即二十五岁至三十五岁）建事功于朝，再以十五年（即三十五岁至五十岁）穷经论史、考究古今，年五十，则专心学易，少所受王虚舟先生河洛象数，当推明之，以终天年，人生足矣"。但是从后来方以智的遭遇来看，二十五岁至三十五岁虽曾任官于朝，却为权相所阻，经世之志未申，始终没有立功于朝；反而从事于经史考证；三十五岁至五十岁则因国破家亡，没有安定的环境与足够的环境可以从事经史考证，反而逃禅深山，以易衍道。

崇祯七年（一六三四年）桐城民变，方以智被迫流寓金陵，以城西茅止生旧宅为居，名"膝寓"，"轩堂潇落，复道逶迤，旁有曲径，迭石为陇，有花树扶疏其间，宎室三五，足容书榻，颜曰膝寓”。居此前后五、六年，有随笔称《膝寓信笔》；有诗数百篇，名《流寓草》，陈子龙曾为撰序云：“大约皆忧愁感慨之作”。

流寓金陵时期一方面见流贼之日益猖獗而感伤时事，“意有所至，则发啸歌；啸歌而悲，人莫之知”；但是一方面则又叹“家事好善，而善不可为，家世好学而不学者嫉之，虽客居屑屑，讥诟日至。”盖崇祯七年桐城民变，其父方孔照适丁父忧在乡，遂一面托言招安，设法解散，一面暗佐县官，措处兵饷，不到一月使渠魁授首者三十余人，生擒六十余人，民乱因以平定。但是此举保全了巨室，却似不免得罪百姓，所以方以智流寓金陵便难免“讥诟日至”，而有“家世好善而善不可为”之叹。

方以智在这种矛盾心理下选择了读书作为人生努力目标。他在崇祯十年（一六三七年）二十七岁之年，用寓言体写成《七解》一文，假设了人生八条可行之路而一一加以分析选择。一是“逢倍子”所代表的科举功名之路，二是“握辄子”所代表的讲食货计研之路，三是“横世君”所代表的结交天下豪杰之路，四是“程勇公”所代表的伏阙上书之路，五是“缜栗先生”所代表的入山深隐之路，六是“罔窅老人”所代表的求神仙长生之路，七是“轻婧少年”所代表的及时行乐之路。这七条路都是庸俗社会所奔走热衷的，都被方以智一一加以否定，最后方以智选择了“故人”所代表的“研细席、同食啖、温古昔、考当世”的读书之路。也因此他比以前更加博学，举凡经解、性理、物理、文章、经济、小学、方伎、律历、医药、史事、诗文，无不专攻；《通雅》与《物理小识》也就是大部分在此期间完成的。

明末金陵是人才汇集、社事频繁之地。方以智流寓此地也参与社事，并结交不少朋友。崇祯六年（一六三三年）与杨文聪举国门广业社第二次大会；崇祯九年（一六三六年）黄宗羲患疟，方以智为诊尺脉。黄宗羲在《思旧录》中对此事始终念念不忘；而且对其年少才高表示由衷敬畏，曾说：“余束发交游，所见天下士，才分与余不甚悬绝，而为余之所畏者，桐城方密之、秋浦沈昆铜、余弟泽望及子一四人。”此外方以智与侯方域、陈贞慧、冒襄友善，合称明末四公子，是明末秦淮河畔的风流才子。但与阮大铖之结仇亦在此时。阮大铖是天启朝阉党，崇祯五年（一六三二年）于桐城组中江社，结交六皖名士以洗清恶名，钱秉镫首入其社。是年方以智游吴回桐，为疏阉党，辨气类，劝钱秉镫脱离，中江社因之解体，阮大铖恨甚。崇祯十一年（一六三八年）复社人物顾皋、黄宗羲等在金陵出《留都防乱公揭》驱逐阮大铖。是时方以智随父在楚抚任所，虽接陈贞慧书而未署名覆书，但阮大铖却始终诬方以智为幕后主谋。福王即位南京，阮大铖当权，借机大捕东林复社人物，方以智亦名列其中，不得已乃亡命岭南。

3. 仕宦北京时期

方以智于崇祯十二年（一六三九年）中举人，十三年（一六四〇年）中进士，至崇祯十七年（一六四四年）止，前后四年余都仕宦北京，是为仕宦北京时期，颜所居曰曼寓，号曼公，所撰文称《曼寓草》。收入《浮山文集前编》卷四、五、六。

仕宦北京时期，方以智首先遭遇到其父孔照下冤狱之事。方孔照于崇祯十一年（一六三八年）受命为湖广巡抚，讨伐张献忠。时相杨嗣昌、总理熊文灿不但力主抚议，且以粮饷纳献忠降。孔照力排众议，主张力剿，且上疏详言可剿与必剿之策，以及献忠之虽降必叛。后果料中，杨、熊甚恨。遂以崇祯十二年香油坪一败，逮下诏狱。方以智乃于崇祯十三年三月以中式举人上《请代父罪疏》，力言孔照抚楚年余八战八捷，且香油坪之败咎不在孔照，故愿如缇萦之求代父死、吉翂之为父白冤。圣旨以“殿试在即，方以智不得以私情陈情”。但方以智依然“食不肉、衣不帛，终日呜咽啼泣，出入圜扉省亲不倦，并求百官代为上达”，如是者一年八个月，崇祯皇帝终为其孝心所感动，一再感叹说“求忠臣必于孝子之门”，而释放了孔照。此次的冤狱，使方以智深刻地认识到朝廷恶性官僚不但不能公忠体国、消灭贼乱，反而排除异己、诬陷忠良的腐败面目。

时事的危急与崇祯帝的平冤，使方以智经世思想达到高潮，崇祯十七年（一六四四年）正月，方孔照受命以都察院右佥都御史降一级戴罪河北山东的屯务，二月兼理军务，督同广大二道就近御防，方以智遂于正月二十四日上《请缨疏》，求“以兵曹参谋，出联镇协”，“如范仲淹之子，挺身行伍”，“父子枕戈，君亲并报”。二月初三日蒙诏对德政殿，方以智提出四策：一言督抚之权当重。主张“凡临敌之抚，勿掣其肘，所属之官，应令自选报部；钱谷之数，惟所适拨，则郡邑皆将也”；二言卫军兴屯。主张“凡上林草场诸楚地，西北山诸楚水，似可先之劳之；该管衙门，募屯开种，三春一麦，便见充盈”；三言招商海运；四言用人练才，鼓舞之几。皇上对所言四策甚表称赏，但却为时相所沮，终未得用。因此方以智经世之志又因恶性官僚而遭到挫折。旋即有三月二十九日李自成攻陷北京、崇祯帝自缢煤山之事。方以智哭帝于东华门为李自成所执，备受拷打不肯降贼，终于四月十二日夜乘机逃出北京，于五月十日抵南都。

方以智仕宦北京期间，虽因朝廷恶性官僚掣肘，始终未能立功于朝，但是读书学问却未曾一日废置。当孔照遭冤狱，方以智每日掩寓读书，并与巩鸿图、吴恭顺往来，研究金石、汉唐碑搨以及唐宋以前各种珍籍秘本。出入圜扉省亲之际，又常聆听方孔照与黄道周所论象数易，对于方以智易学有很大启发。此外《通雅》与《物理小识》也在此期间加以补充与定稿。

4. 流离岭南时期

方以智于崇祯十七年（一六四四年）五月十日抵南都，时福王即位南京，马士英、阮大铖用政，借机大捕东林复社。阮大铖诬加方以智降李自成之罪名，列名追捕，不得已离开南都，变姓名流离岭南，以卖卜卖药为生，无意中却为同年进士南海参议姚奇胤所遇，遂馆姚署中，是为乙酉年（一六四五年）。桂王于次年丙戌（一六四六年）十月即位肇庆，以明年为永历元年。以拥戴有功，擢左中允，充经筵讲官。旋与司礼太监王坤不和，挂冠离去，不入班行。永历元年（一六四七年）二月拜礼部尚书东阁大学士，方以智上疏固辞，旋随帝奔灵川，三月居夫夷莲潭庵，四月二十日因岐华互争，避兵孤行，六月至沅，七月入兰地天雷苗。永历二年（一六四八年）至贵州赤溪土司，武冈罗公洞口，大埠猺，而于是年冬回桂林，随即隐居平乐平西山，至永历四年（一六五〇年）十月平乐为清兵所陷为止。

流离岭南时期，永历帝曾十次下诏，令其入阁，但方以智连上十疏辞之。据永历元年（一六四七年）二月晦日《夫夷山寄诸朝贵书》表示其所以不能入阁有“三不能”、“三可笑”、“三不便”。他说：“自北都万死守节而归，为马阮所陷，以白为黑，忠臣灰心，洒天弥海，即得怔忡惊悸、呕血头晕之症，病且一年，今桂林复发之后，仅存人形耳。近日目昏不见，加以气逆，一有所思，则晕大如斗，何以胜劳乎？一不能也。贱性狂直，见人之不善，则若不能容。今日之势能一刻与人处乎？二不能也。性又疏懒，每答人一书，则先愁竟日，病来尤甚，昼刻之时，四分皆卧，今何以接待群贤？三不能也。当端州会议，自矢不加官，方在屡疏控辞，而今乃坦然

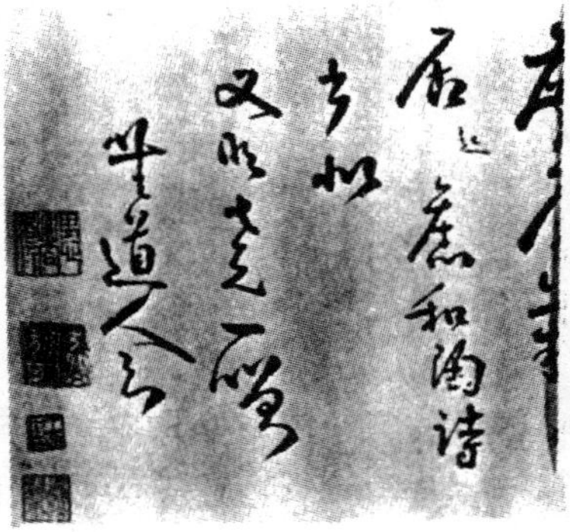

卷末

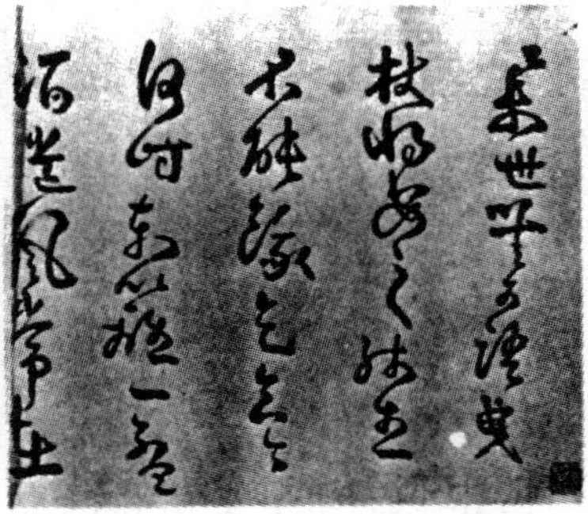

卷首

方以智书《和陶饮酒》诗卷真迹

（王雪艇先生旧藏，今已捐赠台北故宫博物院）

受之，食言不信，违神不祥，一可笑也。生平爱闲居，不慕官爵，见人营营，尝笑之，而今何以自白？二可笑也。本文弱书生，而气奋则欲横尸战场，今出则速死耳，殊非年来难后所讲老庄之学，三可笑也。一弟议废三衙门，以六曹带之，分班直中书，又欲废巡方，废监司，今可行乎？一不便也。一思议不必每事差朝臣，今诸公乞差者差矣，朝堂几空，得无怪乎？二不便也。一贱性外和内方，若一念端至，则百情俱断，遇事执强，毋乃嫌之乎？三不便也。”以上所谓三不能、三可笑、三不便，不外乎（1）乱后身体虚弱，不胜劳苦，（2）个性狂直，嫉恶如仇，（3）个性疏懒，不能理繁忙朝政，（4）端州会议曾自矢不加官，（5）生平爱闲居不慕官爵，（6）难后所讲为老庄之学，（7）政治改革主张将不能为朝臣所受容。方以智立功于朝廷之雄心已经大减，代之而来的是老庄退隐之路。

对现实政治的冷感，并不意味着对于国事的漠不关心，因此方以智一面上《十辞疏》，苦辞阁衔，一面却条陈《蒭荛妄言》，以献救国之策。《蒭荛妄言》是永历元年（一六四七年）所撰，共五策，一言制之当更，二言土塞当倡，三言议饷当求其源，四言说士之当求，五言间使之当广。

5. 逃禅前期

方以智于永历五年初逃禅梧州，故大约自永历五年（一六五一年）至清康熙十年（一六七一年）前后二十一年是逃禅时期。其间又分为前后两期，自永历五年至康熙三年（一六六四年）为逃禅前期；自康熙三年至康熙十年为逃禅后期。逃禅梧州时期法名行远，字无可；礼觉浪道盛禅师于天界，更名大智，又称弘智。别号很多，主要有药地、栾庐、五老、木立、墨历、极丸老人、笋参上人、青原愚者智、浮渡智等等。

方以智自永历三年（一六四九年）隐居广西平乐平西山，永历四年十月钱秉镫适至，又逢方以智生日，故同饮于平乐焦琏幕中。方以智送钱秉镫后，自昭江返，未及平乐，闻平乐已陷，其家人被执，问方以智所在，告之以在回仙洞严炜（字伯玉，常熟人，大学士严讷之孙，授光禄寺卿，隐居回仙洞）家，清将乃发二十余骑往回仙，适方以智亦至。清兵缚严炜，拷掠备至，方以智乃薙发僧装出以免严炜。遂至平乐见马蛟麟，蛟麟谕之降，不屈，胁之以刃，诱之以袍帽，皆不答，蛟麟乃延之上坐，礼之甚恭，因请出家，故随之至梧。逃禅梧州年余，先后在冰井寺、大雄寺、云盖寺。永历六年（一六五二年）三月，施闰章奉使广西抵桂林，与方以智订交云盖寺，并同游冰井寺。同年七月与施闰章越梅岭北上，并同游匡庐。永历五年（一六五一年）于冰井寺作《和陶饮酒》诗二十首，诗中可见他对庐山之陶渊明与远公遗迹的向往，以及回桐省亲的强烈欲望。

永历七年（一六五三年），回桐，皖开府李芄劝其出仕，赠以袍帽，方以智表明了逃禅与不仕异族的决心，并往天界礼觉浪道盛禅师为师。是年冬，受大法戒，闭关高座寺竹关，觉浪为作《破篮茎草颂》，又为作《庄子提正》，是后来撰《药地炮庄》的引子。方以智入关又撰《象环寤记》表明三教归儒的主张。

永历九年（一六五五年），孔照卒，方以智破关奔丧，并于合明山下结栾庐守墓三年，称栾庐大师。令三子中德、中通、中履续成《周易时论合编》，并以易理会通三教万法。

永历十一年（一六五七年）庐墓期满，至江西宁都访易堂诸子，与魏禧、邱维屏尤为相契。随至新城县廪山，此后六、七年间虽屡易其所，但大抵不出新城县境。

方以智逃禅前期生活极为艰苦。钱秉镫诗有“十日无栖此夜偏，故人衣被拟同眠，那知难后贫如我，抵足牛衣剧可怜”。这是逃禅梧州之初贫苦生活的写照。游庐山时，以苦行头陀现身，熊开元亲见，说他“肩大布衲游行，即以为卧具，别无鞣袋钵囊”，钱谦益《题无可道人借庐语》亦云：“无可道人……薙发入庐山，披坏色衣，作除馑男”。在庐山时期，钱秉镫有《寄药地无可师》诗描述得更为真实。诗云：“风动知岁晚，木落知天寒，居人篝火坐，各各掩其关，言念药地翁，一身栖廪山，廪山在何所，草屋八九间，江右土气薄，况经兵燹残，缊袍岂能温，粗粝宁可餐，又闻终岁病，须鬓不复斑，岂徒无与侣，枯淡恐无欢，念此不能往，喟焉摧心肝。”可见方以智逃禅前期生活之贫苦。

6. 逃禅后期

方以智自康熙三年（一六六四年）冬应吉州诸护法之请，入主青原山七祖道场，至康熙十年（一六七一年）秋自沉于万安为止，前后近七年是逃禅后期。大抵活动范围都在青原山，因此也可以称为住持青原时期。

青原山原名安隐山，在江西庐陵县境内，山有安隐寺，自唐开元间七祖行思禅师弘扬佛法于此，始成胜地。至宋始改名净居寺。其后佛法渐衰。至明末由于阳明学盛于江右，邹守益、聂豹诸公借寺春秋讲学。至万历四十三年（一六一五年）邹元标才把会馆移至山前，并还寺于僧。僧徒乃兴土木、修寺院，继则延师开堂说法，禅侣渐集。永历十一年（一六五七年）笑峰大然禅师奉觉浪道盛之命入主，永历十四年（一六六〇年）笑峰卒于金陵，返厝青原。康熙三年（一六六四年）冬方以智又应邀入主，青原宗风一时称盛。

青原山除为佛教圣地以外，也是江右王学重镇，邹元标既还寺于僧，乃别建五贤祠（所祠五贤指王守仁、邹守益、聂豹、欧阳德、罗洪先）与传心堂，讲学不辍，至清初施闰章以理学大儒分守湖西更盛。施闰章于五贤祠左建圣域坊，右建祖关坊，并于传心堂左建仁树楼，右建见山楼；楼以藏书，由郭林守之。

青原山既有净居弘扬佛法，又有传心堂阐扬儒学，遂为荆杏双修、三教合一盛地，方以智晚年主张三教合一与这种天时、地利的环境有密切的关系。

青原山所以在明末清初成为三教合一、学风颇盛之地，与“人和”也有密切关系。除了二愚（施闰章，号愚山；方以智，号愚者）之唱和以外，庐陵知县于藻为最重要，于氏为方以智流寓金陵时期好友于司直之子，以政事之暇，参究禅学，力为檀护，并建禅堂，建归云阁、建晚对轩，与青原净居寺之盛有很重要影响。

方以智住持青原山时期不但会通三教、以易衍道，同时刊行了生平重要著作。康熙三年（一六六四年）刻《药地炮庄》九卷、《物理小识》十二卷；康熙五年（一六六六年）刊《通雅》五十二卷。此外还为觉浪道盛禅师编辑语录，成《天界觉浪道盛禅师全录》

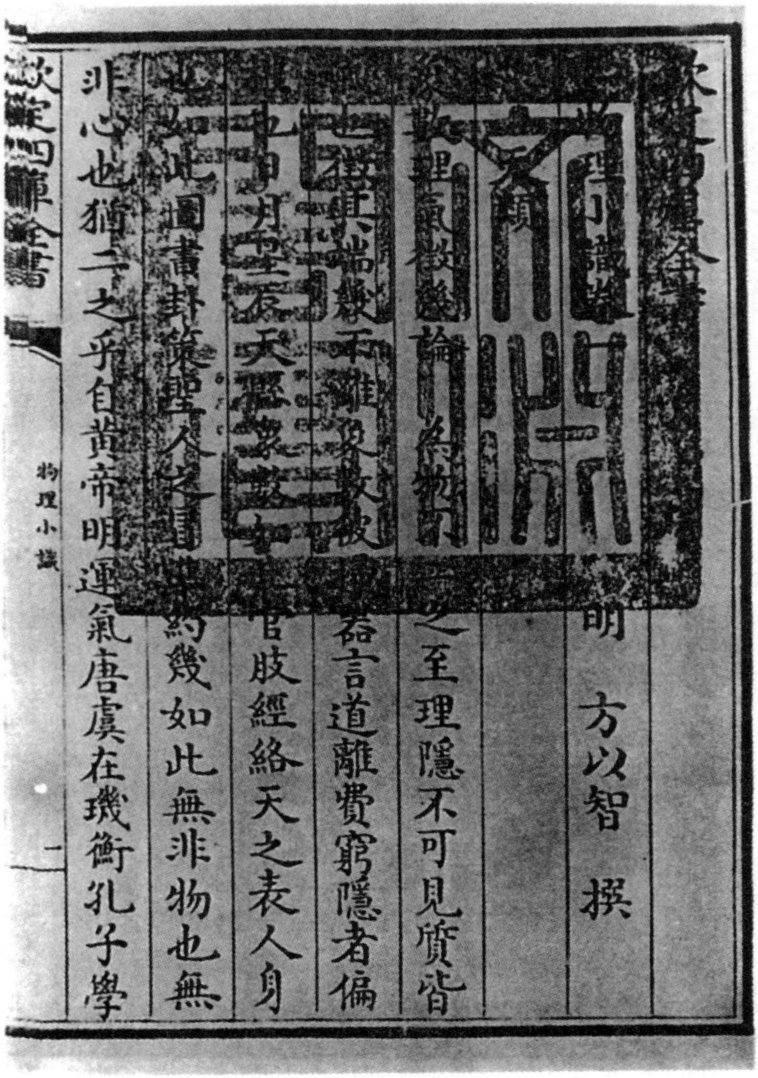

欽定四庫全書

物理小識

明　方以智　撰

之至理隱不可見質皆

器言道離費窮隱者偏

官肢經絡天之表人身

約幾如此無非物也無

非心也猶二之乎自黃帝明運氣唐虞在璣衡孔子學

欽定四庫全書

物理小識

一

方以智著《物理小识》四库全书本

（台北故宫博物院藏）

方以智编《青原志略》康熙八年刊本

（日本内阁文库藏）

三十三卷；并与施闰章合编《青原志略》十三卷。住持青原时期亦颇多山水之乐，康熙五年往游武功山，搜得图坪千丈崖瀑布，回青原山后发现小三迭瀑布，征文四方，一时传为美谈，青原之以瀑布名盖亦自此始。往来青原的人士因之更众，方以智的交往也因之更广。

方以智在逃禅以前已备受社会上与学术界“忌才忌能”、“善妒成风”之害，逃禅之后更甚。魏禧有《读史杂咏呈药地大师》诗，把方以智比诸都区贤，说“华秋膝兔，猎夫解贪，孝子在庐，猛虎俛颜”，并自注：“师庐墓后始脱疑谤”。可见庐墓期间（一六五五—一六五七年），不但遭人疑谤，而且还有人企图加以谋害。永历十五年（一六六一年）魏禧又有《同林确斋与桐城三方书》，劝方以智三子（即中德、中通、中履）“卖田宅、省徭役，使亲戚朋友不相望，然后轻去其乡，择隐朴之地而托处以自远于是非利害”。方氏乃桐城望族，当时奴变之风很盛，魏禧所劝与此或不无关系。

康熙六年（一六六七年），魏禧又有《与木大师书》。认为方以智住持青原三年以来，因“道誉日盛，内怀忧谗畏讥之心，外遭士大夫群衲之惟奉，于是接纳不得不广，干谒不得不兴，辞受不得不宽，形迹所居，志气渐移”，如此难免予小人以谗言、陷害之机，故劝其应如佛史上之古德，在道行法明之日，“挂鞋曳杖，灭影深山”。但是方以智以“士恶异己必吹其疵”，主张“止谤不辨”。而且从客观环境上说，明末清初青原山正是方以智会通三教的最好时地，故对魏禧之忠言当然只有婉谢了。

康熙九年（一六七〇年）十一月初一日，方以智以“老病”辞净居寺而退休。青原法侄为筑烹雪堂于青原，泰和首山中千监院亦为筑陶庵大悲阁，故康熙九年在烹雪堂过冬后，才退居泰和陶庵之大悲阁。至秋自沉于赣江惶恐滩头，完节以终。距退休不到一年，距魏禧书劝也才四年。

四、著述

明末清初鼎革之际，文献典籍颇多亡佚。特别是晚明诸遗老，或灭影深山，或避时讳，其著述更是湮没不彰。清末民初以来，顾炎武、王夫之、黄宗羲诸大儒的遗书全集已经大部分整理出版；他们在学术思想史上的地位也得到相当的确定。而方以智不但很多著作至今尚未发现，就是已经发现的抄本也大多尚未整理出版，因此方以智的学术思想目前还缺乏全面而深入的研究，其在中国学术思想史上的地位也更无由确立。有鉴于此，本章将略考方以智著述，并略加介绍，希望借此唤起大家对方以智遗书的注意，并冀望《方以智遗书全集》能因此早日问世。

据方昌翰《桐城方氏七代遗书》的考证，方以智除了《通雅》五十二卷、《物理小识》十二卷、《药地炮庄》九卷载入《四库全书》（其实《药地炮庄》只有存目，而未著录）以外，见于经义考者有《易余》二卷；家藏抄本有十八种，即《稽古堂诗文集》、《向言》、《膝寓信笔》、《冬灰录》、《象环寤记》、《此藏轩别集》、《此藏轩尺牍》、《庐墓考》、《东西均》、《鼎薪》、《正韵笺补》、《切韵声源》、《一贯问答》、《猺峒废稿》、《会宜编》、《经考》、《禅乐府》诸书；他如《学易纲宗》、《易筹》、《诸子燔痏》、《四书约提》、《汉魏诗风》、《阳符中衍》、《旁观铎》、《太平铎》、《烹雪录》诸书百余种，已佚去无存。方昌翰所谓“佚去无存”的著作目前吾人也没有新的发现，但是十八种抄本中，目前被发现的有七种，即《东西均》、《象环寤记》、《冬灰录》、《庐墓考》、《一贯问答》、《会宜编》、《易余》等，前两种已于一九六二年合订出版。他如《切韵声源》见于《通雅》卷五〇，《稽古堂》初、二集见于《浮山文集前编》卷一、卷二，《庐墓考》见于同上卷二，《猺峒废稿》见于同上卷十。收入《桐城方氏七代遗书》的则有《稽古堂》初二集、《膝寓信笔》及《向言》三种，但经容肇祖考证，《向言》是钱谦益的作品。

近数十年来由于方以智的哲学思想受到普遍的重视，因此对其著作的搜集更有系统。据一九六〇年发表的统计中指出：方以智现存的遗著中除了《通雅》与《物理小识》以外，还有以下几种。

（一）文集诗集方面

（1）《浮山前集》十卷

（2）《浮山后集》四卷（抄本）

（3）《博依集》十卷（存七卷）

（4）《流离草》（抄本《方密之诗钞》摘录）

（5）《流寓草》（同上）

（6）《药集》（抄本）

（7）《膝寓信笔》（见《桐城方氏七代遗书》）

（8）《象环寤记》（抄本）

（9）《合山栾庐占》（抄本）

（二）哲学著作

（1）《药地炮庄》（刊本）（成都美学林排印本不全）

（2）《东西均》（抄本）

（3）《易余》（抄本）

（4）《性故》（又名《会宜编》，抄本）

（5）《一贯问答》（抄本）

（三）语录

（1）《冬灰录》（抄本）

（2）《愚者智禅师语录》（嘉兴藏本）

（四）史学著作

《两粤新书》

（五）音韵学著作

（1）《四韵定本》（抄本）

（2）《正叶》（抄本）

（3）《五老约》（抄本）

（六）医学著作

（1）《内经会通》（抄本）

（2）《医学会通》（抄本）

（七）杂著

（1）《庐墓考》（抄本）

（2）《印章考》（见《篆学琐著》）

以上除了《通雅》、《物理小识》外，计二十四种。二十四种中除《浮山文集前编》、《药地炮庄》、《愚者智禅师语录》、《两粤新书》、《印章考》五种以外，都是新发现的珍贵抄本。但是《两粤新书》据朱希祖的考证，已断定其非方以智所著。书中对瞿式耜颇加诋毁，对五虎更是攻击不遗余力，可见它可能是吴党人士假方以智之名以攻楚党者；其文字粗俗不堪，更足以断定其非方以智作品。

除了方昌翰与侯外庐的考证以外，从方以智本人文集中还可以看到他曾经有《史汉释诂》、《五言古诗》、《稽古堂杂录》、《医学》、《岭外文（编）》、《史细》、《易义》等著作，但皆已散佚。《浮山前集》（《流离草》）、《浮山后集》（《鸟道鸣》、《无生寱》、《借庐语》）二种抄本，则为方杰人师所珍藏。

《浮山前集》（《流离草》）是方以智流离岭南时期的诗集，似系家塾抄本，无卷数、页数，但有方以智亲笔批改笔迹。封面上有“浮山前集”与“流离草”并排字样，内页署有“愚者著”字样，并有“文忠少子中履谨藏”阳文朱印。“愚者”即方以智，私谥文忠。中履即方以智第三子。

《流离草》有诗二二二篇，时间上自隆武元年（一六四五年）至永历四年（一六五〇年），每诗皆依时间先后有秩序地排列，是研究方以智流离岭南时期最珍贵的史料。大陆上搜集方以智著作中也有《流离草》，但那是从《方密之诗钞》中节录出来，一定不全。

《浮山后集》（《鸟道鸣》、《无生寱》、《借庐语》）也是方杰人师珍藏之手抄本。封面有“浮山后集”与“鸟道鸣、无生寱、借庐语”并排字样。无卷数、页数。亦经方以智手批。除了《鸟道鸣》（只有《斋戒》与《平西礼佛》两首）以外，都是永历四年（一六五〇年）平乐陷后，至永历七年（一六五三年）回桐省亲数年间的诗集。换言之，《无生寱》是逃禅梧州时期所作，《借庐语》则是游庐山时期所作。钱谦益曾有《题无可道人借庐语》，作于永历七年。

《浮山前集》（《流离草》）、《浮山后集》（《鸟道鸣》、《无生寱》、《借庐语》）是方以智流离岭南与逃禅前期诗草，是极珍贵的史料。

目前台湾公藏方以智著作有《浮山文集前编》十卷（中研院历史语言研究所傅斯年图书馆）、《通雅》五十二卷、《物理小识》十二卷、《药地炮庄》九卷（史语所傅斯年图书馆，已由广文影印）、《愚者智禅师语录》四卷（嘉兴藏，藏“国家图书馆”，今收入《中华大藏经》）、《两粤新书》（伪书）、《印章考》（《篆学琐著》）等。

要理解方以智不能只局限于他本人的著作；如他晚年与施闰章编辑出版的《青原志略》一书便收录了方以智许多诗文，是理解方以智住持青原时期不可缺少史料；《天界觉浪道盛禅师全录》三十三卷是方以智所编，其中有不少方以智按语，而且师徒两人思想上有颇多契合，也是借以理解方以智思想的重要史料。此外如方孔照《周易时论合编》二十三卷，更可借以理解方以智易学主张。

总之，目前方以智著述虽有许多发现，但大多为抄本，整理出版的还少；我们希望群策群力、广为搜求，并促成《方以智遗书全集》早日问世。

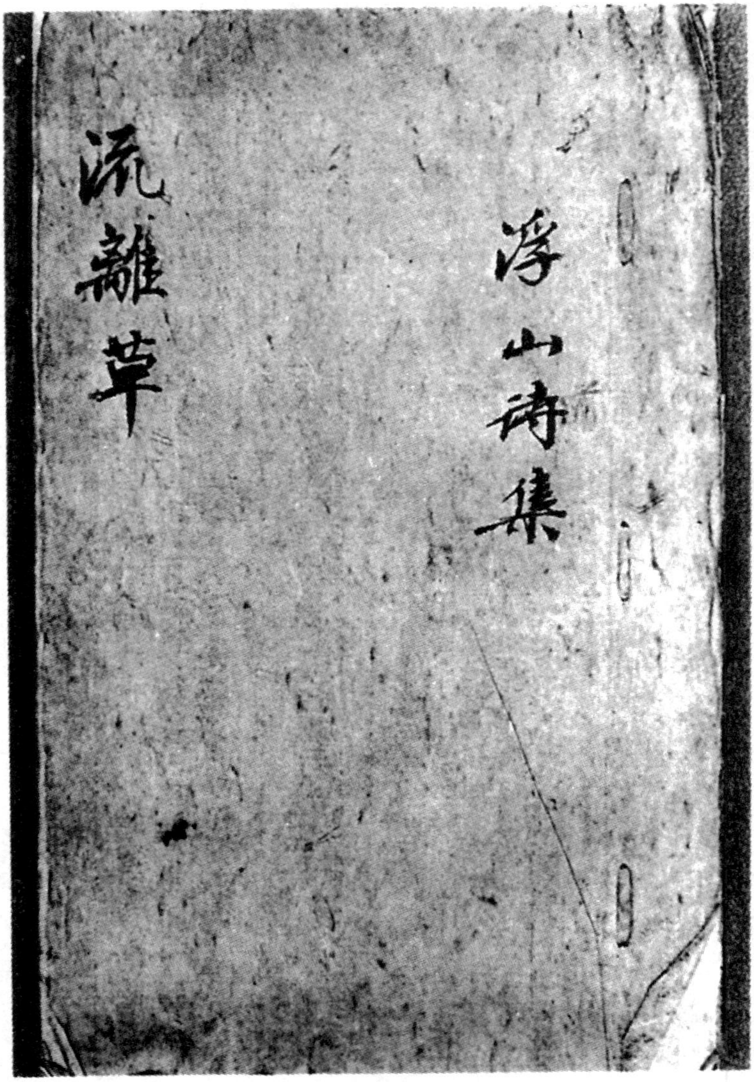

方以智《浮山前集》(《流离草》) 抄本
（方杰人师珍藏）

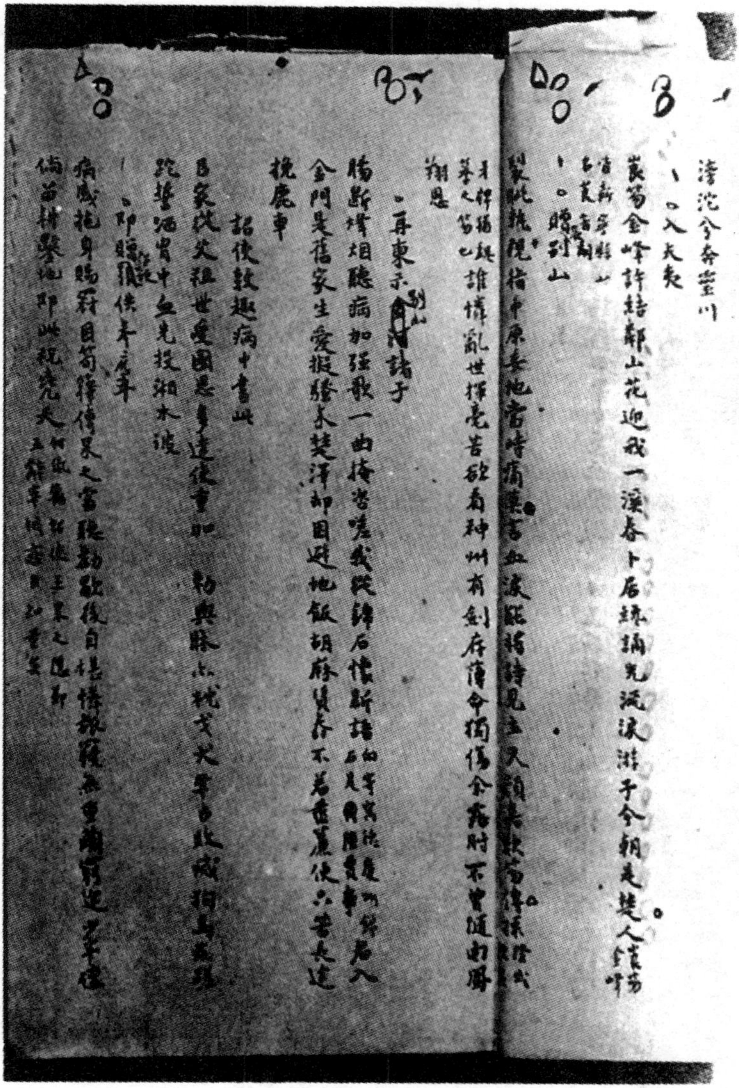

方以智《浮山前集》(《流离草》)抄本内页之一

（方杰人师珍藏）

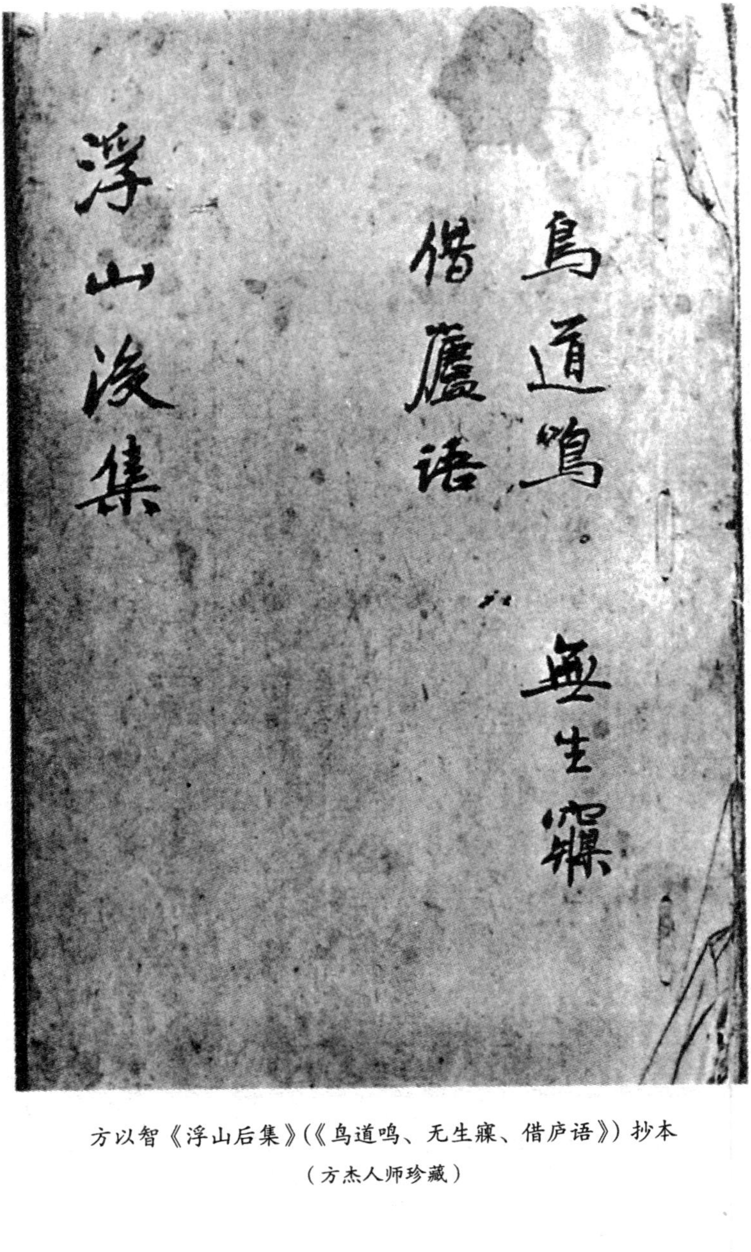

方以智《浮山后集》(《鸟道鸣、无生寱、借庐语》)抄本
(方杰人师珍藏)

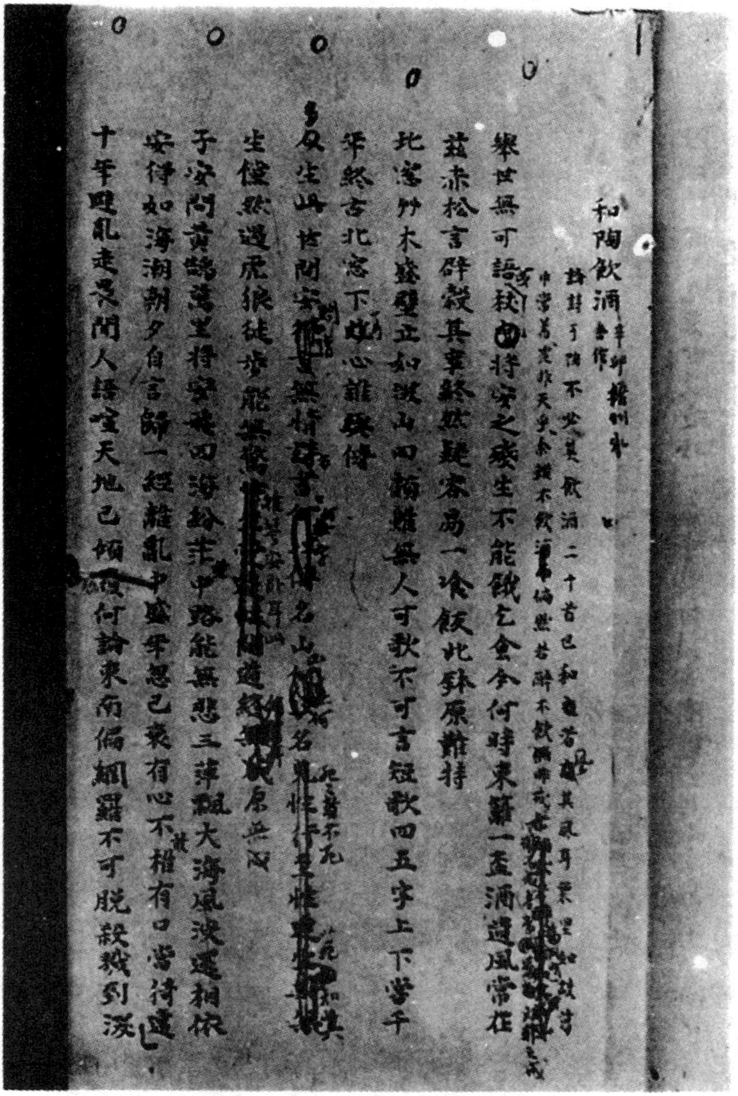

方以智《浮山后集》(《鸟道鸣、无生寱、借庐语》)抄本内页之一

(方杰人师珍藏)

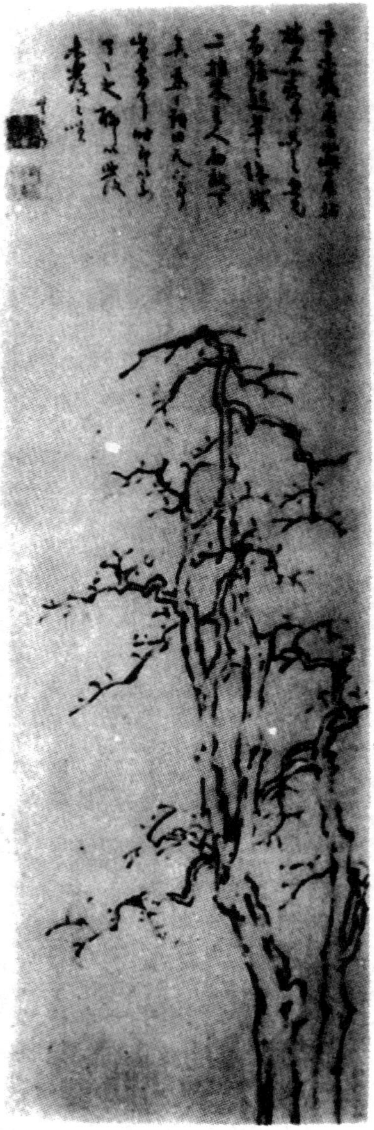

方以智枯木图轴

方以智山水册

方以智山水册

五、思想渊源

方以智的思想可以分为三个主要的构成部分，一是理学，二是易学，三是佛学。而这三个部分都有明显的思想渊源可寻，兹略述之。

1. 理学

方以智的理学主要渊源于其家学。自曾祖父方学渐倡导理学以后，祖父方大镇绍之、父方孔照承之，至方以智集其大成。一般而言，方氏理学起码有以下三个特点：一是主性善，二是主崇实，三是主藏陆于朱。

·性善说

性善说乃针对性无善无恶说而发。明中叶王阳明曾云："无善无恶心之体，有善有恶意之动，知善知恶是良知，为善去恶是格物。"其目的实在阐扬性善与致良知之旨；但弟子王畿却根据"无善无恶心之体"一语，发展出"心是无善无恶之心，意即是无善无恶之意，知即是无善无恶之知，物即是无善无恶之物"，换言之即主性无善无恶说。后来由于"王学左派"与狂禅派的发挥，性无善无恶说几乎取代了性善说而成为一般人所信仰的性说；李贽更因此着《藏书》任意颠倒历史是非，社会的是非标准因而逐渐遭到破坏。故有识之士，特别是王学江右学派、东林学派都力主性善说以反驳王畿性无善无恶说；方学渐便是主张性善说的代表者之一。他认为往圣先贤都以性善说相传，如孔子之“继善”，曾子之“止善”、颜子之“择善”、子思之“明善”、孟子之“性善”、宋儒之“人性皆善”、“纯粹至善”，王阳明之“吾心纯乎理而无人为之私谓之善”，都是性善说的一脉相传；无善无恶说则始于告子、澜于释氏，更澜于王畿；告子得孟子之辟而止，释氏虽经宋儒力辟，却旋熄旋燃，王畿却借兵二氏，集虚无之大成。可见性善与性无善无恶在历史上是完全相异的两个传统。方学渐认为唯有性善说才是儒家正学，性无善无恶则是偏说；因为“由善之说，善之又善，究之乎为贤为圣；由无之说，无之又无，究之乎无父无君”，因此他主张“至善心之体也，诚意诚此善也，致知明此善也，格物为此善也，为善而复于至善止矣。此谓本体工夫合一之学”。换言之，唯有根据性善说才能使人性朝向至善的境界发展，才能达到致良知与知行合一的本体工夫合一之学，才算符合阳明学说本意。方学渐终生倡导性善以辟王畿性无善无恶说，与东林学派主张相同，故顾宪成对他非常推崇，死后门人私谥“明善先生”。

方学渐这种性善说为子孙所绍承。方大镇说：“性善之宗，吾儒正学；近日吴下关中俱同此指，家侍御（指方学渐）亦同此指”；又说：“至善者吾性之本体也，于此下手是以本体合工夫，于此究竟是以工夫合本体”。方孔照也说：“标性善者生机也；标四无者，死语也。下学藏上，则死语即是生机。”方以智则说：“有善恶对待之善，有不落善恶之善”，而阳明所谓“无善无恶心之体”的“无善无恶”是指不落善恶之至善，而不是王畿的所谓无善无恶，换言之，阳明性说符合儒家性善说的传统，王畿则是单提。

· 崇实论

方氏理学除了以性善说反对性无善无恶说以外，还以崇实论反对虚无论。这种崇实论亦首倡于方学渐。他认为汉儒重训诂，唐儒重辞章，其弊为有“空谈”而无“实行”；宋儒起而矫其弊故重“笃行”，但末流却有“袭行”而无“实心”；阳明为了矫宋儒末流之弊而倡致良知之学；有“实心”而末流却依附灵明本体不言工夫，而流于虚无。方学渐认为王学末流这种虚无之弊与二氏之“舍实而求虚，离有而索无”同弊，而与儒家之“藏虚于实，潜无于有”的主张背道而驰。换言之，方学渐的崇实论就是要以儒家的“藏虚于实，潜无于有”来取代王学末流及二氏的“舍实而求虚，离有而索无”。方学渐晚年颜讲学处为“崇实堂”，可见他主张崇实论之坚定。

方大镇一方面继承方学渐的崇实论以反驳二氏及王学末流虚无之弊，一方面则更强调儒家虚实合一的主张。他认为“虚明神化的本体”（虚）与“伦物学问之实务”（实）是可以并行不悖、合二而一的，而且唯有相辅相成才不致有偏；如果只偏重“伦物学问之实务”，容易流于“我见滞实之病”，如果只重视“虚明神化之本体”，则容易流于“掠虚欺人之病”，这可以说是儒学的虚实合一论。方以智一生学问可以分为前后两个阶段，前一阶段可谓从事于“务实”之学（《通雅》与《物理小识》为其代表），后一阶段可谓从事于“致虚”之学（《东西均》、《药地炮庄》为其代表）；但他务实不忘致虚、致虚不离务实，目的即要达到儒学这种虚实合一的最后境界，并借以破王学末流与二氏之虚无。

方以智早年受业师王宣、白瑜也主虚实合一论，王宣说：“用实者虚，用虚者实，虚实本一致也”，白瑜也说：“字画亡于董云间，诗古文亡于钟竟陵、王山阴，理学亡于颜山农、何心隐，禅亡于天童。画鬼魅易，画犬马难；掠虚易，核实难，无怪其然”。他们两人的主张对方以智也有很大的影响。

·藏陆于朱

方学渐是一阳明学者，但鉴于王学末流之弊，故主张“藏陆于朱”，目的在借朱子学以补阳明学之不足。譬如，阳明言本体固精，朱子言工夫，更不可忽视。以圣人下学上达之旨来看，吾人应从朱子所言工夫入手上达阳明所言本体。因此，唯有“藏陆于朱”才能调和朱陆，并到达圣人下学而上达、本体工夫合一的理想，像王学末流舍工夫言本体、舍下学言上达皆不符圣人之旨。可见“藏陆于朱”目的即在调和朱陆。方学渐好友叶灿对他这种调和朱陆的性格说得很明白，他说：“先生潜心学问，揭性善以明宗，究良知而归实，掊击一切空幻之说，使近世说无碍禅而肆无忌惮者无所关其口，信可谓紫阳（朱子）之肖子，新建（王阳明）之忠臣矣。”

方大镇也认为王阳明与朱子各有精论不可偏废。如阳明言良知，事实上与往圣先贤之言至善、仁义相通，都是言心的本体；阳明的性说与朱子、孔孟也是同属一脉之相承，可见阳明言本体是有其地位的。而朱子之重视工夫、重视读书也是圣人下学之旨，它与悟道相辅相成，阳明朱子晚年定论便不明白这一层。可见方大镇认为朱子与王阳明应相辅相成。方孔照于万历四十七年（一六一九年）任福建福宁州知州，常“往探紫阳羁辙处”；于格物说亦主朱子，而认为“新建之致良知是上冒也；其言格去物欲则偏说也”；对于阳明学末流之“以畏难昵便之情袭偏上末流之说，……动扫考亭、杜撰狂谈”更表示不满。方以智早年更根据朱子格物说发展出其知识主义（以《通雅》为代表）及物理研究（以《物理小识》为代表）。由此可见，“藏陆于朱”最后却发展出经史考据与科学研究。

2. 易学

易学是方以智思想的核心，也是方氏四世相传的家学。方学渐有《易蠡》十卷，方大镇有《易意》四卷，方孔照有《周易时论合编》二十三卷，方以智有《易余》二卷、《易义》、《学易纲宗》、《易筹》、《易图》等。目前只有《周易时论合编》有顺治十七年刊本，《易余》有抄本，其余似皆已佚。因为《易余》目前尚未整理出版，故目前只可以看到《周易时论合编》。

《周易时论合编》二十三卷，包括周易图象几表八卷、及上下经上下系辞说卦序卦杂卦十五卷，顺治十七年白华堂根据余扬所藏秘本、由李世洽鉴定梓行。有李世洽、方鲲、余扬、白瑜序，中德、中通、中履跋，及方以智后跋、又跋，及方孔照所撰凡例十则。全书的主要部分是方孔照庐父墓期间（一六三一——一六三四年）完成；崇祯十二年（一六三九年）抚楚事败，与黄道周同在西库论易之余又有增述，其后又会扬、京、关、邵，推见四圣；明亡后隐居白鹿山庄之环中草堂又加合编，至永历九年（一六五五年）未竟而卒。方以智庐墓于合明山栾庐，又命三子德、通、履合编而成。因此《周易时论合编》主要部分虽由方孔照所撰，却可以说是方氏易学之集大成。

根据《周易时论合编》看来，方氏易学最重视“时中”。《四库全书总目提要》便说：“其立说以时为主，故名时论。”其次是提出了“公因与反因的观念”。方中通曾指出这种特点。他说：“公因，一也；反因，二也，此方氏之易学，真破天荒，一切皆然。”方以智也说：“为物不二，至诚无息者，公因也；宇宙、上下、动静、内外、昼夜、生死、顿渐、有无，凡两端无不代明错行，相反而相因者也。公因在反因中。”方孔照也说：“必表寂历同时之故，始免头上安头之病；必表即历是寂之故，始免主仆不分之病”。所谓“公因”、“一”、“寂”、“为物不二，至诚无息”都是指宇宙的本体；“反因”、“二”、“历”、“两端”都是指宇宙的现象。而“公因在反因中”，“一在二中”、就是指本体在现象中，如果就方氏理学中的虚实论而言，也可以说是“虚在实中”或“陆在朱中”。可见方氏易学与方氏理学是相通的，都是崇实。方氏所以重视象数易与物理研究，与这种思想背景有密切关系。此外方以智均的哲学更与家世易学中的调和性格有密切关系，详见后论。

3. 佛学

方以智明亡后逃禅，且力主三教合一，故佛学亦为其思想中不可忽略的一部分。大致上说它主要渊源于外祖吴应宾，其次是觉浪道盛禅师。

吴应宾（一五六五—一六三四年）字尚之，一字客卿，号观我。年二十二登万历十四年（一五八六年）进士。授翰林院编修，以目疾归。天启中诏加左春坊左谕德兼翰林院侍读，崇祯七年（一六三四年）卒于桐城南湾别墅，年七十。著有《宗一圣论》十篇、《古本大学释论》五卷、《中庸释论》十二卷、《性善解》一卷、《悟真篇》、《方外游》、《采真稿》、《学易斋集》各若干卷。门人私谥宗一先生。

吴应宾以儒者而精佛典，与当时佛教界大师如莲池袾宏（一五三五—一六一五年）、憨山德清（一五四六—一六二三年）、无异大曦元来（一五七五—一六三〇年）都有往来，因此方以智说他“受戒莲池、析教憨山、于博山处脱桶底”。觉浪道盛禅师也说他“合莲池、憨山、博山为一滴乳”。吴应宾又曾师事三教先生林兆恩（一五一七—一五九八年），故主儒释道三教合一，其《宗一圣论》的“宗一”即指三教可以“各一其一”，也可“共一其一”。

方以智家世虽历代为纯儒，但与吴应宾却早相论学。方学渐与他阐释性善之旨，各有著述；方大镇与他激扬达二十余年；方孔照更娶其女吴令仪为妻；方以智晚年会通三教受到吴应宾影响更大。

觉浪道盛（一五九二——一六五九年）闽拓浦张氏子，生而颖异，幼习举业，年十五入赘，十九从元镜出家。名道盛，号觉浪，别号杖人，又称浪杖人。于崇祯三年（一六三〇年）始出说法。前后说法四十余年，坐道场五十余处。嗣法弟子二十九人，记莂居士四人。觉浪与吴应宾同属博山法乳，与方孔照在甲申、乙酉间（一六四四、四五年）已在南京会晤，永历二年（一六四八年）觉浪至桐城浮山会圣岩扫塔，并游枞阳，夏休于小龙山之中方禅寺，与桐城诸居士论道。方孔照时隐居白鹿山庄，亦出与论道。方以智舅吴道凝、叔方文亦与觉浪有往来。

觉浪虽嗣法曹洞宗，但五宗并举，三教并弘，与方以智晚年会通三教之旨同。其次觉浪虽为禅师，但却精通儒书，尤精于易，与方以智亦能契合。此外，觉浪《庄子提正》主庄子为老子托孤说更影响了方以智《药地炮庄》。总之觉浪道盛禅师是方以智晚年思想上一位重要影响者。

六、方以智均的哲学

就目前可见的资料中，最能代表方以智思想的著作是逃禅前完成的《通雅》与《物理小识》，及逃禅后完成的《东西均》与《药地炮庄》。大体上说《通雅》反映了方以智知识主义的强烈，《物理小识》可见其对于物理研究（相当于自然科学）的重视，《东西均》代表其均的哲学，《药地炮庄》则代表其三教合一的主张。这四种思想主张虽然在形式上有极大的差异，实际上却是非常有机地连续着。为了有机地把握方以智的整个思想体系，我想先叙述其均的哲学，而后再依次叙述其他各种思想主张。

所谓“均的哲学”就是要求对立物达到均衡调和的哲学。这是对于明末学术思想界发展的偏病而发。《东西均》一书阐发这种哲学主张最明。所谓“东西”即指对立的两端，“均”是造瓦而使均平的工具，也是调和乐器而使均声的工具（即指均钟木），其目的都在使形或声得到均平与均声，所以说“均固合形声两端之物”，换言之，就是要使不调和的、相对的两端趋于调和的意思。他又说均有公均、隐均、费均。隐均、费均是有、无相对的两端，公均则是不落有无的调和状态。因为所谓“有”是指“有藏无”的有，而非绝对的“有”；所谓“无”是指“无摄有”的“无”，而非绝对的“无”，所以“有”、“无”才可以“存、泯同时”达到一种均衡调和的状态。也唯有达到这种状态才是一种真正均衡调和的“公均”的状态。这是方以智所认为宇宙间最圆满最理想的境界。均的哲学就是在阐述如何达到这种状态的一种哲学。

均的哲学主要以易为根据，故云：“中土以易为均。”它可以以“∴”（读伊）的象形符号来表示。这三点主要实来自《易传》中“一阴一阳之谓道”与《论语》中“吾道一以贯之”。上一点指道，下二点指一阴一阳。换言之，上一点是指宇宙间的本体，它是均衡调和的一种状态，下二点指宇宙间一切对立的现象。方以智提出了“随泯统”与“交轮几”来说明其间的均衡调和关系。随泯统是认识的三个过程。方以智说：“明天地而立一切法，贵使人随；暗天地而泯一切法，贵使人深；合明、暗之天地而统一切法，贵使人贯。以此三因，通三知、三唯、三谓之符，覆之曰交、曰轮、曰几，所以征也。交以虚实，轮续前后，而通虚实前后者曰贯——贯难状而言其几。暗随明泯，暗偶明奇，究竟统在泯、随中，泯在随中。三即一，一即三，非三非一，恒三恒一。”就随泯统而言，随、泯、统是认识的三个阶段，随是“明天地而立一切法”，泯是“暗天地而泯一切法”，统则是“合明暗之天地而统一切法”，它正如正、反、合的认识过程。如果说∴的下二点是一随、一泯的话，则上一点是统的状态，也就是一种完全认识。但是“统在泯、随中，泯在随中”，这是一种以随为基础，以统为最高理想的哲学主张，但是随、泯、统三者正如正、反、合三者一样都是“三即一、一即三，非三非一、恒三恒一”的关系。∴三点的关系即是如此。其他如三因（即正因、了因、缘因）、三知（《论语·尧曰》：“不知命，无以为君子也；不知礼，无以立也；不知言，无以知人也”）、三唯（《易传》：“唯深也，故能通天下之志；唯几也，故能成天下之务；唯神也，故不疾而速，不行而至”），三谓（《中庸》：“天命之谓性、率性之谓道、修道之谓教”）也都具有这种“三即一、一即三、非三非一、恒三恒一”的关系。

除了随泯统以外，还有交轮几的关系。“交以虚实、轮续前后，而通虚实前后者曰贯——贯难状而言其几”。所谓虚实交是指宇宙间的所有现象都是相对的二，如有无、动静、阴阳、形气、道器、昼夜、幽明、生死、虚实都是对立的两端（二），都会相交，此谓“虚实交”。“虚实交”亦即对立现象的相交运动。也可以称之为“合二而一”。

“虚实交”是指空间上对立两端之相交，“前后轮”则是指时间之前后连续。从时间上来看，小自一个人的一呼一吸、一日之生死（即昼夜）、一月之生死（朔晦）、一岁之生死（岁），乃至天地之生死（元会），都有一前、一后及前后连续的关系。所谓“推见在之前际，即过去之后际，推见在之后际，即未来之前际；此一天地未生前，即前一天地已死后，此一念未生前，即前一念已死后；今日之子时前，即昨日之亥时后，两天地之大生死，即一日之十二时也”。这种时间之前后相接连续，在佛教中称为“轮”，邵雍则称之为元会运世；方以智即以此称之为轮。总之，宇宙间任何现象的运动变化过程中都有时间的推移在其中，所谓过去、现在、未来；昨日、今日、明日都是连续不断。

何谓几？“交也者，合二而一，轮也者，首尾相衔”，“几”则是交轮之后的一种更进一层的高级状态。其地位相当于“一阴一阳之谓道”的“道”。“几”具有最高的主导地位，但与交、轮有密不可分的关系，所以说“必格破虚、实之交，而后能合虚、实交之几；迸裂前、后之际，而后能续前后之几”，这正如太极不能离两仪而独存，统不能离随、泯而独存之意。就∴而言上一点是无对待、不落四句的太极！下二点是相对待、交轮太极之两仪；太极统两仪，而又在两仪之中，上一点统下二点而上一点又在下二点之中。

∴的上一点是指不落有、无的绝对本体，因此所有与太极同一层次的不同名辞都可以等同于上一点。如太极、精一、时中、混成、环中、真如、圆相、太一、太无、妙有、虚满、实父、神气、烟煴、玄同、真我、法身、真常、正法眼藏、无位真人、理、心、天，都是诸子百家，三教五宗用来表示本体的名辞；名辞尽管不同，所指则一，都相当于易之太极与∴的上一点。∴的下二点则是指宇宙间所有相对待的现象如虚实、动静、阴阳、形气、道器、昼夜、幽明、生死、水火、男女、生克、刚柔、清浊、明暗、顺逆、有无、真妄、安危、劳逸、剥复、震艮、损益、博约之类，所有相对待的现象都有相反相因、相胜相救的关系。上一点与下二点也是相对的两端，也有相反相因、相胜相救的关系。所以既不可“丧二求一，头上安头”，也不可以“执二迷一，斩头求活”。上一点在下二点之中，但却统贯下二点。换言之，下二点有其客观存在性，上一点有其主体性。

∴说强调“合二而一”，故主张学术思想上的集大成与尚大全；强调不落有无的“一”，故主张圣人之中道；强调随泯统的认识过程，故主张信、疑、信的怀疑主义；强调交轮几的变化过程，故主张学术进化论。以下依次略加说明。

“合二而一”在哲学上是要全面把握对立面，但在学术思想上，则要求兼容百家集其大成。因此他早年便主张“坐集千古之智，折中其间”。只有集大成者才能见道之大全，否则都只是偏精或甚至偏而不精，都不免如“众盲之于象”，或“抚铁牛以为象”，甚至如“盲之梦铁牛”。在他看来，中国学术思想史上只有“达巷之大成均”（孔子）才是真正集大成者，其他如“混成均”（老子）、“邹均”（孟子）、“蒙均”（庄子）、“干毒之空均”（佛教）、“壁雪之别均”（禅宗）、“濂洛关闽之独均”（指宋代周敦颐、二程、张载、朱子）；都是偏精而已。但是集大成比偏精不易博人快意，故孔子虽然集羲皇、轩辕、尧舜、汤武、殷三仁、周公之大成，集《诗》、《书》、《礼》、《乐》、《易》、《春秋》之大成，以及伯夷、伊尹、柳下惠之大成，尖快小才却往往恨其无快人之意，而反对孔子。李贽辈即是如此。方以智之推尊孔子为集大成，与李贽辈之反孔思潮有关。

集大成必须兼容百家，听其代明错行，不可攻乎异端而加以排斥，故孔子说“攻乎异端，斯害也已”，孟子虽不得已而辨，但辨而非攻。后世却假“辨异端”之名，而行“攻异己”之实，故天下是非失去标准。

集大成必须适逢其时，孔子适逢其时，故能成为集大成之圣人。至于孔子以前与孔子以后的圣贤则因未逢其时，故虽博大真人亦不免终成一曲之士。在方以智看来，明末也是一个道术日裂的时代，同时也是一个可以集大成的时代，因此他也要集先秦诸子百家之大成，朱王之大成，汉宋明之大成以及三教之大成、中西学术之大成。《通雅》、《物理小识》及逃禅后的《东西均》、《药地炮庄》等著作都充满着这种集大成的色彩。而其最后目的是要当“大医王”、“应病予药”医治天下庸医之病，故文德翼说他：“医能医病、药地能医医，是曰医王”。

方以智这种集大成之愿主要是站在知识（而非道德的立场上）立论。他要把所有相异或对立的众说加以辨驳折中，而后形成自己的学说，与∴说的“合二而一”是相通的。也可见方以智知识主义的强烈。

与集大成密不可分的是中的观念。所谓“中”有时中、中庸、中道、中和、中正之意。一般把“中”解释为“无过不及”，往往流于机械式的折中，而失去“时时此中，乃庸其中”的时中意义，故方以智把“中”解释为“不落有无”的“太极”与“中天”，即∴的上一点。

“中”并不是机械式地要求折中调和。“中”乃因时因地而变。因此只要合时合地，即偏亦中；不合时地，而勉强求其折中，则不是真正的所谓“中”。

圣人集大成，见道之大全，故能“两端用中”，诸子百家则各见道之一端，故“各出一奇以与天下争”，孟、荀、庄、列、申、韩、惠、秉无不各执一说，此乃天下所以纷纷之故。事实上，所有这些立说，都可以代明错行，并行不悖，以发明道妙。吾人当“合观之”，才能“两端用中，一以贯之”。方以智认为何心隐、李卓吾等肆无忌惮之小人，不但不符中庸之道，甚至破坏中庸之道。

方以智一方面主张集大成（“坐集千古之智”），一方面主张中庸之道（“折中其间”），同时还具有强烈的怀疑精神，他这种怀疑精神不但表现在文献的考证上，而且也表现在自然科学的研究上。他说：“物理无可疑者，吾疑之，而必欲深求其故也；以至于颓墙败壁之上有一字焉，吾未之经见，则必详其音义，考其原本，既悉矣，而后释然于吾心。”把怀疑的对象由一般的文献记录，扩大到自然界事物，是方以智怀疑精神的特点。

方以智逃禅以后，怀疑精神不但未减，反而在早年物理研究与音义考证的基础上，进一步加以理论化，其怀疑精神更为强烈。他说：“疑何疑？谁非可疑？又谁可疑乎？善疑者，不疑人之所疑，而疑人之所不疑；疑疑之语，无不足以生其至疑。新可疑，旧亦可疑；险可疑，平更可疑……”“天地间一疑海也”，大而至于天象，如七曜众星何以系而不坠？七十二候何以转而不息？小而至于人身，如眼何以能看？耳何以能听？手何以能持？足何以能行？都是常人习而不察的现象！如果我们带上怀疑的眼镜加以观察思索，一定会发现其中有解答不完的无数疑问，这种“习之则忘、思之则骇”的现象在天地间简直是数说不尽，吾人不在此处怀疑，便没有什么可以怀疑的了。所以方以智特别强调“新可疑，旧亦可疑；险可疑，平更可疑”、“善疑者，不疑人之所疑，而疑人之所不疑”（牛顿之发现万有引力定律，瓦特之发现蒸汽原理，都是疑人之所不疑）。方以智这种怀疑精神与其早年所从事的科学研究有密切关系，因此也更显现出这种怀疑精神的可贵。

方以智虽然极力强调怀疑的重要性，但是“疑”只是手段，最初应从“信”入手，最后还要以“信”为归。换言之，方以智的怀疑精神是一种信、疑、信的过程。因此他说：“人不大疑，岂能大信？然先不信，又安能疑？疑至于不疑，信至于不信，则信之至矣。”这种信、疑、大信的怀疑精神与∴说中的随、泯、统的认识过程相同，与黑格尔的正、反、合辩证法亦有些类似。

方以智所以强调以信为入手，与当时知识界之不信西学有关。因为他们根据“常见”对于当时西学表示不信的态度。他说：“大西儒来，脬豆合图，其理顿显，胶常见者骇以为异，不知其皆圣人之所已言也。”“拘者守所见，不在目前，则戛戛乎不信——语山中之老农鱼大于木，即疑，而且有虾须如樯，蝶翅如帆，鳌背如山、长百里者；言衣为野虫所吐，即疑，而且有锁锁石绒，投之水中愈洁者；西域种羊，桃核如斗，井火、石油，海水、硇水、占僤者十且八九诧，况其他乎？”所谓“胶常见者”、“拘者”、“占僤者”都是根据习以为常之见，对于新传入的远西学术表示不信的态度者。既先不信，便无法怀疑，更无法从怀疑中发现中西科学之异同优劣，故方以智要特别强调最初要先信的重要性。

怀疑的最后目的是要达到“大信”。“大信”就是对于天下事物的客体达到完全认识之后，对于“自我”之肯定与相信，换言之，即对于“心”的主体性的显现，及心的“自由”的获得。譬如方以智根据文字的训诂考证发现同样是“茶”，因时地不同，还有槚、茶、陀、择、蝶、德等不同称谓；同是“心”，因各家立论不同，还有太极、精一、时中、混成、环中、真如、圆相等不同称谓，常人不知会通，故“此尊此之称谓，彼尊彼之称谓，各信其所信，不信其所不信”，如果经过一番信疑工夫，便可信天地间本无此称谓，本无此法，而可以自我称谓。总之，对于“物”完全认识之后，可以达到自我的肯定与心的自由。这是方以智怀疑的最后目的。因此其怀疑精神还有纯知识以外的意义在内。从某些意义上说，也是反对李卓吾等不重视工夫而主现成良知者而发。

∴说中的交轮几是一种运动变化的过程，所有事物都随时随地在交轮的过程中，向更圆满的“几”的状态发展。轮虽然是借自佛家轮回的观念，但是既然解释之为“续前后”，便是指时间的前后相接，而不是轮回。换言之，它是一种直线的进化理论，而不是一种循环论。

方以智对于事物发展的这种进化看法，主要是根据学术思想方面研究而得出的，特别是早年从事的考证工作与物理研究。譬如从考证方面他发现“古今以智相积，而我生其后；考古所以决今，然不可泥古也。古人有让后人者。……生今之世，承诸圣之表章，经群英之辩难，我得以坐集千古之智，折中其间，岂不幸乎？”换言之，人类知识因累积而进步，故后人一定可以超越前人。这是一种今胜于古的进化观。

方以智这种进化观也受到邵雍元会运世说的影响。因为根据邵雍元会运世之推论，明末适逢正午，万法当明，因此他对于自己所处的时代表示相当的乐观。方以智家世易学很重视邵雍河洛象数易影响。因此这种进化观自方孔照至方以智、方中通实一脉相承。

此外，方以智的进化观与当时耶稣会士之输入西学也有关系。方以智对于耶稣会士传入的西教虽然没有接受，但是对于西方天文历算学、地理学、医学、动植物学等都加研究，对于西人以望远镜观测天象尤表赞赏，认为他们“详于质测”，而且认为可以“借远西为郯子、申禹周之矩积”，意即可以借西方科学来补中国科学不足，并发扬中国古有的科学研究传统。

总之，方以智以《东西均》一书为主而提出的哲学思想，我们可以总括之为均的哲学，它主要是想在事物均衡发展下求取进步。它是一种调和哲学，同时也是一种进步哲学。∴是表示这种哲学的象征符号，而随泯统、交轮几、集大成、中道思想，以及怀疑精神、学术进化观则是它的具体内容。这种哲学在方以智整个思想体系中占有最核心的地位。以下将讨论的知识主义、物理研究及三教合一也都与此有关，也可以说都是由这种思想体系展现出来的。

七、方以智的知识主义

就某种意义上说，朱子学派与陆象山学派之歧异在于前者偏重道问学，后者偏重尊德性。王阳明为了挽救朱子学末流之弊，故承陆象山之教，更强调尊德性的重要，但是末流亦不免流于过分偏重尊德性之弊。为了挽救王学末流过分偏重尊德性之弊，明末学者一方面从理论上肯定学问与知识的价值，一方面从实践（考证）中表现其对学问与知识的重视。因此在明末理学中有知识主义与反知识主义的强烈对立，方以智在这种对立中，是知识主义行列中的一位杰出者。

明末强调知识主义的儒者大体上可分为两派，一是从实际考证工作上表现出其对知识的重视，一是从理论上肯定知识的重要性。方以智逃禅以前主要是从事考据的工作，从实践上表现出对读书工夫的重视，逃禅后则在考据的经验基础上，提出论理上的主张。以下分三点加以探讨。

1. 藏通于雅

《通雅》一书是方以智早年从事文字音义考证的总集。从书名上可以看出方以智是想借文字的考证（“雅”）以达到会通古今（“通”）的目的；但是从全书内容看，它主要是一部“藏通于雅”

的著作。因此它起码反映出两点重要的意义，一是想借考证的方法，以达到会通，与一般理学家由虚玄一路讲豁然贯通的方式有所不同；一是重视文字本身的价值，与一般糟粕文字的理学家更是大异其趣。

方以智基本上认为王学末流理学家所以糟粕文字、洸洋自恣、逃之虚空，主要是因为小学没落，文字本身的价值没有受到应有的重视所致。明末虽然也出现了不少博学者与考证学者，如杨慎、焦竑、陈耀文、王世贞、胡应麟等，但是大都“当驳者多不能驳，驳又不尽当”，因此方以智一方面肯定文字的价值，认为它是“道寓于器、前用尽神”、“载道法、纪事物”所必不可少的工具了，它不但是士人“即薪藏火”之井灶，也是“理事名物之辨当管库”，离开文字而谈学问，不但不得书中本意，而且甚至“构虚词、惊愚俗”。一方面则从事文字音义的考证训诂。《通雅》一书就是这样的产物。

方以智肯定文字的价值，而重视小学研究。梁启超说《通雅》是“近代研究小学之第一部书”。也更重视音韵学研究，而且很受金尼阁《西儒耳目资》的影响。金尼阁《西儒耳目资》刊行于天启六年（一六二六年），原为方便传教士学习中文之用，但对我国本土正在复兴的音韵学研究却有很大影响。方以智流寓金陵时期阅读该书，他说：“今日得《西儒耳目资》，是金尼阁所著，字父十五，母五十，有甚、次、中三标，清、浊、上、去、入五转，是可以证明吾之等切”，又说：“余十余年疑十数家之等韵，忽因泰西创发”，可见他不但深受西方音韵学影响，而且有意会通中西音韵学，对于阿拉伯数字之简便（所谓“十字皆只一画，不烦两笔”，及西方拼音文字之“因事乃合音，因音而成字，不重不共”表示极大的赞赏。近人罗常培甚至认为这是三百年前大胆的汉字革命论，也是罗马字注音的响应。

方以智的考证有四个特点，（1）重视证据。纠正古人错误，必当借他证，绝不敢“以无证妄说”。（2）引文必注明出处，绝不敢“以意取《玉篇》之字”。《通雅》所引必注明引自何书，原来如何训诂，后人如何辩证，今又作何辩证，如此使后人可以在这种基础上更进一步加以辩证。而且“士生古人之后，贵集众长，必载前人之名，不敢埋没”。（3）他认为考证必须要“博学积久，待征乃决”，与高谈性命者之全恃自悟者不同；因此他随手笔记，既可备忘，又可以参证比较。与顾炎武之以抄书为著书同，亦与乾嘉学者之勤作札记者同。（4）重视怀疑。方以智之怀疑精神之强烈在上一节中已加讨论，在《通雅》之考证工作中则充分表现出来。以上这些精神与宋明理学以自悟谈性命者不同，而与清代学者以考证做学问者却极相近，故四库馆臣在评论《通雅》之时，便把方以智视为清代乾嘉考据学的先河；认为他“考据精核……穷源遡委，词必有征”，“在明代考证家中，可谓卓然独立者”。

考证是理解文字音义的一个手段，其最后目的是要求会通。“惟通，斯得其全”，即只有会通，才能见道之大全。一般人却只执训诂，遂谓全得圣人之指，这是再迂腐不过的。总之，训诂考证最后目的是要得“圣人之大指”及见道之“大全”，“雅”只是手段，“通”才是目的。

2. 藏悟于学

方以智除了从实际的考证工作与“藏通于雅”中，表现其对知识的重视以外，还从哲学理论上提出“藏悟于学”的主张，以证明学问与读书工夫之必不可少。他说：“学必悟而后能变化，悟必藏于学而后能善用”，可见学与悟是相反相因，相辅相成。又说：“德性、学问本一也，而专门偏重，自成两路，不到化境自然相訾”。尊德性与道问学不但可以并行不悖，甚至互不可少。但是王学末流却“舍学言悟”，故方以智要提出“藏悟于学”的主张，来强调学的重要性，首先他从训诂学上说明学即兼有悟的意思，“学也者爻也、孝也、效也、教也、觉也”，兼有悟、诵读、躬行等意思。因此儒家有重学传统，《论语》首言“学”，孔子“只说个学字，而不以悟道挂招牌”，罕言性命天道，而雅言学问；虽然尊德性，却以道问学为工夫；孔子这种重视学的传统，后来一直为儒家学者所承袭，宋明理学家虽偏重尊德性，但并没有完全否认“学”的重要，朱子固不必论，陆象山等人也不例外。一般人批评陆象山、张子韶学禅、扫文字，以为落空。事实上陆象山反对“束书不观，游谈无根”，张子韶亦有久不读书，面目可憎，语言无味之叹，两人都没有否认读书的重要。程颐谓读书为玩物丧志，事实上是要逼人笃信，陆象山说六经注我，事实上是要人读书当求诸己，可见儒家重视学问的传统至宋明理学仍未断绝。王阳明本人为了挽救朱子学末流过分偏言学之弊，而偏言悟，但末流学者却“专主空悟，禁绝学问”，“倚现成良知以呵学”，“即语学亦语偏上之学”（即空悟之学）、“矜高而厌学”。儒家重学的传统至此受到最严重的挑战。

方以智之重视“学”除了要恢复儒家之重学传统以外，还有以下几点原因：（1）人的一生自赤子开始便是一个学习过程，近自穿衣吃饭，远至天地间之方言、称谓、动植、物性、律历、古今得失等各种学问，都必须经过“学”的工夫而后才能“知”，学而后知，无所不学则无所不知，这种学而后知的本能，就是“良知”、“良能”，亦即人性。换言之，人之所以为人，在于天生具有学的本能；现成良知派认为一切知能都是“本自具足”，不待学习，则“学道人先从不许学饭始”。（2）就学与悟而言，悟较易流于虚伪，他说：“道德至尊而易以伪，言道术之言尤易伪，况驾道德之上而藏身不必言者乎？”因此其道愈高，其伪愈多。但是学问则“九真而一伪”，淹洽者、疏漏者、博能约者、博未约者，明眼人一看便知，丝毫无法虚伪掩饰。(3) 学与悟发展至极端都不免生弊，但博学之弊比悟门之弊对社会危害性较小。“师心之祸，甚于守糟粕之弊，岂特一、二倍哉”，“博学之病，病不过老牖下，孰与悟门之病，诳惑横行，而僭第一坐乎？”

顿悟门虽似高于学问门，说出个“学”字，则似是一个未悟道底，但道是什么，悟个什么，真正大悟人仍然以学问为事，谓以学问为保任也可，谓以学问为茶饭也可。“尽古今是本体，则尽古今是工夫”。天在地中，“性在学问中”，故悟在学中，因此吾人必须“藏悟于学”。

3. 藏理学于经学

如果说宋明学术思想主流为理学的话，清代学术思想主流则为经学。清代经学的全盛虽是乾嘉时代的事，但其萌芽则可追溯至宋明理学末流，因为明末王学末流把理学发展到反知识主义的路上，不但糟粕文字，反对学问，甚至反经学、反圣人，因此站在知识主义立场的学者，为了挽救理学末流这种弊端，不但重视文字与学问的地位，尤其更重视经学的地位。明末理学家对经学的重视，其原意本在充实理学内容，并挽救理学于不坠，但是到了乾嘉时代，附庸却蔚为大国，经学遂取代了理学而为清代学术思想的主流。在这种转变过程中，明末清初可以说是一个最明显的过渡时期。方以智就是在这种情况下提出“藏理学于经学”的主张。

“藏理学于经学”主要是针对王学末流之“粪扫六经”、“师心杜撰”而发。由于陆王学者主张“心即理”“六经注我”，因此理在吾人心中，而非在圣人经书之中。有明一代由于陆王心学盛极一时，经书的地位已经动摇；末流学者，特别是何心隐、李卓吾一辈之“师心无忌惮”，“粪扫六经”，乃至“市井油嘴皆得以鄙薄敦诗书、悦礼乐之士”，圣人与经书的地位因此就更低了。方以智则认为“圣人之经即圣人之道”，“圣人之文章即性道”，“诗书礼乐即圣人之正寂灭道场”，“寓罕言（性命）于雅言（诗书礼乐）”，故宋明诸大儒也没有离经学以言理学；即使是陆王之“即心即经”“即心即理”，也只是为了针砭朱子学末流支离之弊而发。末流学者舍经学言理学，不免“舍经而楼上驾楼”；其结果不是“以讲道高自标目”，就是“滉洋自恣，莫可穷诘”。为了舍救理学末流这种弊端，只有再建立经学的地位，因此要提出“藏理学于经学”的主张。

就方以智而言，“藏理学于经学”的所谓经学最主要的是指《易经》而言，因为理学最主要在研究宇宙人生之道理，而易最能统贯宇宙万法的秩序变化。他说：“易统三才万法，而此中之秩序变化具焉，太枯不能，太滥不切，使人虚掠高玄，岂若大泯于薪火，故曰藏理学于经学”。

由于理学藏在经学中，故方以智给予经书以崇高的地位，并与诸子百家著作区别开来。他说：“圣人表中正以与万世化，诸子各出一奇以与天下争。……读圣作当虚心以从经，览百氏当化书以从我，察其两端，由中道行。”所谓“虚心以从经”，与“化书以从我”明显区分出圣经与子书的地位，这与陆象山“六经注我”的态度异，与王学末流之粪扫六经更是迥然不同。

总之，“圣人之经即圣人之道”，理学既以求圣人之道为主旨，便不应舍弃经学；舍经则理亦无所得。阳明学末流信陆王之“心即理”太过，以致忽略朱子“格物穷理”的工夫，终至粪扫六经，排突圣人。其弊不只是求不得圣人之道，甚至还师心祸世，混淆是非。方以智为了重建理学，重立经学地位，故提出“藏理学于经学”的主张。其子方中德继承这种主张，也主张“以经学藏道”。此与顾炎武之“经学即理学”都在明末清初学术转变过程中具有同样重要的意义。

“藏通于雅”、“藏悟于学”、“藏理学于经学”是一而三、三而一的主张，它是“一在二中”、“公因在反因中”的应用，也是“藏陆于朱”的一种延伸。方以智这种主张表面上似乎有些偏重于“雅”、“学”、“经学”，事实上这是为了挽救王学末流糟粕文字、禁绝学问、粪扫六经不得不然，其最后理想还是要上达“通”、“悟”、“理学”，这种通与雅、悟与学、理学与经学的统一，就方以智个人而言是完成了，这是他学术思想上最大的特点。此外，方以智这种主张可以看出清代经学可说是从理学内部矛盾中所逐渐演变而来，特别是对于明末王学末流的反动，更是一个直接促成的因素。

八、方以智的物理研究

宋明理学中除了尊德性与道问学之争以外，还有心之理与物之理之争。朱子鉴于五代以来儒者流于二氏虚无谈心之弊，故主张即物穷理，偏重在物之理的研究，陆象山却认为朱子即物穷理不免流于支离，故主张理在心中，偏重在心之理的探讨。求理于物与求理于心遂成为理学争论的问题之一。明代由于朱子学末流已流于驰外不见圣人之道之弊。因此本来求理于内心与求理于外物的危机，到了明末达到了极其紧张的状态。明末自然科学方面的突出成就，理学内部这种论争是重要原因之一。方以智所以以一位反王学末流的理学家从事自然科学研究，其因在此。

方以智鉴于王学末流扫物尊心、舍物言理之弊，一方面从理论上肯定物理研究的重要性，一方面也从事实际的物理研究。但是他毕竟是一个主张挽朱救陆、调和朱王者，所以物理研究终究只是手段与基础，其最后目的是要达到心与物完全融合贯通的境界。用方以智自己的话说，就是要使“通几”（求理于心）与“质测”（求理于物）配合，达到“合外内、贯一多而神明”的境界。

方以智早年便对物理具有浓厚兴趣：“自小即有穷理极物之僻”，“物理无所疑者吾疑之，而必欲深求其故”；出游与流寓金陵时期更不断从事物理研究；仕宦北京时期，便完成了《物理小识》一书。流离岭南不但行医为生，而且对当地动植物也都细加观察，并因而纠正不少前人记载的错误；逃禅后虽然主要的学问重心转到易理的探讨上，但却仍指导次子中通与弟子揭暄、游艺研究物理。而且从理论上会通易理与物理。因此从表面上看，方以智似乎逃禅前重视物理，逃禅后却舍物理而谈易理，实质上逃禅以后，反而在理论上寄予物理以更大的关心。方以智之所以如此重视物理，主要是针对明末王学末流之否认“物”的地位与物理的价值而发，即所谓“舍物以言理”、“托空以愚物”、“离气执理”、“扫物尊心”、“扫器言道”、“离费穷隐”、“吹影镂空”等。这种末流不但不符合阳明立教本意，而且事实上也不可能，因为心与物的关系，正如火与薪的关系，“火因烈于薪，欲绝物以存心，犹绝薪而举火也，乌乎可？”它又如仁与树的关系，“核仁入土而上芽生枝，下芽生根，其仁不可得矣”，故欲舍物言心，等于舍树求仁。宇宙间的所有现象也没有舍繁多而去易简者。譬如“天”并不只是一个渺渺的天，而且还必须有七曜、二十八宿、三百六十五度四分之一，如此才能成天之用；地必须有四轮、七山、亿万万国、山川、草木、动物五方各三百六十才能成地之用；人也必须有五官、百骸、二十五经络、九十九万毛窍，才能成人之用。

“盈天地间皆物”，理又在物之中，舍弃物又格什么理？王学末流舍物而言理，最后只有“空穷其心”永远求不得理；要真正求得理，只有即物穷理。故方以智主张“格物之则，即天之则，即心之则”，这与“空穷其心”的王学末流正处于反对立场。

王学末流“舍物言理”也不符合往圣先贤重视物理的传统。上古圣人教导百姓炼金揉土、取火耕土、建筑高室、编织衣服、分干支、明岁月、立书契、纪制度等，无一不是为了“备物致用”、“使物各得其宜”。尤其是天文历算方面更是自黄帝以来所最重视；唐尧、虞舜继承这种传统；至孔子以历衍易，对历数律度尤加重视，可见重视物理实为上古圣人以来相沿不断的传统；上古未发明文字以前虽然无书，但他们却“以天地身物为现成律袭之秘本”，所以可以说“上古以来乃读混沌天地之书者”，“上古穷理尽性，俯仰远近皆其书”；陆王一派提出“皋、夔、稷、契所读何书”质疑，就是不明白这种传统所致。

方以智的物理研究可以《物理小识》一书为代表。全书共分十二卷、十五类。即天类、历类、风雷雨旸类、地类、占候类、人身类、医药类、饮食类、衣服类、金石类、器用类、草木类、鸟兽类、鬼神方术类、异事类。他是崇祯四年（一六三一年）二十一岁为其师王宣梓行《物理所》一书以后，随闻随记而成。至崇祯十六年（一六四三年）撰序时已大致完成；其后续有补充，由三子方中德、方中通、方中履编录，友人于司直之子于藻于康熙三年（一六六四年）刊于庐陵县知县任内。有于藻《序》、方以智《自序》、方中通《编录缘起》。

从全书目录与内容来看，可以充分看出他所从事的物理研究包括天文、历算、气象、占候、地理、人身、医学、药物学、饮食、衣服、金石、器用以及动物、植物等有关学问。方以智称之为“物理”，也称之为“格致”。大致上说，它也可以相当于今之“自然科学”。由于这种物理研究非比性命可以自悟，而是要即物而穷其理，质而测之，故方以智又称之为“质测”。

方以智的物理研究起码有以下几个特点。

1. 重视观察与试验

传统的物理研究“所言或无征”或“试之不验”，为了求得物理的正确知识，方以智特别重视观察及试验，以“征其确然”。对于植物的根、茎、花、叶更是观察入微，记载翔实，而且因之纠正不少前人记载的错误、疏漏与臆说。对于天文历算方面的争论更重视观测试验，为了反驳西人“日大于地百六十余倍”的说法，曾根据实验提出“光肥影瘦”之论。但对于西洋人以望远镜观测太白，更表示赞佩。方以智在《物理小识》中到处有“试之验”、“未试”、“累试累验”、“未尝验之”、“今不验”、“今试之”，可见其试验精神的浓厚。这应是“质测”的最具体表现。这种重视观察实验以求得正确物理的精神，不但富有近代科学精神，与清代考证学之重视证据的求实精神亦相符合。

2.“借远西为郯子，申禹周之矩积”

所谓“借远西为郯子，申禹周之矩积”，意即借助西方科学，以发扬中国的科学研究传统。方以智认为中国上古圣人不但没有忽略物理，而且还树立了优良的研究传统，只是后儒加以忽视罢了。方以智从事物理研究的目的之一，就是要为往圣继此绝学，并加以发扬光大。因此《物理小识》不但对传统科学文献广征博引，而且更肯定中国人有科学研究的潜能，譬如他说当时西方传入的地图说，岐伯早已言之；如北极之下，半年昼，半年夜之说亦早见诸周髀；其他很多西人新说早由中国古代科学家指出，只是后世失传而已。

但是方以智也指出西学“详于质测而拙于言通几”，即精于科学物理，而不善言哲学易理。因此西方不少精密前进的科学可以用来扫除中国的迷信旧说，如《博物志》载天河与黄河相通，后世相传不疑；一六一一年（万历三十九年）伽利略以望远镜观测，发现天河实由无数小星构成，此说经汤若望《新法表异》一书介绍入华，方以智立刻接受，并断定旧说为迷信寓言。因此方以智要“借远西为郯子，申禹周之矩积”。当然西方的科学也还不完备，所谓“智士推之，彼之质测犹未备也”。因此它还只能借用，不可以全盘接受，更不能全部仰赖西方科学。方以智这种融会中西科学的努力在近世中国科学史上有重要的意义。

3. 讲求实用

方以智的文字音义考证多属于典礼制度与音韵之书之学，其最后目的在经世致用，其物理研究属于象纬律历、医药物理之学，更具有实用意义。《物理小识》十五类、数千百条，几乎每条都与日常生活有关，都有实用价值。天文历算类讨论岁差、日月食、历法、日地大小、开辟纪年、节度定纪等都是当时修历运动中争论不休的问题；医药类是个人习医之经验与心得；其他如转水法介绍由低处引水灌溉高地之法；称杆轮运、起重法介绍省力起重的方法。书中有“愚讯诸山野人”、“愚者讯饶人”、“愚者讯之田父”等记载，更是直接从劳动农民中获得的经验，可见其物理研究始终不离实用。

4. 物理通乎易理

从某些意义上说，方以智的物理研究实脱胎于家传之象数易。因此《物理小识》虽然主要是在研究物理，却每每言及易理。在他看来物理实与易理相通，特别是医理。因此他说："两间皆药也，皆物也，皆理也"。方氏易学讲公因与反因（前述），这种关系在医学中也能得到证明，方中通说："公因，一也；反因，二也。此方氏之易学，真破天荒，一切皆然，即医可以取证"，可见医理也具有公因反因的关系。譬如水火即是相反相因的关系，水湿、火燥，水内景、火外景，水有体、火无体，水用之而少、火用之而多，可见水火之相反关系，但实际上，两者有时分用而本不相离，有时互用而不硋偏显，有时相制而适以相成，可见其相因关系。所以水火相反相因、交济相成，可以代错而行。可见就公因与反因、或一与二的关系来说，易与医通。物理中既藏易理，易理亦有助于对物理的理解。

方以智虽然因为不满王学末流而重视物理研究，但是他并未因此忽略心的地位与重要，相反的，他认为心与物两者有密不可分的关系。因而提出"通几"与"质测"两种方法，以为求理于心与求理于物的方法，以达到"合内外、贯一多"的心物贯合的境界。

方以智认为心与物是相反相因、互不可缺的两端。因此他常说："舍心无物、舍物无心"，"离心无物、离物无心"，"心外无法、法外无心"，"无非物也、无非心也"。但是分别言之，物具有客观存在性，心却具有主体性，因此他一方面说："盈天地间皆物也"，"格物之则，即天之则，即心之则"，"火无体而因物见光以为体，犹心无体，而因事见理以征几"，一方面又说："惟心能通天地万物，如其原，即尽其性"，"心之所至，即理之所至"，"不测不二，端几惟心"，"受命如向，惟心所造"。因此偏于言物，或偏于言心都无法完全认识理。朱子"但云今日格一物，明日格一物，以为入门"，主张"穷理博物，而一旦贯通"是偏于言物；陆王把格物解为"格去物欲"，又主"自得本，莫愁末之说"则偏于言心，都不能完全认识理。有鉴于此，方以智乃承其父方孔照之说提出通几与质测两种方法，前者以“格心之理”，后者以“格物之理”，借着这两种格物方法的密切配合，以达到对于理的完全认识。

通几与质测来自易传之“通”与“质”，方孔照变化之为通论与质论，通几与质测。他认为圣人因鉴于权变常度之难明，故言“通”以免“拘者泥之”，言“质”以免“高者荡之”，方孔照因之创为通论与质论。通论以避免“执一切皆太极”而流于“荒冒而义不精”；质论以避免“执一太极为执总恶别之疣”。而且更进而主张“藏通于质”，“以通论贯质测”。方以智继承这种主张说“有质论，有推论，偏一事而废一论乎”，“有质论，有推论，推所以通质，然不能废质，废质则遁者便之”。由此可见通与质、通论与质论的密不可分关系。

就本文脉络来说，“通几”相当于心之理的研究，“质测”相当于物之理的研究。由于王学末流舍物之理的研究而高谈心之理，故方以智批评他们“扫质测而冒举通几以显其宥密之神者，其流遗物”。“扫质测”与“遗物”都是指忽略物之理的研究而言。至于耶稣会士传入的西学虽精于物之理的研究，却不擅长于心之理的探讨，故方以智评他们“详于质测而拙于言通几”。

通几与质测正如通与质、通论与质论一样，关系极为密切，不但互不可相废；而且可以相辅相成。“或质测，或通几，不相坏也”，“不可以质测废通几，岂可以通几废质测乎”，“以通几护质测之穷”，“质测即藏通几”。

方以智不满意传统格物说，而分别以通几与质测来研究心之理与物之理，其最后目的是要达到心、物完全均衡调和的状态，即所谓“合外内、贯一多而神明”的境界。由此可见，方以智并不是所谓的“唯物论”或“唯心论”，而是心物一贯论。

总之，方以智因为个人有“穷理极物之癖”，而且有鉴于王学末流舍物言理之弊，故一方面竭力强调古圣先贤有重视物理的传统，一方面则亲自从事物理研究。他这种研究不但是历史的，因为它对于传统科学文献有广征博引、细加考究；同时也是科学的，因为它很重视观察实验，而且很重视西方以望远镜观测天文。此外方以智这种科学研究乃针对理学末流之弊而产生，其最后目的是要达到心之理与物之理的合一，也可以说是一种“万物一体”“天人合一”的状态。方以智这种借物理研究以达到“万物一体”、“天人合一”的境界的方法，与一般空言万物一体的宋明理学者大异其趣。

九、方以智的三教合一

自魏晋南北朝以来，儒释道便不断互相排斥冲突，但同时也不断有三教合一的主张。宋明理学虽以辟二氏、重建儒学为己任，但在思想内涵上却深受二氏影响，甚至可以说它是一种三教合一的新儒学。这种特点在陆王一派学者中表现得特别明显。陆象山的心学有浓厚的禅学色彩，当时已被视为禅习；王阳明承象山之教，禅学色彩更为浓厚，其末流甚至形成所谓“狂禅派”。狂禅派的主要特征是舍工夫言本体、舍实有言虚无，故其所倡三教合一事实上是站在本体立场、集三教虚无之大成。这与理学当初以辟二氏、重建儒学的宗旨显然背道而驰；有识之士乃起而矫其弊，一部分学者如顾炎武、黄宗羲、王夫之等都站在儒家门墙之内重建理学，他们或站在阳明本人学说、或借助于朱子学说、或甚至借助原始儒家学说，但都不外以儒救儒。另一部分学者则认为瓮内不能运瓮，要挽救儒学，必须直捣二氏窠臼；因此他们也提出三教合一的主张，一方面批判三教末流之偏弊，一方面发扬三教的原始精神，最后再把三教会归于儒，以达到重建儒学的目的，方以智就是这一类学者中最杰出的代表者。

明末清初鼎革之际，有不少遗民以逃禅的方式表明其不仕异族的决心，此即所谓“遗民僧”。方以智于永历四年（一六五〇年）、永历七年（一六五三年）曾两次以逃禅的决心婉拒了清朝政府的袍帽，就此而言，方以智的逃禅与一般的遗民僧一样，都是对异族政权一种反抗或不合作的表示。但是从明末清初的史实看来，逃禅与异族并无必然关系。如王夫之反满情绪最为高涨，但是却始终婉拒方以智逃禅之劝，对二氏更是加以严厉批评；木陈道忞（一五九六—一六七三年）是当时佛界大师，却与清政府密切合作，甚至应诏入宫，备受皇帝礼遇。换言之，方以智的逃禅固与异族入主有关，但是在异族压迫逐渐消除后，仍然逃禅以终，一定还有其他因素。

除了异族入主以外，方以智的逃禅还有以下几个原因：(1) 方以智流离岭南时期，其父方孔照隐居桐城白鹿山庄，以战乱之故，无法归里省亲，但同时永历帝连下十次诏书，命方以智出任阁臣。方以智在忠、孝难两全的矛盾心理下，早有逃禅保身以尽孝道之意。他说：“吾归不可，出不可，善吾身以善吾亲，其缁乎？”又说：“中丞公白发在堂，皆为之枯，十年转侧苗峒，不敢一日班行，正以此故。”这是方以智逃入僧院的原因之一。(2) 方以智的逃禅主要与其三教合一的主张有关。方以智外祖吴应宾以儒者而精于佛典，并师事三教先生林兆恩，故主张三教归儒。觉浪道盛禅师则以高僧而精于儒典，亦主三教并举、五宗并弘。此与方以智集大成与三教合一的主张相符合，方以智能逃禅二十年，而以僧终，这种思想上的因素是最主要的。

方以智以儒者而托身僧院，虽主三教合一，目的却要复兴儒学。

因此其《药地炮庄》一再强调庄子是孔子托孤，无异在表明自己虽薙发为僧，思想上却不失儒者本色，其好友施闰章也一再说他是儒者。换言之，逃禅为僧仅是一种形式，会通三教、复兴儒学才是实质，这是方以智逃禅的主要意义。

方以智之三教合一基本上还是站在儒家虚实论的立场上展开。换言之，他一方面针对明末三教之虚弊而发扬三教之崇实精神，一方面唯恐矫枉过正，故又提出三教虚实合一的主张。

明末不只是儒学掠虚谈玄、舍物言理，即使佛、道也是扫物尊心、流于虚无，因此方以智不但发挥儒家知识主义与物理研究的传统以挽救儒学，而且也进一步发扬佛道崇实传统以挽救二氏，甚至发扬耶稣会士重视学问、重视科学的精神。就佛教而言，原始佛教有所谓内明与外明。内明指身心性命之理，外明指声明（即声音文字之学）、医明（即医学）、巧明（即科学技术之学）、因明（即逻辑学），合称五明。可见佛不但不忽略人伦政事，也不忽略知识或实有。达摩创立禅宗主要是针对当时经论支蔓、福寿功德之弊而发，但后世学者既不明原始佛教本意，又不明达摩立教苦心，因此矫枉过正，舍物言心，流于虚无。一般人以为庄子以虚无自然为宗，必定扫伦物、反知识，事实上《庄子》一书所言皆自具两端，虽偏言虚无而不废实有，《天下》篇便极言六经与数度的重要，不但重视学问知识，而且重视象数物理。庄子每言虚无的灵台，却说“灵台者有持而不知其所持，而不可持者”，又常说“议之所止，极物而已，以有形者象无形者而定”。可见庄子虽偏言虚无而并不离实有。但是后人不知庄子“以虚无自然为宗，称混沌、灭礼法、废权衡”之立教本旨，却假之以“贱学荒事、棓圣纵盗、滑稽颠倒、推堕洸洋”，如此既不得庄子“虚无自然”之益，反流于“掠虚斗胜”之弊。一般人或以为惠施不言虚无，或以为惠施不言实有，事实上惠施不但言万物一体，又言物理质测，其所设问，绝非一般“畏数逃玄、窃冒总者所能答”，其所言者亦非“循墙守常、局咫尺者所能道”。此外西方耶稣会士虽以传教为务，但也输入西方历算奇器等科学，因此在方以智看来也是言虚无而不废实有。总之，无论是佛教、道家、天主教都是言虚无而不废实有，而且可以说都是主虚无与实有合一，与儒家虚实合一的主张相同，因此都可以合一，也因此三教可以归儒。

方以智除了站在虚实合一的立场上会通三教以外，也用∴的符号来会通三教。他认为易、庄、禅都具有公因与反因的关系。他引用易传、礼运、老庄、华严互为参证，以说明三教都讨论到寂然无分别的一与历然分别的多之间的密切关系。换言之，历然分别的现象界虽然赜动繁然，但是都各具一理，不杂不乱，各循其方，唯有穷通万法之理，才能把握寂然无分别的本体。但吾人也必须把握寂然无分别的本体，才能统贯历然无分别的万法。这种寂然无分别的一与历然分别的多的关系，即虚与实、内与外的关系，亦即方氏易学中公因与反因及∴说中上一点与下二点的关系。

∴三点的关系是“三即一，一即三，非三非一，恒三恒一”的关系，而三教的关系亦然。所谓：“教无所谓三也。一而三、三而一者也。譬之大宅然，虽有堂与楼阁之区分，其实一宅也。门径虽殊而通相为用者也。”可见三教殊途而同归、一致而百虑，既可分亦可合。

三教虽然都言“二”（现象），但也都未忽略言“一”（本体），而其言“一”也都可以会通。“太极也、精一也、时中也、混成也、环中也、真如也、圆相也，皆一心也，皆一宗也”，“气也、理也、太极也、自然也、心宗也、一也，皆不得已而立之名字也”。

三教圣人都是主张合虚实、合内外、贯一多、本体与现象合一者，因此三教皆可合一，但是后世贤哲往往为挽救一时之弊，必须提出权宜之偏说。这些偏说虽然不符合圣人之旨，但却可以用“代明错行”（《中庸》：如四时之错行，如日月之代明）之法互补互救。如禅宗可以救理学滞学执着之弊，理学也可以补禅宗讳学言悟、不立文字之弊；老子可以救佛学唯我独尊之弊，佛教也可以救道家曳尾全生之弊。如此代明错行、互补互救，便可会集诸偏说而见道之大全。

根据这种代错原理，不但理学内部朱陆之争可以止息，即使三教之间一些争论不休的问题也可以解决。如有与无的问题，一般人总认为儒家言虚有、二氏言虚无，有与无之争不息，因此三教始终不能会通。但方以智却认为三教皆言实有与虚无合一之学；有无之不可分是三教之所同。而有、无事实上可以代明错行、并行不悖。所谓“体道于无，可以养神虚受；还事于有，便知物则咸宜。火候自适于两忘之无，所以调气践形而泯性情也；实务藏用于法位之有，所以随分安时而无思虑也”。可见有无虽是相反的两端，但各有其用，可以代明错行、会通一贯，而至于不落有无；既至不落有无之绝对的一，则有无可以无争，三教亦可会通。

其次一与多也是当时争论的问题。方以智则用博与约的关系加以说明。他认为“博文约礼”的命题可以改为“博物约空”，而博与约可以互换而成“博空约物”；既可以“博空约物”，又可“博物约空”，故一与多事实上是可以贯通的。“一是多中之一，多是一中之多，一外无多，多外无一，此乃真一贯者也。”

儒释道三教争论最烈的莫过于出世与入世的问题。一般人总以为儒讲入世，佛言出世，两者根本不能调和。但方以智却认为“同此宇宙日月，同此身心性命，称谓有方，语正宜通而互争之”，又说：“言自各异，而不可相废也；偏废则皆病矣”。换言之，出世与入世是相反相因的两端，可以代明错行，并行不悖。就∴说而言，入世是存，出世是泯，存、泯同时，故出世、入世不悖；但是“舍存岂有泯乎？”既舍入世岂有出世。可见方以智虽逃禅世外却不忘入世之业，其所以不能接受魏禧“挂鞋曳杖，灭影深山”之劝，与他所持这种入世思想有密切关系。

总之，儒释道三教皆主虚实合一之学，因此都可以会通，后世圣贤为了针对时弊，立说或不免有偏，但却可以代明错行，互补互救。方以智这种三教合一的最终目的是要重建儒学，但是清代学术并没有朝着这个方向走，而从明末掠虚的理学，矫枉过正地走入滞实的清代经学。

十、结语

从以上的叙述，起码可以得到以下几点结论：

（一）方以智是明末清初一位风格奇特的思想家，兼有“大伤心人”与“大医王”的双重性格。从生平上说，他因慕司马迁之出游天下，而于二十岁（崇祯三年，一六三〇年）出游江淮吴越；二十四岁（崇祯七年，一六三四年）因桐城民变而流寓金陵；三十四岁（崇祯十七年，一六四四年）因李自成攻陷北京被执不屈；逃抵南都后因马阮乱政，列名追捕，而流离岭南；三十六岁（隆武二年，一六四六年）以拥戴永历帝有功擢左中允，旋因司礼太监王坤之专横而挂冠离去；四十岁（永历四年，一六五〇年），清兵陷平乐被执，宁取白刃而不受袍帽，遂至薙发为僧；四十三岁（永历七年，一六五三年），皖开府李芃又逼以袍帽，遂至天界，礼觉浪道盛为师。但是虽然逃禅世外，却仍无法摆除来自俗世的谗言谗语，遂于六十一岁（康熙十年，一六七一年）自沉赣江，完节以终。其一生可谓在流离坎坷、患难悲剧之中，是十足的大伤心人。但是从思想上说，九岁（万历四十七年，一六一九年）便能赋诗属文，并接触西学与物理；十二岁（天启二年，一六二二年）能背诵六经，其后更加博学，举凡阴阳象数、天官望气之学，律吕之源、兵法之要，无所不穷；书法、围棋、舞剑、弹琴、吴歌、杂技等亦无所不精；二十岁以后从事经史考证与物理研究，至仕宦北京时期便完成了百科全书似的《通雅》与《物理小识》。四十岁逃禅以后研究易理、会通佛与老庄，主张三教合一；他要把古今中外学问像药材一样，会集一炉，加以烹炮烧煮，并制出各种药方以救治学术思想界的千疾百病，以及不谙灵素而争挂单方招牌的庸医之病，时人因之称他为“大医王”。唯有苦难的时代才能产生忧患的意识，唯有忧患的意识才能孕育出光辉的思想，因此对于方以智而言，大伤心人的悲剧生平与大医王的光辉思想，似相反而实相成。

（二）方以智曾祖父方学渐是阳明学派的学者，但反对王畿、李贽及二氏之“舍实而求虚，离有而索无”，而主张“藏陆于朱”，“潜无于有，藏虚于实”，这种尊朱崇实的主张一直为方氏所继承发展，而且越来越偏重，至方以智遂实际从事经史考证与物理研究，《通雅》与《物理小识》就是这种思想背景下的产物。因此无论在经史考证或物理研究，方以智都是一方面批判王学末流“舍学言悟”、“舍物言理”之弊，一方面又强调伏羲、孔子、朱子、乃至陆象山都有重视学问与物理的传统。换言之，他对王学末流的不满而言是一种反动，但是就其从传统中寻找理论根据而言，却是一种连续。由此可见：(1) 近人对于清代考证学兴起的解释，或主反动说，或主连续说；如果我们从方学渐、方大镇、方孔照至方以智四代家学的演变来看，它对于王学末流而言是一种反动，但是对于朱子，甚至孔子而言则是一种连续。(2) 方以智反对王学末流之“扫物尊心”而提出“盈天地间皆物”的主张。其所谓“物”除了书籍文献以外，也包括自然界的万物，因此他在从事经史考证的同时，也从事自然科学（即质测之学）的研究。可见明末理学内在的矛盾中不但逼出了文献的考证，也导出了自然科学的研究。而且方以智的科学研究中包括天文、历法、数学、医药、植物、动物、矿物等，其所谓“质测”，更包括观察、实验、怀疑、仪器观测（如以望远镜观测天象）等，若后人沿着这个方向发展，一定可以继续产生更精密、更进化的科学。由此可见，明末科学所以特别发达，与对王学末流的反动及朱子格物说的复活有密切关系（西方耶稣会士之传入科学最多只是一个辅因），而儒家阻碍中国科学发展之说，也难以完全成立。

（三）方学渐是阳明学者，方以智早年也受方大镇阳明学之教，逃禅后更在一定程度上放弃大规模的经史考证与物理研究。江西青原山为江右王学重镇，其学风与方学渐、方大镇原很相近，故方以智逃禅后期住持青原山净居寺，不但表扬王学，而且一再主张“以无我为过关”、“以毋自欺为薪火”。换言之，方以智逃禅以前偏重在以朱子务实之学为基础，以建立阳明致虚之学，逃禅之后却以阳明致虚之学统贯朱子务实之学。以方以智自己的话说，前者是“质测即藏通几”、“下学而上达”，后者则是“以通几护质测之穷”、“达上而学下”。牟宗三先生认为朱子与王阳明最大的不同在前者是采取顺取之路的一种横摄系统，后者则是采取逆觉之路的一种纵贯系统；就此而言，我们事实上也可以说，方以智逃禅前是要以朱子的横摄系统上达阳明的纵贯系统，逃禅后则是要以阳明的纵贯系统来融化朱子的横摄系统。此外，嵇文甫说朱子与阳明最大不同在于朱子把尊德性与道问学作为一种左右二元的并列，阳明则把尊德性与道问学作为一种上下一元的统属；就此而言，我们也可以说方以智把尊德性与道问学作为既是左右二元的排列，又是上下一元的统属（逃禅前倾向前者，逃禅后倾向后者）。总之，方以智有意调和朱子学与阳明学，并集其大成于一身的性格是极为明显的；其逃禅前后学术思想风格虽然有很大不同，但是就其调和朱王的努力看来，却是自成体系，毫不脱节矛盾的。由此我们也可以看出方以智逃禅前（异族入主前）从事经史考证，逃禅后却放弃了，这从他本人的思想体系看来是很可以理解的；换言之，明末考据学之所以兴起，主要是对王学末流的反动以及在理论上所受朱子的影响，与异族的压迫无关。

（四）方以智鉴于明末学术思想界的多样性与矛盾性，而提出"均的哲学"；这种哲学主要表现在他根据《易传》"一阴一阳之谓道"而创出来的"∴"的符号（下二点为一阴一阳，上一点为道）。方以智认为阴中有阳、阳中有阴，故阴阳具有相反相因的关系（即下二点，又称反因）；两者互不可缺，而且必须互相调和才能见"道"之大全（即上一点，又称公因）。其他如一与多、内与外、博与约、虚与实、悟与学、心与物等所有对立的两端也都与一阴一阳一样，必须互相调和。至于调和的方法，就是《中庸》所谓"如四时之错行，如日月之代明；万物并育而不相害，道并行而不相悖"的原理。从学术思想界上说，能使各种不同的说法任其代明错行，并育并行，不但不会有"攻乎异端"之事，而且可以保持其多样性。但是这并不是一种学术界的静态平衡，也不是一种机械式地在对立中求取调和；根据交轮几与随泯统的法则，学术思想界在代明错行、并育并行的状态下，自然会不断地向前进步与发展，方以智所以主张集大成、学术进化论，其理论根据即在此；因此均的哲学是一种变的哲学，也是一种进化哲学。

（五）方以智的志节与学问在当时曾备受推崇，江子长曾誉之为四真子，即"真孝子、真忠臣、真才子、真佛祖"；张英也称他"为人才、为学人、为忠臣、为孝子"；黄宗羲是方以智流寓金陵时期的好友，对方以智的医学与易学成就表示推崇；对其奇才尤表惊服，而视之为四位畏友之一；王夫之在方以智流离岭南时期认识，逃禅后颇多交往，他虽然婉拒方以智逃禅之劝，但对其会通三教、重建儒学的努力更是仰慕终生，叹为观止。但是入清以后，儒学逐渐定于一尊，考据又趋独盛，方以智这种合一三教、会通中西以重建儒学的主张，却不能为“以考据为儒学”的乾嘉学者所理解与受容。因此除了早年所从事的文字音义考证（即《通雅》）被誉为清代考据之先河以外，他几乎可以说是清代儒学界的“异乡人”；至于三百年后的今天，我们不但对他的学术思想主张缺乏深刻与全面的认识理解，就是对他的生平也感到相当陌生。事实上清末民初以来正处于中西文化交流鼎盛的时代，也是重建中国思想文化最迫切的时代，方以智重建明末清初中国思想文化所提出来的方案，应该可以作为我们的借镜。

参考书目

1. 史料

《通雅》，方以智，清光绪六年桐城方氏重刊本。

《物理小识》，方以智，《国学基本丛书》本，台湾商务印书馆，一九六八年台一版。

《浮山文集前编》，方以智，明此藏轩刊本，一九三二年晒蓝，中研院傅斯年图书馆藏。

《东西均》，方以智，中华书局，一九六二年。
《药地炮庄》，方以智，清康熙三年，庐陵曾玉祥刊本；一九七五年台北广文书局影印。
《浮山前集》（《流离草》），方以智，抄本。方杰人师珍藏。
《浮山后集》（《鸟道鸣、无生寱、借庐语》），方以智，抄本，方杰人师珍藏。
《膝寓信笔》，方以智，《桐城方氏七代遗书》，光绪十四年，日本东洋文库藏（以下简称《七代遗书》本）。
《青原愚者智禅师语录》，方以智，修订中华大藏经会印行，台北，一九六八年（以下简称《中华大藏经》本）。
《青原志略》，方以智、施闰章合编，康熙八年，日本内阁文库藏。
《心学宗》，方学渐，万历三十二年刊，东京大学文学部汉籍中心藏。
《东游纪》，方学渐，《七代遗书》本。
《性善绎》，方学渐，同上。
《庸言》，方学渐，同上。
《宁澹语》，方大镇，同上。
《荷薪韵义》，方大镇，同上。
《宁澹居集》，方大镇，同上。
《宁澹居奏议》，方大镇，同上。
《周易时论合编》，方孔照，顺治十七年白华堂刊本。
《蒭荛小言》，方孔照，《七代遗书》本。
《古事比》，方中德，广文书局，一九六九年影印。
《数度衍》，方中通，《四库全书珍本》二集，台湾商务印书馆。
《古今释疑》，方中履，康熙二十一年桐城方氏汗青阁刊本。
《汗青阁文集》，方中履，《七代遗书》本。
《王船山遗书全集》，王夫之，中国船山学会，一九七三年影印。
《蓼斋集》，李雯，顺治十四年刊本。

《愚山先生全集》，施闰章，乾隆年间刊本。
《愚山先生年谱》，施念曾，见《愚山先生全集》所附。
《桐城耆旧传》，马其昶，宣统三年刊，中研院傅斯年图书馆藏。
《陈忠裕全集》，陈子龙，光绪年间刊本。
《璇玑遗述》（又名《写天新语》），揭暄，《刻鹊斋丛书》本。
《黄梨洲遗书汇刊》，黄宗羲，永吉出版社，台北，一九六九年影印。
《天经或问》，游艺，日本享保十五年（一七三〇年）江府书林松叶轩万屋清兵卫镌。
《桐城续修县志》，廖大闻，道光七年刊，内政部藏。
《所知录》，钱秉镫，世界书局，一九七一年影印。
《田间文集》，钱秉镫，同治二年皖桐斟雉堂刊。
《藏山阁诗存》，钱秉镫，光绪三十四年刊。
《魏叔子文集》，魏禧，《宁都三魏文集》本。
《瞿忠宣公集》，瞿式耜，道光十五年刊本。
《天界觉浪道盛禅师全录》，觉浪道盛，《中华大藏经》本。

2. 近人研究专书

《方以智晚节考》，余英时，新亚研究所，香港，一九七二年。
《历史与思想》，余英时，联经出版事业公司，台北，一九七六年。
《清初僧诤记》，陈垣，励耘书屋锓板，一九四五年。

3. 近人研究论文

方竑：《方密之先生之科学精神及其物理小识》，《文艺丛刊》一卷二期，一九三四年。
朱倓：《明季桐城中江社考》，《中研院历史语言研究所集刊》一本二分，一九三〇年。
李慎仪：《东西均中“合二而一”的原意和实质》，《哲学研究》，一九六五年三月。
容肇祖：《方以智和他的思想》，《岭南学报》第九卷第一期，一九四八年十二月。
张德钧：《方以智物理小识的哲学思想》，《哲学研究》，一九六五年三月。
张永堂：《方以智与王夫之》，《书目季刊》第七卷第二期，一九七二年冬季号。
张永堂：《方以智与西学》，《天主教学术研究所学报》第五期，一九七三年十月。
罗常培：《耶稣会士在音韵学上的贡献》，《中研院历史语言研究所集刊》一本三分，一九三〇年。
冈田武彦：《东林学の精神》，《东方学》第六辑，一九五三年六月。
小川晴久：《方以智の自然哲学とその构造——三浦梅园の条理との关连で》，《学习院高等科研究纪要》，一九六九年。
坂出祥伸、见薮内清、吉田光邦合编：《方以智の思想》，《明清时代の科学技术史》，京都人文科学研究所，一九七〇年。
重泽俊郎：《方以智哲学试论》，《中国の文化と社会》，一九六八年。

顾炎武

简明勇　著

目　录

一、生平与学识

关于顾炎武的生平、家世和时代背景，在《清史》列传、李元度的《先正事略》、唐鉴的《学案小识》、支伟成的《清代朴学大师列传》、张穆的《顾亭林先生年谱》、全祖望的《亭林先生神道表》、张藩的《汉学师承记》以及谢国祯的《顾宁人学谱》、郑巽行的《顾亭林生活》等，都有所叙述，可供参考。现代综览诸家言论，更依据顾先生本人著作的记载，略将其生平介绍如下：

顾炎武是明末江苏省昆山县人。原名绛，年三十三岁，改名炎武，字宁人，学者称亭林先生。明朝灭亡后，曾改姓名，自署蒋山佣。生于明神宗万历四十一年（公元一六一三年）癸丑，卒于清圣祖康熙二十一年（一六八二年）壬戌，享年七十。曾祖父章志，是明嘉靖癸丑年（一五五三年）进士，官拜刑科兵部侍郎。祖父绍芳，为明万历丁丑年（一五七七年）进士，官侍郎生左赞善，并为翰林院编修。父亲同应，明万历乙卯年（一五七九年）副榜，恩荫入国子监。亭林先生是同应公的次子。因伯父绍芾公早逝，聘王氏，未婚守节，因此以亭林先生为后嗣，先生就是由王氏抚养长大的。先生三岁患痘，眼有双瞳子，中白边黑，读书一目十行，悟力过人。性情耿介，不愿与人交往，但与乡里间归庄特别友善，一同游于复社，于是有“归奇顾怪”的传说。明末清兵入关，明庄烈帝崩亡，福王由崧立于南都，先生应昆山县令杨永言的征召，与嘉定诸生吴其沆、归庄等一同起兵抗清，不幸事败，不久明朝灭亡，先生母亲王氏闻变，绝食而死，遗言说："我虽妇人，身受国恩，与国俱亡义也，汝无为异国臣子，无忘先祖遗训，则吾可以瞑于地下。"从此先生携带着书籍，周游四方，不愿在异族的统治下做官，往来陕西、山西、山东、河南、河北、江苏、浙江等地，康熙朝虽曾荐举他为博学鸿词科，请他撰修《明史》，他都没有接受，这是受母教的影响的。六十七岁卜居于陕西省华阴县，置田筑舍，以至于死。

先生幼承家学，曾祖父、祖父都是进士，父亲副榜曾是国子监里的人，可说书香世家，庋藏图书自是较常人丰富。且由于先生少年有绝异的天资，一目十行，肯潜心研读，九经诸史略能背诵。年长以后更肆力于学问，留心当世事故，实录奏报，时常亲自钞节。四十余岁后，骑驴走天下，荒山颓垣中，发现古碑版遗迹，亦不放过。就是羁旅在外，也总是载书数箱，随身相伴，旅居休歇，披寻搜讨，毫无倦态。真可说是："读万卷书，行万里路。"在学植既深，阅历又富的情况下，成就了他渊博的学识。

顾先生在学术上的成就，以经学、史学、地学、音韵学、诗文的创作为主。（1）在经学方面：他认为"经学即理学"，换句话说，便是以哲学的眼光来研究经学。他研究经学所注意的是经学中义理的价值，经世致用的实用价值，而不在于史学价值或文学价值。他研究经学的主要创见，从《易经》来说，他排斥了陈邵图象的说法；从《书经》来说，他对《书经》的源流，颇具怀疑的态度和辨伪的精神，提出了"尽信书不如无书"的看法；从《诗经》来说，他虽然相信孔子删诗的说法，但他认为孔子删诗，只是"选其辞、比其音、去其烦且滥者"而已；从《礼经》来说，他特别重视《仪礼》，提倡制度节文，不尚空谈；从《春秋》三传来说，他只讲求是非，而没有门户的分别；从《论语》与《孟子》来说，他认为孔孟的学问是"修己治人的实学"，而不是"明心见性的空言"。以上是就其荦荦大者而言，当然还有很多细节，无法一一赘述。（2）在史学方面：他留意于史事，擅长于考古，他想利用历史为借镜，来治理当世事务。二十一史、《通鉴》诸书都曾有深刻的研究，对《史记》、《汉书》、《后汉书》、《三国志》、《晋书》、《南北史》、《新旧唐书》、《宋史》、《金史》、《元史》、《通鉴》等的史迹真伪与作者写作的方法与态度，都有所批评，载在《日知录》中。（3）在地学方面：顾先生不仅喜欢研究历史，也喜欢地理，尤其是历史地理。他一方面游历南北各郡县的名山大川，实地勘察，一方面翻检史籍记载，多所订正。这种成就大都表现在《天下郡国利病书》、《肇域记》、《历代帝王宅京记》等著作上。（4）在音韵学方面：顾先生研究音韵学，主要动机是为了解经，他在《文集》卷四《答李子德书》中说："愚以为读九经自考文始，考文自知音始。以至诸子百家之书，亦莫不然。"他认为音韵学是解经的基础，基础不立，便不得确诂。这种音韵学上的成就，可以从《音学五书》及《韵补正》等看出，他根据遗经来订正六朝唐人的缺失，根据唐人来订正宋人的缺失，而有卓越的贡献。

顾先生怀不世的才能，抱经世的大志，从事过反清复明的政治活动，到了事无可为以后，才做一个学者，他深不愿以学识著名为满足，但为时势所趋迫，最后不得不仅以学识闻名于世，而对清代学术产生至深且巨的影响。第一在治学的精神上，他标举着"经学即理学"与"经世致用"的两大旗帜，使学术与社会密切结合，不致脱节，不致成为空疏无用之学，可说是顾先生学术的特色，这种"明道救世"的主张，确是学术上一大光彩。第二在治学门类上，他注重音韵学与金石学的研究，实是开清代朴学的先河。第三在治学的方法上，他注重实证，除了实际的踏勘与亲身的体验外，以古书正今书，以今事验古事，以他书为旁证等都是求证的方法。总之，顾先生开拓了清代学术研究的风气，揭示了清代学术研究的门径，提供了清代学术研究的方法，他可说是清代学术开山第一大师，《清史·儒林传》以顾先生冠首，实在有道理呀！

二、文学思想

关于顾炎武先生的文学思想，主要散见在他的《文集》与《日知录》中。虽然零乱破碎，但加以融会贯通后，也不难看出他的体系来。

在文学价值评论方面：他说文章须有益于天下，有益于将来。能够阐明义理、记载政事、洞察民隐的才有益处，才是文章。如果写些怪力乱神的事迹、无稽荒诞的言论、剿袭谀佞的文词，这是有损于己又无益于人，没有价值的文章。他又说文章合为时而著，歌诗合为事而作。《与人书》中说："看子之为学，以明道也，以救世也。徒以诗文而已。所谓雕虫篆刻，亦何益哉！"顾先生这种带着人道色彩的文学价值观，一方面是受了韩愈文以载道思想的影响，一方面也受着时代背景的影响。明代人心风俗败坏，若要转移人心，整顿风俗，顾先生认为是有待于立言的。他在《日知录》卷十九《直言》篇说："今日之民，吾与达而在上位者之责也。救民以言，此亦穷而在下位者之责也。"可见文学价值是与"救民以言"有关的。

在文学创作方面：他认为文章必须自立，切忌摹古。虽然为学须从博古以立基础，但一旦到了创作阶段，就应该除去古人面貌。

他说避用今名而用古名，避用今字而用古字，不但于理无取，而又有碍于事。他又说文章应各具风格，自成一家，才见伟大，若改窜前人的作品，窃盗前人的成书，最是无聊。《日知录》卷十九《著书之难》说："必古人之所未及，就后世之所不可无而后为之。"先生这种立论，我想主要是针对矫治明代文坛弊病而发的。因为明代文人如李东阳、李梦阳、何景明、王慎中、唐顺之、李攀龙、王世贞等都在摹拟秦汉唐，这种风气弥漫了明代整个文坛。先生眼见当时文人句摹字拟，仅得古人皮毛，而遗弃神理的作风，很不赞同。他说："效《楚辞》者必不如《楚辞》，效《七发》者必不如《七发》，盖其意中，先有一人在前，既恐失之，而笔力复不能自遂，此寿陵余子所以有学步邯郸之诮也。"又说："近代文章之病，全在摹仿，即使全肖古人，已非极诣，况遗其神理，而得其皮毛者乎？"顾先生反对文人摹古的习气，除了认为摹拟的作品赶不上创作外，更有其文体理论为基础。他认为文学是进化的，他说三百篇不能不降为楚辞，楚辞不能不降为汉魏，汉魏不能不降为六朝，六朝不能不降为唐，这是文学的趋势。文学既然随时代而进化，诗文便应具时代风貌，何贵求古，何贵摹仿呢？

三、教育思想

关于顾炎武先生的教育思想，散见在《日知录》、《文集》、《遗书》间。顾先生不仅是一位学而不厌的鸿儒，也是一位"诲人不倦"

的教育长者。他的门人潘耒在《日知录》序言中曾说："当代文人才士甚多，然语学问必敛衽推顾先生，凡制度典礼有不能明者，必质诸先生；坠文轶事有不知者，必征诸先生。先生手书口诵，探源竟委，人人各得其意以去。天下无贤不肖，皆知先生为通儒也。"这些话出自他门人的口中，自是千真万确地说明了顾先生是一位教育的践履者。现在让我们来看看他的教育思想！

第一，在教育的价值方面：顾先生认为振兴教育是非常重要的。在《日知录》卷十七《生员额数》中说："有天下者，诚思风俗为人材之本，而以教化为先庶乎德行修而贤才出矣。"在《文集》卷四《与人书九》又说："目击世趋，方知治乱之关，必在人心风俗。而所以转移人心，整顿风俗，则教化纪纲，为不可阙矣。"而教育的根基，重在培育人师，人师的培育，有赖政治的力量。《日知录》卷十七《教官》说："太仓陆世仪言：今世天子以师傅之官为虚衔，而不知执经问道；郡县以簿书期会为能事，而不知尊贤敬老；学校之师，以庸鄙充数，而不知教养之法；党塾之师，以时文章句为教，而不知圣贤之道；儇捷者谓之才能，方正者谓之迂朴，盖师道至于今而贱极矣。即欲速修自厉，人谁与之，如此而欲望人才之多，天下之治，不可得矣。"又说："凡官皆当有品级，惟教官不当有品级，亦不得谓之官。盖教官者师也。师在天下，则尊于天下；在一国则尊于一国；在一乡则尊于一乡。无常职，亦无定品，惟德是视。若使之有品级，则仆仆亟拜，非尊师之礼矣。至其冠服，亦不可同于职官，当别制为古冠服，如深衣幅巾及忠靖巾之类，仍以乡国天下为等，庶师道日尊，儒风日振，而圣人之徒出矣。"这种以政治的力量，来推行尊师重教的精神，确是值得钦赞。

第二，在教育宗旨方面：顾先生认为经世致用是教育的宗旨，而以博学于文行己有耻为教育的内容。《日知录》卷十八《内典》说："古之圣人所以教人之说，其行在孝弟忠信，其职在洒扫应对进退，其文在《诗》《书》《礼》《易》《春秋》，其用之身，在出处去就之际，其施之天下，在政令教化刑罚。”《亭林余集》又说：“凡今之所以为学者为利而已，科举是也。其进于此而为文辞著书，一切可传之事者，为名而已。有明三百年之文人是也。君子之为学也，非利己而已也，有明道淑人之心，有拨乱反正之事，如天下之势之何以流极而至于此，则思起而有以救之。”顾先生认为从事教育的人，纵然不能继美孔孟，使教泽流衍千载，至少也要效法文中子，教育出房玄龄、杜如晦那样的学生来辅佐唐室，以成就贞观之治。

第三，在科举制度方面：顾先生对于当时科举制度，不遗余力地加以抨击，同时也提出了改良的方案。他抨击当时的科举制度太注重八股时文，而不注重经世致用的实学。《文集》卷一《生员论》中说：“国家之所以取生员，而考之以经义论策表刊者，欲其明六经之旨，通当世之务也。今以书坊所刻之义，谓之时文；舍圣人之经典、先儒之注疏与前代之史不读，而读其所谓时文。时文之书，每科一变，五尺童子能诵数十篇而小变其文，即可以取功名；而钝者至白首而不得遇。老成之士既以有用之岁月销磨于场屋之中，而少年捷得之者，又易视天下国家之事，以为人生之所以为功名者，惟此而已。故败坏天下之人才，而至于士不成士、官不成官、兵不成兵、将不成将。夫然后寇贼奸宄得而乘之，敌国外侮得而胜之。苟以时文之功，用之于经史及当世之务，则必有聪明俊杰、通达治体之士，起于其间矣。”当今的科举制度，只便于空疏不学的人，无法取得真人才，因此改进的方法是“国家之所以设生员者何哉？盖以收天下之才俊子弟，养之于庠序之中，使之成德达材，明先王之道，通当世之务，出为公卿大夫，与天子分献共治者也。……必选夫五经兼通者而后充之，又课以二十一史与当世之务而后升之，仍分为秀才明经二科，而养之于学者不得过二十人之数，无则阙之。

为之师者，州县以礼聘焉，勿令部选，如此国有实用之人，邑有通经之士，其人材必盛于今日也。”（《文集》卷一《生员论》）

总之，顾先生处于“不教不学之徒满于天下”的时代里，他能学而不厌诲人不倦地从事教育的工作，是难能可贵的。尤其能致力于经世致用的真实教育，弥足珍视。

四、政治思想

关于顾炎武的政治思想，亦散见于《文集》、《余集》、《菰中随笔》与《日知录》等。而以《文集》、《日知录》为最重要，《菰中随笔》次之。《日知录》中篇十一至二十九卷大多谈论治道。包括地方政制、中央政制、选举、田赋、土地制度、财政、经济、吏治、政治得失、风俗、婚丧祭礼、科学、古代郡国制度、姓氏谥号、伦理制度等，范围广阔，内容充实。《菰中随笔》前半谈论官人选士的方法，与政治有关。而《文集》与政治思想虽不大侔合，但《郡县论》九篇，可说是顾先生政治思想的代表作，为一般人所熟知。

顾先生锐心政治，对政治有极浓厚的兴趣，可惜身处异代，却特富于民族意识，不屑于在清朝的统治下为官，以施展他的政治抱负，因此只得将他的政治理想，笔之于书，藏诸名山，贻之同好，传诸其人，希冀后来的圣君贤相，有所酌取而见诸施行，对世道人心，有所裨益。而更可贵的是他那些政治理想，并不是闭门造车，空谈理论，泛泛之言可比。他一方面精通史学，则古称先，有所依据。一方面随时阅览实录奏报，随地考察政教风俗，留心当世事务，关怀民隐，洞澈天下利病，锐意兴革。因此他的政治思想既富有历史意味，也具有时代精神与民族观念。那种“用夏变夷”“法古非今”的政治思想，确实颇招清朝政府的不满。幸好他并没有整天叫嚷，只把它笔之于书，藏于金柜石室，或举二三知己谈心而已，才能免除了杀身的灾祸。现在将顾先生的政治主张分述如下：

第一，顾先生主张寓封建于郡县之中：他认为封建的缺失，由于在上的专权；郡县的缺失，由于在下的专权。无论中央集权或地方分权，都有弊病。最好的办法是采用“中央集权的郡县制”。一方面可以防止中央的太过集权而产生暴君，一方面可以防止郡县的太过分散而缺少联防的力量。在上的圣君须以公心待天下的人，提高县令的官秩，并授给他们生财治人的权利，县令能够称职就有世官的奖励，若不能称职就有流放的惩罚，甚或绞斩的刑罚。他的郡县组织法以《文集·郡县论二》所叙者最为详细：“改知县为五品官，正其名曰县令，任是职者，必用千里以内习其风土之人，其初曰试令，三年称职为真，又三年称职，封父母；又三年称职，玺书劳问；又三年称职，进阶益禄，任之终身。其老疾乞休者，举子若弟代。不举子若弟，举他人者听。既代去，处其县为祭酒，禄之终身。所举之人复为试令，三年称职为真，如上法。每三四县若五六县为郡，郡设太守，太守三年一代。诏遣御史巡方，一年一代，其督抚司道悉罢。令以下设一丞，吏部选授。丞任九年以上得补令。丞以下曰簿、曰尉、曰博士、曰驿丞、曰司仓、曰游徼、曰啬夫之属，备设之，毋裁。其人听令自择，报名于吏部。簿以下得用本邑人为之。令有得罪于民者，小则流，大则杀。其称职者既家于县，则除其本籍。夫使天下之为县令者，不得迁又不得归，其身与县终，而子孙世世处焉，不职者流，贪以败官者杀；夫居则为县宰，去则为流人，赏则为世官，罚则为斩绞，岂有不勉而为良吏者哉？”而对于“称职”一事，顾先生也有所说明。《郡县论三》中说：“何谓称职？曰土地辟、田野治、树木蕃、沟洫修、城郭固、仓廪实、学校兴、盗贼屏、戎器完，而其大者，则其民乐业而已。”崇祯末年，流寇四起，清兵破关，如入无人之境，到一州破一州，到一县破一县，这正是因为郡县专擅，各郡县间缺少了联防作用的关系，所以顾先生主张“寓封建于郡县中”。顾先生很注重历史兴亡的教训，也很注重实际政治的得失，因此能切中时弊地提出了改进方案，这种原则与精神，是值得取法与尊敬的。

第二，顾先生主张崇尚人治而不可废弃法治：顾先生非常推崇人治，他认为有善人，才有善政。在《日知录》中屡屡谈及。卷二《朱子斗诗序》说：“国家之所以常治而不乱者，人材也。”卷八《吏胥》篇说：“天子之所恃以平治天下者，百官也。”卷九《守令》篇说：“必得其人而与之以权，庶乎守令贤而民事理，此今日之急务也。”但顾先生也很注重法治的力量。卷二《殷纣之所以亡》篇说：“自古国家承平日久，法制废弛，而上之令不能行于下，未有不亡者也。”卷十三《除贪》篇说：“法不立，诛不必，而欲为吏者之毋贪，不可得也。”法治与人治虽同为治国所必需，但顾先生认为有轻重本末的区别，真正的治道，在于以人为治，卷八《法制》篇说：“法制禁令，王者之所不废，而非所以为治也。其本在正人心厚风俗而已。”

第三，顾先生对官人与选士的方法，甚为重视：顾先生在政体方面既主张“寓封建之意于郡县之中”，在方法上又主张“不废法治而特崇尚人治”。在强调地方分权与以人为治的情况下，自然是主张“众人合治”而非“专裁独治”了。《日知录》卷六《爱百姓故刑罚中》篇说：“人君之于天下，不能以独治也。独治之而刑繁矣，众治之而刑措矣……天下之宗子，各治其族，以辅人君之治。”卷八《乡亭之职》篇说：“惟于一乡之中，官之备而法之详，然后天下之治，若网之在纲，有条不紊。……故自古及今，小官多者其世盛，大官多者其世衰。兴亡之道，罔不由此。”卷九《守令》篇更有详细的解说：“所谓天子者，执天子之大权者也。其执大权奈何？以天下之权，寄之天下之人，而权乃归之天子。自公卿大夫至于百里之宰，一命之官，莫不分天子之权，以各治其事，而天子之权，乃益尊。后世有不善治者出焉。尽天下一切之权而收之在上，而万几之广，固非一人之所能操也，而权乃移于法。于是多为之法，以禁防之。虽大奸有所不能喻，而贤智之臣亦无能效尺寸于法之外，相与兢兢奉法，以求无过而已。于是天子之权，不寄于人臣，而寄之吏胥。是故天下之尤急者，守令亲民之官；而今日之尤无权者，莫过于守令。守令无权，而民之疾苦不闻于上，安望其致太平而延国命乎？……盖至于守令日轻，而胥吏日重，则天子之权已夺，而国非其国矣。尚何政令之可言耶！削考功之繁科，循久任之成效，必得其人而与之以权，庶乎守令贤而民事理，此今日之急务也。”可见顾先生是极力主张“众人合治”的。既要众人合治，那么官人制度与选士方法上，须特加注意。在官人制度方面，顾先生于《文集·郡县论》所主张的“尊令长之秩”、“罢监司之任”、“设世官之奖”、“行辟属之法”等最为切要。在选士方面，顾先生除了主张“利用开科取士”一途外，须并行“乡举里选”而反对“南北异选”，因为异地的人，土风不谙，语言难晓，而且赴任宁家的费用太繁，这是不妥适的。惟有官人制度完善，选士方法正确，才能有俊杰之士来辅佐君王，以达到众人合治的成效。

第四，顾先生在经济上也有很突出的见解：顾先生原为世族大家，拥有丰厚的财产，后来因为丧乱，家道中落，清顺治十四年，先生四十五岁以后，北游各地，因能善于理财，垦田度地，累致千金，所以半生羁旅，丝毫没有匮乏的现象。顾先生不但善于料理自己私人的产业，对于国家经济，也有卓越的看法。(1) 在分配问题上，他主张“平均财富”而反对“财聚于上”的垄断经济，他反对苛捐杂税，这在《日知录》卷八《庶民安故财用足》篇、卷十一《州县赋税》篇、卷十六《财用》篇、《言利之臣》篇、《助饷》篇、《馆舍》篇等都有所论述。(2) 在生产问题上，他主张在实行“均田政策”后，还须劝勉“垦田”，若是有田不垦，就收回授予的田地。除了农业生产之外，畜牧业与纺织业的生产，也是很重要的。《文集》卷六说：“大抵北方开山之利，过于垦荒、畜牧之获，饶于耕耨。”又说：“天下大富有二：上曰耕，次曰牧，国亦然。”《日知录》有《纺织之利》篇，可见顾先生对纺织业生产的重视。(3) 在消费问题上，他主张节约而反对奢侈浪费。同时他说：“俭以养廉”，把经济与道德修养联系在一起，不尚空谈，实是卓绝。

第五，顾先生关怀社会问题：顾先生身遭亡国之痛，无法手歼逆贼，还我河山，而又不肯独善其身，无益于天下，因此将满腔热血，转而关怀社会。“国乱于上而教明于下”，正是他关怀社会的正鹄。顾先生对于社会的认识，是以历史作为基础的，他历览二十一史、十三朝实录等史籍，认识古代的社会，知道了社会道德与风俗的醇坏与转移之关键。然后放眼于现时的社会，遍历东西南北，九州岛跑遍了七州，五岳登临了四岳，做社会现况的实地考察工作。进而与古代社会比较，知道了当时社会的缺点，探索良否的症结，提出应兴应革的事项与方案。他认为改造社会要从下列各方面着手。一要重视教育，奖励学术，以转移民心，整顿风俗。二要提倡廉耻，振兴道德。《日知录》卷十三《名教》篇说：“今日所以变化人心，荡涤污俗者，莫急于劝学奖廉二事。”三要尊崇清议。《日知录》卷十三《清议》篇说：“天下风俗最坏之地，清议尚存，犹足以维持一二，至于清议亡而干戈至矣。”利用社会舆论来维系善良风俗，遏止邪恶行为，不失为良策。四要重视法治，以辅佐教育的不足。五要注意物质生活的配合。《日知录》卷十二《人聚》篇说：

“今将静百姓之心而改其行，必在制民之产，使之甘其食，美其服，而后教化可行，风俗可善乎！”《俸禄》篇说：“今日贪取之风，所以胶固人心而不可去者，以俸约之薄而无以赡其家也。”当然物质有限，人心无厌，提倡节约以培养廉操，平均财富，民聚于乡，使他们从事生产，自是不容忽视的。

第六，顾先生忠君爱国的思想：顾先生生于明朝末年，清兵入关，神州陆沉，中原板荡，他不忍心看那人民流离、生活涂炭的痛苦，在风雨如晦，局势岌岌可危之际，应昆山县令杨永言的征召，投入了抗清的战斗行列，为明室做垂亡的最后挣扎，力挽狂澜，表现他那“时穷节义高”的英烈精神。不幸的是，大势已去，江山难护，当国土沦陷之时，他的母亲绝食而死，遗言不仕异族，从此他秉承着母亲的遗训，不在清朝统治下做官。一旦国家覆亡，中兴汉室，虽力有未逮，但他并没有忘记那国仇家恨，没有忘记那反清复明的初志，在暗地里，把那股哀怨悲愤的心情，寄托在笔墨上，把那股雪耻图强的宏愿，流露在字里行间，借以警惕人心，号召志士，唤醒民族的意识，重振大汉的声威。“治蜀思武侯，匡周叹微管”、“终怀耿介心，不践脂韦径”、“晨上北固楼，慨然涕如雨”、“兴国犹在眼，涕泪已沾裳”，都是他眷恋祖国，心存匡复的写照，至今我们读了他的作品，心灵总不免受到他那蘸着血和泪写出来的激烈情感所震撼，久久不能自已。顾先生十四岁时便入复社，与归庄齐名，诗誉甚隆，佳作自是不少，但他的《诗集》却以三十二岁崇祯殉国以后所作的《大行哀诗》为首，尽删早期作品，也正寓着“国亡而后诗作”的深意。他曾六度恭谒思陵，六度恭谒孝陵，更显出了他对明代君王的崇敬与怀思。只可惜，这许多爱国忠君的节操、民族意识的结晶，常受到破坏，在清代刊刻的本子上，常发现顾先生的许多著作被删除或改易者，如《日知录》卷六《素夷狄行乎夷狄》一文即被删除，若非近人多方校雠，还其本来面目，几堕奸人之计，而失其本真。《诗集》文字亦时有窜改痕迹，亦幸近人校订，幽光始得以不泯。

五、著作

《日知录》——三十二卷。关于本书的命名，顾先生在自序中说："愚自少读书有所得，辄记之，其有不合，时复改定，或古人先我而有者，则遂削之。积三十余年，乃成一编，取子夏之言，名曰《日知录》，以正后之君子。"至于它的内容，门人潘耒在《日知录序》说："先生著书不一种，此《日知录》，则稽古有得，随时札记，久而类次成书者。凡经义史学官方吏治财赋典礼舆地艺文之属，一一疏通其源流。考其谬误，至于叹礼教之衰，伤风俗之颓败，则古称先，规切时弊，尤为深切着明，学博而识精，理到而辞达，是书也，意惟宋元名儒能之，明三百年来殆未有也。"全书一至十卷为上篇属经术，十一至二十九卷为中篇属治道，余卷为下篇属博闻。这是大致的分法，当然最好以各篇为论，才是最正确的。经术所论为《易》、《书》、《诗》、《春秋》、《周礼》、《仪礼》、《礼记》、《大学》、《中庸》、《论语》、《孟子》等；治道所论为地方政制、中央政制、选举、田赋、土地制度、财政经济、吏治、政治得失、风俗、婚丧祭礼、科举、文字、史学、古代郡国制度、姓名、谥号、伦理制度、掌故、正史述评、经史子集注疏述评、华夷风俗等。博闻所论为天文、五行、怪异、鬼神、地理、杂记等。顾炎武《与人书》

及《论门人书》中，曾说自己平生心志与事业都在其中，可见其重要性。

《菰中随笔》——三卷。此书也是顾先生随手的札记。援据考辨，能补充《日知录》之不足。前半册论官人选士的方法，后半册杂记古今事迹。

《音学五书》——三十八卷。包括《音论》三卷、《诗本音》十卷、《易音》三卷、《唐韵正》二十卷、《古音表》二卷。顾先生在《音学五书·后序》说："余纂辑此书，三十余年，所过山川亭影，无日不以自随，凡五易稿而手书者三矣。然久客荒壤，于古人之书，多所未见，日西方莫，遂以付梓人，故已登版而刊改者，犹至数四。"又说："此书为三百篇而作也。先以《音论》何也？曰审音学之原流也。《易音》不具何也？曰不皆音也。《唐韵正》之考音详矣，而不附于经何也？曰文繁也，已正其音，而犹遵元第何也？曰述也。《古音表》之别为书何也？曰自作也。盖尝四顾踌躇，几欲分之，几欲合之，久之然胪而为五矣。"

《韵补正》——一卷。顾炎武《韵补·正序》说："余为《唐韵正》已成书矣。念考古之功，实始于宋吴才老。而其所著《韵补》，仅散见于后人之所引，而未得其全。顷过东莱任君唐臣，有此书，因从假读之，月余。其中合者半，否者半，一一取而注之，名曰《韵补正》，以附《古音表》之后。"此书乃顾先生订正吴才老《韵补》的著作。

《天下郡国利病书》——一百卷。此书聚集了天下图经、府州县志书、历朝史籍以及小说笔记、明十三朝实录、公移邸报之类，一一考证，凡有关于朝政民生的、宜于当时的，亲手摘录了数十帙的著作。顾先生在序言说："崇祯己卯，秋闱被摈，退而读书，感四国之多虞，耻经生之寡术。于是历览二十一史，以及天下郡县志书、一代名公文集及章奏文册之类，有得即录，共成四十余帙。一为舆地之记，一为利病之书。乱后多有散佚，抑或增补其书，本不曾先定义例，又多往代之言，地势民风，与今不尽合，年老善忘，不能一一刊正。姑以初稿存之箧中，以待后之君子斟酌去取。”

《肇域记》——一百卷。此书专论山川要阨边防战守之事。顾先生在序中说：“此书自崇祯己卯起，先取《一统志》，后取各省府州县志，后取二十一史，参互书之，凡阅志书一千余部，本行不尽则注之旁，旁又不尽，则别为一集，曰《备录》。年来糊口四方，未遑删订，以成一家之书。叹精力之已衰，惧韦编之莫就。庶后之人有同志者，为续而传之，俾区区二十余年之苦心，不终泯没尔。”

《历代帝王宅京记》——二十卷。囊括《一统志》、二十一史及天下府州县各志书中历代建都的制度。前为《总论》二卷，后为《肇域》十八卷。上起伏羲，下讫元代，以时代为先后次序，仿照《雍录》《长安志》的体例，并记载其城郭宫室都邑及建置年月事迹等。

《九经误字》——一卷。此书是订正书肆上九经错误的著作。顾先生自序说：“今天下九经，以国子监所刻者为据。而其中讹脱实多。又《周礼》、《仪礼》、《公羊》《谷梁》二传，既不列于学官，其学殆废。而《仪礼》则更无他本可雠其讹脱，尤甚于诸经。若士子各专一经，而下邑穷儒，不能皆得监本，止习书肆流传本，则又往往异于监本，无怪乎经术之不通。人材之日下也已。余至关中见唐石壁九经，复得旧时摹本读之，虽不无踳驳，而有足以正监本之误者列之，以告后学，亦庶乎离经之一助云。”

《左传杜解补正》——三卷。此书是抉摘杜预《左传注》的阙误的著作。顾先生自序说：“北史周乐逊著《春秋序义通》。贾服说杜氏违今。杜氏单行而贾服之书不传。吴之先达邵氏宝，有《左觿》百五十余条。又陆氏粲有《左传附注》。傅氏逊本之为《辨诬》一书，今多取之，参以鄙见，名曰《补正》。凡三卷。若经文大义，左氏不能尽得，而啖赵及宋儒得之者，则别记之于书，而此不具也。”

《求古录》——一卷。此书抄录前人著作，上自汉《曹全碑》，下至明建文《霍山碑》，凡五十五种。并详考源委，辨证音释，可以补史传之阙的著作。顾先生自序说：“欧阳赵氏二录，仅有其目而不着其文，良以卷帙浩繁，难于尽载。而好古之君子，不无遗憾。乃取箧中所得重为删正，去其大半，择其可传者录之，以遗诸后人。其中各篇已见于方志者不录，碑刻之摹拓而传于世者不录，近代词人之作，有文集者不录，在乎阐幽表微，备史乘之遗，存前古之制。”

《金石文字记》——六卷。此书所录金石之文，凡三百余种。各缀以跋，无跋的亦具列年月日姓名等的著作。顾先生自序说：“一二先达之士，知予好古，出有所蓄以至兰台之坠文、天禄之遗字，旁搜博讨，夜以继日，遂乃抉剔史传，发挥经典，顿有欧阳赵氏二录之所未具者，积为一帙，以贻后人。”

《亭林文集》——六卷。卷一为论辩类文章。卷二为序言类文章。卷三、卷四为书信类。卷五为记状类文章。卷六补遗，论辩、序言、书信各若干篇。

《亭林诗集》——五卷。依年代先后为序。从三十二岁崇祯殉国所作《大行哀诗》起，至康熙二十年六十九岁所作《赠毛锦衔》止，凡三百七十余首。

其他尚有《日知录补余》四卷、《五经考》一卷、《昌平山水记》二卷、《谲觚》一卷、《顾氏谱系考》一卷、《二十一史年表》十卷、《十九陵图志》六卷、《岱岳记》八卷、《北平古今记》十卷、《建康古今记》十卷、《万岁山考》一卷，《营平二州史事》六卷、《茀录》十五卷、《诗律蒙告》一卷、《救文格论》一卷、《下学指南》一卷、《当务书》六卷、《官田始末考》一卷、《京东考古录》一卷、《山东考古录》一卷、《熹庙谅暗记》一卷等，未遑一一赘言。

参考书目

顾炎武著作部分

《日知录》，《四库》子部杂家类，明伦出版社、中华书局、世界书局。
《音学五书》，《四库》经部小学类，广文书局。
《天下郡国利病书》，《四库》地理类存目，艺文印书馆。
《韵补正》，《四库》经部小学类，广文书局。
《肇域记》，藏稿待刻。
《历代帝王宅京记》，《四库》史部地理类。
《九经误字》，《四库》五经总义类。
《左传杜解补正》，《四库》经部春秋类。
《求古录》，《四库》史部目录类。
《金石文字记》，《四库》史部目录类。
《文集》，《四部丛刊》影印原刊本。
《诗集》，《四库丛刊》影印原刊本。
《亭林遗书十种》，古亭书屋。
《左传杜解补正》
《九经误字》
《石经考》
《金石文字记》

《韵补正》

《昌平山水记》

《谲觚十事》

《顾氏谱系考》

《亭林文集》

《亭林诗集》

有关研究顾炎武之著作

《顾亭林先生年谱》，张穆著，商务印书馆。

《顾宁人学谱》，谢国祯著，商务印书馆。

《亭林学术述评》，何贻焜著，正中书局。

《亭林思想述要》，林葱著，乐天出版社。

《日知录校记》，黄侃著。

《亭林先生年谱》，吴映奎著（见《亭林遗书》附录）。

《顾亭林生活》，郑巽行著。

《顾诗笺注》，徐嘉著。

《顾亭林诗考索》，钱穆著。

王夫之

黄懿梅　著

目　录

一、生平及著作

王夫之字而农，别号姜斋，湖南衡阳人。晚年居于湘西之石船山，自称船山老人或船山老农。学者称为船山先生。

先生之父修侯先生，性情笃厚孝顺，少年从游于伍学父先生门下，又曾问道于邹东廓泗水先生，主张真知实践为真正的学问，为湘南学者，学者称之谓武夷先生。船山之母谭孺人。先生兄弟三人，长兄介之，字石子，号耐园。次兄参之，字立三，号碰斋。先生即武夷公之季子。

先生生于明万历四十七年（公元一六一九年）。年少就非常聪明，具有奇才，读书十行俱下，一字不遗。七岁就跟着长兄读完十三经，乡里前辈都惊为神童。十岁从父读五经经义，奠定了哲学思想及史学基础。崇祯七年（一六三四年）先生十六岁，学韵语，致力于四声音韵之学以及《诗经》、《离骚》、汉魏乐府、晋宋齐梁陈与唐人诗集。所读古今人所作之诗不下十万首。明天启以后，世乱日亟，满人兴于东北，而内乱蜂起。先生开始从事民族政治兵形之学，尤其精通舆地险要及民情风俗。对于历代的典章制度以及经济沿革，都了如指掌。崇祯十年（一六三七年），内忧外患，交相逼迫，志士仁人多关怀国家，先生也因此喜欢从人问四方事，对于江山险要，士马食货，都有很深的研究。明崇祯十五年（一六四二年），先生二十四岁，与兄介之赴鄂，应崇祯壬午科湖广乡试，先生以春秋第一中试第五名，得举人。明年，崇祯十六年（一六四三年），先生二十五岁，张献忠陷衡阳，当时乡绅不是投降做官就是被缚起来投入水中淹死。献贼以武夷公为人质，欲招降先生。先生拿刀自刺肢体成重伤，舁往交换其父。张献忠看到先生全身重伤，知道先生意志坚强，绝对不会屈服，于是将先生与武夷公都放了。

崇祯十七年（一六四四年），清兵入关，占了北京。先生听到这个国变，悲愤不已，数日不食不饮，作《悲愤》诗一百韵，边吟边哭。清兵南下，攻下湖南，先生举兵衡山，当时先生年三十（一六四八年），战败军溃。先生就逃到肇庆，瞿式耜推荐给桂王，任行人司行人介子之职。后以弹劾王化澄之事而为王化澄构陷，欲致先生于死地。先生悲愤激动得吐血不止，请求解职。当时有高必正慕先生之义名，前往营救，使先生得以脱逃。先生脱逃后返回桂林，仍旧依附瞿式耜。后闻母病，八月返衡，到家母即病殁。其后，清兵又占桂林，式耜殉难。先生知大势不可为，遂萌隐居之志。而清廷“留发不留头，留头不留发”谕旨下，先生既秉民族大义，誓死反抗，始终不肯薙发。于是改名易服，深入祁阳柳州之间与傜人杂居。又为避免清廷官吏的捉缉，几年来，辗转迁徙，艰苦异常，于颠沛流离中，犹不忘著述，捡拾烂纸账簿以书写文稿。清顺治十二年春（一六五五年）先生三十七岁，先生到兴宁山中，住在庙里为从游者讲《春秋》，作《周易外传》。此书为先生重要著作之一，其中道器之辨、实有、尊生等主张，均可于此书见其大略。明年，悲愤家国之亡，先生痛论晚明存亡之机而作《黄书》。此后数十年间，潜心著述。晚年与方以智来往非常亲密。以智学风与晚明之空疏武断大不相同，为清代考证之学开先河。方以智屡劝先生逃禅，先生虽不答应，而晚年所著的《周易大象解》、《礼记章句》、《说文广义》、《俟解》等都深受方氏的影响。

先生自隐居山林后，就随地托迹，以迄于死。死时年七十四岁

（一六九二年），葬于大乐山，自题其墓“明朝遗臣王夫之之墓”。自铭曰：“抱刘越石之孤忠，而命无效，希张横渠之正学，而力不能企，达全归于兹邱，因衔恤以永世。”

先生之所以为当时人所敬重，在于先生之气节及学问著作。从先生的生平事迹中，可以见到先生威武不屈，忠贞爱国的气节。而先生的文章著述，在学术思想史上更有其独特的见解。

先生自幼即用功读书，对于十三经、二十一史及朱子张载等诸子遗书，都加以研究探讨。即使是处于猺洞之中，饥寒交迫，或是生死当前，仍然不改变读书的习惯，不断研究思考。到晚年体弱多病，以致无法握笔，还是尽力勉强编纂注疏。

先生论学以汉儒为门户，以宋五子为堂奥，而源本尤在张横渠（载）的《正蒙》一书，认为张子之学上承孔孟之志，下救来兹之失。故力辟明末王学末流之空疏，而上接关中张子之学，以为论学之本。于四书及《易》、《诗》、《书》、《春秋》各有稗疏。对于六经中所提及的草木鱼虫，山川器服以及制度的同异，字句的参差都有很详细的考证及校订。

先生论易不采京房之说，认为陈抟的《先天诸图》也不足采信。诠释《尚书》，往往有新的见解，他常以经义来纠正后世之学说。又认为《毛诗传》、《郑氏笺》，名物训诂不完备，于是著书为之校正。读史读注疏，于书志年考，常考证比较各家之同异，别人研究所忽略的地方，也必详细查阅，更所听所见之事实来证，于是古今各学说互相参错，共成若干卷。

至于四书，则有《读四书大全说》，详解、授义。《周易》则有《内传》、《外传》、《大象解》。《诗》则有《广传》。《尚书》有《引义》。《春秋》则有《世论》、《家说》。《左传》则有《续博议》。《礼记》则有《章句》，其中《大学》《中庸》仍依朱子之章句而作衍引申发明。又作《思问录》内外篇以辟象山阳明学说之谬误，排斥钱王罗李之狂妄思想，表明人道即为实学，完全废弃古往今来虚妙之论，主张实有之说。又赞张子之说切实高明、注《正蒙》与《思问录》内外篇互相发明，又以文章莫妙于《南华经》。至于辞赋，先生则以屈原宋玉所著为最好。所以先生流连于《庄子》、《离骚》，作《庄子解》、《庄子通》、《楚辞通释》。又着有《搔首问》、《俟解》、《噩梦》各种。及自定诗集，评选古今诗，并有关于文学批评的《夕堂永日绪论》。注释《老子》、《吕览》、《淮南》若干卷。晚年论史，作《读通鉴论》三十卷、《宋论》十五卷以批评议论古今兴亡的缘由。

自明亡后，先生著书凡四十年，凡百余种，三百余卷。唯其遗失不可考的很多。先生学问广博，于六经皆有发明。今将其重要作品介绍如下：

船山论易，主张易即是互相推移以摩荡，采取易为变易的意义。因此他认为《周易》是以乾坤二卦并建为首，为变易之根本原动力之所在，变易之根本原理之所在。换言之，乾坤二卦是为易之体。单独的乾或是单独的坤是无法产生变易的。乾坤必定互相对峙，并立，推移，摩荡，其余六十二卦因而错综交杂产生万物。如此一来，天道之变化，人事之通塞尽存于这六十四卦当中。船山接着由此占易的原理，引申至学易的理论，他认为天以阴变阳合交相感以成天下之万物，而人效于乾坤而有健顺之理。天以清刚至和无私（元、仁）之气创造化生万物，而人秉此生之理去己死，扩恻隐之心而为仁人。船山有关《周易》之著作有：

（1）《周易外传》七卷。此书为先生最重要之著作之一，凡先生之哲学思想，主有、主动、尊生，具可于此书窥其大略。

（2）《周易大象解》一卷。船山在《大象解》序文中说明，大象的意义与众爻不同，取大象的意义来解释彖爻必定不合。《周易》这本书虽然以卜筮之书的形式出现，但是学易之理存于其中。书中唯有大象是纯粹的学易之理，没有占卜交杂于其中，故专解大象以明学易之理。

(3)《周易内传》十二卷《发例》一卷。《内传》与《外传》不同，《外传》是由象数的变通来发挥自己的思想。而《内传》是守彖爻立诚之辞来体天人之理。

(4) 另有《考异》一卷、《稗疏》二卷。

先生诠释《尚书》往往有新的见解，于《稗疏》四卷外，有《尚书引义》六卷，是就《尚书》每一篇精义引而申之，并常以经义来纠正后世之学说。如论《尧典》钦明以辟阳明良知论，论《舜典》玄德，来批评老氏玄旨之说。论象以典刑，攻击钟繇陈群等言恢复肉刑之错误。论人心道心证明释氏明心见性主张之谬误。论聪明明威，破吕不韦月令、刘向五行传之论。论知之非艰行之唯艰，诋朱陆学术之短……

于《诗经》有《稗疏》、《考异》、《广传》。《稗疏》四卷，主要是考证名物训诂，以补先儒传笺诸说之遗。四卷末附《考异》一篇，并不十分完备。另又《叶韵辨》一篇，所持之理论有独到之见解，足以解决诸家之《轇轕》。

至于《春秋》，于《稗疏》内，十分之一论春秋书法，仪象典仪之类，改证地理者十之九。另有《家说》七卷，《春秋世论》五卷，《续春秋左氏传博议》二卷。《春秋家说》之所以称做家说，是由于春秋大义系受教于先生之父武夷公，故以家说为名。其中反驳胡传之失往往中理。但仍是喜好高论以私情害大义，并有多处词胜于意者。

四书则有《训义》，《稗疏》，《考异》，《读四书大全说》。《四书训义》三十八卷，系船山依朱子集注再予以阐扬发明。《读四书大全说》十卷，是先生哲学思想最重要之著作之一，其论辨之精微，发挥之透彻，为研读船山思想不可缺少之材料，其中论性，论心、情、才，性善之根据，性恶之由来，以及天道人道，尤为精彩。

晚年论史，著有《读通鉴论》三十卷，《宋论》十五卷，这二部史论，广泛流行，人所熟知。尤其《读通鉴论》卷末之叙论，更是他论史之精华所在。他在叙论中告诉我们读史如何资治，如何以史为鉴。他认为资治并非知治知乱而已，而是要去探求治之资，而治之所资，船山明确地指出，就是一心而已矣。以心驭政，凡政皆可以宜民。治之所资既在一心，而历史就成为其鉴，历史之所以能成为一面镜子，是因为由历史事实背后可以找出所以得所以失之缘由，成为治之资。其他精彩之论说随处可见，为治史者不可不读之书籍。

先生注《正蒙》一书，于序论中赞扬张子所言无非易，立天，立人，立地，反经研几，精义存神，以纲维三才，贞生而安死。往圣之传，非张子莫属。先生之哲学思想大都脱胎于《正蒙》所揭示之理论。《正蒙注》一书与《思问录》内外两篇互相发明，想要了解船山之哲学思想，必要熟读此书。

《黄书》、《噩梦》诸书，为先生政治著述，发挥春秋大义，所论皆为天命，人事，治化之大纲。

另有《老子衍》，《庄子通》，《庄子解》等书。更著有《相宗络索》一卷，解释“八识”、“九缘”、“三境”、“四缘”、“三量”、“三性”等。

所著《姜斋文集》十卷，是书卷一有论文三篇：《知性论》、《老庄申韩论》、《君相可以造命论》。其中《知性论》与《君相可以造命论》，可作为研究先生心性论之参考。

关于文学批评的有《夕堂永日绪论内编》一卷、《外编》一卷、《南窗漫记》一卷。先生论文，注重才情互相会合，故以意为主而势次之。非常反对格句之说。

先生于文学注释选评的有：《楚辞通释》、《夕堂永日》、《八代诗文选评》、《唐诗选评》、《明诗选评》、《李杜诗评》、《刘复愚评》。属于创作者，辞赋则有：《仿符命》、《连珠》、《九昭》、《九砺》、《南岳赋》、《练鹊赋》、《孤鸿赋》、《雪赋》、《霜赋》、《袚禊赋》、《章灵赋》等篇。诗词则有：《桃花诗》、《落花诗》、《遣兴诗》、《和梅花百咏诗》、《潇湘怨词》、《鼓棹词集》等。戏剧则有《龙舟会杂剧》一种。

先生所著之书，当时由于其中排除夷狄的思想太强不许流传，也没有刻印。一直到他死后四十年，其子敌才开始收集刻印。由于散失过多，连同门姻友所刻的，也仅十种，散文数卷，这就是所谓的初刻本。道光初年，先生六世孙，致力于搜集遗书。到道光庚子年（一八二七年），六世孙才在湘潭开始刻印，历时三年，所刊行著十八种，以为"湘潭王氏守遗经书屋"刊本，又称为旧刻本。咸丰时毁于兵火。曾国藩再广事搜集，更依据文渊阁藏本与旧钞本手稿等，校正百余卷。于同治四年（一八六五年），由曾国荃刻于金陵，共五十八种三百二十卷，此为曾氏刻本。光绪十年至十三年（一八八四——一八八七年）又补刻五种，统称曾刻本。

民国十九年（一九三〇年）湖南省政府资助上海太平洋书店出版《船山遗书》，并协力找寻散失之遗稿。共有七十二种三百五十八卷及校勘记，排印为二十二开线装本八十册，至民国二十二年才告完成。世称上海太平洋书店本，也称为排印本。现坊间所流行者即为此版本。一九七一年在台北成立之船山学会与自由出版社又合印此版本以广流传。

二、船山学术思想渊源

船山的学问非常渊博，经、史、子、集无所不谈并且都有创见。虽然他的儿子敔在《姜斋公行述》中称先生的学问参伍濂洛关闽，而事实上，先生之学术渊源主要在张横渠的《正蒙》一书。

我们由船山所著之《正蒙注》一书的序论中，可以见到船山学术的渊源以及船山学术的重点。船山学术最重要的特点就在尊生、尊气、气化日新。所以他对学术的看法，也是主张一种活生生的，跟人类生活社会打成一片不断发展进步的学问，反对僵硬与人类生活脱节的学问。一切的学术思想演进都与社会的变迁有密切的关系，而且也与人密切地结合在一起。

船山认为一个人生活在世界上，不论是君子或是小人，他的吉凶祸福都没有一定。因此，如果一个人不知道人所以生所以死的道理，不知天生万物的宇宙原理，那么他活在世界上也没有什么意义可言。即使他有所作为，他也不知道他的所作所为是否是他德性中所固有的，他职分中所当为的。因为人不知他自己所以生所以死的道理，不知神之所化，鬼之所归的道理，就不能效法天地之正，也不能消除心中的疑惑。于是对于一切都产生怀疑，不能认定一个价值标准，他的所作所为不论是善是恶都是偶然的，无意识的。也因此无所谓善恶及意义可言。在这种情形下，有的人因为不能认定一个价值标准，为了满足自己的私欲私利，就会荡弃彝伦无所不为，另外有的人认为既然一切都不能肯定，那么人寄居于天地之间，生死无常，为善为恶都是一样的了。于是就逍遥形骸而无忌惮。而张横渠所著的《正蒙》，特别显示阴阳固有之理，屈伸必然之原，以立中道之学。这正与船山所要求的契合。所以船山发挥《正蒙》的精神，主张天之外无道，气之外无神，神之外无化。死不值得我们去忧虑，生也不可罔然虚度。一切的生灭变化都是由于气的聚散屈伸。知道了这个宇宙生灭变化的原理，就能了解知晓人性中所具有的良能以及职分中所当为的事，而人的生活也就有了意义与价值可言。

这种太和阴阳人道生化的道理在《周易》中表现得最为透彻，而横渠就是继承了《周易》的精神，所以船山称赞横渠所讨论所发挥的思想没有不是《周易》中所论及的，同时张子之学也是上承孔孟，下救来兹之夫之学，由此可知船山哲学思想，主要是继承《周易》与张横渠的观点，再踵事增华并加以发挥而成。

例如，在形上学方面，船山认为构成宇宙的实体是气，气含有阴阳二体，阴气性顺，阳气性健，由于健顺二性而有絪缊化生，互相摩荡的作用，使得气聚而成万物，气散而万物消灭。换句话说，万物的形成是由于气之聚集，万物的消灭是气的分散。气分散后仍然归于太虚之中，并没有消灭而成空无。所以船山不主张生死之说，而强调屈伸、幽明、往来之理。气聚成形，目与光能施则能见，就称之为明，气散归于太虚，目与光无所施则谓之幽。宇宙并没有无的存在，所谓无就是幽的情况，是由于耳目官能的限制而形成的，所谓有就是明的情况。基于这种理论，船山反对释道的无及生死之说。由上面所举的例子可以看出来，船山形上的思想完全是继承张横渠的。

虽然船山的学术思想大都继承张横渠。然而他与横渠在基本上有一点不同，即是他接受《周易》的思想较多，而横渠继承《中庸》

的思想较多。例如，他接受《周易》中所说易有太极，太极生两仪，两仪生四象，四象生八卦的宇宙观。主张太极就是道，是宇宙本体，在这本体中，阴阳并建。由于阴阳体同而用异，遂产生运动变化，而化生万物。同时他又继承并发挥《周易·系辞传》的“一阴一阳之谓道，继之者善也，成之者性也”，以及“富有之谓大业，日新之谓盛德，生生之谓易”的学说及精神。更进一步主张：道是一阴一阳运动变化而显现于天地间的条理，道就是存于阴阳二气之中的，阴阳二气之外无道，这是因为气化是阴阳二气的气化，而道是气化流行所表现的理，所以他主张道依阴阳以居，而不主张道先阴阳而生或道生阴阳的学说。而且他主张整个宇宙是富有的，不是虚空的，并且是生生不已不断气化日生的。气日生，理日新，整个宇宙是创造生化的。而人是宇宙的一分子，但天降命予人时，人所得为最灵秀，天之至理寓于人而成人性。人在天地之间就分享了天地创造化生的能力，能赞天地之化育，与天地参。而人的本身也是日生日成的，不断地进步、创新。这就是船山宇宙自然生化论，与日生日成的性论之思想渊源。他更由“继之者善也，成之者性也”形成他的继善成性论。肯定善性，认为性是涵盖于善之中的，惟有善才能成性。就如同子孙因父祖而得性一样，所以不须先立一性，再赋予善的属性。如果先言性再以善形容之，则也可以以不善形容之，此为本末倒置。所以船山说“善外无性”。

当然，船山的思想，除了受《周易》以及横渠的影响外，必定还受宋明诸家的影响。我们研究船山形上学的时候，很容易发现船山的宇宙论架构完全与周敦颐的《太极图说》中的宇宙论相同。他的理气一源说，不能不说是由于宋明理学家过分强调了理而忽略了气，而使他不得不强调气以救程朱的偏失。其实他主张气不离理，理不离气，理气互相为体，气外无理、理外无气，理不先，气不后，理气也无层次上的区分。同样，他为了纠正宋明理学家重道轻器的观念，而认为天下惟器而已。只有器才是我们耳目官能所能达到的，道是器之道，道外无器，器外无道。至于对程朱对于天地之性与气质之性之区别则略有微词，不认为人之恶是由于气质之昏蔽。在知识论上，反对阳明心即理的学说，而主张理具于心，这又与朱子相同，并且主张格物、致知如车子两轮不可偏废。

对于整个宋明儒学，程朱一派，船山是非常的推崇，但是有些地方还是有所批评。而对陆王，却是全力攻击。这是与时代背景有关。因在明末，王学末流空谈心性之学，不务修己治人之实学及经世治国之事。同时又窃佛老之学以附会，阴释阳儒，败坏人心，致使国家沦亡。当时的学者，以为陆王之学空疏误国，都想加以改变。顾亭林就针对此，主张行己有耻，博学于文。认为君子为学应以明道救世为目的。船山也是全力黜陆王之学，尤其是王学之末流。

除了上述所论的哲学主要渊源外，我们要知道船山对于儒家的《诗》《书》《易》等十三经都有深刻的研究。他善于分析名理，大都得力于佛学，同时还受了老庄诸子的影响。另外还有一个特别的历史背景，使得船山的思想较以往的学者更为精密。明朝中叶，固然是心学风行的时代，可是在这个时候，考证的学风开始萌芽。考证的学风最主要的是提出了一种新的治学方法，主张尚博尚实，多闻多见，要以广博确凿的资料为证据而论断。这种新的治学方法发展到清初就非常兴盛了。在这学风下的方以智，是船山的好友，船山深受他的影响。方以智不但考证书本上的事务，还留心实事实务的考察。他所谓的“质测之学”，就相似现在的自然科学。再加上明末西学的输入，船山也多多少少地受了科学的影响。因此他的学术思想非常地严密。我们可以说船山几乎是继承了中国学术的整个传统，即使对他颇有微词的熊子贞先生也许他为三代以来第一人。

三、船山哲学思想

1. 形上学

船山的哲学是博大的，一贯的，圆融的。但他的思想都是在注疏古代经书中表现出来，并没有很明晰很清楚的系统，同时在他思想中有许多重要的概念，常用不同的名词表示，因此要了解他整个思想是比较困难的。他在《正蒙注》中指出，所谓概念、名称，是分析对象再加上抽象作用而得到的，我们对于某一个对象常是由多方面去分析理解的，因此对同一对象就有许多不同的概念名词，而这些概念名词事实上是指涉同一对象的。

船山处理形上学问题时就采取了这种方法，船山认为宇宙的本体就是气，气聚物成，气散则物灭。当气未聚无形时，我们五官无法观察到，就觉得好似虚空一般。所以船山称气之本体为太虚。其实太虚就是气，是絪缊本体，包含着阴阳二实体。虽然太虚实实在在是气，但是因为其为无形而不可见者，所以必另一名称为太虚而不名之为气。在这块然的太虚之中，阴阳二气充满其间，此外更无别物，也无间隙，也非真空。凡是天上的象，地上的形，宇宙一切的生物，都是此阴阳二气所范围的。而这有不同作用的阴阳二气，絪缊于太虚之中，合同而不相悖害，浑沦无间，非常和谐。不论在气未聚未有形器之先，或是在气聚而成形器之后，都是非常和谐，整个宇宙不因为阴阳二气有不同的作用而分裂为二，也不会产生矛盾相克的情形。它是一个完整、统一、融和的整体。就这方面看来，我们又可称之为太和。太和中的阴阳是气的二体，动静是气的二几。由于阴阳体同用异，则相感而动，动而成象而静。这动静之几就是气之聚散、屈伸、胜负以及万物形不形的原因。同时，也是太虚细缊必然的理势，使得气产生运动变化。一阴一阳或者动或者静，互相摩荡，产生万物。而万物中不论是飞禽、鱼类、走兽，或者是植物，都有他们本身的条理。他们一切的行动举止，都必须遵循着自己本身的条理以为当然的原则，这条理就是道。就气化万物方面来说，道就是本体，是天地人物的一个通理，也就是太极。道是清通不可象的，此不可象的道，就是在可象的气中。是为气之灵，不与气相离而与气互相为体。换句话说，太和就是阴与阳和，气与神和。以上是就天事来看宇宙的本体；反过来在人事上，也可以见到宇宙的本体。秉着太虚健顺相涵之实，而合五行之最秀者，以成乎人之秉彝就是性。这性是原于天而顺乎道。凡是凝于形器，或是充塞天地之间的理、性都可知可行，此性即是表现于人的本体。

以上是简略地由各方面探讨宇宙的本体是什么。简单地说，就气的本体看来，好像虚无一物，就称之为太虚；由气的和谐不相悖害看来，我们又可称这本体为太和；当气运动变化而化生万物时，则才质性情各依其类，同者取，异者改，故万物繁盛兴起，各成其品类，而各类有各类之道理，人物禽兽草木的道理也不会相混。万物各成其条理而不妄，就这方面而言，又可谓道是本体，宇宙本体显现于人就是性。我们可以用下面图表来表明。

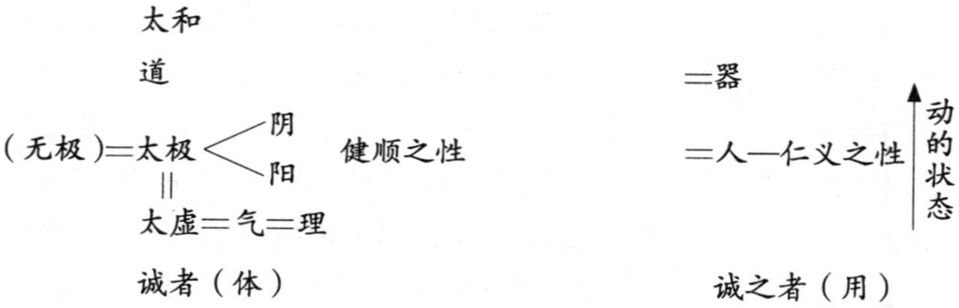

在这我们要注意几点：

（一）图中各名词都只是指出本体的一面而已。是由各方面来表明本体的性质，而本体的性质也经由这些概念显示出来。这就是所谓理是一本万殊。

（二）无极是表示没有一极以及没有不极的意思。因有一极，则有所不极，故说没有一极。所谓无极而太极，是没有不极，才可说是太极。无极只是来说明太极的，强调太极的，故与太极同位，而非无极生太极。而所谓太极，是赞道之极致而无以复加之辞。只是阴阳浑合而已，既是阴阳浑合，不可名之为阴阳，故称之为太极。太极中含有阴阳二实体，故合言之称太极，分言之则为阴阳。而阴阳二气不论静存动发都不可强同，不可悖害，故又称之为太和，所以船山在《正蒙注》中又说，道是天地人物之通理，即所谓太极。太极只是为理气之合，而太极虽灵，而理气充灵。由此我们可知船山论太极是理气；全与朱子论太极只是一个理字大不相同。再者，太极只是阴阳浑合，是乾坤之合撰，健则健极，顺则顺极，没有不极的，也没有专极。如果说无极则太极，而无极未有位，未有位则哪能认为由太极可生乾坤，所以船山反对邵子太极生乾坤的理论。同理，他也反对道生天地之说。船山认为道与天地是并生的，没有时间先后的差别，假如说道先于天地，那么就有有道而无天地的情形产生。在这种情形下，道寓于何处而得以认识并称之为道呢？

"道生天地"，确切地说只是天地之体道而已。天体道以为行则健而干，地体道以为势，则顺而坤，哪有先后之别呢?

（三）船山既然主张太极为阴阳之合撰，只是阴阳浑合而已，太极并非先于阴阳乾坤的，所以船山主张乾坤并建。在我们讨论船山阴阳并建的理论前，我们先来探讨一下阴阳是什么？阴阳是太极所有之实。天地之间的一切，不论是有形无形，有象无象，都是由此阴阳二气充满的。然而要注意此阴阳二气是判然为二的，其性情才质功效皆不相同。动静为阴阳二气交感之几。动为阴阳之动，静为阴阳之静。至于一般所说动属于阳，静属于阴，是就阴阳二气不同的特性，有所作用因而有所彰显者而言的。并非动之外没有阳之实体，静之外没有阴的实体。也不是因动静而有阴阳。所以说"阴阳无始"。这种说法就是在表明阴阳在动静之先。阳轻清以健而恒动，动乎阴；阴重浊以顺，没有阳来相感则不动，恒处静。阳既丽乎阴，则阳也就是静，静而阴之体显现。在这种情形下，显现的阴体中也不是没有阳的。动，阳二用就彰显；在这动的情形下，也非无阴。由此我们可得一结论：盈天地之间的惟有阴阳。但是并没有有阴而无阳，有阳而无阴的情形产生，阴阳相倚而不离，交待以相成。随着阴阳的隐现而有一彼一此的相互往来，此即是太极所以生万物，成万理而起万事的原因。换句话说，阴阳虽然合于太和，但性情功效不同，由于性情不同故相交感而成万事万物。阴阳二实体是因着动静而显著的。由此我们也可以看出船山反对"太极动而生阳，静而生阴"的理论。阴阳是絪緼充满在动静之先的，阴阳为体，动静为用，动静只是阴阳的动静，并非如朱子所主张的，先有动静之理，再有阴阳二气。

由上面船山对阴阳的主张，我们很容易了解船山乾坤并建的理论。他认为《周易》并建乾坤为太始，没有先后之区别。以阴阳之至足者，来统六十二卦之变通。古今上下，任何一物一事，没有有阴而无阳的情形，也没有有阳而无阴的情形。也没有有乾无坤，有坤无乾的情形，也没有有天无地，有地无天的情形产生。万事万物，由动而静，即是以乾交坤；由静而动，即以坤交乾，故任何器物都有乾坤合撰之太极。变易流动而充实。船山这种乾坤并建的理论大异于汉儒主张乾元坤元只是一乾元的理论。

（四）由于阴阳体同而用异，产生了生化万物的作用，而人是秉受了天气最灵秀的，继承了阴阳顺健之性而成仁义之性。此亦是宇宙本体的显现。所以广义地说，人是与宇宙同一的，关于这点，下面会另辟章节再加以说明。

（五）人在本质上与天同一，所以船山又用了《中庸》“诚者，天之道。成之者，人之道”的诚来表示宇宙的本质。

（1）整个宇宙不是虚空而是实有。由于太虚是一实有，故说诚者天之道。而诚就是实有，它显现于宇宙的就是天。显现于人的就是性。

（2）诚是表现宇宙的条理，是与道异名而同实的。故说诚是天人之道。

（3）再者，宇宙是充满善的价值实体，而“诚者，无不善也”。用诚就可以表现宇宙的价值。

（4）“至诚无息”正可以形容出天地生生不已的性质。所以船山用诚表露出宇宙的价值与宇宙创造活动的特质。

（六）理气不可分裂为二，理为气之理，气外无理，理也不能离气而存在。理与气互相为体。理不在气先，气也不后于理。

·船山形上学的思想内涵

前文已将船山形上学的理论方式作了一个简单说明。本节是要进一步将船山形上学的思想内容作一简单的叙述。船山形上学多渊于易与横渠之学，如上所述。横渠尝言：“一物而两体，其太极之谓。”船山因之以为一物两体，而主张体用一源，理气一源，道器相须之说。船山更继承了易日新富有的精神，而主张天地之化日新。宇宙不断地进化日新，能推故而别致其新。今日的日月与明日的日月不同，今日的肤发与明日的肤发不同，形状虽然一样，但性质已改变了。宇宙的一切现象，都是这样气化日新的。不仅宇宙的现象如此，宇宙的本体也是日新富有的，所以他提倡“理日生”及“命日生，性日成”的道德形上学的命题，更进一步主张性是生之理。由此我们可以发现船山的形上学是一创造历程的形上学，是一个变化日新的形上学。以下我们将分几个段落逐步地讨论他形上学的思想内容。

（一）主有反无

我们在论及船山思想渊源时，就曾提及船山对《周易》的赞叹，又赞张子之学无非易，是孔孟圣学之真传。所以他的形上学是采取了二者基本的观点再加以融和发挥。我们在前面说过，船山主张宇宙的本体是细缊太虚。太虚是气，含有阴与阳二实体，阴阳二气体同用异，阴静阳动，由此动静二几，气则有聚散，屈伸，往来的作用。气聚则物成，气散则物灭，宇宙万物的生成与消灭，其原因就是如此。然而太虚是什么？是否是空无一物？是否就是无？如不是虚空，为何有人说是无呢？物灭了是否也消失成空的了？

在此船山提出了他形上学中的一个重要概念——实有。太虚是实有，因为太虚是气，而非虚空。所以他在《正蒙注·太和》说：“人所见为太虚者，是气，不是虚，虚涵气，气充虚，没有所谓无者。”太虚是宇宙本体，气充满其间而无间隙，只是由于人类耳目官能的限制，无法看到，无法听到，就说太虚是无，当气聚有形，人能见到就称之谓有，气散无形，人不能见到就说是无。而不知气聚只是暂时的现象，气散返于太虚，仍然是气。那里是什么虚空？只是人见不着而已，所以船山再三强调没有无的存在，说无的存在只是耳目官能的限制，我们不能因为“寻求不得”或“以见闻觉之不能及”就说有无的存在。我们的能力是有限的，我们不可以认为在我们耳目能力范围之外的就是无，要知宇宙一切，没有自无生有，由有到无的生灭现象，有的只是气的屈伸、聚散、来往的显与隐的现象。所以圣人只见幽明之理而不言有无。船山并举例加以说明。例如说龟无毛，其实并不是说龟而是说狗。说兔子无角，其实也不是在说兔子而是说羊。当说龟无毛时，是就狗有毛才能说龟无毛，是相对狗之有毛而言的。我们不可能先知龟无毛，而相对无毛来讨论狗有毛。所以我们不能认为有无的存在。即使我们假设无的存在，我们上下古今四面八方去找也找不到。船山除了消极地否定无的存在，更积极地肯定：可依者，有也，至常者，生也，阳动，阴静，静者治地，动者起功，治地者有而富有，起功者有而日新。所以不同的形状，不同的性质必要以有为可依。船山如此地主张，物是生于有而不生于无，所以他反对老子“天地万物生于有，有生于无”的说法。

（二）体用一源

船山对体用的主张与他整个系统是一致的，体与用不可二分。体以生用，用以显体，体用一源，而且体用互生，体生用，用又生新体，新体又产生新用，是一个不断推陈出新的过程。

船山在《正蒙注·太和》就说过，太和是自然的本体，由于本体含有升降浮生之性，因而有不同的作用，因用而产生万物。体必须要产生用，无用之体是痿痹不仁之体；而用因体而产生。所以说“体者，所以用；用者，即用其体。”并且，所谓用，就是体的本身，体因用而显现，我们也因此才能知道本体的存在。没有体，用固然不能产生。同样，没有用，体也不存在。体用相涵相成。例如，没有车这个体，那来乘车这个用？没有器皿如何产生贮物的功用；用必是由体产生的。反过来说，我们由贮物的功能才能明了什么是器皿，没有乘坐功用的，也不会是车子。体必由用而显现。由上面这个例子，我们知道船山主张体用不分，有是体必有是用；有是用必有是体。体用只是一物的两面，体用是一源的。

体用的关系除了上述一点外，还有一种互生的关系。有体就产生用，用又显生另一新体出来，这种互生的关系可借用动静来说明。体静用动，静极而动，即体生用；动极而静，是表示用又生出另一个新体。所以说动静无端。体用互生不已。体生用，用生新体，新体再生新用，新用再生新的新体……如此不断地生新体，所以没有一定之体。但是体必因用而显，因用知体，因此废用无体。船山如此强调废用无体，看来好像船山注重用，其实船山是体用并重的。体用是一物之两面，二而一，用即在体中，废体无用，废用无体。他之所以特别强调用，是因为他认为释道所主张的废用立体观点是错误的，就存在而言，废用无体。就认知而言，妄立一体而消用，则无法知体。也就是说，形而上的体，不是我们感官能力所能达到的。我们无法认知它，但体能生用，而用是我们耳目能力所能及的，我们由用的变化，用的化生，可以认知体。

我们在前一小节中曾提及船山认为整个宇宙都是实有。絪缊的太虚是气，气是实有而非虚空，然而我们如何知道其为实有呢？我们的耳目官能无法观察到这太虚本体，我们又如何证明其为实有呢？我们可由船山对体用的观点来回答这个问题。船山认为天下任何用都存在，我们由用而知体的存在，体用都存在，也就是说体用都是实有的，而相需以实。例如车的功用是载物，当没有车之用时，也就没有载车的功用，那船山所谓“未有积”。然而未有积，即是车之无。所以由用之存在可知体的存在，而整个宇宙也就是实有，不论气聚气散都没有无的存在。

我们对船山的本体论做了一个简单的说明后，我们再来看看船山对宇宙运动变化的观点。

（三）主动废静

船山认为宇宙万物都是运动变化，没有一刻完全止息的状态。动静并不是互相矛盾的名词，静只是动的一种特别状态而已。太极动而生阳，这是动之动，静而生阴是动之静。如果说静是废然止息的，那么阴又如何产生呢？由动而静，由静而动，都是动，整个宇宙至诚无息，那里有静的存在。不论是动是静都是动的一种状态。所谓废然止息的静是不存在的。宇宙的一切都是不停的运动变化，是一个活动的宇宙，生生不已的宇宙，它不容许废然止息的静存在。这是因为船山主张天下无截然相反的二物。宇宙的一切都是运动变化，当然不可能有与运动相反的止息状态。

其实船山注重的动，是含有动静相涵之义，他在《周易内传》说动静相涵，就有如昼夜异时，而致使天运不息一样。又说动而无静之体，并不是善动；静而无动之体，也不是善静。惟有动静相涵，动才不息。一动一静，就是所谓阖辟。阴受阳之所施，敛以为实，是阖之象。阳行乎阴，荡阴而启，是为辟之象。已阖而静，方辟则动。辟之也动，既辟而静。静以成体，动以发用。静以居动，则动者不离乎静。动以动其静，则静者亦动而灵，此即一阖一辟之所以为道的道理。动静阖辟相涵相成，万物日生日成，一往一来如川流不息，所以船山在《周易外传》又说：其往者显著，人见其往，而不知其归。如饰其所归，则人见其归而不知其往。例如川流之速，其逝可见，其返而生者不可见，百昌之荣，其盛者可知，其所从消者不可知。之所以如此，是由于我们耳目官能之限制，因此也无法知道大化之神。大化之神，不疾而速，不行而至，所以说，辟户之谓乾，阖户之谓坤，一阖一辟之谓变，往来不穷之谓通。阖有辟，辟有阖，所以往不穷来，来不穷往。往不穷来，往乃不穷；来不穷往，来乃不穷。所以说阖辟者，看来好像是敌对的，往来者，看来好像是相反的，其实就因为有阖才有辟，无阖那有辟呢？有辟才有阖，无辟那有阖呢？阖辟动静，往来均是相反相成的。此即船山注《正蒙》所谓“……相反而相为仇，乃其究也，互以相成，无终相敌之理……”

动静是由阴阳二气产生的，动静就是阴阳本身的动静。阴变于阳则为动，阳凝于阴则为静。并非动而后有阳，静而后有阴。也不是阴阳二体之外别有动静。阴阳二气与动静的关系，就是体用的关系，用即在体内，体外无用，而用也不先于体。故不同于朱子所说：“有这动之理，故能动而生阳，有这静之理，故能静而生阴。”

接着我们来讨论船山气化日新的宇宙观，首先，船山肯定宇宙是动的。而且宇宙的本体——太虚本身就是运动发的。这种运动变化是一种化生的活动。由于天地之间运动变化不息，日生日新，故说天地之大德曰生。接着，我们来看看船山之所以主张气化日新的基本论点如何？船山主张物质能力不是生灭的，而是屈伸变化的。他认为生之散而为死，死之可复聚为生，其理是相同的。也就是说，气散归于太虚，气聚而成器，二者的道理是相同的，换句话说，伸之感而屈，生而死也；屈之感而伸，由死而生也，二者的道理相同。例如以天运物象来说明。春夏为生为来为伸，秋冬为杀为往为屈。而秋冬时，生气潜藏于地中，枝叶枯槁而其根本依然昌荣，这不是很明显的表示，并非秋冬一到，一切都消灭而什么都不存在了。又如车薪之火燃烧完了，就成为焰为烟为烬，不论成为什么，如是木者仍归于木，属水者仍归于水，属于土的仍归于土，只是太细微了，人见不到，就认为薪柴一烧就化为灰烬而不存在了。又例如汞见火就不知飞到何处，再仔细去探究终是归于地中。有形象的万物都是如此，何况是絪缊不可象的道呢？形而上者，所谓清通不可象者，有形之器有成有毁，不可象者寓于器中以适用，未尝成亦不可毁，器敝而道未尝止息。总之，不论有形之器，或无形之道，都没有完全消灭而不存在的情形。所以船山不言生灭而言往来、屈伸、聚散、幽明。他认为言生灭是释氏的陋说。倘若散尽则无余，那么对太极浑沦中，何处是其翕受消归的地方呢？如果说造化日新不用其故不是推陈致新，则在此太虚之中又在何处有此无尽之储蓄可始终供给而不匮乏。由此我们可知船山的日新理论是主张气化的屈伸日新变化而外生灭。他在《周易外传》说："有往来而无生死，往者屈也，来者伸也，有屈伸而无增减，屈者，其屈以求生，岂消灭而必无之谓哉？"由此我们也可知道太虚是实有，虽有屈伸往来之变化，仍是实有，不会消灭至空无。船山更由此点出了伦理的根基。认为气散归于太虚不是消灭，气聚而为庶物之生，自有细缊之常性，并不是幻成。聚而不失其常性，所以有生之后，虽然有气禀物欲相桎相梏，但是如果自己能修治，也可回复健顺之本性；气散仍得吾体，故有生之善恶治乱至形亡后，气之清浊依然照其类别。

船山这样主张屈伸、往来、日新变化，是否就如朱子所讥，是为轮回之说呢？船山认为不是。他论说，天地之间流行不息，皆是由于生，所以说天地之大德曰生。自虚而实，来也，自实而虚，往也。来可见往不可见。来实为今，往虚为古。往来相乘而迭用。相乘迭用，异端就认为是死此生彼的轮回之说。其实死此生彼就是所谓一往一来。然而一往一来的情形有许多可能的情况，有同来同往的，有实往异来的。所以一往一来，并非是说往来是同一的。而是说往之于来有同有异，首先我们来探究往之于来不同的情况；在人物之生死上，及天运气象方面都显示出异往异来的现象。例如：今日之日月不是用昨日日月之明，今岁之寒暑也不是用昔岁之气。如果说今日之日月用昨日之明，则日月将会如灯如镜子一样而有熄有昏。而气如果是用昔岁之气，那么气也就如同汤中之热，沟中之水，而渐衰渐泯。但我们观察事实，却不是如此。所以我们知道，"明"或"气"之所以富有，惟其日新。惟其日新，所以日月贞明而寒暑恒盛。这种不用其原有的日月、气及原岁之气，方尽而生，莫之分剂而自不乱，很明显地显示往之于来是不相同的。至于往之于来是相同的情形又是如何呢？来是为天地之生，往为天地之化，生化各乘其几而从其类。虽然生化各从其类，但其间并没有界限区分。天地也不能有心去分别，所以人物之生化如能分别，则一人之识恒古为一人，一物之命也恒为一物。只有这种有质且有形的可因其区宇而加以区画，使彼此永远不相杂。而其他如所以生者之原理，虚明而善动，于彼于此虽有类可从，但无畛之可画，又如何可能执其识命，以为轮回之相报呢？简单地说，往之于来有异者，日新富有不用其原有之气，当然轮回之讥不攻自破。而往之于来相同者，虽然各从其类，但无畛之可画，又如何知晓此生即前世之轮回报应呢？船山就这样证明了一往一来不为轮回之说法。

船山主张气化日新，日新而富有，所以万物之气化是指质的改变而非形的改变。所以今日所见的江中之水，好像跟古时一样，其实今日江中的水与古时江中的水是不同的。蜡烛昨日的光与今日的光是看来好似一样的，但是事实上，昨天的与今天的光是不同的。火光与我们的距离很近，我们很容易知道。但是日月遥远不容易察觉，我们就认为日月是永恒不变的，其实并非如此。再近一点说，我们的指甲头发天天生长，我们能看到，就知道指甲头发在长。同样的，我们的肌肉也是天天在生长，只是我们无法用耳目观察到，而不知肌肉的形状没有改变，性质已改变了。整个宇宙都是这样日新变化而不爽。

在这，我们看出船山的形上学是主张气化日新的。同时，由于这样的形上观点，船山提出了月生日成的性论及历史的日新变化理论。

（四）道器相须

船山学说中有关道的主张都是由易而来的。他主张道即是太极，是天地人物的通理，从不曾生也不曾毁，即使器损坏了，道也一样存在。道是永恒存在的，不是生灭的。再者，道是实有，道是表现一种规则条理与和谐。道表现出宇宙的条理与秩序，而宇宙的条理与秩序只有在宇宙生化的过程中才会显现出来。也就是说，道是于一阴一阳的运动变化中显现的。船山解释道为物之所共著而共由者。天地之间万事万物，因阳的生之之理没有不可见的，因阴的成之之理没有不可循的，所以天地之间充满了道。再说，阳之生为象，阴之成为形，出乎象入乎形，出乎形入乎象，天地之间皆形象，也皆是阴阳。所以船山主张阴阳与道为体。道不行则阴阳废，阴阳不废道才能显现出来。道是形而上不可见的，此不可见者就必须由可见之器显现出来。

船山对于道器的关系，在《周易外传》中有一段很著名的论说。他论：天下惟器而已。道是器之道，器不可说是道之器，没有其道也无其器。反之亦然，无其器也无其道。没有道就没有器，这是很显而易见的。但没有器就没有道，许多人都不明了。船山举例说明，例如在洪荒时代没有揖让之道，尧舜时代没有吊伐之道。汉唐之时，没有今日之道，今日也无他日之道。没有弓矢就没有射道。没有车马就没有驾驭之道。没有乐器就没有礼乐之道。没有子女就没有父道，没有弟兄也没有兄道，所以说没有其器就没有其道。船山这段是论说《易·系辞》中“形而上之谓道，形而下之谓器”这个命题。有人认为船山这段论说是惟器的，更有人认为这篇言论是唯物的，这两种看法都值得商榷，我们不能因为道缘器立就说它是近于唯物论。而如果认为船山是主张惟器的，则与他的其他学说如理气一源说不一致，而造成整个系统的不融贯。同时，也与他在其他地方对于道器的主张相冲突。他在《周易外传·咸卦》曾说过，“道器相须而大成。”在《正蒙注》中说器有成毁，而道未尝成，亦不可毁，器敝而道未尝息相矛盾。由此可见对于道器关系，船山主张道器相须而大成。他说天下惟器，是说只有器才是我们耳目感官所能达到的。只有器，我们才能感觉到它的存在。而道并不是我们感官能接触到能感觉到的，它必以器显现出来，先必有实实在在的器，才会有道的显现。这是与他在《周易外传》所说的“据器而道存，离器而道毁”一样。道存于器之中，由器显道，没有器我们无法知道道的存在。“未有子而无父道”，并不是说没有子女就没有慈爱之道，而是说这种慈爱子女的父道无从由实际对待子女而表现出来。同理，见兄自然会敬。然无兄，此敬兄之道无从具体表现而非本无此敬兄之道。再说“洪荒无揖让之道，尧舜无吊伐之道，汉唐无今日之道，则今日无他日之道，多矣。”一方面可说，在洪荒时代没有政治制度可以表现出揖让之道。另一方面可说，道是日生富有的。这与他宇宙日新富有的理论是相契合相发明的。其实我们可以这样说，道与器只是一体的两面，一而二,二而一。道是表现气化流行于天地之间的当然者，但是由于道是不可见的，要寓于可见的器以呈现出来。由于器可见可闻，而道不可以见闻得之，故说天下惟器。道必由器显而可知，故说道在器中，离器而道毁，器外无道。

以上是船山就历史及人道伦理关系来说明即器见道，即事明理。现在我们来看船山即形器以明道的基本论述。船山说：“形而上者，并不是无形，要在有形以后，才有形而上。无形之上，亘古今，通万变，穷天穷地，穷人穷物，都不曾有。所以说：唯圣人然后可以践形。践其下，非践其上……器而后有形，形而后有上，无形无下，大家都知道。无形无上，也是显而易见之理。”在《读四书大全说》中，船山也说：形而上者是隐藏的，形而下者是显著的。才说形而上，早已有一形字为可按之迹，可指求之主名，就在这上面穷索下去，一定可有所得，如将形丢下，去那没边际处搜索，一定是一无所得。要知道形器之所可用，以效其当然之能者，如车之所以可载，器之所以可成皿，乃至于父子之孝慈，君臣之有忠礼，都是隐于形之中而不显。此即为形而上者。至于形而下者，即形之已成乎物，而可见可循者也。而形而上者即以形而下者显现出来。

船山之所以这样立论，主要是他不采取朱子严分形上形下，严分体用，而主张即器见道，即用见体。他在《周易内传》说："形而上的道我们看不见，必须有其形器，而后此形器所以生成的良能（道）才能由此形器显现出来。同时，因此形器的形成而产生的功用，也因此形器的显现而产生。所以说形而上的道，不离形器而独立存在，道与器不相离。"由这段话，也可证明船山主张由形器而见道。要由形器见道，必先肯定形器的真实性。形器实实在在地存在后，此形器所以成立的良能以及此形器所产生的功效才因此能显现出来，然而形器所以成立者之良能本身及所以用之功效本身，即是形而上者。形器所以成立的良能，可由其他形器而来，而此良能是无形的，只当形器成一真实存在体时才能显著。形器之所以用之功效，可见于后之其他形器，而此功效本身是无形的，只当形器成一真实存在体时，方能有所效用；而且形器如果不成无用，则不能为形器。所以说无形下就无形上，无形上就无形下。形上形下是不可分的。再者，每一形器皆承前之其他形器之良能以成其自身，而呈其功效于后之其他形器而别有所成。如果以形器为体，良能功效为用，则任何形器之体都为用所成，而再化自体为他用。此即与前面曾提过的体以生用，用再生新体，互相发明。如此，形器之所以能成体，则只因能将前者之用凝为己体，再将己体化为他用，则宇宙之形形器器皆是用的流行，而道就是在此大用流行中形器相继中表现出来。同时，也因形器的真实性肯定了道的真实性。因此，每一形器，一方面是无形的体或道，一方面是有形的用或器，所以说道在器中，体在用中，通一无二，道器、体用只是一体的两面而已。道器与体用的问题也如水乳般地交融在一起。

对于理气问题，船山仍然是持着他一贯的主张，认为理气不可分作二截。理是气之理，是表现气之条理，气当得如此便是理。所以说，气外无理。同时，理与气互相为体，气外无理，理外亦不能成气。理是一气，气是一理，天下无无理之气，无理处便是无气。所以说尽天地间无不是气，即无不是理，理气只是一体的两面，二而为一，有理处必有气，有气处必有理。船山这种主张与朱子“有此理方有此气，既有此气，此理方有安顿处”，大不相同。

在这，我们对于船山的道器问题做了一个简单的说明，同时船山的形上学在此也构成了一个完整的体系。体用与道器交融在一起。而在道器体用背后肯定了形器的真实性，道的真实性。而这一切的形成，也都在流动变化的宇宙过程中显现出来。

由上所论，我们可以简单地说，船山的形上思想，接受了横渠所言：气为宇宙的实体，并主张气为实而非虚。然而船山注重气外，还注重理。认为理为气之条理。船山这种主张既不同于汉儒之言气，也不同于宋儒之重理。因船山言气，并不如汉儒只重一气，而是言二气，并且主张阴阳二气并不是相克的而是相反相成的，所以船山主张乾坤并建。至于对太极的论点，船山认为太极是阴阳浑合，只是理气合，而不同于朱子所言太极只是理。

2. 伦理学

·人性问题

船山在本体论上主张实有，这实有的宇宙并不是永恒不变的，而是变化日新不断创造的宇宙。宇宙的本体（气），与表现气的条理的理，互相为体，互依互存，这就是理气一源说。船山的伦理学主要的就是以理气一源及创造进化的宇宙观为基础。

（一）人的地位

中国哲学思想的精华在于对人性问题的探讨，对人的价值的肯定，而这两个问题是不可分的。在我们讨论船山对人性的观点以前，先来看看在船山的体系中，人在天地之间的地位如何？人的价值如何？船山对于人的价值观念完全由《周易》而来。《易·系辞》中认为人处于天地之间，秉乾元的大生之德，坤元的广生之德，赞天地之化育，而与天地参。人与天地合为三极，人秉受天地创造化育的冲动，参与天地的价值创造活动。船山完全继承了《周易》这种主张。认为人为天地之心，天地以人为主，人建极而天地之位定。而且，天地依人而起用，因人而天地始有意义与价值。船山这样主张，主要他在本体上就肯定了人与天合一，人与宇宙合一。人之尽己性就是尽物性，也就是尽天地之性。那么在本体上，人为何与天地合一呢？人又如何与天地合一呢？要回答这问题，就必须回到船山本体论主张。船山主张宇宙实体为气，气中含有阴阳二体，阴阳体同用异，使气相摩荡聚成万物，而在这气化流行中就显出理。而所谓理一方面是表现天地万物之条理，一方面是健顺五常以命人，而人受之为性之至理。当气聚成人，此健顺二至理即在焉而为性。换句话说，天以理以气降命于人，天命人一半用理以为健顺五常之性，一半用气以为穷通寿夭。然理气不分，理只在气上见，理外无气，气外无理。凡有气处皆有理在，则凡命皆气，凡命皆理。人之形体为气所充而健顺五常之性即寓于形体之中而显以为性。所以在本质上人与宇宙一而不二。人能尽性则知命知天，天人是合一的。在价值上天人也是合一的，天道与人道是二而一。天以其阴阳五行之气生人，理即凝焉而为性。此健顺之理，在天显现为元亨利贞之天道。在人就显现为仁义礼智之人道。此人道亦可谓在人之天道。然天道之本然与在人之天道不可判而为二，如两间固有之火与传之于薪的火一样没有区别。天道之本然是命，在人之天道是性。性是命，然命却不仅是性。这是说，虽然元亨利贞与仁义理智无二道，即命与性的内涵意义完全相同，但二者之外延意义不同。船山对于这个问题在《四书训义》中有详细说明。孟子主张自天之与人言之则曰命，自人之受于天者言之则曰性。命者，命之为性；性者，以所命为性。性命本是一致之词，但船山认为性命是有差异的。他认为天一方面命人以身，有形有体，人要维持生命就必要有食物的滋养；另一方面，天命人以身，身有虚灵不昧的心，能明伦察物而与理相合，因而人能尽心知命而处于一种精神价值的境界中，然天命是广大的，不止降命于人，亦降命于物，天之仁，使万物并育而不害，所以万物之生与人之生没有什么不同，但人之性非常精微，只有人有性，也只有人性与物性相异。人之性函于明伦察物的人心之中，人有此异于物之心，所以为万物之灵而有人道。由此可知，言命是广泛而言，而性是专就人而言。船山更就性命、道的范围，说明人与物不同，而显现人的地位与价值。他主张命的范围最广，人与物都是天命所生。然而天独以健顺五常一真无妄之理生人而成人之性，此即人道，也就是人与物有所不同的原因。物虽有物性，然此物性只是一种物理，不含仁义道德的一种条理，也不含健顺之至理。说尽物性只是尽物理。所以物是无道的。只有人有人道有仁义礼智信等道德价值。在这，我们可以看出船山与程朱不同的地方，程朱以理来说天，而理为善，天化生万物而万物皆得理，所以万物之性没有不善的，所谓不善只是气质之昏蔽而已，并没有严格的区分人与禽兽之不同。但船山严辨人与禽兽之别，禽兽只有物理而无健顺之至理，同时他认为天道本身只是善的根据，不善只在于人不能继生，而非气质之昏蔽。在船山体系中，气没有不善的，善不善是在于能否继天而生上言。关于此点，下面讨论船山性善论时会加以说明的。

（二）性

人既是宇宙创造的主体，也是宇宙的价值主体，然而人是什么呢？也就是说人性是什么呢？船山对于性的主张仍是继承了先秦儒家对性的观点，性是由天而来。即所谓“天命之谓性”。天以阴阳五行生人，理即寓焉而凝之为性。也就是说性是在人之通理。另外船山又受《易·系辞》:“一阴一阳之谓道，继之者善也，成之者性也”的影响。主张动继而善，静成而性。关于这部分在讨论性善时再加以说明。

横渠以来就将人性分成天地之性与气质之性两种。程朱继承这种区分而将恶的来源归罪于气质之性。而船山反对有所谓的天地之性及气质之性的对立。他认为要区分也只能分成与形始之性及形而后有之性。与形始之性即本然之性，其内涵与天地之性相同。但船山认为用“天地之性”这个名称不妥当。至于气质之性，船山认为应是气质之中的性，而此气质之中的性，是天以阴阳五行之气生人，于是人有形质，形质内充满了气，而行乎气中之理即凝为性。此性依然是本然之性，并不是另一个性。由于质以函气，所以一人有一人之生。气以函理，所以一人有一人之性。因此人之性就不完全相同了，即所谓“性相近”。然而船山主张性相近的原因在质而不在气。因为第一，人之有质都是人的质，当然与草木之质与犬羊之质不同。所以质中之气亦异于草木之气与犬羊之气，人之性也因此异于犬羊之性。而且，天化生万物无心，人之质不完全相同，所以说人性相近。第二，性相近的原因在质而不在气，是因为质是一成即成定型而气是日生的，在天之气或乖或和，和，人受之则贤，乖，人受之则不肖。如果说人性不一而只是相近的原因在气，也就是说气质中之性是由气来决定，那么气是日生变化的，乍休乍息，而人受之，人之性亦乍贤乍不肖。可是实际上人之性并不是这样的，所以决定人气质之中的性是质而不是气。船山虽然主张人性相近，但这种主张与他的性善理论并不相冲突。因人之不善不在气禀，不在性向，是在外物与气禀互相感应之际有所不当而产生的。

船山接着进一步地认为质是受生于阴阳五行之气，气以理生质。而且，气是日生的，气能改变质。善养气，久而久之质也改变了。即所谓“居移气，养移体”的道理。这也就进入船山习与性成及日生日成的性论。在这，我们又发现了船山受横渠的影响，主张变化气质。由养习来变化气质。

船山在《尚书引义·大甲》中说：“性是生理，日生日成。”因为天以健顺二至理化生万物，降命于人。而此至理即寓于人之形质内而成人之性。但天之气化流行继续不断，不断地降命于人，人也无时不受天之气所降之命为性。所以提出命日降性日生的理论。我们的性既然是日生日成的，因此我们的性不是一成不变的，不是先天就定型的。尽性也不是回复初生之性。赤子之性也不是圣人之性。圣人之性亦不是备于初生那一顷刻。于是习之不善，不足以阻止善的来复。船山这种肯定性与习成，肯定性未成可成，已成可革，是预设了人的自由，人可以发展并改造其性，否则习与性成的理论根本站不住。由此我们更可以了解船山对人的估价，认为人分享了天的创造力而本身又成为一个创造主体，并且有充分的自由。关于船山论人的自由，我们在下面谈命时会再加以说明的。

（三）命

人之能生于世而且具有生命，完全是天降命的。天生人是一既属德又属福的事。我们在前面说过，乾坤并建而作育万物。乾的用是“知”，坤之用是“能”。天下之大用就是此知与能，而阴阳二气，就是以知能为创造之能源，而太和之理因此知能而将气授予人，就称之为命。阳虽主知而其固有能，阴虽主能而固有知。太和以阴阳为体，流行而相嬗以化，在气化流行之中，太和一方面以知建人，人之大脑所统辖之作用如智能等心理现象则因此而生；太和一方面以能建人，所建者就是人的肉体等生理器官。知所产生的心理范畴是虚的，必须要显现于人的生理现象上，才有所作用而为人知；能所建的是人的生理范畴，是实的，必须要有食物来滋养维持。知能所建均为天命，而天以知命人是属德之成为五事、九德；以能命人属福之事为五福、六极。此五事九德五福六极均是天所授，没有先后轻重之别，都是命。由此我们可知船山将命分成两种，一为德命，一为福命。

船山就天事上，对命做了德命与福命的区分后，又在人事上论何谓命。在什么情况下才能说某某为命。如果是命，又在哪种情况下是正命或不是正命。而人处在天所授命的地位上，人的能力范围又有多大，人是否完全听命于天，抑或人是自由的。船山对命有他独到的看法。他认为如果是命就必须有所予夺。若没有给予取夺则不可说是命。言吉言福必定是天有所予，言凶言祸必定是天有所夺。所以富贵是命，贫贱非命，这因为是富贵有所得，而贫贱无所得。但是由富贵而贫贱则是命，从来不曾富贵而贫贱则不是命，因前者有所夺而后者无所夺。同样，死是命，生不是命，不死亦非命。死是有所夺，而生是固有而非有所予。在人事上言命，必是有所夺或有所予。

人君不善，天命去之，此即为命。然就命言，此不为正命；就天言，则是正的。换句话说，就人之受命而言则非正，于天之命人而言则正。所以说作善而降百祥，作不善而降百殃，此正是天命之正。因此船山就肯定了这样一个命题：正不正只可在受命者的身上论，而不可以正不正来论天，天是没有正不正的。

以上是就天事与人事两个层次将船山对命的看法做了一个简单的说明。现在我们再探讨一下，船山就他自己命的概念，是主张命定或是主张自由。

这个问题的答案如要从船山著作去找是相当的困难。他只在《四书训义》中稍微地提了一点，我们只能根据这点线索去探讨。在我们探讨这个问题以前，还要补充说明一点。船山认为天之降命于人一律平等，没有先后轻重之别。不论就德命或是福命而言，天命所降都不会不同，不可能天降命于此人有仁而无义，另一个人有义而无仁，至于福命也是如此。然而当二气方授，人之方受之时，以器为永，而器有大小，以时为遇，而时有盈虚。于是人之受命就有有余或不足的现象产生。天命是齐一的，不能以人的识见去议论；人之受命有余不足的现象，也不是人力所能干涉的。然而所谓致命又是如何呢？所谓致是推其未至而至于必至。德命是虚，此虚同于彼虚，惟其同，从同可致同，由野人起各层次的人都能致于圣人。即所谓致德命者，可及乎最高之至理，由野人到圣人都可以达到最高的道德境界，所以说虚之不足而非不足。简单地说，就是德可充。由船山这种主张我们可以得到两个结论：一、就德而言，人之所受，不论器之大小，时之盈虚都是相同的。任何人都可以达到圣人品德的最高境界。二、就德命而言，人是自由的，人能致命，可将未至而推致到必至。

我们再就福命而言，福命为实，此实异于彼实，从异致异，则各人就所受之福命而言就有不齐。人能对福命有所作用吗？我们在前面说过，所谓命则必有所予夺，而有所予夺者必是属于五福六极的范围。因为五事九德是天以健顺五常之性命于人，而使人能与天道合一，故无所取无所予。因此，从福命而言，人完全是听天由命的，人是无能为力的。而从五事九德之德命而言，天无所予夺，也就是人的致力范围，也就是人的自由范围，在这范围内，人能修身致命而超越德命之不足以达到圣人的境界。在此境界中人能“与天地合其德，与日月合其明，与四时合其序，与鬼神合其凶”。而与天地并为三才，成一创造主体，完全超越命的范围，成一自由主体。这也就是船山习与性成以及未成可成，已成可革的性论基础。否则即使命日降，性日生，人仍是笼罩在命之下，人不能成为独立主体。所以我们可以这样说，就人成为一个道德价值主体而言，他是自由的。而就人是一个肉体而言，他是命定的。船山这种修身俟命的主张可说是继承《孟子·尽心》再加以发挥而成。

（四）性与心、情、才

我们要对性有更进一步的了解，就必须了解心、情、才与性的关系。船山对于心情才的主张，简单地说是这样的：他采取横渠“心统性情”的说法，以为载理之气为心，气所具的理为性。气具理而有知的能力就是思。将此理显于外的就是情。思此理行此理以显此理的能力就是才。具此理而能思此理，显此理行此理的即是载理之心。我们在前面说过，天一方面以阴阳二气命人，一方面以健顺五常之性命人。人就具此理具此气，而理即气之理，气外无理，理外无气。人之心就是载理之气而具思之功能者。因此船山认为性为天所命的体，心为天所授的用。由于体用不二，心性也不二。但心并不是性，性为理，心为载理之气。船山这种主张就与阳明心即理心即性的学说相异。

船山反对阳明心即理的主张，他论证：阳明心即理的命题就是心外无理与理外无心两个命题。他首先论证心外无理的命题，认为这个命题是可以成立的，至于理外无心的命题是绝对不可以成立的，如果说理外无心的命题是真的，舜所言“道心惟微，人心惟危”中的心都是理，无论心所知觉心所思虑的都是理。那么不肖者的放辟邪侈，异端的蔽陷离穷也都是理了。这是荒谬的。所以说理外无心的命题是不能成立的。再说，张子说：“合性与知觉有心之名。”性是道心，知觉是人心，人心道心合而为心。由此亦可知不可谓心一理也。心有此人心道心之分，遂有善不善的产生。这点我们在下节讨论善恶问题时再加以说明。

“心统性情”，情又是什么呢？性与情又有怎么样的关系呢？船山认为天生人而有性，这性不论何时都存在着。但当有外物刺激时，它就因有种种同异得失不同的原因而表现出喜怒哀乐，这就是情。

换言之，阴阳二气降命于人，唯有仁义礼智之德为性，变合之几成喜怒哀乐之发而为情。而仁义礼智必于情才能见端。也就是说性感于物而动，缘于情而为四端。但是情自情，性自性，性行于情之中，而非性生情，也不是性感物而动则化为情。情是变合之几，性是一阴一阳之实，是与生俱有而未尝不在者，情是于甘食悦色才在，到后来就有喜怒哀乐爱欲恶之种种产生。所以可说性是道心，情是人心。道心不易见，而由人心显性之当然于外。此显性的能力就是才，才为气之才，才显性而有情，由情才显性而见心所载之理。所以情才皆统于心。那么性情才与道的关系又如何呢？船山认为：情才都是源于性的，性又源于道，道则一而已矣。此一者保合和同而井然有秩。也就是始于道，成于性，动于情，变于才。因才而有所作为，而这些作为又是指向着道而进行的，所以始终都是同一的道。形成始于一，中于万，终于一的情形。始于一即始于道，而后有性情才，所以说一本万殊；终于一，情才源于性，性又源于道，最终者为道。所以说同归而殊途，此即心情才性的关系。

（五）天理即人欲（形色即天性）

对于理欲的问题，船山还是采取了他基本立场。认为天下无截然分析而相对待之物，理与欲不是相对立的，也不是理善欲恶。他主张天下之公欲即是理。船山之所以这样主张，是因为他认为天以阴阳五行之气生人，有性（理），有形（气）。有形则必要有声色臭味滋养以维持生命，有性则可以节制此声色臭味之欲望。这种欲望是人必要有的不可缺少，只要不过分就是天理。即所谓“人欲恰到好处即天理”的说法。船山反驳所谓“人欲尽净天理然后流行”的命题。他论证：就体而言，天理无时不在流行，假如没有天理在人之中，那么有什么可以压制人欲的发展？所以不能说人欲尽净后天理才流行。就用而言，天理所不流行之处，人事不容不接，才一相接，则必就人欲接之，所以人欲是不可尽净的。只要人欲各有所得即是天理之大同。理欲不但不是对立的，而且，不离人而别有理。譬如礼是天理之节文，必定寓于饮食货色的人欲中才能显现出来。所以天理人欲同行异情；人人均有饮食男女之人欲，此欲即万物之公欲，亦万物之公理，天理寓于人欲之中，亦是随处见人欲，随处见天理。

接着船山又论“形色即天性”的命题。前面在形上学部分我们曾提过，船山认为尽天下都是理，因宇宙的实体是气，只要有气的地方就有理，理在气中，气外无理。而天命人以生，气以成形，理以成性，只要有形处性便充于其中。就理气一源的理论就可证明形色即天性的命题。

我们讨论船山心的概念时，曾说心统性情，心即为载理之气，这样“性具于心”与“形色即天性”的命题并不互相冲突。人之受命于天而有性，天命人以性而成之形，虽然说性具于心，但是心哪里是另外的一个空空洞洞的壳子放在一边呢？人之形体有可思之心官，有耳目之官。性就藏于心官中。而耳目之官与心之官的区分，就如同形下与形上的区分。但我们曾提过船山的道器问题。船山不严分形上形下，认为形而上者隐；形而下者著，才说形而上早就有形之可为搜之痕迹，可为指涉之名。所以道是器之道，道在器中，器外无道。耳目之官小体，与心之官之大体，亦如器道之关系。大体行乎小体之中，小体不足为大体之累，大体小体是一贯的不分的。粗略地说，人体即是耳目之官，里面密藏着的就是心。所以说形色无非性，而必无性外之形色。

船山又以人之形色异于禽兽之形色的事实来证明“形色即天性”的命题。人与禽兽都有耳目口臭之感官能力，那么人为什么在形色上会与禽兽不同呢？因在人心中有元亨利贞的天道，人思之则得之，因此显现于外的就与禽兽有差异。所以说人有人之性，斯有人之形色，即人之形色而天与人之性在是。

由此我们可见“形色，天理也”命题的建立基础，完全在他的形上学理论上。理气一源，理在气中，气外无理，而形色气也，天性理也。所以形色即天性。又可以道在器中，器外无道的理论，论证出形色即天理。更简单的，由人之形异于禽兽的事实，证明出人与禽兽在形体上的不同，是由于人之形体即天理的显露。

另外我们必须注意的是在天理人欲的问题中，船山主张天理人欲同行异情。但“欲”是有歧义的。必须把“欲”的意义指明清楚，然后船山随处见人欲却随处见天理的命题才能成立。天命人以生，人就有形体，形体就必要有所滋养，因此产生种种欲望，如饮食男女等本能的要求。对于这种欲望，船山认为是人人都有的，不应加以灭绝。但是对于人欲、私欲以及意欲，船山是绝对地反对。对于私欲，船山解释为凡是不能成为普通一般人共同的欲望就是私欲，即是个人所特有的，不是人人都有的欲望。而意欲就是心里偶然产生的念头而使之成为一种执着。至于人欲是说凡是为耳目口体之欲望所陷蔽，而有害于天理的就是人欲。这些蔽于一己之见闻的私欲，不可能成为一种公欲，只能阻隔天理。此私欲与船山所说的“天下之公欲就是理”中的欲是不同的。

我们讨论了船山形色即天性的理论后，我们再来看看船山乾坤父母的理论，在这理论中船山更进一步说明了形色即天性及天人相通的道理，船山首先由基本论述，乾道成男，坤道成女，则形而上之道与形而下之器莫不是乾坤之道所成的。其实天之乾与父之乾，地之坤与母之坤，其理都是相同的。而人之形由父母而来，性受于乾坤，而父母即乾坤。故说形色即天性。天性是真实的，所以形色亦不妄，故船山反对释道吾身为大患的主张。父母就是乾坤，所以乾坤大，父母也不小。太极而两仪，两仪而有乾道坤道。乾坤道立而父母以生我。则太极固为大本而以远则疏，父母虽亦乾道坤道之所成，然而却近而亲。由近以达远，先亲而后疏，即形而见性，因心而得理。接着船山又发挥张子乾坤之旨。他认为从其大者而言之，则乾坤为父母人物之胥生，都是生于天地之德也。从其切者而言之，则别无所谓乾，父即生我之乾，别无所谓坤，母即成我之坤。惟生我者其德统天以流行故称之曰父；惟成我者其德顺天而厚载故称之为母。就人之生而言之，敬父爱母即事天。人与天理气相同，而继之以善，成之以性。父母之生使我有形色以具天理。理在气中，而气为父母之所自分，则即父母而溯之其德可通之于天地。父母之恩既然与天地相同，不可专归生化于天地以遗忘父母，仁人孝子事亲以事天，就可了悟天地之化醇人物，繁殖生育，以至于消萎屈伸于絪缊之内，于天地无所损。若是父母则劬劳以裕吾之生者却是损己以益其子。所以说父母之恩昊天罔极。由船山这段话，我们也知道孝的道德情感产生的缘由。

· 善恶问题

船山认为人性是善的。在他论证人性是善时，有两个基本命题。一是继善成性论。船山沿袭《周易》“继之者善也，成之者性也”的理论，发展了他特殊的性论。这个继善成性论最主要的根据，在于天道无不善，而人继天斯有善。然而事实上人性确有不善的现象产生，这种现象如何说明呢？关于这个问题，我们在下面会加以讨论的。在这，我们要问的是现实世界中人的的确确有不善的存在，为什么船山还是肯定地下断语认为性是善的呢？这就是进入船山性善的第二个基本问题，日生日成的性论。性是生之理。性是日生日成，性未成可成，已成可革。即使性有所不善亦可以改，不善在人性上只是暂时的现象，只是善的缺如，相对善而言，并非积极的不善，是性向至善前进必会产生的现象。船山就用这两个命题肯定了人性善。

在我们讨论性善问题以前，我们须先问什么是善？在船山体系中何谓善？解决了这个问题，我们才能讨论性善问题。

（一）船山论性善

在宋明理学家中，程朱是以理来说天，以善来说理。理的内涵中最重要的就是善的价值肯定。理是善的，而万物之性都具此理，故万物之性无不善。所谓不善只是气禀所拘。而船山认为理必依气而言，理只是气之理，理气均是善的。然只言理善气善，在船山体系中仍是含混的，必须由天道之气化流行而言。天道之气化流行有所生有所成，而所成者又继天道，这才是善。换句话说，天以理以气降命于人物，人物受此理以成人物之性，这就是天道之继，这继就是善。所以说善是于天与人相授受之际而言。即是在天道流行于人物，人物受命成性之际。由此看来，在船山体系中天道无不善，但善不善不可在天道本身上说，只可说善是由天道之气化流行与人相授受之际产生的。在这，我们发现船山“善”的概念与“继”的概念是不可分的。继，在朱子《易本义》中说：“继，言其发也。”这是就天事而言。船山继的概念与朱子不同，继是天人相续之际。是在天事与人事相授受之间。善是指涉一种继生的过程性能，有此继生就是善。天无所不继故无所不善。天道流行化生万物，此化生是相衍相续而无穷，调和而无偏。天道之用如此，天道之用所生，亦是无偏而调和，有适然之妙，妙相衍而无穷，故事善、物善、人善。此天道唯其有善，故能具于人而成性。故船山说道生善，善生性。

天自继其化育为善，人继天而生，人性即天道之所寓，人身自然有继生的性能故亦为善。由此看来船山善的概念，不是指涉本质的，而是指涉性能。此性能是一种继生之能，天能自继其化育之功，因而人能继天而生，此为第一层义，是就天人相接续之际而言善。当人之性方成而此继生之能凝焉，也就是善凝焉，人之性成生之理而为善。此为善的第二层义，是就人事而言。

我们在前面提过船山性善的基本命题有二，二者互补互成，因而构成一完整的理论。一为继善成性，道生善，善生性，天道无不善，天道授命予人，人受命于天，天人授受之际，就是所谓继，能继天生就是善，人继天生又具有此生之理，人亦无不善，在此人性善的基础已奠定了。人性之所以善，就是在于天人相续相继，人承受了天之继生之能。在此也就进入船山第二命题，命日降，性日生，性是日生日成的。性就是生之理，就是善。前一个理论是在基础上找出性善的根据，第二个理论是在性成后再不断除恶创善。换句话说，一方面性就是日日善凝之而趋向至善，一方面性是日新创善的。就是革除不善，所以彻首彻尾性是善的。

现在我们更进一步地讨论这两个理论。继善成性，成是就人而言，继是就天人之际而言，所谓天就是道，天有生化作育万物之能，道生人而人有性，在道本身，不息于既生之后而生亦不绝于大道之中，绵延相因终始相成，这就是继。这种相继相生就是善。道无时不有无处不有，善则只在天人相续之际，是有时间限制的。同时，有时具有善之体者而不能有所用，如愚庸的人。有时能有所用者而无善之体，如禽兽万物。所以说，道大善小。然就性而言，性是继善而成的，只含于一物之中，有所限量。善则是无限量，所以说善大性小。惟其有道，是以继之而为善，道是善之所从出。惟其有善，是以成之为性。善者，为性之所资。所以孟子言性善，是推本而言其所资，就如子孙因祖父而得姓则可以姓系之。而善不于性而始有，犹子孙不可只以姓称之而必系之以名。所以船山说善外无性。

天道无不善，为何人物有不善呢？人物虽都是继天所生，但在人物上可说不善。绝对不可将不善归罪于天道。天道能自继其本身之化育而为善，天道之所生亦为善。然人物之或有不善，在于人物成性后是否继天上而言。人物继天而生，生人生物是天之事。就生而言，生非不善。因就天所生而言，不可说是不善。物之自阻害其生，或阻害他物之生是不善的。但就个个物之生而观之，则皆本善而无一生不善。物不善在于其不能继其所生，于是今日之生为后日之生之障碍，此生为彼生之障碍，然此生之障碍是就个物与个物成性后不能继天而产生的。此不继不善非天所原有，只是人物不继而成人物之不善。此不继不善只是指人物个体的限制，只有消极的意义而无积极意义。因为我们如果说天有不继不善的天道，而人继之以成人物之不继不善。那么，天道既以此不继为其性能，人物又哪能继此天道而成其不继不善呢？此不善不是天所固有。那是由哪来的呢？我们知道不善是在性形成后才有的，不是气所固有，因此可推不善的产生在于二气变合之不当。这不善的产生我们在下段再加以讨论。船山的继善成性理论，首先肯定天有继之生之的能力而为善，道为善之所从出，但并非善，而唯有善，是以成之为性，性是含于道中，道外无性，性亦无不善。此继善成成性的理论是在说明性善的根据。然而人有所不继则不善产生。针对此，船山又提出性日生日成，未成可成，已成可革的理论。

我们在讨论船山人性问题时提过，天以理授气于人，人以其气受理于天为性。人之性不离其所受之气，而天之气化流行无时止息，则人在天地间无时不受天之气所降之命以成其性。性是日生日成的。这日生日成的理论就积极方面而言，人在天地间时时受天所降之命以成性，人亦时时受有继生之理，人之性亦因之日日趋于至善。就消极方面而言，性是日生日成的，性或有不继，此不继并非一有就成定型而成乎性之不善，日成就蕴含有日日善凝之而成性。如性有不善，亦能革除之。基于此船山肯定了性善。

（二）船山论性之不善

气是宇宙的本体。阴阳是气之二体，气必然有变合之用才能化生万物。有阴之变阳之合，气才能相摩荡而聚象成形。有变有合则不能皆善，其善者成人之性，其不善者成犬牛之性。这不善的产生并不是阴阳二气的差错，而是变合的失误。要知道在天的气本来没有不善的，但天不能没有生化，有生化则必要有变合作用，有变合则有不善，这是在宇宙上产生不善的原因。在人成性，性不可能不动，性动则必效于情才，而情才也没有必然善的趋势。换句话说，在天为阴阳，在人为仁义，此为二气之实，二气之诚；在天之气以变合生，在人之气于情才动。此皆二气之动，二气之几。二气之实必善，二气之用不必然善，然此不善无伤天道之诚，因天造物无心，所造生不善者如犬牛，在犬牛上才有不善。在天之造化有犬牛上则不是不善。同样，在人气充满于有生有形以后，则健顺之性充满于形色之中。然变合无恒善，所流乎情效乎才者亦无恒善。不善是由变合之差而产生的，而变合又是什么呢？阴阳是气，变合就是理。气无不善，理为气之理，理在气中，理亦应为善。但理不可谓善，只能说是诚，因变合则有善，善者理也。有变合则有不善，不善者谓之非理。要知非理亦是理上反映出来的，则无论理或非理没有不是理的。所以用“理”不当，用“非理”亦不当，船山就用周子的“诚几”二字来说明。从这我们可以得到一个结论，阴阳变合所产生的不善不能归罪于天，亦无伤天道之诚，而且这变合产生的不善谓之非理，非理亦只是理上反映出来的，亦是理。这不善由此可见只具消极的意义而无积极的意义。同理，在人而言，人之性无不善而情才不必然善。此不善不归罪于性，亦无伤人之道，这种在人事上的不善亦只是有消极的意义。那么这种不善在船山的体系中又有什么意义呢？在我们讨论这个问题以前，我们再进一步讨论人之不善。

我们在前节讨论性善问题时曾说过船山主张性无不善，人欲与天理不是互相对立的，性自行于情才之中。情才是应乎善之体（气），才能成乎善，故情才本身亦无不善。那么不善是由何而来？在前一小节我们说过不善的来源，船山推之于阴阳变合之误，由于气必须要有运动变化才能化生万物。在其化生时就不必然善，而有失理的情况产生，但此失理亦是理上反映出来的，仍然是理。此阴阳变合之差也因此只有消极的意义。同理，在人有情才效动，情才效动也不必然善，于是在情就可能为不善，在才则有不善。现在我们来讨论情如何可为不善。孟子说："乃若其情，可以为善矣。"船山认为孟子这句话说"情可以为善"就含摄了"情可以为不善"的可能性。情显性。仁义礼智四德是性，必于情上方能见其端，性是彻始彻终与生俱有的，不是到情上就没有性了。性感于物而动则缘于情而为四端，虽是缘于情其实仍是性。就如人自布衣而至卿相，地位不同作用亦异，但是不可说现在做卿相的这个人不是以前那个做布衣的旧我。要知仁义礼智就是善，不可说可以为善。恻隐就是仁，哪里可以说恻隐可以为仁。而情可以为善，可以为善的并不就是善。这话怎么说呢？就如杞柳可以为桮棬，但杞柳不是桮棬。恻隐羞恶是非恭敬之心是性，喜怒哀乐爱欲才是情。喜怒哀乐爱欲未发之时，无所端倪何尝有善？发而中节而后善。不中节固不善矣，其善是节，而非喜怒哀乐也。此节为心之所固有而为性，不因喜怒哀乐而始有。在这我们发现船山对情性的看法与朱子不同。朱子认为喜怒哀乐是情，未发无所偏倚是中是性，发而中节谓之和。情与性可说是一体的两面，性为体，情为用，情是自性而生的。而船山认为情自情，性自性，情只是变合之几，性才是一阴一阳之实。有的人解释孟子而不把情性分清，认为性善，情也善，那么人之不善又从哪里来呢？为了解决这个问题就将不善归于物欲。船山驳斥这种说法，认为物之可欲亦是天地之产，这样将不善不责怪人而归罪于天地自然之产，犹不责偷盗之罪，而归咎于主人多藏。简单地说，船山认为阴阳二气以仁义礼智之德为性，二气变合之几成喜怒哀乐之发而为情，性一于善，而情可以为善可以为不善。

情既然可以为不善，为什么不除去情以杜塞此不善之源呢？船山认为这是不可以的。要知不善虽是情之罪，而为善则非情不为功，因道心惟微，必须借情以流行充畅。情虽不生于性，然亦是天地之间自然之几，不容除去。情之本体是居于为功为罪之间，而无固善固恶，必等待人之修养决导而其本则在尽性。所以人所能做的，只有存养以尽性，省察以治情。

孟子主张性善，认为性无不善，但是事实上有不善的存在，这不善由何而来，孟子对这个问题没有注意，构成他性善理论的弱点。到了宋儒讨论性的善恶问题时，为了要说明恶的来源时，就将性分成义理之性与气质之性。义理之性由理来，理善，故义理之性善。气质之性由气来，气有清浊，故所成气质之性有善有不善。这样解决了孟子所忽视的问题。对于这个问题船山有他独特的见解，现在我们看看船山如何解决这个问题。

对于不善的定义，船山主张不继不善。当人自阻害其本身之生或他物之生时，人就有此不继不善。天无所不继不善，人继天生亦无此不继不善。那么此不继不善如何产生呢？船山认为情可以为不善，此不继不善即产生于情与物交的一往一来之几之中。也就是说，不善之源不在气禀，亦不在物；而是在外物与气禀互相感应一往一来之际所构成的不当关系之中。因有此不当的情形产生而有自阻害其生或阻害他生的不继不善的形成。船山为了更清楚地说明人之不善产生的原因，他就由性区分为与形始之性及形而后有之性来说明不善产生的原因。相对先天之性与后天之性，船山又就在天的先天之动与在人的后天之动，由得位不得位来说明不善的产生。以下我们就此三方面来看船山如何说明不善产生的原因。

船山将性分成与形始之性及形而有之性两种。在讨论性之善恶时，他就用此性之二分来说明不善的原因。他认为孟子讲性善，讲的是天性，是与形始之性。程子为了讲恶之来源而将恶归之于气禀之性，这是己性，是气禀之所凝的形而后有之性，也就是气质中之性。与形始之性，未有区量，也因此无忻合，只是天的生之理，充满于两间。而气禀所凝之性，是范围于躯体之中，有所区量，有所忻合，有区量有忻合则小，小则偏，偏或为不善，然气禀之偏并不是不善。要知为不善的，并非本来就是不善。不善的产生，只于物与物相交相引不相值不谨慎而言的。所以说好勇好货好色等，亦可谓是天德王道的见端。反之，恻隐羞恶辞让是非之心，如果只是缘物动而不是缘性动，亦会产生不善。因为恻隐羞恶辞让是非之心，如缘性动则为仁义礼智之见端；但是如果恻隐羞恶辞让是非之心缘物动而成喜怒哀乐而又不中节的话，则不善就产生了。船山更进一步地分析，譬如，好货好色人皆认为极恶。但是此好货好色之欲发得正，则没有不善。发得不正，则没有善。因为发得正，是由人所存的性中发出的。发得不正，则是发于人所未存有的——物之触。这怎么说呢？由人内在所存有而发的是谓内生。内生就是由天生，所生的是天所存于人的，也就是君子所具的善性；由物之触而发，所发不是人所固有的是谓外生。外生不是善的，外生是物来诱我，而不是我本性中所有我自己知晓的，它不是天所有的，己所欲为的。所以说好货好色不足以为不善。只有货色当前，耳目受引诱不能克制而想猎取，这才是不善之由。由此可知，人之不善不可归于气禀，亦不可归于缘性而内生的欲，只可归之于缘物来触来取而摇动气摇动志之欲，与由此而习成的才是性不善之缘由。也就是说，不善之源不在内之气禀与欲本身，亦不在外物本身，只在外物与气禀互相感应一往一来之际所构成的不当关系中。

接着船山又将性分成先天之性与后天之性来说明不善的产生。他认为后天之性是习与性成之性，习是以外物为习，习于外而生于中，此即后天之性所以可能有不善的原因，所以说气禀不如说是后天之得。此后天之得即是人之形生后所得之性。先天之性，是天所成的无所不善。后天之性是习成的，习与性成则或有不善。习之所成能成不善是由于物，然物哪里是不善的呢？如一个人不淫，则美色当前亦不能令他淫。只有猎取外物后受了蔽塞斲伤了自己继生的功能才有不善。此程子所以归咎于气禀的原因，然气禀虽或偏仍是气之实，气禀是无不善的。那么不善由何而来？不善是于气禀与物相授受之交有所不当而产生的。气禀能往，往非不善。物能来，来非不善，而一来一往之间，有其一定之地点有一定之时间。天之生物相于往来不能恒当其时其地，于是产生不当之物，物不当而往来者发不及收则不善产生。阴阳化生万物而必动，六阴六阳所值之位不能符合而相与于正，则来者成为弊害，往者成为逆害，不善之习成了。不善成为习惯，则熏习成固有，而人就将此熏染，私意，意欲之习成之性，认为是人所固有的性，遂谓人性不善，而不知人之性本善。

船山又由得位不得位来说明不善之产生。阴阳之位有一定，变合之几没有一定，不必然善。然此变合亦不就是天所造成的吗？天的当位本与人之当位者相值，天大而非人可以意识度之，我们不能因变合不必然善而归咎于天。在天之先天之动，阴阳变合有得位有不得位，天之生化无心而不能齐一，得位者，秀且灵而为人，不得位则成禽兽草木有性无性之类。既为人，固然没有不得位而是善。然在人之后天之动，亦有得位不得位。得位则物不害习，习不害性；若不得位，则物以移习于恶，而习以成性于不善矣。此不善的产生并不是我们形色之咎，也不是物形物色之咎，咎在于吾之形色与物之形色往来相遇之几。天地没有不善之物，而物有不善之几（非相值之位，则不善），物亦不是必有不善之几，而是人之动几有不善于物之几；然人之几亦非有不善之几，而是物之来几与吾人之往几不相应以成其正，而不善之几就形成了。所以唯圣贤为能知几，知几则审位，审位则内有以尽吾形吾色之才，外有以正物形物色之命。由于天地自然之化，没有不可以得吾心顺受之正，于是天命无不善；

吾形色之性无不善，即吾取天物而相习以成后天之性亦无不善。

以上是船山就性之区分及在天之先天之动与在人之后天之动的得位不得位来说明不善的产生原因。先天之性是与形始之性，是在己之天，无所不善。后天之性是形而后有之性，习与性成之性。不善之产生就在于此后天之性。要知物非不善，吾之气禀亦非不善，不善是产生于吾心动几与物之动几相交不当时。而吾之动几与物之动几相合而生则是情，情也因此不纯在外亦不纯在内，所以能为不善的是情。不善之罪不任才，不任性，不任欲，也不任物。然为何在吾心之动几与物之动几相往来之际产生恶呢？人之遇物不能不感，感非其时其地则有所不当而成逆害。所遇之物就成为人之弊害而成人之不继则有不善。但是我们要注意，物之存在，人之存在，以及人与物相遇，此皆天所使然，非人所能为。人本来不欲感物而不能不感则非由内自发。由内自发是顺乎本性的，不可能有不善，但是本来不欲感某物或者在此时此地不当感某物，则对此物之感是不当的。此相感之位不当则不善产生，而非物或气禀有所不善。所以人只要尽才知性，知物之来几与吾之往几如何得当，使所感者无不合于当然之则，则情皆正。圣人之知几审位之功亦在此。也就是说，人要能尽性知天，则情才不会为不善。然人如何尽性知天呢？这就要进入船山知识论中了。

3. 知识论

宋明新儒家兴起后，知识论也随着理学与心学两种学派的不同，而有程朱所注重的格物之知与阳明所主张的良知之知。

朱子的知识理论在他的《大学格物补传》中论述得十分清楚。他认为格物致知即是即物穷理。吾心有知之能，物有被知之理。即物穷理，用力之久，即可豁然贯通，当然朱子并非仅是主张追求客观的实然之理，他还追究贯串宇宙（太极）、人（性）、事（理）的一种内在又超越的当然所以然之理。这种理不是纯粹理智的理，而是含有道德价值的理。

与朱子即物穷理相对的就是阳明致良知的学说。阳明反对朱子。认为朱子的格物是以吾心而求理于事事物物之中，是将心与理分为二，而主张心即理，心无私欲之蔽即是理。而天理就是明德，穷理就是明明德。所以阳明的格物穷理，就消极一面而言是去私欲之蔽，就积极一面而言就是致良知。很明显的，阳明这种良知之知，并不是追求外在客观世界的知识，而是扩充人类先天既有的道德实识之理。

在知识论方面，船山仍然是大部分接受了横渠的观点，再糅合了程朱陆王二学派的优点。横渠除了讨论含有道德价值的德性之知外，还注重见闻之知，对于天文、地理、物理、生物等都有研究。船山因而也注重外在事物的知识，注重客观自然对象的探讨。他的这种进步是与时代背景有关的。一方面，考证的新学风兴起，注重实证。一方面，西方科学知识的输入。明末西方科学已由传教士带入中国，船山就曾与利玛窦辩论过地球形状的问题。他也曾赞扬从事科学研究的方以智。由于有这样特殊的时代背景，船山发展了相当精密的知识理论。

（一）知识的分类

船山首先说明知识的意义。他说：“五常之性，所与天下相通而起用者也。”这就是说心具有天所赋予的认知之理。当心与物交时则起作用而产生知识。

接着，船山采取横渠对知识的分类，将知识分成见闻之知以及德性之知两种。所谓见闻之知是由外物刺激我们感觉器官而产生的知识，是有关外在世界客观现象的知识。所谓德性之知，是由我们的理性去体会体验万事万物所以然的原理，是超越经验现象的知识。

见闻之知与德性之知相异之点在于：

（1）见闻之知必定要有实际存在的外在对象，而这对象是在我们感觉能力以内能为我们感官感觉到的；德性之知不必然经由外在具体的对象而得到的知识，而是为人性所固有能自喻的一种知识。

（2）见闻之知的对象，在于人所处的现实世界；德性之知所探求的是内存而又超越这个世界的最高基本原理。

（3）见闻之知与德性之知都是探求宇宙人事最高的原理。见闻之知是由外在事物经感官而得到。由外在事物之法象以通达到最高原理。德性之知是就人秉受天理而贯穿于人的性来体验这最高原理。二者只是方法的不同而已，目的是一样的。只是这最高原理具有道德价值，往往由外物去探求有所阻隔，而天降命的人性，含有道德价值。故船山比较注重德性之知。

（二）认知的方法

在我们讨论船山的认知方法以前，我们先来看看船山是否认为有一客观存在的外在世界，抑或是主张外在世界只是存于个人心中。

船山在《读四书大全说》一书中，曾明确反对“心即理”的论点，而主张心外无理。这是与朱子所谓“心具众理而应万事”的观点相似，换句话说，船山反对陆王“心即理”的学说，而主张程朱“理具于心”的学说。

但是船山对于心、理另有一种看法。就是“能”“所”的看法。我们可以把心看成“能”，是主观认识能力。“所”是理，是认识对象。“能”是体，存于人心之中。“所”是用，存在人心之外。“所”刺激“能”，“能”因“所”而起，“能”“所”相依相合知识因而产生。船山在这承认有外在客观独立的世界。我们的认知能力是能，外在独立事物是所，“能所相依”知识乃成。

由上述，船山一方面认为有一客观独立存在的外在世界，一方面又认为吾心具万理。这两种主张会不会互相冲突？在船山的体系中，这两种主张并不冲突。天降命于人物，人具理而成人之性，物亦具其理而有物之理。最高的原理是贯穿宇宙人物，无处不有，无处不在。外在事物有此理，内在的人心亦具此理。人与物不是互相对立的，部分相同，部分相异。所以当人在探求最高原理时就有两个途径。一是与外物接触产生知觉而成知识，一是向内反省具于人的天理——人性，进而知命知天。这两个途径不是互相冲突的，而是互相补足的。

现在我们更进一步来探讨船山对心物的主张。由心物的理论我们更能了解船山认知方法的根本理论何在。由于天降命于万物，人物均秉受了天理。因此船山对心物的主张是这样的："心无非物，物无非心，己中有物，物中有己。"心物的关系既然如此，故由外物可探求到最高原理，由内在自我反省也可到达最高原理。

我们讨论了船山心物关系以后，接着来讨论他的认知方法。船山认为认知的方法有二,二者互相辅助。一为博取象数，征乎古今，以求尽乎理，此即所谓格物。另一为致知，虚以生其明，思以穷其隐。格物的认知方法就是即物而穷理。这种方法如何产生知识呢？船山在《正蒙注·太和》就说过："人之性函于心而感物以通，象著而数陈，名立而义起，习其故而心喻之，形也，神也，物也，三者相遇，知识才能产生。"形是指人类的形体，特别是感觉器官。神是人的思维作用，而物是外在客观的事物。我们感官与外物相交所产生的感觉，船山称为"客感"。所谓客就是自外至的意思。能刺激感官产生客感的必是外在的事物，这种能产生客感的事物是为"客形"，而所谓客形即是物之法象而已。我们能知觉的只有形、声、臭、味、温凉、动静六种外物的法象。因为我们的感官是有限制的，各有所司。例如耳只能与声合而产生闻的作用。目只能与色合产生见，合则能知。但所以可合的原因不在耳目感官能力上，譬如，舆薪经过，群言杂至，如果我们不加以注意，心不在焉，则见如不见，闻如不闻。由这个例子，我们知道即使有耳与声合，有目与色合的现象，也不能形成客感而成知识。还需要其他条件，那就是化之神，诚之几。

再说，感官与外物相交仅止于见闻，而无法穷于其所以然之理。要想得到所以然之理，就必须要有思维作用。神内贯于五官，外泛应万物。不能以见闻得到的理才能得到。所以要得到真正的知识，必要以感官经验为依据，存神以思。在《读四书大全说》卷一，船山说得非常明白。他认为格物之工夫，是心官与耳目均用。学问为主，而思辨辅之，所思所辨者皆是其所学的。而致知的工夫，则只用心官，以思辨为主，以学问为辅，所学问者乃是来决定其思辨之疑惑，格物就是经由见闻方式去知去学。然而耳目之灵是自然之灵，所能知的只限于物能刺激感官的形与声。由耳目所得到的形声只是感官经验的印象而已，还要有思辨工夫，思其所以然，辨其所以然之当然。思辨的能力是心的能力，也就是思维能力，即船山所谓的致知。此即船山第二种认知方法。

格物只是学的工夫，不仗恃自己的聪明而学于先觉之事。然而先觉之事是否可据为典要？是否理全在其中？这些都必须要有思维活动才能决定，才能使所学的成为一正确知识。再说，所闻所见是有一定限量的，不能知晓隐藏在事物背后的所以然之理，这也必定要靠思维作用。而致知的思维作用也必定要建立在所闻所见的感官经验上，否则思维只是凭空的臆想。所以说，格物致知并非两种独立无关的认知方法。二者互补互足。

见闻之知由格物而来，由我们感官与外物相合产生客感，再加以思维作用而成的知识。但德性之知如何由反诸己而自喻呢？自喻的对象又为何？船山在《思问录》内篇有详细的说明。我们可以归纳成二点：第一，天降命于人，人心函理为气化之良能，是每个人所固有的，是人心得之于天的。这种人心先得之理不是外来的，只是天理的来复。故只要求诸己之自喻。这求诸己之自喻工夫就是诚，也就是《中庸》所谓的自诚明。而《中庸》所谓的自明诚就相当于见闻之知。第二，人心之理是天所赋予的。然命是日降，理（性）是日生的。在人之理不是初生那一顷刻所有即成定型。而是日生日新，变化发展的，故不可称为先天之知，此理是人既生以后才有的，而以后又不断接受天之降命。在这，我们可进一步分析见闻之知与德性之知的不同。

我们在前面提过，我们的耳目官能与物相通所得到的感觉知识即是见闻之知。而所谓的物只是物的法象而已。船山曾经说过，天不言物，也不言物之相授受。只是以法象来表示物而已。形、声等即是物之法象，然而物之性、物之理又是如何呢？我们又如何知道物之本性呢？所谓物之本性，在《思问录》中，船山说得很清楚。万物各有其情，各有其才，各有其位。物之本身有燥、湿、美、恶、得、失、吉、凶、贞、淫、良、楛、静、躁、险、易等本性，此本性即是物理之固然。对于这个物之理、物之性，人只能调运移转，而不能与之相通。这样看来，船山是认为我们的感觉只能认识物之法象，而物之自性是须由天理之昭著及人心先得之理才能认识，也就是由天理之来复得到这种物之自性知识。然而，我们要注意的，船山这种主张并不是说我们只要求诸自己的内心就可以得到知识，如果我们只要反求诸己得到在己之天理就可得到知识，那么我们也不必须要有见闻感觉。只要思维、冥想。船山反对这种主张。他说："在天而为象，在物而有数，在人心而为理"。古之圣人是由象数而得到理的，从来不曾有由理而立象数，由理而立象数是天道而非人道。人必须由外物之法象也就是客形开始才能产生知识。

由于船山主张知识的产生是由经验内容为基础，再加以思维成概念而成，所以他批评知实而不知名的经验论以及知名而不知实的唯名论。但他觉得前者尚可补救，而后者完全是错误的。船山这样主张是与他的真理的判准“征之以见闻”相符合。一切正确的知识必须建立在感官的经验上。

我们讨论了船山的认知方法后，我们再来看看船山如何用一套理论系统说明知识的成立。船山认为我们先要知道对象，由感觉器官得到客感，经思维作用而成概念，由概念征之于实而得到对象的意义。再经由义形成辞再推论而构成知识。在构成知识过程当中，船山坚决地反对拿一个固定的范畴去概括变化的对象。他认为物为定情，无定状，相同必有异。物是日新富有的，没有一个定型，如果只拿几个范畴去概括物之变化发展，是得不到真理的。由于整个宇宙是变化发展的，而我们的五官能力是有限的，既不能认识外在所有的事物，又不能得到万物之根本原理，在此限制上，船山就有德性之知来补足见闻之知的不足。

德性之知是要得吾心之理，也就是尽心知性，天以一阴一阳之理降命于人，而得其理称之为性，我们只要通过人性所具有的当然所以然之理，我们就可以知道宇宙的最高原理，则万物的变化能推而知之，万物所以然之理也能明白。

（三）真理的标准

船山如何检证见闻之知与德性之知呢？如何知道我们由见闻及反诸己的诚而得的知识是真的，而非自己的错觉或臆测呢？

我们先讨论见闻之知的真理标准，由于见闻之知是我们感官与外物相交产生客感而形成的。所以船山在判断这种知识的正确与否就诉诸可见闻之实。因此他批评邵子“天开于子，子之前无天，地辟于丑，丑之前无地，人生于寅，寅之前无人”的理论。他批评：第一，我们没有先人所传下来的见闻纪录，因此我们不能判定邵子所说的是否正确。如果先人确有可见闻之实，且传之于后世，我们就可用来作为真理的判准。第二，现在我们又不能以当前的耳目五官来证明以往的事实。由这两点船山认为就可以判定邵子的主张是值得商榷。由上述我们发现船山认为可见闻之实有两个来源。一为我们现在所能见能闻的，一为古人所见所闻而传下来的数据。

船山以为不能以可见闻之实检证的知识就是假的知识。我们的知识既是由见闻而来，又如何会产生假的知识呢？船山认为这种假的知识是由习气而来，或守一先生之言而渐渐以为是真理。其实，这种由习气而来的知识或守一先生之言的，都是不能以见闻之实证之的。船山这种以可见闻之实为真理的标准是值得商榷的。至于他的错误如何以及产生如何的困难，在此不及详述。

至于德性之知，船山又如何去判断呢？德性之知不由见闻而生，是人身所固有的，反诸己就能知之，这种知识更是无所谓客观性的。但是船山为德性之知提出了一个真理的判准，消除了这个弱点。德性之知的判准就是实践。存于心中之知，必是要推之于物，不能推之于物或不能推之于行的知识就不是真的知识。现在我们就涉及船山的知行理论。朱子以格物致知为知之事，诚意正心为行之事而分知行为二。阳明主张致良知就是诚意。意诚就是心正，所以致良知的工夫就是诚意正心之工夫，因而主张知行合一。而船山认为知行有先后之序，但是知中有行，行中有知，以行统知，而知不统行。他曾在《尚书引义》卷三说明知行的关系。知为主，行为辅。知为体，行为用，体用合一，主辅合一。知必以行为功，而行不以知为功。行可以得知之效，但知不可得行之效。格物穷理之学，亦必勉勉孜孜去行，而后才能完全了解。所以说知必以行为功；行乎君民亲友喜怒哀乐之间，有所得则信，有所失则疑。如此道亦是愈来愈明，所以说行有知之效。行可以兼知，而知不可兼行。船山对知行的主张如此，所以他反对阳明知行合一的观点。他认为诚明相资以为体，知行相资以为用。惟有因为其各有致功而亦各有其效，所以相资以互用。既然相资互相增益，所以相资之二者必定要是不同的两个东西，否则相同二者相资不可能有功，这是必然的道理。而阳明不知知行各有功效而相资，所以主张知行合一，违反了相资二者必异的定理。

由于船山主张行统知，所以德性之知必定要能实践方能成为真知，如果不能行而成离行之知，则愚人得不到真知，聪明的人也易流于恍惚冥想之中。我们得到德性之知就是得到宇宙的最高原理。因而才能参与天地的创造活动。如果没有得到这最高原理，我们哪能知道自己与天地并位而参与天地的创造活动呢？

（四）结论

以上是将船山的知识论作了一个简单的说明，船山虽然认为有外在客观的对象，然而外在独立的认识对象与认识主体并非完全不同，二者均是天所降命的，都秉受了天地宇宙最高的原理。只是认识主体的人最为灵秀而具认知能力。由于人物都秉受了天地最高原理，于是认知的途径也分为二：一是由感官经外物所秉受的天理去了解此最高原理。一是反诸己而自然明了本身所秉受的天命进而了解宇宙的一切原理。两种方法都是尽性知命，一为知物性，一为尽己性。要判断尽性知命而得到的知识是否为真，就要看这种知识是否可以实践，可以实践的知识就是真的知识，不能实践的就不是真知识。更值得一提的是在船山体系中认识主体与客体都是不断日新发展的，而知识的探求也必须在变化发展的过程中去找一切变化发展的最高原理。而人之性最能代表这种变化发展是日生日成的，所以船山除了要追求外在事物的道理，还要反诸在己之人性去明了宇宙最高原理。

宇宙之最高原理是什么呢？为什么学而思之或反诸己就可以得到呢？在这，我们就不得不涉及船山哲学的根本问题。船山的哲学是继承中国哲学的传统，也是想解决数千年的哲学问题：人如何克己去私？人如何除去私欲保存天理？这个问题乍看起来似乎只是一个道德修养上的问题。但我们再深入地思考一下，我们会发现这个问题后面隐藏了许许多多的哲学基本问题。人如何去私？何种境界才是存天理无人欲的境界？要回答这个问题必先解决天理是什么？人欲是什么？天理人欲由何而来？它们之间的关系又是如何？这样又引申出：人为何要克己去私？人性又是什么？人性是善是恶，其原因又为何？如人性是善，又如何产生私欲？人性善的根据在哪？善的根源在哪等道德形上学的问题。这些问题也就构成了中国哲学的主要课题。因此，不论本体论、宇宙论或是知识论，也都是直接间接地为了解决这些问题。船山的知识论虽已略具西方哲学知识论的形式，但是精神还是传统儒家的，知识所追求的是克己去私的根本理论何在。正确的知识最后目的也就是使人能克己去私。因此所谓的真理，所谓知识的对象没有不含道德价值的。

最高的原理就是生，就是善。人物秉天之生无所不善，即使人之认知作用不可缺的思，亦是含有道德意义，思是人心之良能，所谓思就是思其是非。能用思则能知是非善恶，凡恶皆是由不思而来的。人之为学是在私情做工夫，亦是克己。所以格物就是明善，道学问即是尊德性。这就是船山知识论的根本精神所在。

四、船山历史思想

我们在前面形上学部分曾提到过船山重气。由于船山重气，则他必定会注重每一个个体及人物的特殊性。因为人物之成有理有气。自理而言，人我没有什么区别，同心同理；然自气而言，则因有区量，有所范围，就必须承认每一个个体及人物之气不同，因而也知道在我之外有他人之气、万物之气。如果重理，则人我同理而无异。然而船山重气，就自然地注重每个个体人物之气的相异之处，注重每个个体人物的特殊性。而认为可即事以穷理，不可先立一理来泯灭事物的特殊性。理是天之理，是贞一之理，是不会改变的，然而天有相乘之几，所形成的事物就有千千万，各有所不同。但此天之几所成的各种事物，即是贞一之理的显现。船山认为理是不可见的。不是我们感觉官能所能达到的，而当我们能见到这理时，必定是含此理的事。如果我们论断理事之吉凶时，必定是有理之事才不会是狂妄的。如果我们对理事的论断不是空虚的，则必定是有事之理。事有离合是相应于理之刚柔，理事之关系可说是理事各半，事在理中而居理之半，理在事中而居事之半，合离刚柔各分其所半，互相乘以成乎半。理事相杂相成。理事之关系如此，一方面是站在理气一源的理论上，一方面是建立在常一而万变，万变而常未改一的理论上。常一是理，事是万变。阴阳并建，阴阳不能孤行于天地之间，故阴阳必要作育万物以为质。质有融结而有才，才有衰亡而有时。为质的是常，分为才。乘之为时的是变。常是一而变是万，一是善的，而万有善有不善。当才纯则善，才杂时就同时俱有善不善。时当其才则善，不当其才则善不善俱存。换句话说，阴之顺，阳之健，生生不已，无所不善，阴阳之变合成杂多而有善有不善，然此万变能继善以成则为一，所以说常一而变万，变万而未常一，而由万变见常一。天下之情万变，变而不能改其常，而所以变者亦是常。那么常又是什么呢？“至常者。生也。”常就是健顺之理，贞一之理，此不变之理即显现于万变之事中，此万变之事即构成历史及人物。

每一事物在历史的序列中都居于不同的时间，而这不同的时势，就是每一事物形成的原因。由于船山重气，注重事物的特殊性，自然也注重事物的时势，而主张由势以观理。所谓势，就是顺而不逆的意思。例如从高趋卑，由大包小的情形，都是不容违阻的，不得不如此的。这就是势。然而在船山的理论中势并不是盲目的、偶然的，而是与理不可分割的。势既然而不得不然就是理。理当然而然则成乎势。论到理势就是论理之势。顺着理而不逆的意思。理与势的关系，就和理与气的关系一样。理并不是可执之物，不能用五官得到，但气的条绪节文处即是理的显现。所以始而有理，即于气上见理，等到有理时则自然成势，只是在势之必然处见理。理势不可分成两截，则历史变化不得不如此的趋势就是理的表现，而且历史中形成每一事物的时势，以及每一时势形成的事物，也都是理的显现。

船山认为天下之势一离一合，一治一乱而已。一合一离，一治一乱，即是天道也就是人道。他在《读通鉴论》中将中国数千年的历史由离合加以说明。他认为周商以上不可考。但据三代所遗留下来的文献看来，知道那时是万国小邦的部落时代。整个中国有如一盘散沙。而后王者以义正名而合之。春秋战国分而秦合，汉三国分而晋合，南北朝离而隋合，五代离而宋合。虽然船山这样将天下之势解释为一合一离一治一乱，但他并非主张历史是循环的。天下之势一离一合一治一乱，但势必顺乎理，则此一离一合一乱一治仍然含了日新变化的意思，这道理与船山说明一往一来一屈一伸不为轮回所用的道理相同，离而合之，合而不继其离，乱而治之，治者不继其乱。那么什么是治，什么是乱呢?

船山说 ：“所谓一治的意思，就是人道之实施显现 ；所谓一乱的意思，就是禽兽之道乱乎人道。”他认为治之资在于人心，以心驳政无所不宜。而此心即是恻隐羞恶辞让是非之心。换句话说，船山就是以仁义为一切政治之根本及基础。仁之施于政就是笃爱其同类，义之施于政就是扶持匡纪其类。笃爱其类则必定以公天下为目的，扶持匡纪同类则必以利天下为目的。故以仁义为施政之出发点及目标，必定会达到公天下利天下的大同境界。因此船山特别提出由三五孔子一直传下来的圣人之道统，这个道统就是贞一之理。所以他认为这个圣人之教是千百世不能改的，千圣所同源的。其大纲就是明伦察物，其实政就是敷教施仁，其精意则只台跻敬，不显之临，无射之保。合乎这道统的就是治世，也就是说当圣人之道统显诸天下则天下治，反之则为乱世。例如周公继尧舜之道，明刑敕政，制礼作乐以防微杜渐而远狄行，捐兽心，以定生民之纪。而成周之数百年就为治世。如元、清不是继圣人之道统，而是由夷狄之道乱乎人道，是为乱世。

由于船山注重三五孔子传下来的圣人之道统，故对华夏夷狄的区别非常重视。前面我们提到过船山重气，他重气故能严辨华夏夷狄。因为重理，则人同此心，心同此理，则夷狄也可有此心此理，那么华夏夷狄之差别就不够严格了。但船山重气，认为一个民族的历史文化是那一民族自己创立的，则那一民族就应该保卫他自己的民族，也应当保卫自己的文化。而夷狄之气与我华夏民族之气不同，所成的历史文化也不同，故必须严加区分。

站在这个基本理论上船山严辨华夏夷狄。他认为人为了自保自存就有所谓的国家产生，而一个国家为了抵御外族的侵犯以及维持内部的秩序以求自存自固，就必定会推出一个有德的人以仁爱来保护其族类，用义来建立制度。这样，一切国家之所以立君是为了保卫国民，因此一个国家的君主也必定由其本族人来担当，也就是说一切的国家必须是民族国家，绝对不以异类来统治。

因此船山对华夏夷狄的区别就格外地重视，认为华夏夷狄之区别就如同君子小人之区别一样，只是义利之别而已。船山不以文化的高低为标准来区分华夏夷狄，而是由地理环境的不同来说明种类的差别，而文化的差别是由种类的差别而来的。我华夏民族居住于肥沃的平原上，物产丰富，生活富庶，讲求仁义礼乐，爱好和平。

而夷狄却住在山外的荒漠地区，物产匮乏，土地贫瘠，天气寒冷，因此他们性情粗犷悍厉，崇尚武力。由于所居的地方不同，则气也不同，风俗习惯也不同，所知所行也不同，所形成的历史文化当然也不相同。华夏夷狄既不同类，华夏民族就应由自己族人来统治而不应由夷狄统治，同时中国之疆土及文化也不容许夷狄的侵犯。

参考书目

《船山遗书全集》，王夫之著，中国船山学会、自由出版社联合印行，一九七一年。

《船山学谱》，王孝鱼著，广文书局，一九七五年四月。

（此书收有船山先生传多种，包括《姜斋公行述》，潘宗洛的《船山先生传》，余廷灿的《王船山先生传》，唐鉴《王夫之传》等。）

《中国近三百年学术史》，梁启超著，中华书局，一九五八年，台二版。

《中国近三百年学术史》，钱穆著，商务印书馆，一九六四年，台二版。

《王船山学谱》，张西堂著，商务印书馆，人人文库。

《中国政治思想史》，萧公权著，中华文化出版事业委员会，一九五四年。

唐君毅：《王船山性与天道通释》，《学原》一卷二—四期。

唐君毅：《王船山之人道通释》，《学原》二卷十期。

唐君毅：《王船山之文化论》，《学原》三卷一期。
（以上三篇现今均入唐先生《中国哲学原教篇》，新亚研究所印行，一九七五年。）
刘茂华：《王夫之先生学术系年》，《新亚学报》五卷一期。
朱世澄：《王船山先生之政治思想》，《史地学报》三卷四期。
郑鹤声：《读王船山先生读通鉴论宋论》，《史地学报》三卷七期。

李颙

王孺松　著

目　录

自序

在我国悠久文化中，每一时代都有杰出的贤哲，值得我们去效法研究。有些圣贤，已为人发觉，他们的学术思想，久享盛名。本书所介绍的学者，是清朝时代的一位穷书生。他既无显赫的背景，足以自傲；也没有荣耀的官职，供人钦羡。只在苦学成功后，变为杏坛上一颗闪烁的明星，很受知识青年的推崇与爱戴。所以对当时的社会，影响很大。直到今天，他的修身方法及教育观念，仍足以做我们现代青年为人处世的方针。由于篇幅所限，仅就这两方面，作为介绍的对象；虽然仅占他学术思想的局部，但他一生的最大成就，毕竟以这个做基础。

二曲先生的悔过自新，不是一般人认为犯了过错，能知悔改罢了。他的悔过自新，实在包涵着洁净心灵，日新求进，以求止于至善的意思。他以为人生几十寒暑，生活的目标，不是为了短暂的享受，而是应该认识自我，热爱真理，尊重正义，朝干夕惕，小心翼翼地走向圣德的康庄大道；好能立己达人，鞠躬尽瘁，为人类谋求真正的幸福。因此在他的《悔过自新》篇上，首先标出人为万物之灵，强调人性的尊贵。人的“性”是天地间的“理”，它的素质与天地同样伟大；它的灵明，像日月一样，本是纯然至善，无丝毫瑕疵的。人所以有私欲偏情，是由于气质所蒙蔽，情欲所牵连，习惯风俗所限制，时局情势所挪移。再加上知识的诱惑力，和世物的演化，渐渐将与生俱来的本善，剥削蚕食，不知不觉中，坠入罪恶的渊薮。以致虽具人的形象，实际只不过是行尸走肉罢了。假若人能真对那些罪恶尘垢，加上刮磨洗剔的工夫，便可恢复人原来的面目。因此若愿修德成圣，应该找出最尊贵的人性来，了解以后，才可以下克己复礼的工夫。但人生在世，内在的情欲，外在的诱惑，常构成我们修德前进的威胁。因此本书在五、六、七、八的四章中，介绍古今中外圣哲们所传习的省察方法，以及心理学家所提出的气质种类。用来帮助我们认识自己，好能对症下药地改过迁善，度一个希圣希贤的道德生活。

本书第九章标出二曲先生的教育观。就为学、立志、讲学、读书各方面，表示出教育的目标。最重要的是品格的陶冶，而不是科技的传授。人人能成圣成贤，才达到教育的宗旨。因此他劝人要先“立心”，根据天理，择善固执。同时要怀有救世益群的宏愿，摆脱流俗的束缚，驱除一切胜心、妒心、悭心、吝心、人我心、是非心，来恢复本然之善。这是学问的大主脑，用功的大肯綮。人情有向有背，境遇有顺有逆，这一点天良，不为情迁，不为境移。穷则独善，达则兼善。大行不加，穷居不损，素位而行，为所当为。富贵不能淫，贫贱不能移，威武不能屈。掌握了人生最高价值，使心中炯炯不昧的天良，与天地互为悠久，这才是人人应向往的境界。

本书编著数据的取舍，纯以裨益青年敦品励学为主，学术思想为辅。由于时间仓猝，难臻理想，尚希读者见谅。

一九七五年四月六日王孺松谨识于台北

一、传略

李二曲名颙字中孚，是陕西西安周至县人。生在明朝熹宗天启六年，卒于清康熙四十四年（公元一六二七——七〇五年），享年七十九岁。他的父亲，名可从，在明朝末年，随从督师汪乔年，剿流贼张献忠，在湖北襄阳作战殉难了。他的母亲彭氏知道后，悲痛地要殉节；那时他才十六岁，哭着哀求母亲说：如果母亲殉父，儿也要殉母，父亲便要绝后了。因此他的母亲才打消殉节的念头。当他父亲离开家乡的时候，预感到这次出差，凶多吉少，便把一颗脱落的牙齿留在家中，噩耗传来后，他母子便把这颗牙齿埋葬了，称为齿冢。

他幼年穷得没有饭吃，有人劝他的母亲，把他送到县衙门里当差，他母亲不肯。一定要令他读书，几次上蒙馆，因为缴不起学费，各塾师都不收他。后来好容易才认识一些字，便借书来读，不懂的地方，常常站在路旁，等到学塾里的学生放学后，就便问问人家。他的学问，全是自修磨炼出来的。他不但对于经史子集，以及九流各家的书，都博览无遗；最后又走到理学的路上来，提倡关学。曾在无锡、江阴、靖江、武进、宜兴等地讲学，到处很受欢迎。在陕西境内，富平、华阴，都是他常常设讲的地方。各方云集地听讲人氏中，很多投靠他的门下，愿拜他做老师，并且为他建立了延陵书院，绘像供奉他。

康熙初年，陕西的总督鄂善，推荐他做山林隐逸，特地下诏征他。他尽力辞却，后来又征他为博学鸿儒，地方官强迫他起行，他便绝食六日，最后拔刀自刎，才肯饶他。从此他觉得为虚名所累，便常闭门反锁，谢绝会客。除顾亭林来，偶一开门外，连弟子也不给面见。康熙皇帝西巡时，传旨给地方官，必要召见他，他便以废疾坚辞。向他要著作，他便把《四书反身录》、《二曲集》呈上。后来皇帝还赐给他一幅题着"操志高节"的匾额。他这样做并不是矫情鸣高，实在他本人不愿在清朝当官。这是他平生的志愿。四十岁以前，曾经著有《经世蠡测》、《时务急策》、《十三经纠谬》、《二十一史纠谬》等。晚年以为这是口耳之学，无当于身心，不复再教人。他便热衷于理学，专以返躬实践，悔过自新为主。所著《四书反身录》，极为切实，对身心的修养，有很大的裨益。他本人具有倔强的性格，显示着北方人的刚强，正可以用孟子所说的：富贵不能淫，贫贱不能移，威武不能屈的大丈夫来形容他。他在学术上的成就，在创作方面，虽然比不上黄梨洲、顾亭林，但在敦品励学上，确实给予当时的学风，一种严肃的鞭辟；任公说他是王学的后劲，足堪当之而无愧。

二、时代思潮

1. 宋元明学术思想的概况

每一个时代，都有它的时代思潮，在发展期间，都有它的启蒙期、全盛期、蜕变期与衰落期。梁任公在《中国近三百年学术史》中，说明了凡研究时代思潮，必须把前一代的学术情形，略为认清，才能知道它的来龙去脉。宋以前在六朝隋唐时代，文化发达得就很灿烂，建筑、文学、美术、音乐等，都呈现有史以来最活泼的状态。后来这种文明烂熟的结果，养成社会的惰气，自唐天宝间两京陷落，过去的物质文明已交末运。跟着晚唐藩镇和五代一百多年的纷乱，人心越发厌倦，所以入到宋朝，便喜欢回到内在生活的追求，走入严肃朴素的路上来了。

隋唐以来，印度佛教各派教理，尽量输入，思想界已经掺入了许多新成分。但始终儒自儒、佛自佛，采用一种不相闻问的态度。到了中晚唐，两派接触的程度日渐加增，一方面有韩愈一流人，据儒排佛，一方面又有梁肃、李翱一流人援佛入儒，到了两宋，当然产生儒佛结合的新学派。加以那时候的佛家，各派都衰，禅宗独盛，禅宗是打破佛家许多形式和理论，专用内观工夫，越发与当时新建设的理学相接近。所以理学和禅宗，可以说是宋元明思想的全部代表。这时代所占的时期，大约有一千年到一千六百年。

新学术的产生，如果有意追根穷源，开宋学先锋的，应该是胡安定先生。从他那个时候，师道立、学者兴，算是宋学的先河。举一段故事，便可以说明这端大道理。

宋神宗有一次问刘彝说：胡瑗与王安石哪一位卓越？刘氏回答说，我的老师胡瑗，用道德仁义，教授东西众弟子的时候，王安石还在场屋中考进士呢！……国家历来取士，不以体用为原则，专门崇尚声律浮华的文词，所以风俗一天比一天走下坡。我的老师很担心这种流弊，所以才拿明体达用的学问，传授门弟子，早起晚睡，辛苦了二十多年啦！……经他的手所栽培的已好几千人，现在的学者们，晓得以体用为政教的根本，这功劳应该归于我的老师，并不是王安石啊！

刘氏这段话，充分表示出宋学的精神。所说的道德仁义，与圣人的体用，为政教根本的地方，正是宋儒学说得以自立的基础。以这种经世致用的真学问，和进士场屋里的声律，与山林间释老的独善其身的作风相比较，利弊得失，自可一目了然。所以从这个时候，人才开始留意为生民建立政教的大本，注重先行树人，培育人格，充实学识，能够立己了，才可以达人，使得当时的教育风气，一新耳目。所以范文正公在做秀才时就慨然有救天下的志愿。他那先天下之忧而忧，后天下之乐而乐的精神，是知识青年人人应该具有的。宋朝士大夫很看重正义名节，实在是范文正公开启的啊！

总括来说，北宋学术，不外经术政事。洛学所辩论的，大都不外乎王道与霸道。此外他们很注意义利之辩，到了南宋，心性的辩论越精，事功的趣味越淡，他们总期望着一新天下的政治。回返到三代圣世，这些儒生，都了解三代是以道治天下，汉唐是用智力把持天下，理想的社会，当然是恢复三代的政治了。但是事实告诉我们，历史不可倒流，期望得越高，失望得越重，在政治的生涯上，都步了孔孟的后尘。

到了南宋，书院讲学的风气很盛。但都是渊源伊洛，和朝廷所提倡的注疏的说法不同，等到元仁宗皇庆中定制，改遵朱熹《章句集注》，又编有《四书性理大全》，过去书院里的教材，一跃而变成了国用的教本，似乎是学术界一大幸事。但随着出现的，便是大幸中的不幸。由于功利所在，学者的时尚所趋，书院讲学的风气却衰落下去。内里的弊病，便在于注重科第。学问止于科第，读书只在章句上下工夫，应运而产生的阳明致良知的学说，就是针对当时章句、训诂、功利而发的。由于当时书院讲学，和朝廷的步调不一致，张居正当道时，痛恨讲学，立意剪削，想遍撤天下书院，但是不能尽毁。他下台后，书院的风气又逐渐复兴。到了明朝末年，朝廷的纲纪不振，宦官弄权，书院的学者们主持清议，遭的祸更大。天下的书院，大都毁在魏忠贤手里，最后二三十年间，理学派的大本营，前有“东林”，后有“复社”，都是用学术团体名义，实行政党式的活动，他们对恶势力拼命奋斗的精神，固然十分可敬可佩。但党势渐成以后，依草附木的人，一天比一天多，免不了流品很杂。当时的清流浊流，都是八股先生最占势力。东林复社，虽多几位正人君子，但是打开窗户说亮话，只不过是阳明派的八股先生，和魏忠贤派的八股先生打架罢了。当他们笔头上，口角上，吵得乌烟瘴气的时候，张献忠、李自成已经把杀人的刀，磨得飞快，准备着向千万人砍头破肚。同时满洲人也在厉兵秣马，看风驶船，准备入主中原，几十年门户党派的争执，闹得明朝亡了拉倒。这是前一代学术界的一幕悲剧。

2. 清代学术思想的概况

回溯到明朝中叶以后，阳明学派，风靡一时，他的末流，只会高谈阔论的游说，毫无实际的内修精神。据《明儒学案》，王学的传流，当时分为七派（浙中、江右、南中、楚中、北方、粤闽、泰州），而崭然见头角的，实在只有浙中、江右、泰州，最可称为纯谨。浙中的王龙溪，及泰州的王心斋，天分都极高；但是后来流弊也很深。后人论阳明的学说因得龙溪心斋而风行天下，但也因为他们二人而决裂得不可收拾。

在浙中阳明有高足弟子徐日仁、钱绪山、王龙溪等。徐日仁名爱，早卒。钱绪山名洪德（一四九六——一五七四年）为人笃实，谨遵四句诀又名四句教（无善无恶是心之体，有善有恶是意之动，知善知恶是良知，为善去恶是格物）的师说，以为良知是不动的真体，包含着广大高明、纯粹至善的性质。本体（良知）之所以丧失，是由于妄念，只要恢复本体，妄念自然消灭。他和他的老师一样，说诚意是大学的宗旨，致知格物是诚意的工夫，诚意的最后，才能达到至善的目的，这样他便主张就事物上，从事实际的磨炼。

王龙溪名畿（一四九八——一五八三年），他天资聪颖，有辩才，也是阳明的高足弟子。讲学凡四十年，他的主张，和钱氏不同。他竭力维护四无（心体既是无善无恶，意亦是无善无恶，知亦是无善无恶，物亦是无善无恶）的主张，以为心、意、知、物，都是无善无恶的。站在意的立场上，因为杂有私欲偏情，所以意有善恶的区别，我们应从后天恢复到先天，所以诚意是后天的学问。站在心的立场上，无善无恶的心，就是无善无恶的意，我们应该用先天去统率后天，所以正心是先天的学问。他又以为良知本来是无中生有，也就是未发之中，良知的收敛与发散，都出于自然，这样得出的结论。“寂者，心之体，寂以照为用，守其空知而遗照，是乖其用也。”又说：“良知二字，是彻上彻下语。良知知是知非，良知无是无非；知是知非，即所谓规矩。忘是非而得其巧，即所谓悟也。”至于他说“即念而离念”以及“无念”等，自然与禅学的思想相接近。因此王学的末流，终陷于玄虚，而任意流行，导致解缆放船，竟有人提出酒色财气，不碍菩提路，李卓吾简直变成一个花和尚了。平心而论，阳明学派，在两千多年的学术史上，确有卓越的价值。但是他的末流，也曾使人疾首蹙额。后来王学自身的反动，最显著的是刘蕺山一派，特标“证人”主义，由慎独入手。对于王龙溪、罗汝芳、王心斋等人所述的王学，痛加针砭。总算是舍空谈而趋实践，把王学中谈玄的成分减少了好些。但这种反动，当然只能认为是时代的结局，不能认为是新时代的开山。

清代的学问，实可以说是对于王学的反动，清学的端绪，为明代诸遗臣所开辟，其中最主要的人物，便是孙奇逢、黄宗羲、李颙，主张折衷朱王。顾炎武、王夫之，主张黜明尊宋。他们都又兼修汉唐训诂注疏的学问。也就是清代的考证学，实由黄宗羲、顾炎武二人开其端；阎若璩、胡渭二人奠其基。不过在康熙以前，当时的学风，毋宁有尊崇宋学，折衷古学的倾向。及至乾隆时代，惠栋、戴震一经出世，考证学遂盛极一时。惠栋为吴派之祖，其门下有余萧客、江声、王鸣盛、钱大昕、王昶等，而戴震为皖派之祖，其门下有王念孙、段玉裁等。念孙子引之，亦以考证著名，世称戴段二王。他们排斥宋学的空疏。自唐溯汉，提倡许、郑的朴学。无论治经、治史，以及治子，皆重训诂，凭实证，主以求真的精神，与致密的方法，整理古籍，这就是考证的特长。世人通常把这种考证学，名之曰汉学，以示别于宋学。所以清初的学术，可以说是从王学解放，以复于宋；乾嘉以来的学术，可以说是从宋学解放，以复于汉。所以清儒可分为宋学派与汉学派。此外尚有颜元一派，直标周、孔，注重实行。他的学说见识，非常高卓，称他是实行派，足堪当之而无愧。他是抨击汉学、训诂、注疏学问的，他认为这些都无补于世，白白地耗费光阴罢了。

他所提倡的修身精神，十分崇高，一为求真，二为救世。他说过：“立言但论是非，不论异同，是，则一二人之见解，不可易也。

非，则虽千万人所同，不随声也，岂惟千万人，虽百千年同迷之局，我辈亦当以先觉觉后，竟不必附和雷同也。”这种求真的精神，是多么彻底！又说：“天下事皆吾儒分内事，儒者不费力，谁费力乎？”“苍生休戚，圣道明晦，敢以天生之身，偷安自私乎？”“历代之消，可自今日长。历代之衰，可自今日盛。历代之降，可自今日升。”这种救世的精神，又是多么真挚！

他的为人，自律很严，教人也一样。他注重品德的实践，所以他说：“道不在诗书章句，学不在颖悟诵读；而期如孔子博文约礼，身实学之，实习之。”又说：“人之为学，心中思想，口内谈论，尽有千百义理，不如身上行一理之为实也。人之共学，印证诗书；规劝功过，尽有无穷道理，不如大家行一道之为真也。”他这种以实求是，注重身体力行的精神，在前辈学者中，真不可多见。这种表现，都是从他的救世心愿里孕育出来的。因此可见人如果能知救人救世，是自己分内事，人人应该做到的，那么这种对人类负责的热诚，足以唤醒世人，在诚正修身上努力求进，是多么富有教育的意义啊！人只有这样，才能勇往直前地奔向立己达人的康庄大道。

二曲先生的思想，和奇逢相似。取朱、王、程、陆，不偏一面，他以为朱熹教人循循有序，恪守洙泗家法，中正平实，极便初学。他又说：“孔子博文约礼的教训，向上推可以衔接尧舜的精察一守的心法真传。千年以后的人，能够渊源相承，确守不变的，只有朱子一人，掌握了它的要义。”同时他生平也以此自励励人，常以居敬、穷理为主；穷理就是博文，居敬就是约礼，内外本末，一齐兼该，成为这门天地间真正的大学问的基础。所以尊敬朱子，就是尊敬孔子。至于象山的学问，主张“先立乎其大者”。着重义利的防守，他的功劳也不可掩没。由此也可以看出二曲先生的兼采朱陆，并重内外，他的修身法，实在是各家之长了。

三、二曲先生的信仰

1. 人生的意义

人是有理智的，人的行为应当是合理的，人的全部生活，应当是有意义的。中国的固有文化里，特别指出上天造生人类时，就赋给人良心道德律。人性里本来就有上天给予的美德，为这个缘故，古来的圣人、贤士、先知们，只要他们能恭敬谨慎地顺从良心的呼声，就可以了解上天的意思。人人都应当问问自己，人生有什么意义？谁不肯解决这问题，也便是不解决的解决了这问题，也算是甘心情愿过着那无意义的生活，不合理的生活，不幸得很，这样的人，世界上正多着呢！所以我们要好好研究这重要问题，看看人们怎样解答，看看人生的真正意义是什么？因而采取正确的人生态度。

信宗教的人，相信上帝的存在，认为世界上一切的事物，在整个的宇宙里，在天主上智宰制的计划中，都是有意义的；我们身为万物之灵的人，生活倒是盲目的吗？不。天主的宰制，是要我们用自己的理智和意志，努力奋斗工作，改善自己的生活，完成自己的人格，为社会人群服务。人不只有肉体与物质的需要，我们更有精神——灵魂的需要，肉体是人与禽兽都有的，惟有理智，才是人的特点。所以我们人应按着理智做事，成为合理的人，成为有道德的人。道德是精神生活的最高价值，是我们的人格所在，所以思想合理，意志坚决，情感高尚，时时处处，戒恶为善，努力完成一己的人格，才是人生的真意义。

完成自己的人格，也就是把自己从物质的引诱，社会的压迫，肉躯的妄动，思想的谬误中，解放出来，成为真自由的人。至圣先师孔子，告诉我们要己欲立而立人，己欲达而达人。其实完成个人的人格，和为社会人群服务，并不是两件事漠不相关的。中国自古以来最重要、最伟大的德目是孝，是仁，实际就是爱人，特别爱贫穷困苦的人，多多益善。所以努力为人群服务，帮助受压迫的民族，解救他们的痛苦，增进他们的福利，也就完成了我们自己的人格。为这个缘故，假若看到别人的痛苦，我们袖手旁观，不加救援，自以为乖巧，却大大地贬损了自己的人格，因此也缺失了人生的意义。

我们认清了人生的真意义，就该寻求整个的真理，同时也应具备真正的科学精神，思想行事，都该合理化。在正义的旗帜下，争取真正的自由，用天赋的种种能力，努力奋斗，克服一切困难，不贪享受，不怕吃苦，注重实践，不尚空谈，戒绝奢侈淫荡，贪污欺诈，阴险狠毒，骄矜暴横。我们要在和平愉快、谦逊诚实里，修务种种美德，泛爱群众，大公无私，不屈不挠，慷慨成仁，那么我们也实践了人生的真意义。

2. 信仰的重要

人是心物合一的高等动物，有灵魂和肉身。肉身需要食物来维持，灵魂也需要神粮来养育，因此古今中外的各民族，都有一己的信仰。原始民族对神的祭祀，便是最有力的证据。信仰宗教的人，都相信人的身体死后，灵魂却继续活下去，一般无神论的人，在开丧悼亡的时候，也写着精神不死、千秋万世等字样。究竟精神是不死的吗？灵魂是不灭的吗？

世界上的生物，在生命所组织的机体，受到重大损伤，或是经过长久的消耗，不再能维持下去，生命便告结束，尸体迅速腐烂溃散，我们的身体也逃不出这条定律。可是灵魂是精神的实体，是统一的、同一的，而且也是唯一的，绝对不是由部分拼凑而成的；他是无法分解的，无法消耗的；他是无形可见，无处可找的；别的东西也不能损伤他、消灭他，他有独立的思考作用。我们知道思想是精神作用，是超乎物质之上的。人的灵魂，在现阶段的生命史中，利用脑做他的思想工具，工具可以掉换，是不一定需要的。如一位音乐家，用一架好的钢琴，能弹出悦耳的曲子，如果钢琴坏了，便弹不出声音来，谁能说他本人不能再弹悦人的曲子呢？因此我们的思想，既然不受制于脑，那么身体死亡之后，灵魂仍旧有他的思想作用，有他继续存在的价值。

人的精神生活，是超脱时空的，并不像我们的躯壳，必须受时空的限制。从哲学的眼光看来，人死了倒是摆脱了这躯壳之累，和时间空间的限制，可活那更圆满的精神生活，可明知客观的一切真理，可以和真理的基源——天主亲密地来往，为有相当人格的人。死亡不是消灭之路，却是新生之门。揭开了一阴幕，去活那光明的生活，为此志士仁人，不但不怕死，反而慷慨地杀身成仁，舍生取义，以视死如归的精神，安然接受死亡。

由此看来，我们的灵魂，是不灭的；既然不灭，死后他的归宿何处呢？这是非常重大的问题，因此宗教的探讨及追寻，是人生必需的了。

3. 二曲先生的宗教观

·人生本源

二曲先生的天道思想，有些继承了传统，但是尤为显豁的，是受了宋儒的影响。在《学髓》一篇里，说得很详细、很具体，并且还做了一个图。看起来，是受了太极图的影响而绘成的，但他的内涵，却是太极图哲理的延伸。

无声无臭　廓然无对　有意为善　虽善亦私

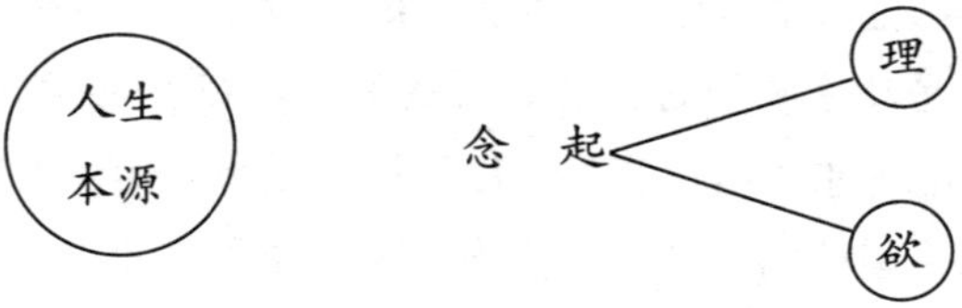

寂然能照　应而恒寂　随境迁转　自歧本真

人生本源，就是上天所赋予人的灵原。这灵原是无形无象的，广阔无边的，没有任何其他的可以和他相比的。当它在寂静不动的时候，没有声音，没有气息，等到有所感触而发动的时候，便产生出念头，从念头而引出的，便有理和欲的两面。西洋宗教讲天主照着自己的肖像造了人，先造了人的肉身。《圣经》上记载着：“上主天主用地上的灰土，形成了人，在他鼻孔内，吹了一口生气，人就成了一个有灵的生物。”至于人生本源，二曲先生用十六个字来形容：

（一）无声无臭——是指无形无象的抽象神体。

（二）廓然无对——是指至高至上，至尊至贵，没有可以和他相比的。

（三）寂然能照——冥冥中，安排一切，宰治一切。

（四）应而恒寂——他能在不声不色中，安排一切，完成后又恢复他的寂静。

这人生本源，是人的灵魂，也是人思想的根源，发动的时候，有理有欲。

（1）理：理指良知良能，照着去做，必能发而中节，这是自然的道理，无须置疑的。至于他本人所给的解释，有意为善，虽善亦私二句，并非阻止人不要立志做好事，而是要人在圣德的造诣上，更高一层。告诉人修德行善，在德行上立足，仅为尽分；并不是为名为利，做给别人看。如果做好事，为了沽名钓誉，那就不是善，而是有意显扬自己或高抬自己，表面上虽是行善，实际上却非常自私。

（2）欲：欲指人人具有的七情六欲，在心不平静，心有偏差的时候，便会发生。如心有愤恨的意思，便不正了；心有过分地偏爱人地事物的时候，心就不正了；心有恐惧忧虑的时候，心也就不正了。分心走意，视而不见，听而不闻的时候，心已经放到别处去了，也难发生效用。况且人的常情，往往对于所亲爱的人，所讨厌的人，所矜怜的人，所轻视的人，具有的感情，都不一样。因此处理事务的时候，难免有所偏差。此外还有人心的欲望，永远难以填足，功名利禄，货财享受，安逸舒适，清闲自在，时时处处，常与欲望为伍。私欲的冲动，外在的诱惑；无时无刻，不在为欲望制造场所。因此人的心中，私欲偏情，憧憧往来，随境转移，流连忘返，假若不知道加以节制，便可误入歧途，迷失人与生俱来的本真。这里的本真，是指人的纯然至善，涵有仁义礼智的本性。这一点若能了解宋儒对人性的分析，更能清晰地明了二曲先生所说的人生本源。

·性即理

宋儒周濂溪，以为宇宙万物都是从太极化生的；太极更相当于西洋人所说的上帝。人在万物中，是最灵秀的。因为人的本身，禀受了太极所赋的理性，这理性，朱子称作本然之性；信佛教的人，称为慧根；儒家称为天命的性，又称他为“诚”；因为他是真实无妄的，上天赋给人，人从天领受，圣人所以能成为圣人，就是因为能保有这纯善的性罢了。

横渠对性的解说：

性是万物的一源，并不是我们私有的，是由天而来的。有圣德的人，便能够保全性的纯真。从这里可以知道，性就是天道、天德，也就是良知良能，是纯然至善的。

朱熹便说性是天生成的许多道理，在心唤作性，在事唤作理，又可说是万理的总名。这个理也是天地间公共的大道理，禀赋得来便为我所有。这理在天地间时，只是善，没有不善的。生物得来，才称为性。只是这里在天就称命，在人就称性，在物称为理，处理事物时称为义。从这里可以归纳出：天理禀赋，在人在物，都可称作性。这样宇宙界（上天）与人生界（人类）上下贯通，交融无间。若说天就是理，那么人物身上各有一分天。这将庄子、老子、道家的精义，尽量接纳，又把它转变成儒家的哲理。可见朱子的思想组织的伟大，消化的细腻。单就伊川先生一句："心即理"，加以引申，不着形色，便定下大理了。

《论语》里性与天道一章的集注中说：性是人禀受的天理。天理是天道和自然的本体，其实只是一个理。

我们很明显地可以看得出，古时的儒者多说道，宋朝的儒者重说性。《中庸》讲天命之谓性，率性之谓道，是说性道的合一，性就是理，万物的总名，也是天地间公共的大道理。禀受后，为我所有。性可散为万，理则合为一。就天地言，只可说一理，不可说一性，这就说性理合一了。人和物禀受这公共的理以为本性，综合这人物所禀受的个别的性，就成为天下的理。说性是万物的总名称，因为性可散为万，理就合成一体了。就天地说，只可说一理，不可说一性啊！

综上所述，儒家所说的上帝、天、道、性、理等字，都和西方人所崇奉的上帝相似。西方人有宗教信仰，所诠释的天主，比较周全。中国人由直觉的天理良心而寻出万善的本源，对内在的良知良能，外在客观永存的真理，二者间的关系，一授一承的原则下，便混而为道德性命的天道观了。

·先秦诸子的天道观

按照中国的天道发展史上，在可靠的《诗经》《书经》文献里，前人曾将“天”字集列归纳，分为神性义的天，与自然义的天二种。孔子、孟子、墨子，所提出的天，接近神性义；庄子、荀子，所提之天，接近自然义。回溯到西周时代，所敬的天，是人格化的天。认为天是具有意志的，能主宰一切。外界看起来，好像是无声无臭的，其实在冥冥中，还有天堂的存在。总括来说，诗书时期，比较注重神性义的天；春秋以后，神性义的天道，逐渐改变，到庄子荀子，转而重视自然的天，并进而发展为自然义的天道观。从此以后，又逐渐演变，就一变而为《易传》《中庸》里的德性义的天道观了。

由此可知儒家的天道观，和它的伦理道德思想，在我民族中，维护精神文明的力量，不亚于任何宗教。这并不是说中华民族，有了超性的伦理道德文明，便不需要宗教。相反地，曾有贤哲们为例，认为心物合一的人，没有不需要宗教信仰的，因为它能给予人不可缺少的精神食粮，有了优良道德文明作根基，宗教更能发挥它的效力。传统天道观的介绍，特别有意让人知道人为万物之灵，灵魂毕竟是重于肉身，精神永远超越物质的。在这技术统制（Technocracy）的新时代里，物质文明的进步，给人类带来了某些方面的物质享用，但也增添了许多精神上难以解决的问题，所发明的摧毁世界，威胁和平的武器，应怎样利用它，才能作为对人类有益的工具，这个问题是非常重要的。否则长此以往，人类的前途，将走上不可收拾的局面，这是我们人类应该觉悟的时候了。人假若愿意真的自觉，必须先了解，人从何处来，应往何处去？人的来源和人是什么？以及人在宇宙间所扮的角色，与应负的使命。这些问题，多多少少，都应该知道，也应该追循的。

至圣先师由十五而志于学，三十而立，四十而不惑，五十而知天命。这是天进入了他的生命之中，从他的生命里，给他的生命以道德的要求。使他对天发生使命感、责任感、敬畏感，这是孔子天命观的特色。重视反身而诚，证知道德的超越性，使天命和生命融合而为一。这种形上学说，到宋朝理学家出来，才以完整的哲学体系出现。

4.《太极图说》

·来源

宋儒周濂溪，集中国哲学宇宙论的大成。他曾取《道藏》中的上方大洞真元妙经品图中，有太极天光图。

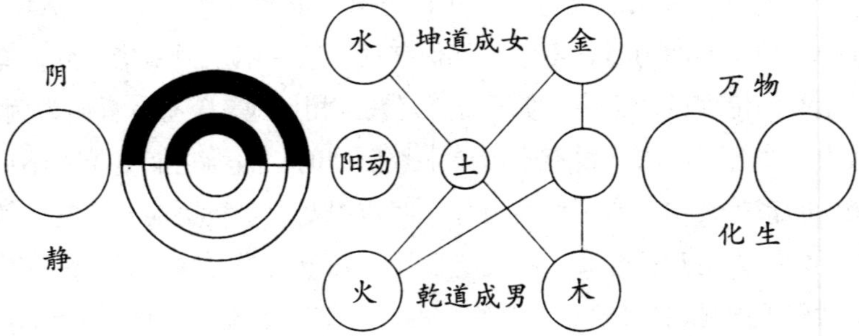

《宋史·儒林传》，伊川弟子《朱震传》中，引《汉上易解》说：

陈抟以先天图传给种放，放传给穆修，修传给李之才，才传邵雍。

放以河图洛书传李溉，溉传许坚；许坚传范谔昌，谔昌传刘牧，穆修以太极图传周敦颐。

这就是当时所说的象数的学说，这学说全是陈抟所传下来的。陈抟便是宋朝初年有名的活神仙。从这里我们可以知道。

周濂溪取道士所用以修炼的太极图，加上新解释、新意义，完成他有系统的宇宙论。

周子太极图

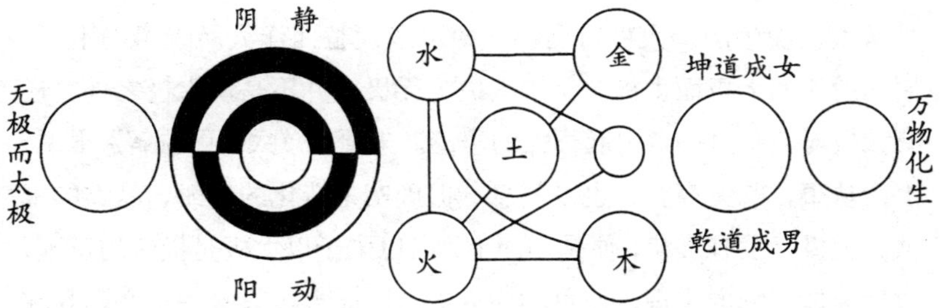

周子曾著《太极图说》，说明宇宙衍生的过程，《通书》讲性命道德，修己治人的重要道理，前者是宇宙的开辟论，后者是具有形上基础的实践哲学，说得很简约，但是涵义极闳远，濂溪的全部哲学思想，都在这里了。《太极图说》里，对图所作的解释是：

（1）太极的两仪——阴阳：

太极动而生阳，动极而静；静而生阴，称为二仪。

（2）两仪生五行：

阳变阴合而生水火木金土。

（3）五行生万物：

五气顺布，四时行焉，百物生焉。

（4）惟人禀太极之理而生。

人为万物之灵，禀太极之理，具五行之性。形既生矣，神发知矣，五性感动而善恶分，万事出矣。

从这里可以知道宇宙论的基本观念，就是太极生两仪，两仪变化而生五行，由五行而造成品类繁庶的世界万物。我们如果愿意了解太极图的学说，应该先了解太极是什么？

·涵义

太极这名词，始见于《易经·系辞》。《易经》是以太极为天地万物的根源，是根本，是出发点，也可以说是元素，因此天地万物是从太极而生的。太极这名词，便可以代替西洋人所崇奉的上帝。周子所说的无极而太极，是以太极为无极，并不是说太极之外，还有无极居上。这一点引起很大的争论。朱熹在《太极图说解》里说：上天从事，既无声音，也没气息，但确实是造化的枢纽，品类的根柢。无极是没有形状，便是形而上，所以朱子以太极是极致的道理，总括天地万物的道理，便可称为太极。因此太极只是一个实际存在的真理了。

陆象山兄弟反对朱子的见解，认为周子的太极里，没有无极两个字，即使有这两个字，这两个字也没有意义。

穷根追源，太极图本来是属于道家的。老子是以“有”生于“无”，“无”便是有的根源。“太极”既是天地万物的根源，因此也可称为“无极”。周子虽取“无极”二字，但并不以“无极”是老子的“道”，而以“无极”为《易经》的“太极”——是至高无上的真理。

两仪——阴阳二气，中国古代的哲学，无论道、儒，都以气为宇宙万物的元素，万物由气而成，这可以说是中国宇宙论的一元论。《易经》虽然不直接讲气，但认为阴阳是二气的良能。汉儒讲五行，五行便是阴阳二气的变化，因此儒家始终是以气为万物的元素。气在太极之先或太极之后呢？《易经》上只说太极分阴阳，阴阳为气，阴阳之气是由太极所生。但是太极本身是不是气呢？《易经》上没有说明。按照朱熹的解释，太极是形而上，气是形而下，太极当然不是气。但是张载以宇宙之原始，为太虚之气，为未成形之气，也为本然之气。司马光也说，张载以形而上为无形体，太虚便是形而上，便可以是太极，可是张载所说的太虚之气，便指的是周子的太极——为天之源始。但是我们通常所说的气，是构成形体的气，气有形体，就成阴阳五行，然后演化成物体。

至于阴阳的思想，是中国最古的思想。《易经》上太极生两仪，两仪便是阴阳，也称乾坤。阴阳是气；是两种气呢？还是一种气？朱子以为只有一个气。所以他说：天地间只有一个阴阳。阴阳虽然是两个字，但却只是一气的消长。一进一退，一消一长，进处便是阳，退处便是阴。只是一气的消长进退，做出古今天地间无限的事来。所以阴阳做一个说亦得，做两个说亦得。因此阴阳在《易经》中称为气之良能，这良能表现在刚柔动静上。所以消长进退也好，刚柔动静也好，都是指气所发的能力而说的。

五行——金木水火土，代表阴阳变化，变化是流动的，而又是有次序的，汉代儒者便有相生相克的说法。五行是一行生一行，如木生火，火生土，土生金，金生水，水生木，五行相克，是一行胜一行。班固《白虎通义》：天地之性，众胜寡，故水胜火。精胜强，故火胜金。刚胜柔，故金胜木。专胜散，故木胜土。实胜虚，故土胜水。五行相生相胜，本是人生的日常经验。汉朝的儒生却以为天地间的大道理，都包括在这里。认为宇宙万物，既由五行而来，万物的本身，也有相生相胜的大道理。人间的事物，哪一件不是气所做成的呢？那么接着五行相生相胜之道，人事的吉凶，也可以预睹了。因此汉朝的谶纬术数，没有一样不是用五行去组织的。不仅人事的吉凶祸福，可用五行去推，就连天文地理和医学，没有不受它的影响的。

宇宙万物的变化，是阴阳的变化。汉儒的五行，也是阴阳的结合，因此宇宙万物，都是由阴阳变化而成。因此宇宙间的变化，都是阴阳的变化，气有动静，进退而生阴阳，阴阳互为其根，继续变化不息，人间的人事也是循环不已。富贵贫贱，不能长久不变，乐极生悲，悲极生乐，这便构成了中国人的人生哲学。

·天人合一——下学上达的真谛

通过宋儒的《太极图说》，再去看二曲先生的宗教观，我们便可以了解他指出的人生本源，便是指道德性命的天道观。是中国人从天理、良心里寻出的万善根源，可以做天人合一的基础。

基督说他是真理、道路和生命。人应跟他走。儒家教人明明德、致良知，率性之谓道。表达的方式不同，所指的都是同样的道理。我们该当下反身而诚的工夫，向自己的良心中寻找天国。在自己的方寸中，明了大道，所以人生本源，也可以说是住在我们内心里的上帝。我们应该以上帝临吾，无贰我心的专诚，一心一意的修德成圣。信宗教的人，为主、为佛而不惜牺牲，不怕吃苦，不辞劳累，不嫌艰辛地热心从事一切，因为客观的信心，能给予人莫大的鼓励。我们都知道，农人耕田，为了收获；工人做活，为了制器；商人贩卖，为了赚钱；士人读书，为了仕进。有了目标，人才工作得比较起劲。有力量排除阻挡，有勇敢冲破艰难，能得胜自画的心理，可避免苟且偷安，得过且过的坏习惯。认识了人生本源，修德行善，立己达人，才可以没有求人知的企图，才能有足够的勇气，兢兢业业，惕厉自己。更不敢在屋漏的地方，做些违背良心，伤天害理的事。或者在个人的意念中，出些坏主意。提醒人不得不慎独诚意，不能不勇敢恒毅。具备这些条件后，人才可以用坚定的心志，谈些修身的问题。

四、悔过自新说

·重要

悔过自新，一般人都认为犯了过错，能知悔改而不再犯，便算了事。但是二曲先生的悔过自新，包涵洁净心灵，日新求进的意思。人在修德的路上，应该是积极的求建树，才能达到目的。农人耕田除草，不只为得到一片光地，而是为种植嘉谷；更希望到时候能有丰穰的收获。如果只改过而不求自新，就好像农夫常常清除园地，却不及时插秧植禾，不久地力又长出些乱草来，再除再长，不是徒劳无益吗？因此改过并不是消极的铲除，而是应利用时间和精力，多多习修各种美德。人假若愿意修德前进，应该先懂得修德前途是多么贵重，是多么要紧，因为人的心常常随着人的思想和明悟的指引，认为好的，自然就爱；认为不好的，自然就不爱。所以人的思想和明悟，应该先看重德行，这样人心才能爱慕德行；明悟越看重，人心自然越爱慕。爱慕得切、盼望得诚，修德前进就容易了。我们看看做买卖的，首先应该认明货物的贵贱。认得贵贱，才不会受人欺哄；若不认得贵贱，必定免不了上当吃亏。贵的反贱了，贱的反贵了。我们若愿寻求真理，也该认识真理的贵重，若不认识它的贵重，就要轻看真理，贪恋世俗的享受了。人贪恋世福，丢失真理，这不像买卖人拿金银宝玉换一把粪土一样了吗？应该知道，人生不过几十寒暑，活着的目的，并不是为了短暂的享受，而是应认识自我，掌握着人生的最高价值。站在人之所以为人的立场上，认清真理，热爱正义，朝干夕惕，小心翼翼地走向圣德的康庄大道，尽力为人类谋求幸福。因此二曲先生在《悔过自新》篇上，首先标出人为万物之灵，强调人性的尊贵，人的“性”就是天地间的“理”。它的素质本来和天地同样伟大；它的灵明，本来像日月一样，是纯然至善，没有丝毫恶陋的地方。非常的精粹，没有一点儿瑕疵。人所以被物欲所蒙蔽，是由于气质所蒙蔽，情欲所牵连，习惯风俗所限制，时局情势所挪移。再加上知识的诱惑力，和世物的演化，渐渐把与生俱来的本善，剥削蚕食，不知不觉中，一天一天地腐化下去，结果堕进罪恶的渊薮，虽然具有人的形状，只不过是行尸走肉罢了。因为所作所为，和禽兽没有多大区别，人虽然沉溺到这种地步，但他的灵明本性，本来可以帮助上天下地，化育万物，光明得像日月，能普照大地似的嘉惠人群，仍旧住在他内，并没有遗弃他。只是人不知它的可贵，所以才轻慢舍弃它。好像一台明镜，被灰尘蒙蔽，而它本身的光体，并没有毁灭一样。假若能针对那些尘垢，加上刮磨洗剔的工夫，那么污垢完全除去，光体宝气，自然能以恢复；它原来的面目，自然丝毫也不会损伤。为这个缘故，若愿修德成圣，我们应该找出我们最尊贵的人性来，了解以后，我们便可以下克己复礼（理）的工夫。

·目标

我们应该抬起头来，向四面八方看一看，来来往往的人群中，有多少人知道人性的尊贵，有多少人具有正确的人生终向？大多数都是浑浑噩噩，同流合污地与世浮沉。看见别人吃喝玩乐，他们也跟着逢场作戏；看见别人争权夺利，他们也学会了投机取巧；看见别人为名为利而奔波，他们也汲汲遑遑地到处讨好赚钱；他们虽没有犯法越轨，做出伤天害理的事，但是他们对己对人，除自私自利外，谈不上有任何具有意义的建树。如果要问他们为什么生在世上，他们一定很诧异，因为对这个问题，可能他们从来也没有听过。这样的人，匆匆地到世上来，急急忙忙地度了一生，到头来赤手空拳，离开了人间。在人生的旅程中，虽度过了几十寒暑，还没有找到自己，便与世长辞了。试问这样的人，他的人生，有何价值可说呢？真可说是哀哉糊涂的人啊！

现在是悔改的时候，同时也是自新的时候；我们要切实地慎思明辨，找出人最有价值的一面。然后趁着年富力强，能以塑造自我的时候，应下一番工夫，去寻找我们的自我——本来面目；认识他以后，好好地保重他，鼓励他，培育他，圣化他，使他在我们有生之年，能够充分地发展他应有的功能——好能使我们背恶向善，救世淑人，把私欲偏情的动力，导入正轨，善化自己的生活，改正自己的错误，进修各种美好的德行，追求足以造福人群的学术与技能。这样才可完成人生在世应负的使命，和应尽的责任。

人人虽愿意修德前进，成圣成贤，但是古今中外，成圣成贤的人，毕竟少之又少。可见圣德的路，不是易走的。人如果真的要修一座华美的宫殿，必须先选好地基、作通盘的计划，然后才可逐步实现。人在修德的路上，首先应多注意的，便是认识自己，了解自己个性的缺点和长处，好能截长补短，加以纠正，因此对人性的剖析，是十分重要的。下一章便阐述有关人性的说法。

1. 人性说

·传统的说法

孟子道性善，荀子说性恶。他们二人的理论，表面看来，像是冲突，但实际的内容，却是相辅相成的。如果把他们的学说比较研究，便可以看得很清楚。汉儒对性的解说，是综合了他二人的说法，认为性中有善也有恶。所以说："人之性也善恶混，从其善者为善人，从其恶者为恶人"。还有将性分成上、中、下三等的。对人性的看法，是从孟子、荀子的说法，综合而成的。对学说的进展，并没有新的成就。魏晋南北朝对性的论调，大都夹杂着佛教、道教的说法，对性的诠解，别具风味，毕竟不能算是纯粹的正统说法。为了彻底了解这个问题，我们不能不走向宋朝去寻求答案了。

·朱子的解说

宋朝是一个理学昌明的时代，对人性的探讨，很下了一番工夫。将前人的长处，融会成理学家的人性论调，到了集大成的朱子出来，对性的阐述，真是臻于尽善尽美的境地。

宋儒将性分为本然与气质。本然的性，人人都同，而且永远常存；是专指理说的。气质的性，是以理与气杂在一起说的。没有这个气时，已有这个性；气有时不存，而性却是长存的。当它方在气里的时候，气是气，性是性，不相夹杂。但是理是形乎气中的，有理便有气，有气就有理。所以朱文公说：才说性时，便有气质在里面，若无气质，那么这性也没有安顿的地方。为这个缘故，本然的性，完全是善的，寄居在气质性里，受它的影响。由于气偏而理也有阙。假若使本然的性，完全发挥它的功能，使气质的性无用武的地方，这样人便能克除私欲，复还天礼，自然可以保全与生俱来的本善了。

有人可能问，人性既然是善的，那么为什么生下来的人，有善有恶，那是因为气禀有清浊的不同。好像天地在无穷有尽的原则下，运行不息。我们能看到的，有日月清明浑厚，能做个好人，若是日月昏暗，寒暑反常，完全是天地的戾气。人假若禀受这些，就算不好的。所以宋明理学谆谆告诫人，要变化气质，整个的修身生活，都应在这上面下工夫。

孟子说人性是善的，以为人人皆可以做成尧舜，勉力勇往直前，进德修业，那么气质的偏差，可以消灭，人也可以保全本性的完善了。所以伊川先生说孟子主性善，真是穷本极源的说法。在气质中挑出天所赋予人的，也就是子思所说的“天命之谓性”，人为万物之灵的特质来。天命的性，假若没有气质，便无安顿的地方，譬如一勺水，非要有东西来盛它不可，否则水便就没有地方容纳。所以程子说，论性不论气不备，论气不论性不明，截然划分就不是。所以发明千古圣贤没有说出的道理，确实有功。秦朝和汉朝的学者们，对人性的看法，都是雾里看花，说的也是些老生常谈，没有能彻底解决。唐朝韩文公所说的性，比较近乎真相，但是太笼统，不够精详。一直等到程氏兄弟出来，这个道理才算大明。

天命的性，寄居在气质的性里，这是伊川兼该理和气说的，实在是空前的大理论。理是天下的公理，性就人与物各有分别；理居先天，性属后天，从理降到性，已经移动一层。朱子说理与气可以合一，所以说性气不相分离。又主性与气可以分开来说，所以又说性和气不相混杂，但是万物的性，各为他们形气所限制，不能恢复本然的理。人的性就不为形和气所约束，可直接与天理相通。人若要成圣修德，便须在这地方下工夫，这就是下学而上达，从人生界而上达宇宙界为归极。西洋宗教的灵修生活，也是要人上达——死于一己——克除自己的私欲偏情，与上主结合，使得人能达到：人活着，不是人在他内工作，而是上帝在他内为王了。假若人单在人生界的流俗中打圈子，使一己和宇宙界——上天，背道而驰，那么任何工夫都归枉然了。宇宙界（上天）与人生界（人世），从朱子的理想说，仍旧是一体两分，并不是两体对立的，两者贯通的地方，就正在性呢。性为体，发而为工夫就在心，心统性情，是属于用的。

朱子说性即理，又说性气不相离，也不相杂，这地方又把张程所说的天地之性，义理之性，气质之性的区别，全都融化了。思想越转变越进步，愈演绎愈周密了。从这里就可以看出。关于这一点钱穆先生在《朱子新学案·论性》中，曾经论证得很详细。他说：朱子的论性，是随他的年龄，越来越精，先后相对照，可作证明。他虽然极推重性即理的说法，但是理性两个字，终究有界分，不可混在一起。朱文公四十六岁那年，曾与金去伪说过：人性本是善的，但一堕入气质中，就被熏染得不好了。但是本性都依旧在这里。全在学习的人着力，现在的人，却说本性，又有气质之性，这是有损于理的。

从这段话可以得知，本善之性，堕入气质中，就被熏染得不好了。不必再有气质之性的名称，不把性分作两截看。这是朱子较早年的见解。

当他五十八岁到六十岁中间，答王子合的信里，又说：人生而静，静是指性说的。但是只因有“生”字，便带着气质了。又说：才说性，便须带气质，无能悬空说得性者，下语明确坚定，但是凡说性的人，都是说的气质的性。这和十几年前，与金去伪所录，大不相同。好像朱子较早的时候，并不想确认气质之性的说法，到这个时候，却又改变了主意。

又过七年或九年以后，在他六十七岁后，与董铢所谈论的时候，曾说过：人生而静以上，就是一物没生时。当人物没生的时候，只可说是理，不可称为性。这就是在天曰命，才说性时，便已不是性了。因为理堕在形气中，不全是性的本体，所以便不是性了。这个就是说，在人算是性。大抵人有了这性，就是心中的天理、良心，在形气里的时候，算是性；才说时，便已和有生相关，已经兼该气质，不能算性的本体了。但是性的本体，并没曾杂，应在这一点上下工夫，便能见得本体，原没尝分离，也没尝混杂罢了。

到这时候，朱子的说法又变了，他说人物没生的时候，只可说是理，不可说是性。人有形气后，这个理才开始寄居在形气里而叫做性。从这几句话，才可看出下一截。假若这样分别，那么伊川先生的“性即理也”一句话，就有问题了。明道先生说：才说性时，便已不是性，也嫌不妥当了。所以朱子说：不全是性的本体，既没曾杂也没曾离，从这里可以看出，朱子仍旧采取明道伊川的说法。但是自己也已经标出自己的见解，比较二程子的旧说，更为完善了。

沈僩在朱子六十九岁以后，听朱子所说的，可以算是朱子晚年的定论了。他说：一定要有气质，才能说性。假若人生而静以上，只可称天道，不可教作性，是在人身上，指出这个天命的性，不杂气而说的。若才说性时，便是夹气禀而说，所以说性的时候，便已经不是性了。这样分别来解释，最为圆融，是朱子晚年的心得，与程子的旧说，可以融为一体了。

西方人在理论中，也谈人性，相信上帝在造人的时候，赋给人三种“性”。一是超性，也就是上帝的生命。与本体有关的人，具有这个超性，才可进入天国。二是过性，人有过性，便可免除人世间的一切生、老、病、死、苦。三是人性，那便是人的血肉情欲的性。元祖犯罪后，上帝将超性、过性的恩典，全都收回了。基督降生救世，仅将超性赎回，过性因此与人隔绝，只留下染了原罪的人性，怠于为善，勤于做恶，正如荒凉大地，不断地丛生荆棘恶草，充满了私欲偏情，若不及时纠正，便可拖人向下，为害不堪设想。况且人的气质之性中，基本的成分，便有七罪宗——骄傲、悭吝、迷色、忿怒、嫉妒、贪饕、懒惰，经常在人的思虑中，游荡徘徊，兴风作浪，造成修身的极大障碍。若要日新月异地走向圣德的康庄大道，必须先认识自己。人不认识自己，怎么能下修为工夫呢，为长官的领导属下，假若不认识他们的个性，也不能善尽领导的职责。无论立己或达人，我们都需要彻底地认识自己。认识我们本身最有价值，最需要保护，最应当看重的，与生俱来，纯然至善的本性。《大学》里所说的明德，《中庸》里所说的天命之性，《孟子》所说的良知良能，普通一般人所说的天理良心，都是指这性说的。人具有这个，才可以称为万物之灵。孟子所说的：人之异于禽兽也者“几希”。这“几希”就是指的在“刹那”决定的时候，人假若要成圣成贤，不能不先从内心的深处意念着手。戒慎乎其所不睹，恐惧乎其所不闻。所以二曲先生也说：君子和小人，人类与禽兽的分别，只在一转念间。假若向来所做的是禽兽，从今天开始图谋改换，便算是人了。以前所做的是小人，从今天起企图做位正人君子，能做到，便算君子了。正如了凡先生所说的：“以前种种，譬如昨日死；以后种种，譬如今日生”一样。教人日新又新的百尺竿头，再进一步，便可以渐渐地步入圣人的境界了。所以从古到今的有知识的正人君子，他们都提倡真理，注重修身，怀有拯救世界，先天下之忧而忧，后天下之乐而乐的宏愿。所说的修己方式虽然不一样，但都离不了悔过自新的基本原则。二曲先生曾提纲挈领地引用各理学家的修身方法。现在将主要的阐述一下，可作为悔过自新的参考。

2. 主敬穷理

·收敛专一

伊川说过：入道莫如敬。又说：敬是防止邪僻的方法，人能做好谨慎的防守工作，好像把自己的垣墙修好，不要让小偷进来。在修身的工作上，就是提高警觉，心心念念地使他不要旁驰。明道也曾举例说：“某写字时甚敬，不是要字好，只此是学。”他这句话的弦外音是说：人在学习的时候，得到学习的功效虽然重要，但学习的精神更重要，有了真精神，功效自然更能提高了。所以我们从早到晚，一时有一时的工作，若愿意件件做得十分妥当，还该有个专心。专心二字，不是别的，就是做每件事，先该平心静气地收敛自己的心，不想别的，但想法子做好这件事，完了一件，再做一件；每一件事，有一件事的时刻，不可紊乱，也不可以瞻前顾后，做这一件事，想那一件事，这样才能件件事做得十分妥当。我们原有共同的毛病：做这个，又想那个；做那个，又想这个，心不专一，所以一日之间，所做的事，俱是潦草苟且，并没有一件称心惬意的。到晚上省察起来，真是空空地过了一天。我们如果反躬自问，为什么没有做好应做的事，都是因为不专心的缘故。如果能专心，不但可以做好工作，尽好职责；就是处世为人，也能由于谨慎，不敢放肆。同时也很容易以实求是，不受外界的诱惑，直接步入德行的康庄大道。天下只有一个善，一个恶，去善就是恶，去恶就是善，阻止恶，便是趋向善，并没有两层工夫，也没有两层道理。因为敬就是主一，心能收敛主一，就能戒慎恐惧，常使心中能够整顿好。既不向东，也不向西；既不偏左，也不偏右，这样心常在腔子里，湛然静虚，没有杂念，内心的光明，好像太阳初升，普照大地，绝对没有闲思杂虑，自私不正的行为。这样心既有主，就可以光照指引，在日常生活中，使人的思言行为，合乎当然的道理。发现在行为上，完全整齐划一，立身处世，都能端庄方正。内念与外行，双管齐下的修身方式，使人能够左右逢源地止所当止。这便达到敬以直内，义以方外的目的了。明道常说：敬义夹持直上，达天德自此。这也晓示给人下学上达的入手处。人能动也好，静也好，专心一致，邪念消除，内心正直，这都全靠敬的工夫。伊川又恐人以敬为专主静，便会寂灭消沉下去，又教人下集义的工夫，怎样是集义呢？是教人随时随地在大小事上，寻求合乎当然的理，都能为所当为，以得一善，拳拳服膺的精神，不因小善就不做，不因恶小而为之。眼所看的，耳所听的，嘴所说的，身所行的，都必须为所当为，日常生活中，平心静气地好好地做每日应做的工作，把一切杂念都置诸度外，保证我们的工作一定错不了。应做任何一件事，念书也好，玩乐也好，做这件事时，心便在这里，做应当做的，千万不要读书时，心在玩乐；玩乐时，又记挂着念书，必至于忽略了念书，也忽略了玩乐，浮浮躁躁，一事无成，岂不浪费光阴吗？还有我们做事，不可想已往的时候，也不可想未来的时候，只可想现在，因为已往的已过去，再不回来，想它有何益处？未来的，来与不来，尚未可知；不掌握在我们手里。只有现在的时候，是我们的，属于我们掌管，所以想过去，思未来，都是枉费心思。《圣经》上说：每天的苦，足够每天受的了。为何还要瞻前思后呢？况且我们做事，常分心走意，一来是我们自己的弱点，二来是外在的诱惑。不静心做事时，杂思幻想，好像不来；但等一想用心做点事的时候，它们便千形万状地摆在我们面前，平时想不起来的事，这时都一一呈现眼前了。不论什么人，若不小心防守，就避免不了外在的诱惑。况且人的心像一尊器皿，如果揭下了它的盖，不久灰尘盈积，污秽了整个的器皿；如果其口紧闭，清洁必定始终如一，永不会污秽。这就是主敬收敛的重要理由。

其次眼目端正，非礼勿视，也是时时刻刻克己的最好机会。如果树根朽坏了，整个的树就自然枯萎，而至于朽烂。人的外在行动，就好像一棵树，人的心灵，便是这树的根蒂，如果人的行为不正，便可断定，这人的心已经败坏了，或至少周旋在下游，满带着世俗的气味。所以伊川说过，古时的读书人，在视听言动，都求能做到合乎天理，顺乎人情。日常无事的时候，也要寻求正当的消遣，弹弹琴瑟，走路时，可以听见佩玉的声音，目的在能帮助人心平气和，使人缓舒适中，收敛身心，不要使惰慢邪僻的气进入。孔子生前是极热衷于道德修养的人，最讨厌懒散，不求上进的，所以他说：“不有博弈者乎？为之犹贤乎已。”孔子认为与其无所事事地懈怠下去，还不如找个正当的消遣好呢，至少可以占据着人的身心和时间，不去做些不好的事。这是消极地避免犯罪，当然赶不上积极地修德好啊！所以伊川拈出一个敬字，便是叫人走入格物穷理的道路上去的。

·格物穷理

什么是格物穷理呢？这是在《大学》中所提出的基本修身方法，伊川所讲的穷理，便是《大学》中的格物，是人人应该了解的一端大道理。但是因为历代替格物作批注的人，叙说千言万语，讲来讲去，反而把道德讲得晦涩起来了。甚至于有的讲的是长篇大论，实际却是他本人也没有真正了解的一个问题，可以说是莫知所云的大道理，把人都给唬住啦，以为是极难懂的奥秘。我曾参阅不少的说法，想来想去，体会出一点心得来，介绍给大家。希望我的解释，能够使人容易听得懂，同时也可以遵循着实践。格物穷理，简单来讲，就是培育自己的天理良心，融会成正确的见解，来帮助我们立身做事，处世接物。因为我们的想法、看法和做法，各人有各人的方式，依照什么标准，才能在千变万化的社会人群中，掌握着人之所以为人的真理和公义呢？如果愿意达到这种地步，应该下什么工夫呢？最重要的，应该使我们的“心”能和“道”相通。伊川说得好，心通乎道，然后能辨别是非，好像拿著称锤和称衡，来校量轻重一样。也就是孟子所说的知言，好像一个人站在堂上，方能辨别堂下人的曲直。心和道相通，然后个人所判决的是非才能正确。如同对象，经过秤称过以后，然后才知道轻重。权就是锤，在衡上来往，放在适中的位置，便可以得平，平处就可以辨别轻重了。道是人人所当遵循的当然的道理，用它来揆度事物的合宜处，领人归于正道。这也可以算是事物的权衡了。心与道相通时，照着心的指示去做，便可以找到天所赋给人的善性——天理良心。那么对天下事事物物的各种道理，都能够在心里找到应遵循的路，在心里穷究出来一番大道理，就能够了解是非善恶的所以然来。孟子所说的知言，便是心通乎道的表现。

我们人生活在形形色色的社会人群中，为了掌握着人之所以为人的真理和公义，就该下这种工夫，使自己的心和道相通。心能通乎道，才可以辨别是非曲直。心里的道，好像天秤一样，任何东西放上去，转瞬间就可以知道多轻多重，多贵多贱，都可以一目了然。还有心通乎道的时候，便可以得心应手地作成决定，或颁布命令。因为一切事物，经过权衡以后，才能知道它的分量，给予它应有的价值。道是事物当然的理，能够考核事物的适当与否，能够指示人归于正道。假若心不能与道相通，他所作的决定，是否合乎公理与正义，那就大成问题了。所以穷理就是在事物中追求出应有的正道，使人达到最理想的境地。正如朱子所说的，应该穷到至极处，穷到尽头，若是里面核子没破，便是没有到达顶点。因为《大学》的修身纲领，是教人明明德，作亲民，止于至善的。天下事物，有一物便有一理。人的涵养，假若能够达到与道相通，才会左右逢源。在修德上，事君便能忠，事亲便能孝，平时家居，便能端恭，处理事情，便能谨慎，行走坐卧，一举一动，无时无地，都能为所当为。这样讲下去，似乎很含混，不够具体。假若用西洋人倡导的神修学成语——穷理便可诠释为追求最大的成全（Maximum Perfection）。人在日常生活中，做任何一件大小事，在目标与作法上，处处都要做到尽善尽美。譬如早上起床，要怎样迅速敏捷，开窗户，叠棉被，漱口洗脸，怎样放东西，怎样保持宁静，怎样维护室内的整齐清洁，这些日常琐事，要做得面面俱到，同时在做的时候，要求自己样样走向最好的境地。况且在寻常中，同样一事，可以有很多的做法，而且在做时，成效也有三分九等。譬如衣服脱了，随处一扔或一放，当然不算犯过错，但是如果把它抖一抖，挂在应挂的地方，衣服既可以保持整洁，环境也比较美观，这在放衣服上，算是下了穷理的工夫。对父母和颜悦色，唯命是从，可算孝顺了。但是站在养亲之志的立场上，为子女的，做大小事都要能使得二老开口欢笑，心感满足，才算尽了穷理的孝道了。对兄弟友爱忍让的悌，也有三分九等。如果兄弟相处，能够兄友弟恭，固然是悌，如果兄弟们能够一心一德地合作互助，在立己达人的工作上，努力奋斗，这样便更上一层楼了。对朋友有信，是交友之道，但是锦上添花的，远不如雪中送炭的感情更真挚。求学读书，能够得张文凭，谋职没问题，远不如钻研精深，学有专长的，对社会较有贡献。在学校读书，只求及格，毕业不成问题，固然不错，但是远不如努力攻读，足踏实地的，尽力向好处争取学习的功效，更为理想。为人父母的，善尽养育子女的责任，使子女生活安适，固然伟大，但远不及孟母三迁，欧母画荻，那样竭尽己力，培育子女，使他们都能成器，更算是善尽父母之道了。人从生到死，生活在不同的圈子里，扮演着不同的角色，像文王那样为人君，止于仁；为人臣，止于敬；为人子，止于孝；为人父，止于慈；与国人交，止于信的人，就算做好格物穷理的修身方法了。

在人生的各种过程及遭遇中，给予人很多习修德行的机会。如果义与利摆在眼前，要利哪？还是舍利取义哪？一般人大都以为利重要，得到它，可以享受富裕的生活，富裕后种种光荣体面，呈现在眼前时，利的诱惑力太大了。本然至善的性，虽然烛照他，告诉他，有己无人的取利方式，是不妥当的。但是他总认为社会人人这样，又何必顾虑这么多呢？便把心黑一下，不顾义的重要，而去取利了。这便是自欺；因为没有能见善“如好好色”，绝对坚定在善上而不离去啊！相反地，背弃理智的光照与指引，顺着私欲的指示，做他所认为不妥的事，这是很不应该啊！因此人在日常生活中，无论大事和小事，要养成专做应该做的，不要仅做自己喜欢的。常看青年儿童们，不愿做的事，常常因为是不喜欢。如果把这种不喜欢就不做的作风，养成不应该便不做，应该的便勉励自己去做的习惯，那有多好啊！譬如说：这件事虽然困难，如果是应该做的话，我也必须去做；这件事，我非常喜欢，但是理智告诉我，不应该做，便绝对不做。甚至这件事，我极讨厌而且很不愿意去做，但只因为是应该做的，我也必须咬紧牙关，埋头苦干，做得尽善尽美。这样无形中，养成良心的正确与向善的心理。另外还有青年男女，彼此相处，互相吸引时，最重要的需要双方尊重。虽然情欲冲动，但当悬崖勒马，立刻加以制止，养成走向理智所领导的路线。当别人得罪我们的时候，我们会怒发冲冠，想去报复；如果能镇静，忍让一步，以大事化为小事，小事化为无事的精神，严于律己，宽以待人，有多好呢！

但是人往往在紧要关头，难以约束自己的脾气和冲动，小不忍，乱了大谋的事，正多着呢！因此人人除了提高警觉外，不但要消极的不犯过，不做不应该做的事，反而应当积极习修各种好习惯。我们常常看到真有圣德的人，大家多么尊重他。那么我们为什么不效法他呢？择善而从，见贤思齐，这些美德，都是我们应该实践的啊！

以上拉杂所举的这些例子，都可以看出，人从早到晚，一思想，一言语，一举一动，处处都要使自己向最好最高的作风表现上努力。这便是穷理，这便是格物。

·诚意慎独

格物穷理最主要的方法，上段已经讲过了，还有更重要的，便是诚意。诚意是什么呢？就是不自欺。自欺的定义是什么？朱子说得好，心里明明地知道为善以去恶，但是实际的行为，并没有这样做，这就叫自欺。我们日常生活中，知道那样做是合理的，便照着去做便算诚意。有时我们心内有很多私欲偏情，个性又好懒散，心里虽然知道应当这样做才好，但因意志薄弱，没有这样做。认为不做也没有什么关系，这便算自欺了。如果心里知道，不应该做不应该做的，便决定不做了，但是心里却又想，做了也不妨，这便是内心没有坚定于善上，也算自欺。人一陷入自欺，便落到小人漩涡中，真是十分可怕啊！为了预防人不能择善固执，便应当习修慎独的工夫。

慎独是什么呢？朱子说：独是人所不知，而己所独知的地方，人在这种地方，就应该加倍小心，不要做违反天理良心的事。人心既然知道为善去恶，就应该时时处处，尽力为善去恶，养成好善如好好色，恶恶如恶臭一般的坚决和迅速；千万不可因循苟且，随时敷衍。还有慎独可以解释作人的一己的意念，人所不知、而己所独知的地方。因为人的行为，是由意志来指挥，若在意念刚刚萌动时，立刻拿出天理良心来，便自问这意念是否和它相符合，或者背道而驰。符合时，便立刻付诸实行；不相符合的，便悬崖勒马，立刻加以阻止。这样在“几”善恶的“几”字上，下工夫，那么真可以防止坏行为在没有实现以前。既不费周折，又容易改过迁善，真是修身的无上妙诀啊！

朱文公说得好，这颗心，非常空扩，非常灵明，是一身的主宰，能统领万事，我们不可使它远离我们片刻工夫。假如我们不立即提高警觉，任凭它驰骛飞扬，追随物欲，放出去不收回，那么一身就没有主人，理事接物也不会有纲纪，虽然悠悠度日，但是自己已经感觉不出自己的存在，这样便会人云亦云的同流合污下去了。

意念是从心里发出的，一有私欲杂念，就不能完全地为善去恶了。因此人必须在意念的发动处下手，先除去许多恶根。如家中有贼，先把他赶走，才可安宁一样。如人种田，不先除草，怎样能撒种呢？

还有“知”是心的神明，那样精彩，那样光明；它的作用是什么呢？它的作用，在于对事物的真理，了解得十分清楚。这本能是生来就有的，这道理也是我们心中自有的，不是外来的，虽是固有，但须用“知”，方能发现出来。假若没有“知”，道德也无从在我们内实现，所以“知”可以帮助我们运用众理，来应酬万事。所以伊川说得好，入道莫如敬，尽学在致知。因此由敬入手后，还要用致知来向前推进，好能充分地发挥先天“知”的功能。

3. 致知说

人在修德的路上，致知很重要，因为人的行为需要头脑去领导。伊川说得好，须是知了方能行事，若不知何去何从，只知一味地仿效他人，没有个人的见解，那么怎样能应事接物呢？如果只看了尧一眼，就想学尧行事，没有尧的聪明睿知，怎能像他那样动容周旋，合乎礼节哪！因为知道了才能够真正地去行。这里所说的知，是说心中已看得很清楚，认为这样做是应该的，便心安理得地去实行。人到这个地步，已达到伊川说的烛理明。内心的天理，已在光照他，所以他才能乐循理，照着性善去做，这条简捷路线，本来也不算难寻，但因为人不知道这样走，反而以“道在迩而求诸远”的精神，自己另作安排，所以才觉着难寻哩。同时知也有很多等次，以前有个人被老虎咬伤，单单谈到虎，他的神情都会变，因为他的确知道虎的凶猛啊！从这里可以了解，能够真知后，便能安然行去，如果不致知而去做，是躐等而进，很难保持长久。所以君子应该认识了解为本，行为是其次。假若有人，力能去做，但知识不够应付的话，一有异端邪说出来，便会被邪说流宕而不知返回，这样的人，在心里不知道好他所好的，恶他所恶的。在外面来说，是与非也分辨不清楚，虽然有尾生的诚实，曾参的孝顺，也不足为贵啊！

因此我们可以知道，知行是相因的，必先知而后才能行，如果知了，才能坚固自己的意志，努力去遵守。能遵守时，便一心坚定于善，古人说高兴顺从真理的人，叫做君子。个人的修养，已经达到很快乐的照良心去做，这也算走入真知与行合一的门了。但是知有深浅，不可一概而论，知得一分，便照着做一分；知得两分，便做两分。真知是行的全部，就是物我一理的境界。什么是物我一理呢？《大学》中的如恶恶臭，……如好好色，能真知便能泰然去做。这就是真知与行合一的道理啊！

4. 先立乎其大者

宋明理学倡兴以来，所倡导的修身方法，二曲先生都把它放在悔过自新的范畴中。伊川一派的学说到了朱子而得到完全的发展；明道一派的学说，到象山慈湖而得到周详的开拓。朱子一派算是理学；象山一派学说，可以说是心学，他们两家的修身工夫，伊川标出主敬专一，象山却标出先立乎其大者。他是地道的唯心论者，对人性的看法，不大重视本然与气质的分别。他以为人只要能认识仁，认识本心，就够了。所以他说，读书的人，应先认识仁德，如果能明了这端道理，就应该真诚无妄，小心谨慎地来保存它，这以外就不必做别的啦！

他以为从古到今，每人都有一颗心，我的心，你的心，他的心，向上推千百年前的圣贤的心，以及向下推千百年以后的圣贤的心，都是一样的。在精神界里，心的体积很大，如果能尽我的心，就可以和天相同，真正的学问，就要体会这个。因为我们人的心，具有宇宙的全体，但是普通的人，常常被外物蒙蔽了。因此他又说：道充塞在宇宙中，并没有隐藏和退避，在天说是阴阳，在地算是刚柔，对人叫做仁义。仁和义，是人心的本质，那么为什么有些人具有智愚贤不肖的区别呢？他的解释是因为贤人为意见所蒙蔽，这是过的表现；愚不肖为物欲所蔽，这是不及的表现；过与不及，都是使我们失去本心的。真是宇宙不曾限隔人，人自己限隔宇宙罢了。

我们做学问就是要去掉这心的蒙蔽，而恢复他的本体，就是仁的呈现，所以明明德，在于亲民，而亲民才可以作明明德的实践啊！至于止于至善，就是明明德，作亲民的目标，至善是尽善尽美，无以复加的最高境界。因为光明的德性，虽然得自于天，但是因为气禀所限制，私欲所蒙蔽，有时就昏暗了。所以人必须下澡雪揩磨的工夫，在日常生活里，看见不义的事便当羞恶；见尊长贤哲，便当尊敬；见善举便当羡慕，当仁不让于师。这都是明明德的工夫。人能常常这样，不知不觉中，便可以日迁于善而不自知。因此便可以作亲民，为能常常保持前进的效果，在高山景行下，常常奔向至善的目标。人能达到这种境界，立身处世，便可跻入圣贤的领域了。

关于"本心"一语，杨慈湖曾向象山先生请教过，他回答他说：本心是指能辨别是非善恶的一颗心，他本人便领悟到，心是清明的，无所不通的。宇宙万物，皆都在我内，本来与我是一体。乍见孺子入井，有怵惕恻隐的心，就此可以看见孺子本和我是一样的。就此初发的念头，立刻前去拯救，便是出自本心的良知良能。如果有纳交于孺子的父母的念头，那便不算是心，而算是意了。由此可以看出"本心"的涵义，就是指良心初发而未受外在的影响，他认为"理"的阻碍，是人自己咎由自取的。因为人把心中的天理蒙蔽了，沉溺了，或者把它放在陷阱里，那全是人为的。修身就是要突破这些阻碍，这才是人间的大学问。除这个以外，没有别的真学问。格物穷理，目的都为了这个；离开这个，便不算格物。孔子劝人学而时习之，所学习的事情就是这个，也就是象山所标举的——先立乎其大者。做这工作，必定先要知本。本就是先立乎其"大"的"大"字。大是指充塞宇宙间的理，就是我们应该习修的仁，也就是人人当由的道。如果舍掉它，再去旁求的话，那就另有商量，另有趋向，另有规模，另有形迹，另有行业，另有事功了。都是些和道不相连的，都算是异端，都算是利欲，都算是偏情，都算是陷溺，都算是旧窠。说出的话，就是邪说。出的意见，也是邪念。他又说——道普及天下，没有一些空阙，人有的四端万善，都是上天所赐予的，不须人去妆点。但只为人有病，所以才和它相隔。

象山的这种说法，的确比较简捷了当。在修为学上，可以说是单刀直入法，是最积极的。抓住最重要的，能建树的一点，把整个的精神贯注在上面。时时刻刻，念兹在兹，照着去做，小心保守它，高兴地支持它，好像从屋顶上建立的瓦沟中，流下的水那样流利畅快；个人的生活，在天理流行的心田里，左右逢源的发而中节。人在修身的路上，个人的思言行为，都能与理和仁相符合。像《诗经》里所歌咏的文王："不识不知，顺帝之则"。就是在不知不觉中，在思言行为上，既合乎天理，又顺乎人心，人既然整个的精力，贯注在居仁由义上，那么心中所蕴育的思想，绝对是天理昭彰，坦坦荡荡。人在修德的最高心境中，实践成圣成贤所期待我们的仁德，就是能达到阳明所说的——以天地万物为一体，看天下好像一个大家庭，中国犹如一个人一样。仁德的顶点，就是人能把别人当自己看，也等于西洋宗教里——爱人如己的金科玉律。

俗人常说：人人都自私自利，怎能拿别人当自己看呢？所以孟子指示出一条明显的路线，人人都可以遵行的，那便是扩充四端。这力量是人生来就有的。所以当我们乍见孺子入井时，自然会起怵惕恻隐的心。这是我们人的仁，能和孺子为一体。孺子和人，尚且是同类。至于看见鸟兽的哀鸣觳觫，起不忍的心时，是他的仁和禽兽为一体了。鸟兽对人来说，尚算是有知觉的。至于看见草木的摧折，必定有悯恤的心，是他的仁和草木而为一体了。看见瓦石的毁坏，必定有顾惜的心，是他的仁德和瓦石为一体了。像这种仁民爱物的观感，不单君子有，小人也有，因为这是根据天命的性，灵昭不昧，也可称它为明德的。就连小人在没有私欲蒙蔽的时候，他所具有的仁心，与正人君子一样。一有私欲的蒙蔽，就是向来是正人君子，也变成分隔隘陋的小人了。所以大人的修身工夫，也就是去掉私欲的蒙蔽；自己想办法使自己的天理良心昭著，在四端的意念发动时，用力支持鼓励，使自己常能见义勇为，得一善则拳拳服膺；以人溺己溺，人饥己饥的精神，淑世救人。在思言行为方面，时时惕厉求进，目的常在复还天地万物一体的仁罢了。并不在本体以外，增添些什么。《大学》中明明德的工夫，就是致力于天地万物一体的仁为终向。亲民是达到极纯极正的时候，就可以知道我们人的一切行为，就照着先天本心的自然，就没有不得当合宜的。人心所以有病患，就在自私而用智，若不自私用智，那么明觉的一颗心，就可以发挥他的作用了。

总之，象山的先立乎其大者，到了阳明，便又标出致良知，这是哲学发展路程中，必定有的过程。

5. 致良知

什么是良知？

《传习录》上说：知善知恶是良知。

良知是辨别善恶的一颗心。

又说：良知是天理之明明灵觉处，故良知即是天理。

良知是天理，虚灵不昧，具众理，应万事，心外无理，心外无事，所以良知是心中的天理。

又说：良知只是个是非之心，是非只是个好恶，只好恶就尽了是非，只是非就尽了万事万变。

良知不但能明了是非，主要的便是能是是、非非；好善恶恶。

这种作风，如果加以扩充，就能变成《大学》中的——见善如好好色，见恶如恶恶臭。这样也就算尽了是是、非非的任务。人能见善如不及似的择而固守，见不善如探汤似的立即远离，心中自可常存天理。阳明认为天下的万事万理，都可以在心里求得，例如事父所求的孝理，事君所求的忠理，交友治民所求的信理仁理，都存在心中，所以说心就是理。这颗心没有被私欲蒙蔽的时候，就是天理，不须外面增添分毫。拿这纯乎天理的心，发而事父便孝，事君便忠，交友便信，治民便仁。只要在这心中，去人欲，存天理，用功便是了。这便是致良知，因为知是行的主意，行是知的工夫；知是行的开始，行是知的成果。若能会通，只说一个知，已自有行在。只说一个行，已有知在。所以阳明讲知行合一。

因此阳明又说：你那一点良知，是你自家的准备，当意念着处，他是便知是，非便知非；更瞒他一些不得。你不要欺他，实实落落依着他做去，善便存，恶便去，他这里何等稳当快乐，此便是格物的真诀，致知的实功。

阳明的拔本塞源论说，正面是讲天地万物的仁，反面就讲功利的私，大体不超出北宋以来理学传统所争的天理人欲的分辨。只是内圣外王，有体有用，从人类的心性上出发，举凡政治、教育、道德、才能，无不包括在里面，既理想，又具体，实足以为将来人类社会所永远追逐的一个远景，走向《礼运》的理想社会。现在简略地谈一谈它的主要内容。

阳明晚年的思想，充满爱德，他以为圣人的心，应该和天地万物为一体。凡天下的人，无论内外远近，都看成他的兄弟子侄辈，他真切地希望他们幸福安全，而得到适宜的教养。这样才可以满全万物一体的心愿。这种想法，和天主教的基督奥体（Corpo Mistico）的哲理，虽不一样，但效果却是一致的。在政治方面，他主张选贤与能，任用人只求才德的胜任，不看出身的高低；一切工作，从基层上做起，同心一德，目的为替社会人群谋福利。

在教育上他主张知行合一，用天地万物一体的仁，来教天下，教人人克除私欲偏情，复还纯然自善的天理，要从古圣先贤所传授的修成圣德的方法。便是：人心惟危，道心惟微；惟精惟一，允执厥中。这四句是说人的血肉的心，是充满私欲偏情，拖人做不好的事，是十分危险的。但是与生俱来的天理良心，是十分奥妙微弱的。稍有不慎，便被私欲偏情给剥夺了。所以我们应该去仔细地审查考虑，辨别出真正的是非来，好能够以坚决的意志，择善而从。这就是所说的道统的学说。后来渐渐地演变出《大学》中的格物致知、诚意正心，比较更具体的修身方法。

6. 悔过自新的真谛

二曲先生以为上述的修身方法，方式虽然不一样，但是实际的内容，都离不开悔过自新四个字。所以当时讲学，费了许多辞句，如果立刻提出悔过自新来，人便立刻可以找到依据，心便不致妄用，工夫也不需乱施。只用丹府一粒，就可以点铁成金了。

有人问他说：以上所举的修身方法，所说所讲的，都很正确精密，循着路线走，就可以达到圣贤的境界。所标示的目的，是劝人成圣成贤，听起来也比较吸引人。现在你所推崇的修身方法，教人改过自新，乍听起来，辞句这样粗浅，离道好像迂远，简直把人人当“过犯”对待，与别人的相差太远了。

二曲先生回答说：话不能这样讲，我们应该知道，修成圣贤，不是像艺术家作镶嵌细工，一点一滴地向上积累，而需要长期揩磨洁除工夫。人本性的善，好像明亮的太阳，不能照耀时，是因为浮云把它遮住了。如能把乌云拨开，就可以看到它的皎光。我们所以不能达到圣人的境界，是因为我们本身有许多毛病过犯，如果把这些毛病改掉的话，便可以优入圣人的领域，这样不更直捷简易吗？

怀疑的人又说：四书五经中的修身资料，既多又丰，里面的精义，真是难以尽述。只用悔过自新四个字，怎能包括里面的奥妙呢？殊不知古圣先贤的著作中，虽然千言万语，谆谆地告诫，但总是劝人改过迁善，慎独集义等修身工夫，导引人归于日新的路上罢了。有人认为经书所留下的教训，实实在在包涵着修身、齐家、治国、平天下的大道理。哪能只自己一个人悔过自新就算完了哪？

二曲先生认为悔过自新，是立己达人的核心，是完成伟大人格的基础。假若做君主的能够悔过自新，便能以身作则，君极天下；做长官的能悔过自新，就容易实现修己治人的效果。士庶人能悔过自新，在德业上就能一天隆盛一天。杀人需从咽喉处下刀，做学问也需要从肯綮处着力。悔过自新，是历代中外圣人圣女们进德修业的重要秘诀。人假若不立志做一个堂堂正正的人就算罢了。如果真正立志成圣成贤，走这条路就绝对不错。二曲先生以谦虚的口吻说：天地间的大道理，有的没有被以前的圣人发现，却被以后的人发现了。有些问题，贤哲们没有想到，倒被平常的人提出来了。不管理论是出自何人，只要能帮助我们修身，就可以用它。我本来是一位庸人，懵懵懂懂的也不知道学习，并且自幼孤苦颠顿，受尽了艰苦，起早睡晚，苦苦地搜集资料，一心从事研究的时候，忽然体会到这端道理。好像可以安身，也可以利己利人；所以敢记录出来，向大家请教。如果有人嫌我出言庸俗，而加以疏忽的话，就好像厌恶贫女的布，而甘愿自己受冻一样。

古人说：人生仕宦，大都不会超过三五十年，所以只有立身行道，才可以千载不朽，这才是值得的。二曲先生以为舍去悔过自新，必不能立身，也不能行道，稍具修身经验的人，也会体会得到啊！

现代人大都不了解上天福善祸淫的真意义，有时行一些好事，也希望能立刻得到好的偿酬，有点事就求佛，拜菩萨，烧香，念经，举行佛会，做这些就认为可以获福无量；殊不知上帝所最喜爱的，是修德的人，鬼神所特别保护的，是积善的家庭啊！人假若能在众人前悔过，便不受舆论的指责；在私下悔过，也不受鬼神的指责。从此刮垢磨光，度一个新的生活，时时进步。有朝一日，必能浩气内充，仰不愧天，俯不怍人；祈求上帝的庇护，哪一类的福不会来临呢？

至于悔过自新的解释，二曲先生说得很清楚，他所说的悔过，实际就相当于《大学》中的诚意。他认为人应该在心中意念发动的时候，深深地体会，仔细地密察。假若有一念不完全合乎天理，就是过；就当后悔认错，立志改掉。譬如说在吃饭的时候，起贪吃的念头，良心便告诉我，不应只顾自己，因此便做一个小刻苦，不要多吃。一件东西弄坏了，别人没看见，被师长发现后，问是谁弄坏的，便当立即承认，否则便算犯了不诚实的过。在路上拾了一笔钱，自己私下用了，没有交给遗失人或招领的地方，便算犯了贪的过。遇见又穷又脏的人，不但不起怜悯的心，反而轻看他们，这算犯了骄傲的过。没想到如果我生长在他的环境里，不是和他一样吗？因此应激发同情心，去爱护帮助贫苦的人。看到成绩比我好的同学，心中便生了嫉妒的心，不但不赞赏，反而想法讥讽人家，这是从自己的骄傲心生出恶意来了。万万要不得，应想法革除。父亲买了一件新衣服给姐姐，没有给我，我便表现出不高兴，真不知体贴父母的心，应该表示出很高兴的样子，因为姐姐得了一件礼物。自己喜欢讲闲话，做事没有规律，行动很缓慢，每日不知浪费多少光阴，是多么可惜啊！人在进修的路上，应采取积极的，有建树的一面；按部就班，好自为之，稍微有些懈怠，就不算自新了。应该立即鼓起勇气，从头做起，不灰心，不丧志，日新月异地延续下去，这便是二曲先生所说的悔过自新啊！

人人都知道，行善如登山，作恶如流水，这虽然不算是金科玉律，但却提示我们二者的差别很大。主要的是为了修成完整的人格。须具刻苦，牺牲，勤奋，勉强，才可以在这条路上立足。除此以外，社会上的形形色色的诱惑，眼花缭乱，莫知所从。因此人生在世，应具有正确的人生观，也就是正当的宗教信仰，是极需要的。二曲先生能提出这种足踏实地的修身方法，实在与他本人的宗教生活有关。人既然是心物合一的，不能不求精神的归宿，好好地掌握人生的最高价值。

五、实践的妙诀——行远自迩，登高自卑

古人说得好，行善就是善人，作恶便是恶人。人品好歹，全在他做事的好歹。好树结好果子，歹树结歹果子，没有好树结歹果子，歹树结好果子的。要知道树的好歹，不可只看它的枝叶，必须看它结的果子。人的行为，就是人结的果子，因此人在立志做大事，立大功，修德成圣，就应该从立志那天开始，足踏实地力行，天天结好果子才好。圣保禄宗徒说得好：如今种什么？将来收什么？在世上就是耕种的时候，有种得多的，有种得少的，有种嘉谷的，有种恶草的，将来都是各人收各人的。自享其利，自受其苦，在世上的行为，既有如此大的关系，人怎能不勉力行善呢？

若要行善，不必要做那出奇的大事业，只要日间习行的寻常小事，小心谨慎好好去做，就能成功。比如早晨按时起床，静默三分钟，安排好自己应做的事，想一想自己所定的志向，然后专心一志

地做好每一件。在家庭，在学校，读书、工作、玩耍、休息，每样都要尽心竭力去做，向好处做，一条不要忽略怠慢，今天这样，明天仍然这样，恒心地做下去。看上去似乎平平无奇，其实这就是成功事业，修成圣德的基础。

此外还有若要每天从早到晚，所行的大小事，都能做得尽善尽美，在做的时候，不要图别人的赞美，应扫除一切为人的意思，自己所做的一切，实在都是为善尽自己的本分，自己应该做的，别人看见也好，看不见也好，我尽好我应尽的本分，全出于心安理得，绝无恂名或贪图别人赞赏感谢的心意。有宗教信仰的人，相信天主或称上帝，无处不在，人没有一时一刻，不在天主眼前。他不仅看我们外面的行实，还看到我们内心的意志。《中庸》上说过：十目所视，十手所指，其严乎？如果我们真的相信，上帝的眼时时看着我们，我们还敢疏忽懈怠，潦草塞责吗？我们还敢举动放肆，言语轻佻吗？人假若相信上帝，降临在我们面前，现在正看我的行实，听我的言语，察考我的思想，我还敢漫不经心吗？古圣先贤，不但在举行大典或祈祷时诚心诚意，对得起天主，就是吃饭、游行、谈论、做家事上，也不断想上帝降临在我左右，时时留意管束自己的身心，使得自己的行为都端端正正，不愧屋漏，都对得住天主的圣目。我们从早到晚，一时有一时的功课，若愿意做得十分妥当，还需要专心！所说的专心，不是指别的，是说做某一件事，先该平心静气的收敛自己的心，不想别的。但想做好这一件事，完了一件，再做一件，每一件事，有每一件的时间，不可紊乱，也不可瞻前顾后，做这想那的。做的时候，也不可分心走意，不然的话，进德修业，怎能见到效果呢？

二曲先生在《悔过自新》篇里，曾经引用上蔡先生去拜访程子的一段故事，也表白在修德的路上，不可好高骛远，应在日常生活中，以实求是。当他们师生相别一年后重逢的时候，程子发现他说话出口成章，引经据典，一字不差，便夸奖他说：你书记得很熟啊！你一定下了一番工夫，浪费在字句上面，太不值得吧！上蔡听了，羞愧得汗流浃背，面红耳赤，知道他把时间和精力用在雕虫小技上，太可惜了。因此便向程子请教为学的重要。程子告诉他先应该收敛心神，做省察日记，把自己的视听言动，都要用礼来范围它。告诉他克制自己，必须从最难抑制的毛病上下手。如果有恐惧的毛病，每天都要到那危险的阶梯上走来走去，锻炼自己，这样才可以治愈那恐惧症。别人送给他一支笔，他十分喜爱，惟恐这喜好占据他的心，便赶快把它放置一边。这样就会减少分心的毛病。若患有喜怒无常的毛病，有时候便会得意忘形，有时候便想大发雷霆，那么要每天做省察，留意改正，叫它渐渐地减少。人最大的毛病，便是骄矜，应下切实的工夫，把它改掉。因为骄矜的毛病不改，人便会常犯虚假、傲慢、自大，以及自欺欺人的种种不良的坏毛病。上蔡听了，再拜聆教。回家后便照着去做。一年以后，又去探望老师，程子又问他——在学问上，有什么进益？上蔡说：只改掉骄矜的毛病。程子听到后，非常满意，便很高兴地给别人说：这才算是就切近的地方，下修身的工夫啊！

人往往在立志成圣成贤时，常想做些自己理想中认为是最伟大的。但在日常生活中，不知怎样利用修德的机会，着手做去，虚度光阴，那就可以说是不在切近处下工夫。如果愿意使理想和实际结合，就应当在生活上表现出圣贤的行为来。怎样能成圣成贤呢？假如真想成圣成贤的话，在思言行为上，时时处处，都要想如果圣人贤人处在我的分位上，他们是怎样表现呢？那么我今天便怎样去做。说起来很容易，做起来可难了。非得小心谨慎，躬亲实践不可。

人在世上，免不了吃苦。故蒋中正先生说过：人生不如意事，常十之八九。一天下来，哪一天没有一些小麻烦或不顺心的事呢？要修德立功，不必向远处寻找。只要把每天遇到的困难，不怨不尤地安心忍受，便是极好的修德机会。若专寻特殊的事工去做，恐怕难以如愿。因为特殊的机遇和时势，不操纵在我们手里，那么就不能修德立功了吗？这观念是错误的。孔子也说过均天下，蹈白刃，辞爵禄，那些比实践中庸之道容易。因为那是偶尔的，只行一次，费时较短，或仅在某些情况下，努力就够了。最难的是长期在大小事上，永无息止地，向自己的私欲偏情抗战到底。此外我们每天都可能感到职务繁忙，责任重大，力量薄弱，难以称心；以及饮食衣服，房屋住处，人情冷暖，意外灾害，这一切的一切，都给我们许多心灵的负荷，或不如意的地方。有时别人指摘你的过失，挑剔你的差错，对你无礼，或伤你的脸面，破坏你的名誉，辜负你的恩情，损害你的权利，无论有心无心，都该置之度外，丝毫不可挂心。我们在世上与别人往来，龃龉不合的小事，是万不能避免的。此外还有疾病、忧苦、诱惑、烦恼，这些小苦难，也是人必须具有的经过。总之，世上有千般的苦，会忍耐的，大苦变小苦，不会忍耐的，小苦也变成大苦。

除此以外，克己的工夫能拔除人的毛病，坚固人的德行，人的脾气不是一样的，人都喜爱和脾气相投的人来往。若没有刻苦的德行，度量窄狭，看不上这一个，偏爱那一个，心里怎样能大公无私，泛爱各类的人；和有忧苦的人忧苦，和有喜乐的人喜乐呢？

国家纷乱，非战争不能平定，我们的私欲偏情，也常纷乱，若不用兵器和它交战，也难平定，克制私欲，压伏偏情，正是行义德的工夫。遵循理智的指示，做应该做的事，不管个人喜欢不喜欢，委屈不委屈，人在天地之间，上有天神，下有禽兽，天神是纯神，无形无象。所喜爱的，都是天上的事物。禽兽是纯形，无灵性，所喜爱的，都是地下的事。人处在天神和禽兽中，有灵魂和肉身两件，灵魂像天神，肉身似禽兽。且各有自主之权，若是勉强灵魂，顺从肉身，就悖了为人的正道，简直和禽兽一样了。因此我们应该记住人的灵魂是主人，肉身是奴才，主人怎能听奴才的指挥呢？倘若我们看见一个人，不能管制自己的牛马，反被牛马拉着狂奔狂跑，岂不可怜吗？殊不知不能管制肉身的人，反被私欲偏情拉着犯罪，同是一样的可怜啊！

人为万物之灵，本是最尊贵的，但人不认识自己的尊贵，志趣卑污，同禽兽一样，能保存自己尊贵的人，真不多见。从前有一位打着灯笼，在街上找人，别人说：满街上都是人，何必找人呢？他答说：你说错了，这些人只有人的面孔，并不是真人。这句话说得太毒，却是真情实理，因为人若顺从自己的私欲偏情，便与禽兽一样，就不可叫做真人了。

从这里可以了解，修德成圣，是人人应该做到的。并不是自愿作特殊人的人，才做特殊的事。因此宋明理学家常告诉人，成圣乃分内事。既是分内事，又是人必须具有的条件，所以人人都应当勉励自己。话虽如此说，但各人在职务的冗忙中，及形形色色浮华世界的各种引诱中，能恒心集中注意力，在这一点上，下工夫的，真可说是凤毛麟角了。即使在寥若晨星的修身人中，从事于进修方面，有时会失之毫厘，差之千里。能在中庸的路上，直步前趋，终于达到成果的，真是太罕见了。

人人都知道，在战场上只取守势的，永远不会获得胜利。在修身的战场上，也是如此。所以应当采取攻势的克己。盛名赫赫四世纪的教育家——罗耀拉（St. Ignatius Loyola）一向用反攻作为克己的基本原则。如因懒惰，有意减短工作时间，或潦草塞责时，便当加倍工作，事事求尽善尽美。如为吝啬，有意减少救济穷困的次数或量数，便当硬着心肠，多加施舍。在用餐时，起了饕餮的意思，当少吃一些。如忿怒充满了心胸，便当极度温和待人。若骄傲涌到心头，便当压制自己，大发谦和。逆事当头，心烦意乱时，当忍耐达观，勉强喜悦镇静。其他的一切，均可以此类推。

古箴说："靡不有初，鲜克有终。"开始度内修的人，也就好像新莅任的要人一样，起头时都表现着热忱，但久而久之，却渐渐冷淡了。私欲偏情及恶的倾向，转瞬复燃。

孔子曰：人而无恒，不知其可也。大车无輗，小车无軏，其何以行之哉。

曾子也说：士不可以不弘毅。所以恒字在进修上，占有极重要的地位啊！

我们从孔子进步的自述：吾十有五而志于学，三十而立，四十而不惑，五十而知天命，六十而耳顺，七十而从心所欲，不踰矩。能够晓得进修是人一生当致力的工作。如以片面的内修知识，稍有所得，便故步自封，这是最可怕的流弊。因为成圣进修的生活，应该常不停地增进与发展，造诣到什么程度，才算最高峰呢？那便不外乎孔子所说的：从心所欲，不踰矩。《中庸》所提及的——不勉而中，不思而得，从容中道，圣人也。也就是天主教所说的，度基督化的生活，与上帝契合。换句话说：就是以一己的理智，享见无限真理，再用意志，服膺着绝对的善，无终止地相爱、相契，这便是人的完德，也是人生的真正福乐。《圣经》上劝人应该修成全的圣德，好像在天大父那样成全。这是告诉人，圣德是无止境的，进修是人一生的天职了。

曾文正公在修身方面，多年在谨言、修容、静坐收敛心神三事上下工夫。日记中："喜誉恶毁之心，即鄙夫患得患失之心也。于此关打不破，则一切学问才智，适足以欺世盗名。"此外在他的省克日记中，随处可以看到他是如何的严以律己，宽以待人，虚心仿效他人的长处。自作格言说：见得天下皆是坏人，不如见得天下皆是好人。存一番熏陶玉成之心，使人乐于为善。孔子也说过：三人行，必有吾师焉。择其善者而从之，其不善者而改之。在自然界中，我们也可以窥察出聪明的蜜蜂，到处飞采百花的芳粉，造出甘甜的蜂蜜，厌人的污虫，爬居浊秽中，所做出来的东西，绝非干净的东西，那是不言而喻的了。

一张图画，眼能看到、手能摸到，但是研究艺术的人，必须找一位教师来指导；那么若人在修己的最高的艺术上，可以无师自通，那可说是万分糊涂。所以中西古圣先贤，皆是虚心勤勉的求教者，禹闻善言则拜，子路闻过则喜。子曰：君子以文会友，以友辅仁。又说：吾非生而知之者，好古敏以求之者也。俗话常说：人不劝不善，钟不撞不鸣。又说：与君一席谈，胜读十年书。从此可见人人都需要师长朋友的指导和琢磨。在熏陶砥砺下，才能改过迁善，日进于德。

人生在世，好像石火电光。大江东去，逝者如斯，百年光景，转眼消失。因此人人应检讨过去，惕厉未来。曾子曰：吾日三省吾身，省察能把人内修的现状，德行的进展，毛病的根源，清晰地显示给人。许多人长期在修养上并无进展，实在因为没能改除习惯的毛病，好像癞子，习惯了而不理会自己的癞。省察能把人的真面目披露出来，使人彻底明了自己的修养到什么程度。除此以外，我们还有许多现时的过失，满布在心田里。恰如恶草丛生的园地，常在危害禾苗的生长。省察可以从事于铲除助长的工作。内修又像似一架飞机，航程终了后，必须洁擦检查，修理加油。所以二曲先生常劝人静坐收敛，使得心神专一，把内在的一切不正的意念，扫除净尽，发现自己的缺点过失时，便立志定改，后悔了再后悔，一直到没过可悔为止。在习修德业上，要日新月异，惟日孜孜，一直到心中常存天理。也就是西方宗教中的与主结合、密谈、享受与他同在。人能达到这种境地，便可仰不愧于天，俯不怍于人；白天不愧形影，夜晚不愧梦寐，生活在光天化日之下，是一位正人君子，远涉宇宙各地，也可以算得上是一位人格完整的义人。活着算圣贤，将来升高天，也可以跻列为天神。这是多么理想啊！

六、论省察

我国历代的贤哲们，谈论有关修身理论的人很多。但是能像二曲先生所提出的悔过自新，如此简捷了当，便于实践，切合生活实际的，还很少见呢。因为他所提出的方法，的确是从躬亲实践中得来的经验，看上去似乎极平凡，实际上可以说是平凡中不平凡的卓见呢。我以为他的悔过自新说，能够在修身方面，发生效果，是由于他所讲解的内容，的确找到了修为的核心。从诚意正心着手，所以他说：谁愿意从事于修身的学问，必须在意念刚开始的时候，先作一番自我检讨，假若发现所发的意念，不合乎天理，或者不合乎良心时，便算过失或罪恶，因此应当立刻革除；若发现自己有一点懈怠，便当振作起来；必定先检点自身过错的次数，检讨出来，要后悔前非，立志定改，一定要教自己的意念完全纯正，在精神上没有一时或懈为止。这是二曲先生在修身方面，所提出的一针见血的方法，点出修为的基本核心。这一点在西洋神修学中，也非常重视。因为帮助我们修德前进，省察的工夫，是上等的好法子。历来的圣人们，常劝导人省察。中国在两千多年前的圣人，就提出吾日三省吾身来。荀子也说过君子博学而日参省乎己，以及见善修然，必以自存也；见不善愀然，必以自省也。西方在一千四五百年前的圣人，有很多都重视省察的，特别是那些创立修道院的圣人们，大都立定了省察是必须遵守的规则。每天晚上睡觉以前，先做省察工夫，反省一天的所作所为，将所犯的罪过，真心悔改，立定新志，同时还可以为第二天的工作定出计划。那么前一天晚上的省察，便是第二天改过迁善的一剂良药，在做事以前，想到昨天晚上的痛悔与定改，便可避恶趋善了。对当天的生活也有很多的帮助，想到今天晚上要和良心算账，能不循规蹈矩吗？这一天自然也就要加倍小心，不敢放肆了。所以圣人们异口同声，都认省察是改毛病最好的善法。人若不断用省察工夫，来检点自己，一有了过错，省察的时候，便痛悔定改，这样很快地便可以改过修德，心灵自然常常洁净。

有些人在修身方面，只具几分钟的热度。因缺乏刚毅、恒心，所以难见功效。忠实的人，如能善作省察，就能够获得莫大的利益。因为我们的心，好像一块田地一样，常不断地长满私欲恶草，偏情的荆棘，若不勤谨地用省察工夫治理它，很快地便成了一块荒田了。还能长什么嘉谷呢？常省察的人，就如同修治花园的，手里常拿着镰刀，一遇见恶草，便铲除净尽，恶草不生，花木才长。

省察这样重要，所以圣人罗耀拉一立了耶稣会，便给会士们定了省察的规矩。一天一次还嫌少，每天要做两次，中午一次，晚上一次。每次省察，教他们做三件事：第一：省察今天做了什么？第二：省察做的事，是怎样做的。第三：省察有哪些应该做的，没有做。若省察不出有什么不好的来，便该欢喜，省察出不好的来，便当悔改。他不仅教训他的会士们这样做，他看见自己所管的教友，若有忿怒、撒谎、怠惰、说人是非及别样毛病时，他都教他们实行省察的工夫。从此看来，省察于进德修业，是非常重要的。

省察的种类

根据西方神修方面的省察方法，在罗特理所著的《崇修引》中，提出省察有两种：一种是私省察，一种是公省察。私省察是省察一件事。公省察，是省察思、言、行、为，所犯的一总的罪过。这两种省察，都是天天当行的。我们先要了解清楚私省察的规矩，然后再讲公省察的规矩。这两样省察的规矩，本是大同小异的。

·私省察

私省察是单省察一件事。这件事或是当改的毛病，或是当修的德行，都该小心拣择。若是当改的毛病，拣择那毛病根子，做省察的题目才好。因为外在的诱惑，就像敌人攻打城池一样。坚固的地方，不易攻开，那城墙破裂的地方，或是无兵看守的地方，才易攻下。我们的心灵，也像一座城池一样，毛病的根子，习惯的罪恶，就是破裂的地方，容易被外在的引诱所迷惑。必定先考察清楚，那是我们的破裂地方，先把它修治得坚固了。但我们各人有各人的毛病根子，都该细心查考。查明了自己的偏情，哪一条是习惯犯的，就该拿它做个私省察的题目。

常听见人说：我有这个毛病，我若没有它，早就成了圣人。又有人说：我有这个不好的脾气，我若没有它，就不至于犯这许多过失。他说这个毛病，这个不好的脾气，就是犯罪的根子，就该拿它做个省察题目。去了根子，自然枝叶就不生发了。不去根子，但去枝叶，枝叶免不了要生发的。贤士伽先说：当初罗马人，有的敢和野兽相斗。若是野兽多，他们就先拣那最凶最猛的大野兽，同它相斗，先杀了这最凶最猛的野兽，别的小野兽就不难克制了。若先同小野兽相斗，难免不被大兽吞了。我们的毛病，常谋害我们的天理良心，真如同野兽一般，若不先去了那最凶最猛的大毛病，难以去别的小毛病。大毛病一去，再克制别的毛病，也就不难了。

诗圣杜甫也说过：射人先射马，擒贼先擒王。古时交战，若能先把对方的首领打倒，其他的小兵自然便四散奔逃了。这便是我们做私省察的好模范。

医生给人看病，必先查考病源，查清了病源，然后才对症下药，治好人的病。我们为医治内在的私欲偏情，也应该先查清罪源，再下私省察的药，才能有效验；有人多年用私省察的工夫，德行仍不见长进，那是因为人所选的私省察题目，是毛病的枝叶，而不是毛病的根本。人人都有自己的病源，认清了病源，有什么偏情，有什么脾气，有什么习惯的毛病，选出适当的题目，对症下乐的方法，恒心地下工夫，这样方可以收到做私省察的效果。

还有用私省察的工夫，或是修德行，或是改毛病，必该择定一条，不可贪多，完了一条，再定一条。德行是一条一条的修，毛病也是一条一条的改。这个法子，看着似乎迂迟，其实更是迅速。俗话说：贪多嚼不烂，若一下手，便要全改自己的毛病，究竟一个毛病也改不了；因为人的心力有限，专务一件事，精神还大，若分散开，精神就小了。

我们改毛病，就像同敌人打仗一样，打死一个，再打一个。得胜却是更容易。若愿一下子把敌人全平灭了，那是万不可能的。恐怕有人说：若单留心改一条毛病，不管别的毛病，保不住别的毛病，乘着这个空儿，就要生长，灵魂岂不受了害吗？贤士伽先说：不必害怕，留心改一条毛病，不管别的毛病，不但不生长，也必要一齐减少。因为一总的毛病，在人心里，都是相连相通的。你只攻打一条毛病，那千百条毛病，都受到伤损。因为一总的毛病，都是从放肆来的。放肆是众罪之根。你若小心克制一条毛病，便是克制放肆的性情，能克制放肆的性情，便是断绝众罪之根。所以留心改一条毛病，这一条毛病减少，别的毛病都得减少。况说每天私省察外，也做公省察，公省察是为帮助人改一总的毛病的。从此看来，何必愁着私省察不能把毛病全改了呢？

我说私省察的题目，只该是一件事，或是一条德行，或是一条毛病。但这条里头，还能包含几条，若是囫囵吞枣，也难得益处，不如把这一条再分开层次，分开等级，做成好几个题目倒好。这样德行更容易修，毛病更容易改。比方你要用私省察，改骄傲的毛病，修谦逊的德行，若但笼笼统统地定个志向，不再发骄傲，说话行事，常常谦逊。终究你的骄傲也去不了，修谦逊也修不成。因为这个题目过于宽大，其中包含着许多层次，若拿它做一个题目，必至于贪多嚼不烂。

以下列出一项德行“爱人”，分开层次，每一条都可以做私省察的题目：

（1）总不说别人的短处，就是人人通通知道的，也不轻易说。凡对人有伤损的事，都小心一概不做，无论当前或背后，总不该带出轻看人的样子来。

（2）不搬弄是非，我听见的话，若能叫某人不喜欢，不可传与某人知道。因为彼此传话，能使人不和睦，生出许多枝节来。

（3）凡着急的话，伤人的言语，一句不可出口。不可固执自己的私见，与人争论，若没有责罚人的权柄，万不可责罚人。

（4）待人要平和、要亲爱，按自己的力量，照自己的身份，做一些有益于人的事。若负责照管人，应该发现自己爱人的心。若有当做而没做的事，更该加倍的平和善良，以补待人不周的亏缺。

（5）自己不该厌恶人，也不要惹人厌恶。最应躲避的，是与人不和睦，不与人说话，不帮助人，带着瞧不起人的样子，或冷眼看人，这些都是应当留意的。

其他德行，也以此类推。

·公省察

公省察，是将一天或半天的思言行为，加以检讨省察，这一天是怎样度过的；有哪些好，哪些不好，哪些应该改正，哪些应该扩充推广，整体反省一番，将得失利弊一目了然，然后立志定改，希望以后不要再犯了。

无论私省察和公省察，说起来似乎有步骤，很费周折的样子；但实践起来，却非常简捷，不用很长的时间，便可将一天或半天的过程，了解得十分清楚。热心实行的人，通常画有表格，上面填好了应修的德行，或应改的毛病，作为私省察的题目，然后将每天省察的成果记下来，这样每周或每月，都可以作一比较，自己是否比过去进步了或退步了。此外上面还有在日常生活中，自己所表现的情况。我们自己的良心，可以替自己打一个分数。看看当天的总结果是怎样，如果心中很满意，没有使我们不满或后悔的事，便算及格。如果在这一天里，做一二条英勇的好行为，或习修了好品德，或改正了一二次老毛病，或纠正了自己多年的私欲偏情，驱除了有己无人的自私自利的企图，这一天便过得很值得，好像做生意赚了大钱似的，值得庆贺，便可以替自己打个高分，来鼓励自己，再接再厉。我看见很多省察的日记簿，但都不能使我满意。在多年前我曾经自己拟定了一种公私省察两用的日记格式，自己曾油印了使用过。个人的体会中，觉得对进德修业有很大的帮助。多年来想提出来作为日记簿的参考，一直没有机会。在这本小册子里，既然介绍了修身的方法，同时把我所拟定的格式绘出，并附上用法的说明。如果印刷行能把它印成日记簿来，对青年可能有所裨益呢。

日程表

早晨	五点到七点 起床　晨操　盥洗后　静默几分钟（有宗教信仰的人，可作晨祷），举心向上，想想今天应做的事，怎样做才能做得尽善尽美。想一想自己立定的志向和决定的私省察题目。　早点。
上午	八点到十一点 工作或读书

正午	十二点到二点 省察　午餐　休息
晚上	二点到五点 工作或读书 将东西放回原处　晚餐　听音乐　看电视　自修　省察　睡眠

救世歌

我今既为人，救世原本分。世人既有苦，即是我心苦。世人既有病，即是我身病。我愿拯世苦，我愿救世病。心愿先世忧，身愿后世乐。我忧忧无量，我乐乐无疆。忧心不死天下平，乐心不住世界春。

本歌为先严所作，孩提时令我等晨操毕，默祷时，一面默诵，一面心唯。自觉对为学求进，很有裨益。书此备作参考。

省察日记

修身方面		工作方面	
求进方面		社交方面	
私省察		总评	

说明

省察日记中，私省察一栏内，是将自己所定的私省察题目，实践的结果记录下来，以便比较。

例如选“不说闲话”为题：今天反省出自己说了几次的闲话，便把次数记下来，明天要当心，不要再犯这样多了。以此类推。如不愿写明次数，自定符号也可以。譬如用“V”代表好，“X”代表不好，“〇”代表不好不坏。符号可随意自己拟定。

总评栏内，记录今天一天的生活中，根据上述四项的实录，和私省察的成果，衡量自己今天的为人，及格否？能得多少分？或用甲乙丙作记号也可以。

七、认识自己

希腊有一古庙悬挂一幅大匾，上面写着——认识自己吧！可见古今中外都讲究认识自己的艺术。

一位农夫，只认识别人田的地质，不认识自己田的地质，对他有什么用呢？一位医生，只会医治别人的病，而对自己的病不会用药，怎能治愈呢？眼看着别人吃好的食物，自己饿着肚子，虽善于烹饪术，也无法充饥呀！由此可知认识自己，比认识别人更重要。

古时有一位博士，乘船渡水，坐在小船上，问摇橹的船夫说：你懂天文学吗？船夫说：我不懂。博士说：你不懂天文学对人类有如此大的贡献，你真失掉了人生在世的四分之一的价值。他又问船夫其他两样学科，船夫都不会。他说你又失掉了人生四分之二和四分之三的价值。在这个时候，暴风突然大作，把船刮翻了。船夫问博士说：你会游泳吗？博士说：不会。船夫说：那么你便丧失了整个的生命。

的确，人生在世，常常被次要的事物占据了我们的心田，所孜孜追逐的往往是暂时的利益。多数人所研究的学科与技巧，只关系短暂的人生幸福，而认识自己，却关系着修己治人，今生与来世的永远幸福；但很少人重视这问题。我们看人自童年到成年，常在强迫的教育下，读着庞杂的科目，求着普通的智识，可是总没有得到比学问更重要的自知之明。人不能经过了一番反省，马上就会认识自己。必须经过长期的反省与惕厉，才能对自己渐渐地熟悉。因为人心真是一个小天地、小宇宙。如果愿意认识自然界的一切隐秘力量，已经感到困难，可是人性构造的复杂，超过任何机械，因为人不是受造于人，而是受造于天。人既然不能完全了解由人所造的机械，那么谁能洞悉全能而且极智的天主所造的人呢？谁能明察上天的谋略，不必说灵魂，就是对肉身，人也知道得微乎其微。论到灵魂与肉身的结合，以及人的自由秘密，生命的奥妙，越想越感困难与复杂。真足以令人望洋兴羡。

人本身具有自爱，能昏迷扰乱人的理智，且能以狡猾的方式，多方阻止人认识自己，真是人进修的大敌。人还拿它当着莫逆之交，处处与它合作。因此做事受它的牵制，头脑不清，颠倒是非。但观人易而窥己难，人往往不会了解自己的作风。

按着人的本性，人应认明自己有什么显著的偏情，有什么气质，有什么阻碍，有什么天才，那些是遗传的优点，那些态度是得自教育，那些是受人影响而产生的。人应做一番心理分析，检讨自己心理的组织与构造，是谁统治着我的小宇宙生活，是理智呢？是意志呢？还是情绪呢？或是烈情的势力呢？此外理智是迟钝，还是敏捷？喜爱什么工作？爱和哪一类的人交往，这些都能帮助我们认识自己。下一章便介绍一些有关认识自己的心理常识。

八、气质说

中国战国期间的荀子，就提到治气养心的修身方法，所以他说：血气刚强的，就应以柔和来调服他；智虑深沉的，就用平易忠直来敛节他；勇猛暴戾的，就用诚直的训导来辅佐他；捷速利敏的，就用安徐的举动来节制他；气量狭隘褊小的，就扩大他的心胸；卑下迟缓而又贪利的，就用高尚的志向来鼓励他；庸驽恶劣散漫的，就用贤师良友来转移他的旧习；怠慢轻忽自弃的，就用灾祸来晓示他；愚诚端实的，就用礼乐来调和他，用思索来贯通他。

这一段话，是荀子在修身方面的亲身体验，认为若要修身，必须更正一切的私欲偏情，想更正私欲偏情，必定应先找出缺点来。正像医生治病，必须先检查病因、病历与病情，才可处方医治一样。人在修德的路上，最能影响人的，没有比气质更重要的了。俗话说：江山易改，本性难移。因为气质是与生俱来的，可以抑制克服，但不可以消灭。宋朝理学家劝人要变化气质。因为它是天生的原动力，不应灭杀，应多加利用，假若不愿意为它所屈服，应该恒心和它骁战。我们看看从古到今，有志修身的人，在修德的路上，开始一帆风顺，后来因为气质不调，半途而废，不但毫没进益，反而辗转险境。因此人在修为的路途中，虽具坚决的善志，但是因为受着无数的阻碍与抑制，所以在圣德的路上，不易前进。这些种种复杂的问题，都与气质的刺激和冲动，有密切关系，因为气质可能失去平衡，趋向极端、片面、冲突、缺欠或流俗的缘故。

有人将气质比作一棵结坏果子的树，假若经人工接枝，便可生出甜蜜养人的好果子。又好像一道浪涛滚滚，水波参天，浩浩荡荡的湍流，本可以淹没田园，冲毁稼穑，倾倒房舍，但是假若使它就范，确能推动机械，制造电流，供人光明，且可成为发电的原动力。

气质的原动力，确可能使人克服困难，破除障碍，勇往直前，奔向理想的境界，所以我们应该认识它，善用它，修饰它，陶冶它。

怎样认识它呢？孔子说过：先看动机的原因，再看他所行的路途，然后观察他到结果的时候，心里安与不安。人何以能藏匿他的实情呢？俗话说得好，有诸内必形诸外，我们在谈话、说笑、写作、举止、动静中，再进一步地查考内心的反应，心情隐秘动态的冀图，行事的动机，修身的计划，特别喜好的事物，和其他种种的内在反应，都可以了解人的气质。但是不好的习惯，常犯的过恶，或者坚强恒久的德行，常行不辍的克己，肉体和精神方面的病态，不正常的现象，都可以阻挠我们认清气质。还有从外面看上去，好像是本能，并没有意识的冲动，但这却是从气质来的。因为有时候，极其繁多的特性，实在是后天环境所造成，因此教育、地区、家庭的习俗，都能影响人的气质。

1. 认识气质的基本方法

彻底省察一己的缺点及过恶的根由，以及进德修业的常久阻碍。

考虑父母、兄弟、姊妹、同学、上司以及与我有来往的人，对我不满意的是什么？为什么有时责斥我？反对我？批评我？而不愿和我合作？不重视我的见解、想法？这一切的一切，的确都是由于气质的缺欠，常常使人失败的主要原因。

以谦虚诚实的态度去窥察，为什么在尽自己义务的时候，没有得到应有的进展？为什么没有很圆满地处理那件事务？为什么没有善度团体的生活？无疑的，都应该坦诚地明了自己的气质，细心加以约束、克制，这是人一生应下的工夫。因为气质潜伏在我们人内，和我们人同生共死，有时它好像在静止的状态，自行假寐，但是时机一到，便跃然复苏，更比以前凶猛些。

2. 气质的种类

关于气质的种类，参阅了各家的说法，大都是简略地举出几个类型罢了。说得最精详，对修身有很大帮助的，要算是马骖声司铎在神修学中所介绍的——古代希腊名医喜薄拉德斯（Hvpokrates）的说法了。心理学进展到今日，他的说法，虽显陈旧，但是站在修身的观点方面，对自我认识上，却有很大的益处。因此在不薄今人爱古人的原则下，把它的说法介引在后面，以供参考。他根据一切生理印象所生的反应，把气质分成四种。

·多血质

多血质的人，个性大都敏捷而轻浮。《圣经》里的伯多禄，就是多血质的典型人物。有一次乘船过海，蓦然间看见耶稣，立刻跳到水上，等到警觉到自己站在浪涛汹涌的水面时，忽然又失去信心，便立时沉没，幸好基督及时挽救。当基督预言受难的时候，曾发誓追随基督，到死不变。基督实际受难的时候，一位婢女作证他是基督的徒弟，他便起誓说，根本不认识基督。

多血质的人，血液循环猛烈，心机跳动快速，身体活泼，记忆力强，理解事物普遍而迅速。学识、能干、技巧、伶俐、聪明，样样皆善，可以说是万事亨通，但是没有一门能深沉彻底。

态度春风满面，喜笑言谈，和蔼可亲，好像含苞待放的鲜花，常带笑容，喜欢和人交往；谈吐幽默，容易引人发笑。特别注重感情，但是感情太易发动，也太易消散，一时悲观，一时乐观，倏忽不定，两者皆不能持久。他是天生的可爱人物，言谈交往，是他的天性，容易被别人得罪，但也很容易忘掉侮辱，不记仇，不报复，极易动心，很会同情别人，更容易接受他人的私情。对人一见如故，十分亲昵，因此容易陷于偏爱、私爱、色情爱、肉欲爱，以及一些不正当的爱情中。喜交朋友，但是随意改换，好像更换衣服一样，犯有贪饕和迷色的毛病，假若任意顺从私欲偏情去犯罪，质与量都在众人以上。

至于其他的缺点方面，便是意志不坚。忽然立志成大圣人，时期不久，便离去当初的志向，转向其他方面。没有一样能够贯彻始终，达到目标的。心中的思想，朝三暮四，计划好像是豆芽子一样，出得快，灭得也快。一遇到阻碍，便立时中辍，做事情没有勇敢和毅力，尽职责也没有恒心。今天修这德行，明天改某毛病，能创办很多社会福利事业，不怕牺牲自己，容易得到别人的赞同，凡事竭尽智力，热心工作，他所草创的许多事业，假若有人继承，一定能为社会造极多的福利。

在修身生活上的特点也很多，例如：爱德大，心火旺，祈求热切，依恃坚固，诚实圆满无缺，服从敏捷，容易适应自然，随环境的转移，都能处之泰然，真是天生的良善风趣，和蔼可亲的人物。但在另一方面，缺点也特多，例如：无恒心，难以持久，养成私爱，贪图快乐，寻求虚荣，高视自己，喜爱夸奖，过于务外，缺乏内省，不肯收心，厌烦吃苦，高兴时表现良好，懊丧时心灰意冷。

教育家异口同声都说，多血质的人，假若有适宜的导师领导，一定很容易成为圣人，但是应特别注意，立定决心，遵守下列各项：

（1）恒心：拿定主张，决定计划前，必须详加考虑。诚恳向导师请教，决定后，绝不变换；同时应集中力量实践，将每天规定的日程，恒心照着去做。

（2）诚实：对领导自己的师长要诚实坦白，不可隐瞒自己的过失，并要虚心服从指示，要恒心专一地克己苦身，勇敢进行一切苦工，长久如一，坚持到底。努力约束三司五官，竭尽所能，静思真理。将自己丰富的爱情，上爱天主，下爱众人，热心公益，善继事业，将自己的特长用在光荣天主，服务人群上。

·胆汁质——敏捷而深沉

胆汁质的人，俗称易怒性者。因为性如烈火，能掀天动地，可以使自己与他人陷入水深火热的境遇里，特别的长处很多，缺欠也不少，而且皆走向极端，好像在他身体里，存有强度的蓄电池。假若不擦动它，像似安静如常，一旦和别的东西接触时，就发泄动力，或者推动强大机械，或者喷出强烈的电火，危害四周的群众。在仪容上，显著果敢、强力、壮勇，稍微还带有一些残暴跋扈，强硬凶猛的姿态。事事志向好像大鹏鸟，能够深谋远虑，看事透彻，有先见之明，擅长应对，喜欢别人拥护他，沽名钓誉的心很盛。在修身的路途上，或者因为泄沓不想攀登，或者心里怀有进修的心，决定要修成圣贤。天赋雄厚，理智颖锐，个性深沉，缺少活泼精神。但是理解力很强，看事入骨，好像先知一样。对事情发生的萌芽、前因、后果，都能推测得非常正当，审断力正确、果决、迅速。但是想象力薄弱，情绪虽然不丰，但是发起来非常强烈。

工作时的心火很盛，凡事没有不尽心竭力去做的。即便是极小的事，也要用很大的心火去做。别人嘱托他的事，一定很努力地去做，对自己应尽的职守，常常不遗余力地尽心实行。如果决定的事情，一定要办成，不成功决不罢休。由于聪明能干，又富经验，举办的事情都能成功。从不知懈怠、偷懒；就是在休息的时候，仍旧寻求操作，好像他身体的内部有一种原动力，常常逼迫他劳作。在心目中，常常怀着伟大的志向，和整顿革新的计划。事情当做或不当做，对他来说，并不重要；假若去做的话，便全力以赴。遇有困难、阻挠，虽当时感到败兴，但是片刻间又恢复兴趣，摈除一切阻碍，继续去做。无论任何工作，不管劳心或劳力，都很积极地去做，恨不得转眼就可以完成，明天的事，也想今天了结。为这个缘故，时常在事情将要结束的时候，匆匆忙忙地完结了事。

没人敌对的时候，他和众人结成好友，假若有人反对他，他便加倍还报，设法反攻。和人争辩的时候，绝不让步，实在难以屈服他。一定要他得到胜利才肯罢休。假若被对方打败，或者不能直接攻打的人，就私下暗算图报。压制他越厉害，反抗力越强，一直把敌人制服后，才算了事。为了进行任务，常常奋不顾身，不怕任何牺牲。但是往往因为急于进行，缺乏周虑谨慎、明智和节制的工夫。易陷于残酷，不仁不义，不知谅解人，不善于适应的毛病。因此常常和别人不能和睦相处，以至于败坏自己的事业，贻人话柄。假若能及早加以克服约束，不要步人极端，恐怕他可以恩惠生灵，不在天神以下呢？假若任他放荡不羁，使他像一匹没有缰绳的马，没有舵的船，奔逸没有羁绊；虽然心地善良，不怕牺牲，恐怕不但不能帮助人，反而有害于人，因为他不会收敛心神，过于务外的缘故。在社会团体里，不长于和人周旋交往，容易得罪人，喜欢责斥人，别人的作风，假若和他的不一样，他便大加批评。为这个缘故，容易陷于极端，远离真理和正义。和人谈话、游玩、交往的时候，不喜欢发言。说话的时候，态度又过于冷清。对客观的实理，信口评讥，毫不检点。因此往往使血肉的人远离他。虽然在内心的深处，含蓄着大量的爱情，同时也慈悲重视他人，同情他人，只可惜他不善于表达，使别人难以感受到他的慈祥。若有人得罪他，他也不太计较，不好发怒；但是对别人的痛苦，他也难以明了，因此不大会体贴别人。但是几时深深地感觉到别人得罪他的时候，他会暗中感觉到难受，很久难以消灭。平常时感情不容易激动，假若一旦发作了，势必难以遏止。整个的思、言、行为，都要受他的影响。

他的显著的缺点是骄傲，一生的期望，是别人的赞扬和欣赏，听他的指挥，向他下拜；认为自己比别人聪明敏捷，自恃过强，不肯虚心请教别人，藐视他人的意见，做错事时仍固执地原谅自己，把错误归咎给他人，很难向人展开心怀；诉心是他难以肩负的困难，他最怕的事，便是伤脸面，受人凌辱。

修身应下的工夫，首当抑制个人的聪明、经验、技巧，欢欣踊跃地牺牲自己，绝对遵照导师的指导，习修良善、忍耐。总不严斥人，压制人，反对人，伤害人或耍笑人，如果为了尽自己的职责，必须惩罚别人的时候，应先征得第三者的意见。在思、言、行为上，谨慎遵守爱人如己的诫命，随时随地，习修谦逊的美德。慷慨地把握时机，压制自己，总不要表显居别人以上，反而应谦和地屈服在众人以下。寻求卑微的工作，避免管人的职务，把首位让给别人，随便人自作主张。凡事再思而后行，遇到疑难或者大事的时候，先请教别人，绝对不可自作主张。经常查考自己的意念，是从哪里来，到何处去？有何目标？对自身、他人、上司、良心，能发生什么效果？自己的计划，有损他人的时候，虽然对自己有利，也不可行。《圣经》上说，种子不死，难结果实。所以人应当死于自己的偏私、特长；然后才可以结丰满的果实。

凡事缓慢进行，始终要一样。山上的冰川，要经过好几十年才可以完成路线，欲达到目的，也一定要得到方法。孔子说过，工欲善其事，必先利其器，控制自己的惟一方法，就是好好地约束自己，时时多加检点。预定的工作，也应循序地量力去做，不可由于一时的本性冲动，自爱的表现，匆忙工作，讲求功效，既妨碍心神的健康，又使人忽略修身工夫，敷衍尽职，得罪别人。所以应诚心诚意，念兹在兹的善行所应立刻做到的事。

节制是一条美德。胆汁质的人应特别珍惜它。实践英豪的德行，不在极端，应止在中庸的路上。所以做事应有节制，好能维持健康。同时也需要祈祷、安静、从容、勇毅，不可过分的自恃，做事应量力而为，也要有一定的限度。但是在某种特殊情况下，应赴汤蹈火，杀身成仁，舍生取义。

胆汁质的人，常常满腹怨言，认为虽然我有天才及学问，但社会仍然是庸驽主政，领导别人，但是我仍然毫无作为。的确，人人怕那些看透人心的聪明人，打破阻碍的直爽人，不识软弱的刚强人。但是胆汁质的人，失败的原因，不在别人，而在自己。就一般来说，是因为他缺少礼貌，不懂人情，轻视他人，批评人过严，使别人远离他。他的天才大，毛病也大。人人都承认他有非常的本领，但是更注意他的缺点，招人憎恨与厌恶。假若使用他的天才去管教人，必先修养自己的人格。才气大，德行也应愈深。如果谦逊、爱德、礼仪、明智、良善、和悦、慎重等德行，超越众人，那么他的成绩功效，自然也驾驭他人以上，不然的话，还不如一般普通人。

古圣先贤当中，有许多胆汁质的人。另外是一些创立修会的伟人，富有这种气质。的确，胆汁质的人，在他气质中所应铲除的，比较别人为多。但是假若有中心思想作前导，很容易得胜困难。例如：圣依纳爵·罗耀拉（St. Ignatius Loyola）习惯用愈显主荣，为一准绳。在做任何事时，先拿这个作目标来鼓励自己，为了天主最大的光荣，我们要做好这件工作，我要养成吃苦耐劳的习惯，我要改掉懒散的毛病，我要专心一致的去学习，我要牺牲自己，多做对别人有益的事。如果在日常生活中，我们都能够随时随地，奔向这目标，尽力而为，不留余地地争取到达至善境地。自然在思、言、行为上，都能日新月异地进步。一切困难，也都能措置裕如。圣方济各·沙勿略（St. Francisco Saverio）则用几句：“人就是得了普天下，假若丧失灵魂，对永远的你，有什么益处呢？”常常用这种思想，来鼓励自己，向前走圣德的康庄大道。所以这两位大圣人，都是先得胜一己，消除偏情，然后再出来领导人，指示人真理的路线，差不多拯救了整个世界。

所以胆汁质的人，应该习修虔诚恬静，做一位务内有志成圣的人，那么他便在修德的路上，进入门径了。

·忧郁质

忧郁质的人，也称为神经质的人，个性内向，一生辗转在痛苦的圈子里。像诗人、艺术家、立法家、哲学家、发明家，大多属于这一类型。他们可以算是人类的恩人，能够开辟新途径，造福人群，对社会多所建树，但是他们本身，好像海绵吸收水滴一样，把所见所闻的一切印象，都牢记在心中，翻来覆去，揣摩精思，因为禀受的理智深沉，澈透事理，很长于度默观生活，对事物的了解，好像黄鹰翱翔在天空中，低着头看下面品物的繁盛一样，一切的美善，都能收入他的眼帘。

他有浓厚潜在的情感，外面看起来，好像冷酷无情，但是内心的深处，却充满爱情、怜悯、仁慈、同情等的情绪。和别人不容易缔结友爱，但是既具友情后，便忠实到死，很难向人推心置腹，如果开朗起来，也丝毫没有隐匿，但有时对别人易生猜疑。为这个缘故，外面的表情，显示出端庄谨慎，敬重小心的态度。遇到逆境的时候，便痛苦异常，虽不表现出来，其实已深入骨髓，只是不愿向人倾诉罢了。真可说是“反膺抱心怀，有苦在心中”。生性极敏感，别人的善心善意，也可以得罪他。因此他远离人、躲避人、畏惧人，时时愁闷在心，如果没有职责或家务占据他的心，很可能由于困扰的苦闷，难免神经错乱。本来可能是意志坚强，精力充沛，兴奋振作，认理透彻，但一旦有不测的风云，或因劳苦过度，或因烦难折磨，就自行关闭在自己的痛苦中，猜忌人，慊恶人，悲观败兴而陷于难以自遣的局面。

属于这类型的人，通常自己不敢打主意，再三审量，反复思维，预定好的计划，常常蹉跎下去，胆量小，缺乏自恃，除非坚信绝对没有危险的时候，才肯实行。

由于个性喜好独处，对世界不发生兴趣，也不怕牺牲，能恒心勇敢地走德行的路线，所以很容易皈依宗教。既然不爱尘世，当然仰慕天上了。由于个性内向，比较容易结合天主，专心默想天上的事情。在心灵的深处，与天主冥冥相契。是生而善度默观生活的人，容易达到神修的高超境地。但是必须先经过一番奋斗，才可有此造诣。假若没有神修的基础，信心不坚，遇到烦恼忧闷，艰难困苦，便会感到厌世。对屈辱特别敏感，若无虔诚真实的宗教信仰，一遇挫折，便会灰心，由于缺乏勇气，大多数的人难以到达高明的圣德境地。

忧郁质的人，在修身方面，应注意的是习修真实、恒久和勇敢的谦逊。心胸宽大，能够担当屈辱，被人欺压后，能安然忍受，仍旧努力善尽职责、交际，并且希望这机会的来临。日常生活间，总不要愁眉苦脸、懈劲松弛，常当寻求有益的工作。如果精神遭受忧苦、烦闷、困难，就不易约束自己，所以几时感到忧苦的侵袭，就当立刻做其他的工作，千万不要论断、疑惑、猜忌，归咎给别人，也不要因为别人的过恶，失去自己心里的和平。在思想中，不要常想别人对你不公平。有这种信念侵蚀的时候，立刻应当实行驱逐反攻。在自己的思言行为中，应“爱人如己”，实践“己所不欲，勿施于人”的恕道。对于畏惧怯懦等心情，应该事事以反攻的方法，得胜自己，闲暇无事时，静思宇宙的美好，造物者的仁慈，亲情的关照，和友谊的可贵；虽然生长在这涕泣的幽谷里，难以逃脱苦难，但应当勇敢战胜一切困扰，建树些有意义及具有价值的事，才可以获奏最后的凯歌。假若沉溺在苦患里，不但没有益处，而且还有害处。所以最好是克制感情，得胜本性，欢欣事主。不然的话，整天闷闷不乐，没有地方可以逍遥自在。因为世上不如意事，时常十之八九，有什么人能常常称心如意哪！既不是你，也不是我。世界上没有这样的人。谁是最有福的人哪？实在是那些牺牲自己，为别人谋福利的人啊！

·黏液质

黏液质的人，表面上看起来，好像是贪懒好闲，这仅是他外在的表现，实际并不如此。因为这类型的人，理智不太敏捷，又缺少深沉的思索习惯，具有似乎安静闲散的外貌而已。但是他善于判断人和事物，十分正确。只因动作迟钝，死守成规，不知因时制宜，通权达变。因此革新、快速、爽朗的性情，好像是他的死仇一样。可是他也不知道什么是惴惴不安、焦心苦虑。同时在另一方面，却能坚忍有恒，深入事理，处世明智。学习艺术，虽然比较迟钝，但是他能孜孜不辍，费的时间虽久，等到学到后，就变成第二天性。想象力虽然不很活泼，但言语正直，谈吐漂亮，因为说话迟慢，有时间准备，在人群中，能有好的表现。因为举动缓慢，行动稳健，心情不易受激动，感觉也不太深刻，一切呈现在眼前的印象，很难牢记在心里。为人忍耐坚强，不易为人所开罪；别人对他亲密，也不易动情。平时不大会考查事情发展的后果，遇到困难，不愿努力克服，反而想办法逃避。通常内心并不常闹情绪，即便有也决不轻易表露给人。有人求他帮助时，他便大燃爱人的心火，不珍惜余力的助人，这一点都是人所共睹的。

黏液质的人，主要的特征，是从容、忠实、勤笃、工作尽职、不惜余力，并且可以任劳任怨，不怕劳苦，可以贯彻始终。因为他有恒心，说过的话，绝不食言。许下替别人做的事，一定办到。这种人极可托靠。但是他也不知什么是热情、急躁、不明智、冒失，为这个缘故，失败时少，成功也不多。因为他做事缺乏恒心，时常半途而废。个性又迟慢，做起事来，也难有功效。他应改的毛病，比别人少，但是他的能力，也同样较别人差。他为了战胜自己的私欲偏情，也需要下同样的工夫与努力。

在修身方面，最重要的，就是要集中力量锻炼、强化、控制自己的意志。实践坚强和恒久的克己工夫，慷慨大方，从事于内外克己的苦工。尽力避免怠惰，松懈。规定日程，按部就班地谨慎遵守。永远不要自私自爱，推脱迟延。怎样利用时间，怎样做某件事，有什么成就，都当预先打算好，到时候一一照着去做。时时自强自励，自奋自勉，好能战胜一切困难，日新月异地向前迈进。

以上所举的四种气质，还可以用些比喻作进一步的描述，使人更容易了解。假如四位好友正在午睡，忽然有人从外面掷进一个满装钞票的钱袋。如果这位朋友，是多血质的，他便一跃而起，拾起钱袋，向原来的方向，从窗口抛出。如果他是胆汁质的，他就立刻起来，拿起钱袋打开来，数一数，便把这款项据为己有，心中计划着作何用途。如果他是忧郁质的，他就大为吃惊，两眼灼灼，注视钱袋，惊恐得不能入睡，也不敢拣起，仅仅待在那里考察，想一想怎么会这样。如果我拣起，别人将要说我什么？他们是否会控告我为贼？为了良心的谴责，想象着自己手足将要被缚到衙门听审，受刑万状，所以终究不敢拾取。如果这位朋友是黏液质的，他便伸一伸懒腰，打一下呵欠，先自言自语地静止着，然后转过身来，面向墙壁，拿定主意，想一个妥善的法子，处理钱袋里的款项，然后仍然让钱袋留在地上，自己却又入睡，心里想着醒来以后再说。

另外一个比喻说：有一天，这四种不同气质的人，一齐去散步，偶然间前面出现一座墙，又高又大，挡着去路。多血质的人，不管怎样，用他毕生的力量，一跃而过。胆汁质的人，便设法铲除这座墙。用一个大锤，将墙壁敲个窟窿，便过去了。忧郁质的人，一看见这座墙，便开始想，莫非我得罪了人，为什么在这里筑一道墙，挡住我的去路呢？便不敢向前走了，停在那里。黏液质的人，见到这座墙，便向四周观望一会儿，最后在较远的地方，发现了大门，便自言自语地说：稍微休息一下吧！然后从这个门走出去。

以上所举的例子，可以看出四种不同的气质，所发出的反应都不一样。这些生动的描述，并非无根据的啊！

克肋美尔（Kretchmer）以体格的高、矮、胖、瘦，来判别人的气质。他认为体格短小肥满类型的人，是情感回环型。细长高大类型的人，是情感分裂型。这两型人物，如此分析，多少给人性学一些帮助和启示。但过于趋向生理学观点，未必尽合事实。其他的心理学家也把气质分为好几种，毕竟都没有超过以上所叙述的四种，而且都粗枝大叶，很欠精详，这里不必引述了。虽然这样分法，看起来体例分明，但气质对人来说，正如人心之不同，各如其面。虽然每人都有一个鼻子两个眼，但人的面孔，都不相同。因此气质对人，也不可截然划分为某人属某一种类型。大多数的人，都是各种类型，掺合而成的，只是程度上的多少不同，我们只可说是某人比较近乎那一类型而已。但是可以帮助我们自我了解，对自己的修身有很大的裨益。在《圣经》中我们可以明显地看出，伯多禄是多血质的，保禄是胆汁质的，若望是忧郁质的模型。稍微揣摩一下他们的个性表现，就可以明了气质的类型了。人能了解自己的气质，就可以纠正缺点，助长优点；在立己达人，修身处世上，实具难以逆料的益处啊！

九、二曲先生的教育观

二曲先生以为真正的教育，不是教些或学些雕虫小技的知识与科技而已。也不在空谈理论，惟在明白这颗心，体会心中所具有的天理良心的大道理。心是人人都有的，理也是人人都能明了的。上自圣贤，下至愚夫愚妇，人同此心，心同此理，古今中外，如出一辙。但是古时求学的人，多注重内修，追求实际的心得。现在求学的人，多务外求名求利。孔子当年教子夏，劝他要成君子儒，不要做小人儒。君子和小人不同的地方，除义利之别外，主要的只在立心上辨别。立心是内在的学问，建基在事事从自己身上体认。择善固执，一切尽其在我，绝无丝毫炫世求名的意思。不仅趋名趋利是圣贤们所弃绝的，就是聪明才辨，无一样可以仗恃。因此圣门中，有颖悟之才像子贡，孔子都不太重视，独选资质优秀的颜回，称他为好学。因为他能不迁怒，不贰过，专心在内修生活上用工夫。人能从为己上努力，不论资质高低，个个都可以造诣到圣贤的地步。所以颜回以下，曾子从忠厚鲁钝上入道，子夏因笃信而获成。这些都是为己的学问，不过能“明此心”“懂此理”罢了。这颗心在没有发动前要涵养，既发动以后要省察。对象不外乎日用伦常，随时随地体认罢了。《诗经》上说：有深度的文王，他接续着光明，止在诚敬上。心内诚敬，发现在人事上：为人君，就止于仁；为人臣，止于敬；为人子，止于孝；为人父，止于慈；与国人交，止于信。

这是指人一生所处的境遇，以及应具的职责而说的“为己”的学问。还有更重要的，那便是《中庸》上所说的戒惧慎独。孟子所倡导的收放心，都是令人收拾心身，不致放肆，不求安逸，不贪自在，应做什么，便做什么，念兹在兹，分阴是惜，这便是圣贤为己的根本。古时人为学，知道求本，父兄相告诫，子弟彼此规劝，都建基在这上面，没有其他的路线可循，为了帮助人达到这种境地，孔子特别标出三畏的道理。君子有三畏：

（1）畏天命：畏是谨惮的意思，天命是天所赋给人的正理，能以戒慎恐惧的心情，便能与天理良心合作，不敢违背，这便是畏天命的真谛。

（2）畏大人：大人指有德有位之人也可。孟子所说的大人者，不失其赤子之心者也，亦可。这种大人，是指遵循天理良心，处世立身的人，所以应敬畏听从他。

（3）畏圣人之言：圣人之言，是指典册所载的真理，能启发人追寻天命的指针。人若愿在进德修业上，向前迈进，三畏是非常重要的。

人在日常生活中，拟定的处事接物的基本原则，在思言行动上要表现出来。此外也应该顾及到具体而微的琐屑小事。因此孔子又提出君子有九思：视思明，听思聪，色思温，貌思恭，言思忠，事思敬，疑思问，忿思难，见得思义。教人做事认真彻底，不能马虎，时时处处，对己对人，都应负责。所以提出九思来，要人看要仔细，好能分辨清楚，内不为私欲所蔽，外不为恶色所遮，洞察事理，能知何去何从。听无所壅，就能听得清澈，助人了解真相。在日常生活中，态度能温和端庄，处处表现平易近人的容貌，乐与人处。在言语方面，忠诚可靠。做事方面，谨小慎微，有条不紊。遇有疑问，就设法请教。直到明了而后为止。想发忿的时候，用种种可能发生的患难来遏止它。因为小不忍则乱大谋。应知道一朝之忿，忘其身以及其亲的灾祸。这些道理，虽然是极其普通的，但对于度平凡生活的人来说，是非常重要的。成圣成贤，救国救世，都也离不了它。所以孔子特别标榜出来，作为人日常行为的规则。

现代的人教育子弟，自六七岁开始读书的时候，就灌输富贵利达的思想，从开始便种下务外的种子，所以从早到晚，所从事的，只是为得些名利权位罢了。与人交谈的时候，提起名利就喜悦，说到立己达人，不看作迂腐，就以为奇怪。这是今人与古人道不同不相为谋的地方。真正地讲起来，人人都爱功名，但大多数的人，却不知“功名”二字的真涵义。二曲先生曾经详加解释说：功是有功于一方，有功于天下，有功于千秋万世。像伊尹、周公、孔子、孟子，得志就能实现治理天下的雄才大略，建立丰功伟业，使天下的人，都沾被他们的恩泽。不得志，就能够承先启后，立身行道，兼善万世。自然天下的人，称颂他，后世的人显扬他。不求名而名自立，好像有形必有影一样，因此有功也必定有名。

目前的学生求学，只知道得学位，出国留学，准备赚大钱，做高官，握重权，肥身保家，称为富贵可以，说有功名，便不然了。假若再进一步讲求真学问，就是“功名”，已屈居第二了。真正的学问是要培育人的良心，渐渐明了人与生俱来的本然之善，也就是所说的明心见性。本源澄澈。这颗心能够寂然不动，感而随通，虽常变化，却始终如一。内修到达这种境界，不预期功名，时机到了，事业自然成就；功自建，名自立。如影随形，响应声一般。所以求功名，必须以道德为根本，社稷生灵为怀。不然的话，富贵未必得到，这颗心先亡了。这颗心既亡，多一富贵，就反而受一富贵的累赘。因为灵性丧失，一味追逐物质的享受，便会拖人向下，使人迷失真正的自己。怎能救世益群呢？所以真正的为己之学不倡明，就不能谈教育，只有真学风倡明后，才能培育出真人才。人才兴，风俗正，文治教化就能翔洽了。

1. 为学

学的涵义是什么？先生说："学，觉也"。用学来明了人本身与生俱来的本然之善；并不是了解他人，而是了解自己。但是如果不效法古圣先贤的所作所为，我们就不容易明了与生俱来的本然之善。效法先觉的所为，是指那方面说的呢？二曲先生曾举例说明，不外乎尧的"允执厥中"，凡事掌握着止于至善的一面，勇往直前的求进。舜也如此，又特加精察一守的工夫，贯彻始终。夏禹能小心谨慎地秉承天命。商汤以义制事，以礼制心。文王以敬胜怠，以义胜欲。孔子尽力习修周公的勤敏，下学上达而成圣。颜回的专精，曾子的敦笃，大程的主静，二程的主敬，朱子倡导穷理致知，象山的先立乎其大者，阳明的致良知，甘泉的随处体认，这些都是为学的真实工夫。因此为学的人，应在这上面下工夫，体认心中的天理良心，一切为所当为。所以二曲先生又提出实践的方法来。先从敬字入手。从敬以复初。心性比如是镜子，镜本来清明，但沾染尘溷，拂拭后便可复明。敬就是干干惕厉，一天十二个时辰，时干时惕，以至于念念不懈，刻刻常惺，心就能存而不放，然后可以善明初复。这便是敬的工夫。能下敬的工夫，才可恢复本体。因此他又说：用功莫先于主敬，敬之一字，彻上彻下的工夫，千圣心传，总不外此。应当下发愤，拼一个你死我活，实实下一番慎独的苦功，犹如人履危桥惟恐坠落，不敢稍懈。虽处隐微幽独，无人指视的地方，但在我一念之间，知好知恶，知是知非，炯然于心目，就是十目十手，万耳万目的指视，也没有比这个更妥善的。怎可以悠悠虚度，姑息自己，原恕自己。此外他又对静加以解释，以为天道不翕聚收敛，就不能发散。风如果积聚不厚，就无力负担大翼，自然的现象是这样，为学得力的地方，没有比静更重要的。程子看见人静坐，便称赞他会为学。詹阜民向象山请教，象山令他闭目静坐。遵行一月后，往见象山，象山迎面笑着说："道理已经很明显啦，从你的眼里，便可看出来了。"所以先生常说：学贵敦本。本就是每人心中知是知非的一念灵明。这也就是《中庸》上所说的，肫肫其仁的仁，渊渊其渊的渊，浩浩其天的天，就像溥博渊泉，以时而出。人能朝闻夕死，也是值得的。这就算是找到了自己的本来面目。为了抵达这种境界，非得由敬与静入手不可。

由此可知为学并不是辞章记诵，目的为能存心复性。显示出人之所以为人的本色。再通过博学、审问、慎思、明辨的工夫，然后加以躬行实践。如有欠缺，便不算学。此外在心中应戒慎恐惧，涵养在未发以前，致审在方发的时候，窥察念虑的萌动，光照理欲几微的地方，先使心平气和，驱恶向善，使私欲没有用武的地方。让天理通畅无阻，这都是内在应下的工夫。

至于仪表应保持面恭谨，眼端正，气缓和，声庄穆，立静直，坐端正，行如尸，息如蚁，日常生活中，动静云为，皆能为所当为，止所当止，自始至终，无丝毫舛错。内在洁除私欲，克复天理，外在恭谨自持，小心翼翼，内外交养，打成一片；开始勉强，时间久了，就会自然融洽。喜怒哀乐中节，视听言动复礼，纲常伦理不亏，辞受取予不苟。造次颠沛，一致得失。毁誉不动，生死患难如常。素富贵，行乎富贵；素贫贱，行乎贫贱；素夷狄，行乎夷狄；素患难，行乎患难。君子无入而不自得焉的境界。这样就能心存性复，不愧乎人生应有的表现。才可说是为学。所以二曲先生提出为学的主要工夫，全在涵养省察，这两项工夫，全都是为此目标而设，所以他说：涵养是涵养这个，省察也是省察这个。时时操存，时时提撕，忙的时候，不至于逐物，闲的时候，不至于落空。又说：为学不要好高骛远，但从浅近做起，四体五官，必须约束整顿，心中常常警觉收敛，敛了又敛，至于无时无事不敛。这样便能足重手恭，视明耳聪，从孝悌做起，推而仁民爱物。爱敬根于中，和顺达于外，一举足不敢忘父母，一出言不敢侮尊长，推至待人接物，居官莅事，不敢刻薄一人，不敢傲慢一事。心中的良知，知善知恶，知是知非，炯炯不昧，烛照一切。只此才算真学。有人以为良知的知，就是知识的知，这便是大错而特错。知觉的知，或从意见中生出，或靠才识得来，或以意气用事，或因尘情染着，四者皆不是本来所固有的，都可以成为虚明心的障碍。许多英雄豪杰，多为了这四者所误。所以治学必须克除知识的知，使心地虚明，常能做一己的主宰，这便是致良知的妙诀。

有人问及天良，他解释说：天良并不是别的，就是人心中一念独知的微妙处，天所给予人的，就只有这个，它在的时候，心地光明磊落，坦坦荡荡。寂然不动，感而遂通，孩提之童知爱亲，及其长也知敬兄。乍见孺子入井就恻隐，嘑蹴而知羞恶。一语穷而舌遯，一揖失而面赤，自然而然，不由人力，这不是天良吗？因此在日用寻常中，不要戕害它，梏桎它，就能火燃泉达，无往非善。这就是本来真面目，圣贤真血脉。象山说过，人假若知本，六经皆我脚注。就是指这个说的。所以学须摒除耳目外务，应一心志，向无声无臭的地方立基。胸襟悠然，一味养虚，以心观心，务使一念不生，虚室生白；天趣流盎，彻首彻尾；涣然莹然，性如朗月，心若澄水，身体轻松，浑是虚灵。秦镜朗月，不足以形容它的明，江汉秋阳，不足以比拟它的皜。石火电光，瞬息千古，语言文字，何足以和其同日而语呢？所以人应随境炼心，念念操持心学，如不知在心上下工夫，那所学就不是真学。不能念念操持，以收放心，那么炼心也不是真的，纵然能够聪明特达，颖悟超群，谈玄说妙，讲尽道理，敏言过于飞龙，躬行好像跛鳖，仰起来愧对上天，低下头来愧对人群。昼愧影，夜愧衾。闭藏消沮，身没死心就先死了。这种人生在世上，对己对人，有何利益可言呢？所以古圣先贤，以词章文字为雕虫小技，不算真学。学做圣贤，才算真学。二曲先生以彻性为真学。因此他极力推崇阳明之学，说他不桎梏在文字上，纠缠在句读中，疲精役虑，茫昧一生。首倡心即理，致良知，知行合一，横发直指，洗掉相沿的陋习，使读书人知鞭辟入里。日常生活，心地坦荡，炯然焕然，过去向千里外去求，从此反回内心，已经裕如了。

良知的学说出现后，人人知道良知为人所固有，就是庸夫小量皆可反求以入道。这是阳明学说的卓越建树，从这里看他的学说彻上彻下，上中下根，都有路可循，人人可以成圣贤，人人都应当成圣贤，已很显明了。

李延平的体认天理，也是体认这个。下手的实际工夫，惟在默坐澄心，因为心一澄就虚明洞彻，无复尘情意气作为障蔽。固有的良心，会时时呈露。心中炯炯常觉，主人翁就在家，自然没有不善的动作，能够得其所止。在未发的时候，心如太虚。本性的真体，不落思想，不随方所，无声无臭，浑然太极；这就是《中庸》所说的大德敦化。当恻隐就恻隐；当羞恶就羞恶；知爱知敬，知是知非；随感而应，这就是小德的川流。没发不是先，已发不是后，因为源是一源，显微原自无间。先哲口口相授，止传工夫没尝轻及本体，务使人一味刻苦实诣，亲身体会，力到功深，自能左右逢源。

2. 立志

阳明先生在龙场教育诸生时，第一便劝他们立志。志不立天下无可成之事，虽百工技艺，也没有不本于立志的。现今青年，废弃学业，怠惰懒散，为非作歹，虚度岁月，都是因为没有立志。所以立志成圣，就可以成圣人。立志成贤，就可以成贤人。不立志，就好像没有舵的船，没有缰的马，漂荡奔逸，终于到何地步呢？真使人担忧。因此二曲先生平时常告诉门弟子：人须先立志，志立就有根本。譬如树木，须先有根，然后才可培成合抱之木。又引吕祖谦的话说：学者志不立，一经患难，愈见消沮，所以要先立志。书不识，熟读可识。义不精，细思可精。惟有志不立，直是无着力处。而今人贪利禄，不嗜道义，要做贵人，而不要做好人，皆都是志不立的流弊。

杨继盛示其二子说：人需要立志，初时立志为君子，后来多有变为小人的。若初时不先立志，就心中无定向，便会同流合污，无所不为，便作成天下的小人。

二曲先生也劝人立志，并且立大志，就是立志当做天地间第一项事，当做天地间第一等人。当为前后古今着力担当这条大担子。自奋自力。在一方思超出一方，在天下思超出天下，先天下之忧而忧，后天下之乐而乐的心胸。现下真学久晦，人失掉本心。应阐明这道理，不容稍缓。经书垂训，就是用来维持人心的，学校的设立，联合群众会讲，也是用来切劘人心的。目前在教育方面，父兄所督促的，师友所倡导的，当道所鼓舞的，子弟所习尚的，完全在于科技名利。除此以外，茫不知学校为什么开设，读书是为了何事？试问这种只知传授知识技巧，而不能给予人品培育的教育，怎能造就出优良的下一代呢？

有人问他应怎样立志，他说：大凡立志，先贵能脱俗，所以我们试观在行谊上超俗的就是名人。议论上脱俗的，就成名言，行为上脱俗的才可超凡入圣。果真能摆脱流俗，自然不理会流俗，不安于流俗，必定设法超脱流俗；然后才能立志，才有上进的真诚。因为为学应倡导立志，并且立志要坚决，所以二曲先生在答张澹庵信中说：为学最怕是持志不坚决，造诣不勇敢，愿意前进，但是没有果敢去力行，有意下退，但是又有所顾惜，往往骑两头马，耽搁时间。光阴如梭，转瞬百年，日月逝矣，岁不我与，必须以沉灶楚舟，决一死战的精神，远嚣寂居，静体天良，日常生活间，使自己的思言行为，随时随地，处处体认天理，奔向至善，这是学问的大主脑，用功的大肯綮。领悟这个，便算领悟了与生俱来的本然之善的本性。见到它便算见道。如果能屏缘息虑，一切杂念放下，反己自觑，从这里静存动察，勿忘勿助，收摄保任，日充月着，人情有向有背，境遇有顺有逆，这一点天良，不为情迁，不随境移；虚明寂定，才动便觉，一觉就化，不远而复，这便是安身立命。能安身立命，就像水有源，千流万派，时出无穷。机遇到来，有为就可以经纶天下，参赞化育。一本至性。体就可以为用，道德便算是事功，并不像一般俗人所认为的事功。立德立言，尽心知性，便算人生的大事功。如果时运不济，命途多舛，就能独行其道，遯世无闷，区区身外浮云，有与无原与天良毫无加损，真可说是些许小事，何足挂齿。假令声望震四海，姓名馨千古，一朝长眠，躯壳腐化，其炯炯不昧的良心，与天地互为悠久。人生的最高价值，就在于此。所以我们人应鞭辟入里，朝夕警惕，好像有事，也就是为了这个。古人所谓如鸡抱卵，如龙豢珠，庄子所说的——用志不分，乃凝于神。这便是安身立命的实际，这也就是为学的真成就。有人问：入门下手的要点何在？二曲先生认为只要个人回光返照，寻觅本人受病的所在，认为本身有那种毛病，便设法以对症下药的方式去医治，这便是入门的最好法门。如果患虚寒，给他吃温补的药剂；假若拿这药剂，给强壮的人去服，便会误人不浅。所以二曲先生说：人的病痛，各有分别。有的在声色上，有的在货利上，有的在名誉上。举凡一切胜心、妒心、悭心、吝心、人我心、是非心等，从这里可以产生无数的弊端。必须自克自治，来恢复本然的善。假若毛病不革除，即便从早到晚，讲究理论，只尚空谈，不过是画饼充饥罢了。说尽了药方，自己仍旧是个病人，是多么可叹啊！

从此可知人应该先认识自己，了解自己的优点缺点，才可以截长补短，整修自己。因此涵养与察识（省察）在修为学上占很重要的位置。察识的对象，当不外个人的气质和为首的偏情与毛病。哪些是从遗传，哪些是得自教育，哪些是受他人影响，以及心理的分析，认清理智、意志及爱情的实力究竟如何。人能认己，方能识人，才可因材施教，对症下药。认己最重要的工夫，就是省察。本书在上章已详为论述。

二曲先生又提出悔过自新是真正入门的第一义。在这方面，假若忽略，便不用谈内修了。自新的工夫，当从何处用力？先生以为最上等的道理，只在最下层用工夫。孔子也说过：下学而上达，不必骛高远，说精微，谈道学，论生命，但就日用纲常伦理方面，极浅近处做起，必须整顿精神，心中常警觉。一言一动，都要体察防范。必使言无妄发，表里精粗，没有一项可以马虎。明可以对人对天，暗中可以质鬼质神。这样就洁净透脱，才可以言工夫。

如果有人说，这样自新，谈何容易。有的人劣根性很深，充满私欲偏情，拖人向下，怎能步入这等内修呢？的确，人性虽善，但气质清浊不同。行善如登山，作恶如水流，但这也并不是不能自新的理由，只不过多加努力，下些苦工夫罢了。

二曲先生在答张敦庵说：从前近溪先生尝说：我在开始为学的时候，有时清昼长夜，只是挥泪自苦，四十年来，关心斯道，夜分方合眼，不久又醒来，直到听鸡鸣，仍没得安席。可见修德并非易事。此外还有傅长孺在南奉做官，时常专力集友，切磋辅仁，瞬息不离。夜晚回到家中，闭户自加思量参悟，不得就长跪达旦，家人看到惊愕，不知他在做什么，这样好几个月，有一天豁然开朗，慷慨承当。我们在进德修业上，如果能下同样的苦工夫，没有不能成功的啊！

由此可知求真学的重要。这种学术，才能使人享用一生。所以孔子说：民之于仁也，甚于水火。人或可以一日无水火，但不可一日无学。不可一日无学，就不可一天不讲学。讲学就可以使人知所向，日淘月汰，天理常存。而人心不死。不讲就贸贸然不知所从。率意冥行，难免任气滋欲，随俗驰逐罢了。所以先生特别重视讲学。

3. 讲学

二曲先生在他的语录和书信中，常提到讲学的重要。认为立己达人，全在讲学，移风易俗，全在讲学。拨乱返治，全在讲学。旋乾转坤，全在讲学。为上立德，为下辅民，没有不赖讲学的。因为通过讲学，才能掌握着人类的命脉，宇宙的元气，不可一天比一天息止。如果息止的话，元气尽而生机漓了。所以讲学的风气，入人很深，假若乡邑各郡县，都能在在讲学，在在提撕，使大知觉小知，小知觉无知；大觉觉小觉，小觉觉无觉；互相知觉得越多，社会上承流感化得也越多。因此人欲就可以化为天理，身心也就太平。小人化为君子，就世运太平，人皆可以为尧舜，世界岂不成了唐虞了吗？沐浴在光天化日之下，是何其理想啊！

他在《医时要务》的言论上也提过，大丈夫无心在世上建一番丰功伟业罢了，假若有心，须从大根本、大肯綮处下手，就能事半功倍，不劳而获的易举。谈到天下虽大，根本没有能超过人心的。世界虽广，肯綮没有比提醒人心更重要的。愿意提醒人心，惟在明学术。因为天下的治乱，是由于人心的邪正；人心的邪正，是由于学术的明晦；学术的明晦，是由于领导者的好尚。所好在正学，就正学明。正学倡明，就人心正；人心正就治化淳，由此可见正学的重要了。

所以说洪水猛兽的为害，只限于人的肉躯。真学不明的害，是根于人心的。身害容易避，心害就会使人醉生梦死，不自知觉，发政害事，为患无穷。是心害比身害更严酷到千万倍。除非大有为的君子，能担当世道，主持名教为己任，学术怎能倡明，心害怎能拯救呢？

但是真正的豪杰，方可以无待而兴，其余的就全赖有位的人，劳来匡正，多方鼓舞。阳明先生从当驿丞，以至宰庐陵，抚江西，总督四省，所在的地方，都提倡讲学，并且挺身号召，远近的人都风起云涌，热烈拥护。当他秉钺出征的时候，尚且讲筵大启，指挥军令，与弟子答问中，都一致推崇，所宣讲的，直指人心——一念独知的隐微处，以为这就是为王为霸，为义为利，为人为鬼的主要关键。听的人没有不感动的。当时的学风，专注重辞章记诵的学问，从先生开始提倡，天下的人始知立本于求心，始信人性皆善，而人人皆可为尧舜。所以当时雨化风行，云蒸豹变，一时学术的盛况，好像日头正中一样，这便是讲学成功的显例。

·讲学的程序

二曲先生所倡导的讲学，并非普通演讲，而是一种集体的精神操练，在他的著作里，曾经提及讲学的程序。现略述如下：

（1）凡参加听讲的人，应早作心灵上的准备，三日前开始斋戒沐浴。

（2）参与时先行礼就座，端坐观心片刻，默静数分钟。

（3）静下心来，切勿心粗气浮，分心走意，不能专心听讲。

（4）室内宜守默静，专心听讲。如有问题，不要立时提出，不妨讲后，到寓所或休息的地方，从容盘桓，大小问题，仔细解决，既能对症下药，也可以因材施教。

·讲学的内容

讲理学，劝人学圣贤，他本人谦卑自持，自称是昏谬庸人，千破万绽，擢发难数，既没卓品，又无实学；惟愿十二时中，念念自反，以改过为入门自新的实践。人若奋志求新，痛自洗剔，方获进益。如齐宣王自谓好勇、好货、好色，肯将自己所有的毛病，向孟子一一陈述，无一毫隐讳。所以孟子循循谆嘱，多方鼓励，以为足用为善。好像病人不自讳忌，肯将自己的病源一一述出，使医生知其标本所在，药始中病。不然的话，即便有万全良剂，与症不对，又有何用哪？现在吾人相聚切磋要谨慎，万勿蔓衍泛谈，不切实际。要就症言症，方能得到忠告的益处。在晤面的时候，每人都要聚精会神，默坐澄心。务必使心澄气怡，外表及内里了解得很清楚，彻底省察，使有生以来，一切嗜好，一切外慕，以及种种偏情习气，尽情融销，洁洁净净，无一毫牵缠粘滞，方有入机。

此外用力吃紧的地方，需要着实从一念独知的地方，自体自认，小心几微。这一点是人出禽入人，安身立命的大关头。这地方得力，像水有源，千流万派，时出不穷。假若仅外表方面，依样画葫芦，便是离本逐末，舍真求妄，自蔽原来的面目，自梏原有的生机。

孔子曾提出疑思问。《中庸》上又说：有弗辩，辩之弗明弗措也。人若真实刻苦进修，问与辩，也是很重要的。譬如行路，虽肯向前直走，若遇三岔歧路，又怎能不问？路上曲折，又怎能不一一辨明。所以遇歧便问，问明便行，方不托诸空言。若在家依然安在，只管问路辨程，只不过是道听途说而已。对身心的修养，没有什么真正的益处。

从前吴密山，年八十余岁，尚且孜孜向学，到处求师指导。到姑山房寻罗近溪，累月求悟不得。张斗阳说：你胸中闻说太多，蔽却聪明，须尽数倾倒，方可收教。听他话后，再请罗师指点，后遂领悟。过一段时间，与王龙溪相晤时，王对他说：你这一悟，也要忘却。他又问说：今后数年内，不知当作何究竟？焦澹园说：把悟与忘，一齐放下。吴老先生很高兴说：这样说来，为己之学，并不废除闻见，也不专靠闻见，要在深造默成，使胸中瞥然自得，始有下落，得后又能忘其所得，空空洞洞，好像赤子有生之初，就差不多了。

二曲先生所倡导的讲学，其方式与目标，极像罗耀拉神父所创导的避静神操，使人远离喧嚣，静心反省，默思真理，坚心定志，惕厉求进。这种工夫，给予人重整自新的精力。好像把用旧的车辆，送进厂中，重加整修一样，先经检查，后行修补，再整新洗刷后，加油开出去用，一定效果良好，不出差错。

心物合一的人，就肉身看每天都需要饮食来养活。在精神方面，也需要饲养。避静神操，好像给灵魂设下丰富的酒席。人每天吃家常便饭，来养活身体，但为保持健康，增加体力，有时便须摆设筵席，特为进补一番，使体力充沛，精神焕发，好能担当大任。避静神操，又好像滋润万物的春雨，田地只受些露湿，难以生长花果，必须连下几场大雨，把地浇透，风刮不干，日晒不透，才能长出庄稼来。古圣先贤懂得讲学的大益，虽然身当重任，也必忙中抽闲，选一时间，推开闲思杂务，找个清静地方，专务修身的工夫。振作好自己的精神，克制自己的放肆，收敛心神，守规尽分。人知惕厉永进，希圣希贤，便能做到闻过则喜，见贤思齐，坚守意志，努力上进。有疑则问，认清目标，拿定主张，便可百尺竿头，再进一步。这些都是讲学所能给予人进德修业的实力与鼓励。它的重要，由此可见了。

4. 读书

二曲先生说：读书特患无得，如果有得，就能默识心通，如性中所自有。正如孟子所说的："君子深造之以道，欲其自得之也。自得之，则居之安。居之安，则资之深。资之深，则取之左右逢其原。"人能达到左右逢源，就可以施于四体，四体不言而喻，这便是发明。纵然终其身无一字论著，也不害为读书。

伊川也说：今人不会读书，如“诵诗三百，授之以政不达，使于四方，不能专对；虽多亦奚以为”。这段话说明了只知读死书而不能活用，是没有多大用处的。另外书中的义理，不仅只求了解，还要用书中的大道理，反躬自问。孔子说：人而不读《周南》《召南》，其犹正墙面而立。须是没读的时候，好像面着墙，到了读后，便不面墙，方是有效验。这就是读书的方法。好像读《论语》，旧时没读，是这个人，等到读了后，又只是这个人，便算不会读书了。读书应寻求圣人写经的宗旨，圣人的用意，以及圣人所以成为圣人，我之所以依然故我，找出其中的缘故来，应该句句的寻求、思索，白天诵读的时候，要仔细玩味；夜间醒来，也要默想一番，平心静气地仔细揣度一番，便能了解圣人的用意了。

先生又说：为学能无所不知固好，但必先知其在己者，否则纵事事咸知，好像无知一样。什么是“知其在己者”呢？那就是上天所给予我们人的这仁义的根，道德的枢，经纶参赞的基础。所以讲习、讨论、涵养、省察，都是为了这个。舍此他求，就好像抛弃自己家的珍宝，偏愿详知邻人的器用一样，真算是不知务了。

又说：学贵博，不贵杂。了解修己治人的机巧，明达开物成务的纲领，足以辅世泽民。剩下的流风余韵，还可以师范来哲于无穷，这就是博学。所以不必役使有用的精神，接近无用的琐务，内不足以明道存心，外不足以经世宰物，只是徒劳罢了。

孔子用博文约礼的训诲，上接虞廷精察一守的真传。千年而下，渊渊相承，确守不变，惟朱子为得其宗。生平自励励人，亦以居敬穷理为主，穷理就是孔门的博文，居敬就是约礼，内外本末，一齐俱到，这才是真正的学问。但是现在的人治学，不过是训诂罢了，文义罢了，对于内外本末兼诣，主敬专一，求放心，敦践履的实修，既不知道下工夫，又没有真正的心得。单单以区区的语言文字的末技上下工夫，对为人，有何益处呢？

所以他提出穷理而不居敬，闻见虽然多，但究竟无法完成人品。存有的只是俗学，能称为学人而不能称为圣贤。居敬而不穷理，就空疎无用，终不足以经世宰物，便是腐儒。因此必主敬以穷理，使心中常惺惺，方能精义入神，随博随约。庶几当下收敛，不至于支离外驰，德业与学业并进，知行合一，就在此吧！所以内外本末，必一齐俱到，用功着力，始为吃紧。

他又说：有时瞑目静坐，反觉思虑纷纭，这也是初学修德常事，不足为奇。最好的方法，惟有随思随觉，随觉随敛罢了。但是绪出多端，皆是因为心中无所主，若有主心中常惺惺，闲思杂虑，从何而起哪？静时心无所寄，是由于未见本地风光，见到后就心常洒脱，无事时湛寂凝定，廓然大公，有事时物来顺应，但不随境驰驱。假如刚开始不能很快的到达这地步，不妨先默思涵咏圣贤格言，使义理津津悦心，天机自然流畅。这样寄心，胜过空持硬守，时间久了，内外澄澈，打成一片，所存于己者得力，而反于人者自宏。自然能在在处处，转移人心。纵然在日常生活中，所结识的人有限，而中心生生之机，原自无穷。这是立己达人，化育参赞的根本。愿意知道孔颜为什么快乐，必须知道世俗为什么忧苦，胸中没有世俗所以忧，便是孔颜的所以乐。所以心斋说：“人心本自乐，自将私欲缚；私欲一萌时，知良还自觉。一觉便消除，此心依旧乐。”乐就富贵、贫贱、患难、流离，无入而不自得了。常言道：积善有余庆，积恶有余殃，天道福善祸淫。报应的说法，原真非幻，即便有时善或未必蒙福，恶或未必罹祸，安知一般人所说的善，不是天之所谓恶；又怎能知道人所说的君子，不是上天的小人呢？的确，有些人在人前洁身自爱，但在暗地里却为非作歹，平时常常谨言慎行，无非无刺，但在一念隐微处，却有不堪自问的意念产生。若就一节一行，显然易见的便自以为善。就好像拿着微炬去徧照八荒以外似的。哪能发生效用呢？即便表里如一，纯粹无瑕，也应该知道——艰难成德，殷忧启圣的道理。因为烈火猛焰，才是锻炼真金的所在。至于恶或未即罹祸，但也不能担保终不罹祸。明有人非，幽有鬼责，不显遭王章，便阴被天谴，甚至或家有丑风，子孙倾覆，念及于此，真可使人骨栗。就形骸来说，固然颜夭而跖寿，若论其实，颜实没尝夭，跖也没尝寿。一个人能够生活得堂堂正正，尽道而夭，虽夭犹存，况且还有不与死同亡的真生命——灵魂哪！假如悖道而寿，虽寿犹夭，况且还有不与存俱存的呢！《诗经》上所说的：文王在上，于昭于天；在帝左右，原非诳语。总之，求学贵能知要而晰疑，必须循序渐进，方可谈论静功。如常常泛论化育参赞等说，未免驰骛太高，恐怕不能收切问近思的效果，修身的人，不能不多加注意啊！

5. 儒行

二曲先生的修身观，是要人人能成圣成贤，才算尽了人应尽的天职。他的实践步骤，得力于宋明理学家很多，但就整个的体系去看，确是传统中的儒家思想。因此他极力推崇《礼记》中的《儒行》篇。每字每句，都仔细去思考揣摩。因此他尝说：身着儒服，口诵儒经，不算真儒。儒有他的本色。即便是有儒之行的，才称真儒。因此他特别标出《礼记·儒行》，来劝化门弟子，并以之会友辅仁。现在我以深入浅出的方式，把儒行中的内涵，分节列条，简介如下：

·自立

（1）学问方面：应具丰富的学识，高明的识见。对古圣先贤的美德与特长，都能了如指掌。此外尚须强学不息，力求上进。其高瞻远见，足以排难解纷，答问释疑。

（2）道德方面：高尚的品格修养，与学识相颉颃，能力行忠信，以待有为的机会。

·容貌

（1）衣着适中，不着奇装异服，或过于华贵夸耀的服装。

（2）动作谨慎，举止大方，容貌谦和，态度端庄。

·日常预备

（1）仪表斋庄可畏。言必先信，行必中正。

（2）与人交往，不争私利，不占便宜，不做损人利己的事。行路时，虽经险阻，不与人争平易之地。冬温夏凉，不争舒适之处以自居。

（3）善自调摄，保护健康，以备服务于人群。

·处世

（1）怀忠信仁义，以与人交。不贪金玉财禄，与人争利，自能为众望所归。

（2）以义为财富自居。

（3）以多习文章科技以为富，不积财以利身。

（4）国无道不仕。

（5）不无功受禄。

（6）待之无义则去。

（7）非明时，不显一己之才华。

（8）领导者有义则与之合作，无则离去。

（9）先服务，后取酬劳。

· 刚毅

（1）善与人处，和而不流。

（2）自爱自重，有所为有所不为。

（3）饮食起居，简单朴素。

（4）重廉耻，有过则改。

· 立身

（1）忠信为甲胄，礼义为干橹，以御患难。

（2）居仁由义，以与人处。

（3）暴力当前，不畏不惧，坚守原则，不改志操。

· 为官清廉

（1）一亩院宅，筑室为居。设备简单，装饰朴素。

（2）衣食住行，力求大众化。

（3）得意时，不骄不嫉，不疑不猜。

（4）失意时，无怨无尤，尽忠职守，不谄媚以求荣。

· 深谋远虑

（1）心具古今高见，胸有成竹，足以觉世。

（2）立身行道，足为后世法。

（3）不遇时，不向上高攀，不向下求援。朋党小人，只能害其身，不能改变他的心胸与意志。

（4）处逆境时仍能坚持信念，对生民忧苦，仍能耿耿于怀。

· 宽裕洒脱

（1）朝干夕惕，博学不已。

（2）专心壹志，择善固执。虽隐居独处，亦无愧屋漏。

（3）穷则独善，达则兼善，处世接物，循礼而行。

（4）温恭谦和，乐与人处。

（5）嘉许忠信，取法优良，见贤思齐以自奋，谦恭下士以处人。

· 举贤与能

（1）应有祁奚外举不避仇，内举不避亲的精神，选贤与能。

（2）纯以公心，发掘人才，擢用而不期回报。

（3）仅为公利着想，不计个人富贵。

· 任举

（1）闻善相告，见善互示。

（2）让爵禄。

（3）患难相助。

（4）升迁与共。

（5）尽力援助。

· 特立独行

（1）洁身自爱，沉潜于德，不同流合污。

（2）遇有决策，上陈己见，可否待决于上。

（3）居静守正。

（4）人不己知时，可以合理手段，以求人知，但不可操之过急，引起妒忌。

（5）在群众中，谦卑自牧，不炫示自己地位的尊高。

（6）稍有成就，不沾沾自喜。

（7）国有道，自重自爱，善与人处。乱世的时候，虽不能行道，亦不废弃原有的志愿。

· 规则

（1）人品清高，非其时，非其地，应具有伯夷叔齐长沮桀溺的精神，上不臣天子，下不事诸侯。

（2）谨慎镇静，举止舒缓大方。

（3）为人处世，刚正不阿，有毅力，有决心，坚守原则。

（4）博学多闻，谦虚以求进，重视前人成就。

（5）多读多识，知书达理，砥磨一己，使成为廉洁方正的君子。

（6）轻视富贵，非其时，非其地，弃之如敝屣。

（7）为人有个人的目标原则，具我疆我理，南东其亩的精神。

· 交友

（1）与志同道合者相交，处世立身的原则相同。

（2）知识道艺同术同方，所习科技亦同，俾能相互了解。

（3）以同仕共任为乐。

（4）谦逊相处。

（5）契阔多年，虽闻对友之流谤，绝不相信，感情真挚，历久弥笃。

（6）存心方正，行为合义。

（7）同则进，不同则退。

· 恭敬谦逊，以仁存心

（1）温良作仁的基本。

（2）敬慎作仁的园地。

（3）宽裕作仁的动作。

（4）谦辞接物，作仁的技能。

（5）礼节作仁的面貌。

（6）言语谈吐，作为仁的文章。

（7）歌舞喜乐，是仁的和悦。

（8）分散积蓄，是仁的恩施。

人具以上长处，犹不敢自称为仁人。

·人格

（1）虽遇贫贱，不因困迫而移志。

（2）虽处富贵，不因欢乐而失节。

（3）不违道而见辱于君王——奉公守法。

（4）不失志而累长官——为下善尽职责。

（5）不失常而为群吏所困迫——公正廉明。

以上各节，就原文析自《儒行》篇。此外于言论中，亦常提及儒者德操。

·德合三才

天的德能是发育万物，地的德能是资生万物，士顶天立地，而为万物之灵。有才智足以经纶万物，果能明体适用，而经纶万物，就与天地生育的德能相合。所以说德合三才谓之儒。

·经纶万物，参赞化育

经纶万物，参赞化育，这两句老生常谈，到底真正的意义何在？先说经纶两字的解释：经像治丝的，先须条理头绪分开；纶是比类相合，好像打条的，必取所分之绪，比类合一。二字合解，是分疏条理，牵联相合。在修身实践方面，譬如五常之道：君是君，臣是臣，父是父，子是子，夫是夫，妇是妇。各有条理，一定而不乱，称为经。如君臣相敬，父子相亲，夫妇相唱和，兄弟相合，所以称为纶。就学识科技而言，人应善尽一己的聪明智慧，对客观事物之理，理解透彻，使学以致用，有创作、有发明，以有生之年，致力于救世益群的事业。

至于参赞化育，是人能尽性，德无不实，无人欲之私，天赋予人的至善本性，通过省察遵守的工夫，巨细精粗，无毫发不尽，能尽己之性，就能尽人之性。尽的意思是知道得很彻底，处理得恰当。凡所以养人教人的政治，以及利民利物的各种措施，都能以止于至善为依归，使得熙熙攘攘，品物繁丰的世界上，各得其所。这就是帮助上天下地，化育万物。

·儒学即道学

儒学是明体适用的学问。秦汉以来，此学不明醇，独洛闽诸老先生，始慨然以明体适用为倡。于是有道学与俗学的分别。道学就是儒学，并不是儒学以外，别有道学。

有人问什么是明体适用的学问？先生答说：穷理致知，反之于我内，就识心悟性，实修实证，达之于知，就开物成务，康济群生。此便谓明体适用。明体适用，是人生性分所不容已。学问对此不了解，就失去人之所以为人了。明体而不适用，便是腐儒。适用而不明体，便是霸儒。既不明体，又不适用，单单灭裂于口耳伎俩末技，便是异端。杨墨是异端，佛老也是异端，教外的异端其害浅，教内的异端其害深。孔子说过：“攻乎异端，斯害也已”。孔子时，佛教未入中国，虽有老子，其说未能倡行，异端是指何而言呢？由于异与同为对，意思就是说，虽同师尧舜，而所学者为异绪，与尧不同，这就是异端。

吾人读儒书，以儒自命。应审察与儒者全体大用的实际相符合，切己体察，小心谨慎，切勿醉梦于异端，而尚且居之不疑。自谓我是儒者，我是儒者。由此可见名副其实的儒者，必定要抵圣贤领域，才可称为真儒。

6. 总结

综观二曲先生的教育思想，极易看出他强调教育是人格的陶冶。应从基本着手，培育出真正的圣贤来，才算达到教育的目的。教育并不仅是知识科技的传授。孔子当年开科设教，将德行一科，列为首席。同时他也说过：“弟子入则孝，出则弟，谨而信，泛爱众，而亲仁，行有余力，则以学文。”由此可知教育的目标，是陶冶完整的人格。

人是心物合一的，有精神的一面，也有肉躯的一面。人之所以能为万物之灵的，因为人有与生俱来的本然之善的天性。应该让它在心中发号施令。但是由于后天所禀受的气质之性的清浊不同，人心中充满私欲偏情，拖人向下。如果不加以预防或阻止，便会领人做坏事。使本然之善的天赋灵性，在人内无用武之地。因此不论古今中外，有志成圣成贤的人，都应时时刻刻，谨小慎微；兢兢业业，如临深渊，如履薄冰似的与天理良心合作。要完成这项工作，就应该注意“立心”。横渠说过：“为天地立心，为生民立命，为往圣继绝学，为万世开太平。”究竟应如何立心？很少的人提及这个问题。二曲先生却很清楚地点明了：要立心就应该先认识心。由重义利之辨开始，不趋名利，不炫世炫俗，不贪安逸，不图自在。足踏实地，依照天理良心，择善固执。由于人心中的私欲偏情，憧憧往来，闲思杂虑，起伏不定。外在的诱惑，形形色色，不一而足。能够时时与天理良心相合作，并非易事。所以他又提出要戒慎恐惧，提高防备，效法古圣先贤的风范，默思经典明训。朝干夕惕，好学不已。以颜子能够不迁怒，不贰过的革新精神；仰之弥高，钻之弥坚；步步趋趋，惕厉求进。曾子以忠厚入道，子夏由笃信而获成。这些都是切己的工作，帮助我们“明此心”，“懂此理”。使个人的生活，经过涵养省察的工夫，能够实践不偏不倚，无过不及的忠恕之道，而能达到立己达人的境界。换句话说：一个人能够天天明明德，日日做新人，事事力求止于至善，自然容易达到诚意正心修身的境地，进而可以齐家治国平天下。这不是能立心，就可以立命，就可以开太平吗？他认为教育的失败，便是求学的人，只知求名求利，多作务外之举，追逐物质享受，使人迷失，难以自救。自己保不住良心，怎能立心呢？更遑论尽心、知性，以知天；经纶天下，化育万物了。

二曲先生对学字的解释："学，觉也。"用来了解与生俱来的本然之善。心法（道统）真传的秘诀，是"人心惟危，道心惟微；惟精惟一，允执厥中"。人心是指气质而言，道心是指性善而言。如不下精察一守的工夫，就难以掌握止于至善的中庸之道。愿意实践的，必须认明天命之性，才可以率性以循道，道之与人，不可须臾相离。便是人心中虚灵不昧的良知，作为人心之主。因此人人必须静下来，才可收回放心，使良知惺惺不昧。所以伊川说：入道莫如敬。敬的存养工夫，能操此心而不舍，养此性而无害，不教惰慢邪僻的气进入内心。明道尝说："某写字时甚敬，非是要字好，只此是学。"因此心一息不存，天理就间断。所以写字时，心也当存在写字中，以此类推，事事皆然。所以持敬就能澄心观理，专精就能是非不淆，容易闲邪存诚。敬以直内，义以方外；敬是持己之道，义便知有是非；顺理而行，便是行义。事事如此，便是集义。这便是成己成物，以合内外之道。明道所说的敬义夹持直上，达天德自此，也就是孔子所说的下学而上达的为学工夫。

二曲先生所提出的求学真正目标，并不仅为了学习雕虫小技的词章，目的是研究怎样才能使人明善复初。人能成圣贤，才算完成人之所以为人的天职。成圣成贤，也并非难事。只要人能常常保有与生俱来的本然之善，通过慎独、诚意、正心的工夫，随时涵养察识，处处驱恶向善，由孝悌而修身齐家，推而至于亲亲而仁民，仁民而爱物。保全天良，习作圣贤，才是真正的为学。

他也劝人立志，并且立大志，具范文正公先天下之忧而忧，后天下之乐而乐的精神。每人都应有救世的抱负。教育的设施，就是为了这目标。因此他劝读书人，不要安于流俗。而要超俗。主要的要摆脱流俗的束缚，驱除一切胜心、妒心、悭心、吝心、人我心、是非心，来恢复本然之善。闲思杂虑，完全放下，要专心一致，以破釜沉舟，决一死战的精神，远离諠嚣，静体天良，这是学问的大主脑，用功的大肯綮，静存动察，勿忘勿助，收摄保任，日充月着。人情有向有背，境遇有顺有逆，这一点天良，不为情迁，不为境移。虚明寂定，才动便觉，一觉就化，不远而复，这便是安身立命。能安身立命，就像水有源一样，千流万派，时出无穷。穷则独善，达则兼善。大行不加，穷居不损。富贵不能淫，贫贱不能移，威武不能屈。掌握了人生的最高价值。其心中炯炯不昧的天良，与天地互为悠久。这才是人人应向往的境界。

谈到讲学，二曲先生以为讲学能掌握着宇宙的元气，人类的命脉。立己达人，移风易俗；为上立德，为下辅民，拨乱反正，旋转乾坤，全在讲学。

讲什么学呢？讲圣德的学问。指示人如何改过自新，如何修德，如何成圣贤。这门学问，才是天地间真学问，对人类非常重要。他说：洪水猛兽，只能害人的肉身，真学不昌明的害，是根于人心的。身害易避，心害就会使人醉生梦死。真学的目的，是直指人心一念独到的隐微。也就是人之所以为王为霸，为义为利，为圣贤为罪恶的主要关键。忆当年普天下的读书人，专注重辞章记诵的学术潮流中，阳明以心即理，致良知，知行合一的学说登高一呼，天下的人始知立本于求心，始信人性皆善，人人皆可以为尧舜。这便是讲学的优良效果。

讲学的人，应是修养有素的正人君子，参加听讲的人，应态度谦逊，乐于改过迁善。对自己抱有日新其德的勇气，甘愿承认罪过和缺欠，体察出病源的所在，才可以用对症下药的忠告良言，来医治一己的沉疴。这种精神方面的训练与探讨，和罗耀拉神父所创导的避静神工，大同小异。如能有计划地实施，对进德修业有莫大的益处。

提起读书，二曲先生以为读书的目标，是成圣成贤，使人人能了解其与生俱来的本然之善——仁义礼智的根源。应下博文约礼的工夫。上接虞廷精察一守的心法真传。他以为闻见虽多，知识虽丰，不算真学。能居敬穷理，闲邪存诚，始为真学。所以读书人应常常默想涵咏圣贤的格言，日用寻常间，以道不远人的精神，实践忠恕之道。

此外他劝人找颜回之所以乐，必须知世俗之所以忧。人在修德的过程中，须有茹苦含辛，不畏艰难困苦的刚毅精神，勇往直前。当困难来临，应知艰苦成德，殷忧启圣的教训。坚心定志，循序渐进，完成一己的人格，体会出人生的真意义的所在，才算是一位读书人。

最后二曲先生特别标出《礼记·儒行》，作为知识分子处世立身的准则。能实践的人，才可称为知书达理的知识分子。

谚云：以古为鉴，可正衣冠。今天我们看了二曲先生的教育观，对当前的家庭教育、学校教育、社会教育，有何感想？尚希读者三思其言。

参考书目

《李二曲先生全集》，李颙著，台北市，华文书局，一九七〇年初版，共二十六卷。

《清儒学案》，徐世昌撰，台北市，世界书局，一九六六年再版，卷二十九（二曲学案）。

颜元

李国英　著

目　录

一、传略

1. 颜习斋先生的生平事迹

先生名元，字浑然，又字易直，号习斋。直隶博野县（今河北省博野县）北杨村人。生于明崇祯八年（公元一六三五年），卒于清康熙四十三年（一七〇四年），享年七十。他的父亲叫颜昶，因为被蠡县（今河北省蠡县）刘村的朱九收为养子，所以改姓朱。习斋先生出生才七天就能自己翻身，刚巧这时朱家庭园里正在修井，所以给他取个乳名叫做园儿。

当习斋先生四岁时，他的父亲就被招派到关外去抵抗清兵了，从此音讯杳然。到了八岁，拜吴洞云（名持明）先生为师，吴洞云精于骑马、射箭、剑术、医术。以后习斋先生能样样精通，实在是他的启蒙老师为他打下了良好的基础。九岁时，每次朱九先生给他钱，要他买饼吃，他都拿去买笔，可见他很有求知的欲望。来年清兵入关，他还穿着明朝服装，不肯穿戴清人的服饰，从这里也可知道他充满着爱国心。从十一岁起，他便开始学作当时流行的八股文。到了十四岁，因看到寇氏丹法，于是又学运气术。十五岁娶妻，可是太太虽然娶了，却不与她接近，因为他正在学仙术，想要成仙。到了第二年，知道仙无法学成，才和太太接近，整天相处在一起，但却因此养成轻薄的毛病。后来朱九先生想替他捐钱买个秀才，他极力反对说："宁愿做个真文盲，也不做个假秀才。"可见他个性的诚实刚直。在参加县里的考试时，因为文章作得很好，而被县府的幕客孙明大加赞赏，并以贵宾身份看待他，骑马遇见他时，都必定下马问候。

他所感染的轻薄毛病，直到十九岁那年，因拜贾端惠先生（名珍，字袭什）为老师，才改正过来。这时朱九先生因案匿遁，他被系讯，而文章在这时更是精进，所以端惠先生很惊喜地说："这孩子身历患难而心不乱，实在不是普通人。"经过这次官司之后，家道中衰，贫穷得无法再维持城市昂贵的生活费用，于是便回到乡下去居住。这时朱九先生年岁已大，日常生活的担子便落在习斋先生的肩上了。他耕种田地，灌溉菜园，每天辛苦地工作，虽然吃得不好，也觉得很甜美，而且身体更加肥壮，不认识的人根本不会知道他家穷困。虽然他生活在这样的环境中，却仍旧勤勉地求学，和同乡的彭恒斋（名士奇）共同研究天文、地理和兵略。

二十一岁时，读《资治通鉴》，废寝忘食，连举人也不想考了，虽然也参加文社一年一度的考试，只是为使朱九先生高兴而已。第二年，为了奉养朱九先生，希望能使他的生活过好一些，于是又去学习医术。到了二十三岁时，看到七家兵书，非常高兴，因此又开始学习兵法，研究如何攻战，如何防御，经常通宵不寐。从他十一岁开始学八股文起，又学运气术、仙术，还有天文，地理、医术及武术、兵法等，可见他所学的范围是多广泛，而不像当时的人，只重学文而不尚习武。

二十四岁时，习斋先生自己开办家塾教导学生，将家塾定名为"思古斋"，自称为"思古人"，他认为假如想治理政事，而不效法"三代"（夏、商、周），一定无法使政治上轨道，因此他便采取三代的井田、封建、学校、乡举、里选、田赋、阵法等制度，加以分析说明，作了一篇《王道论》，认为只有根据《王道论》来做，才能使国家太平，人民安乐。后来他又将《王道论》改名为《存治编》。这年他收的学生中，有一位叫彭好古的，好古的父亲彭通（号雪翁）喜爱理学，习斋向他借了一本《陆王要语》来看，非常喜好，并且手抄了一本。第二年，当他要去易州（今河北省易县）参加考试时，他的儿子刚好出生，因此取名叫做赴考。这一年他作了一首《大盒歌》和一首《小盒歌》，赞扬陆象山（名九渊，字子静，自号存斋）和王阳明（名守仁，字伯安）的学说。

到了二十六岁时，得到了一部《性理大全》，看完之后，非常佩服周濂溪（名敦颐，字茂叔）、程伊川（名颐，字正叔）、程明道（名颢，字伯淳）、朱晦翁（名熹，字符晦，一字仲晦）、张横渠（名载，字子厚）等人的学说，而以继承他们学说的身份自居，希望自己能做到外表恭敬，内心诚笃，虽然是胼手胝足地辛苦耕种，只要一有空闲时间就静坐沉思。大家讥笑他，他却怡然自得不以为意。有一天，朱老先生听人家说习斋先生不去参加考试，非常生气，连饭也不吃，他只好又到京城去参加秋季的考试。到了京城，住在白塔寺，白塔寺里有一个和尚叫无退的，对他大谈佛道，他却以父母、兄弟、夫妇的伦理观念，将无退和尚说服，不多久，无退和尚就还俗回到故乡去了。到晚年又感化了一位叫姚宏绪的和尚。他之所以这么做，是因为他有浓厚的伦理观念。他不但反对和尚，也反对道士、娼妓和八股文。

清康熙元年（一六六二年），先生二十八岁，与郭敬公（名靖共）等十五人结为文社，互勉向善，探讨经书及史料的一些问题。当时通州（今江苏省南通市通州区）有一位叫任熙宇的，听到他的名气，连续写了三封信给他，劝他要注重变化气质，经常不断地努力实行，才能真正得道，否则一心只想求进步，恐怕不但不能进步，反而会很快地退步。后来习斋先生“理气同善”的看法，实习力行的主张，就是受他的影响而完成的。到了第二年，习斋先生为文社定了规章，勉励会友共同实践圣人的大道，并且作了一首《求源歌》勉励他的学生。这首歌的内容多是赞扬朱子、陆象山学说的，因为这时他仍然服膺宋明理学。但当他放弃陆、王、程、朱的学说，而直接追求尧、舜、周公、孔子的大道之后，他很后悔地说："这歌和《大、小盒歌》，是我尊崇朱熹和陆象山时作的，带着几分骄傲和狂妄。周濂溪、程伊川、程明道所说孔子、颜渊的陶然自得，陆象山、王阳明所说的先要立大道才能得良知，和佛家所谓清晰地观察万象，自认为是到极乐世界，大概都是跟我当时的想法一样。现在我每一想到，就觉得又羞又恨，假使我当时就死去，岂不是成了天地间狂妄荒诞的鬼魂了吗？尧、舜、周公、孔子，自然有他们的大道在。我之所以提出来，是希望跟我有同样错误的人能醒悟过来，而使周、程、陆、王和佛家不要再把人带入歧途。"不过在这一年习斋先生有一个很大的收获，就是认识了王法干（名养粹），结交成为好友，时常在一起切磋学问，劝善责过。

习斋先生三十岁时，辛苦耕作之余，只要有空闲的时间便静坐，他认为事务繁忙时，宁可不读书，也不能不静坐，因为静坐是存心养性最重要的方法（当然后来他也很后悔）。这年十一月，很不幸，年仅六岁的儿子赴考死去，使他非常的悲痛。到了三十一岁时，他对王法干说："六艺之中，只有乐没有传下来，御尚用不到，剩下的礼、射、书、数都应该学。假若只研讨经书以求明白天理，恐怕只会成为学究一个吧！"这时他已渐有自己的看法，而张石卿（名罗喆）又开导他"理气皆善"的思想。虽然吕文甫也告诉他朱子的《四书集注》多不正确，不过他不以为然，因为他这时仍然很尊崇程朱。

隔一年后，他便认为性善理气是一致的，宋儒的说法比不上孟子。起初他做学问都是根据宋明理学家所说的，最信服陆王，后来又尊崇程朱，到这时他已不再信服他们，而直接追源到孔孟的学说了。第二年他又悟出周公的六艺、六行、六德、孔子的四教，才是正统学术，静坐、读书是程朱陆王受禅学和俗学影响的主张，并不是正确的。这一年由于朱老太太去世，他因念及祖母的恩重如山，父亲又不知身在何处，不能尽孝子的责任为她收敛埋葬，所以非常哀伤，以至于病倒。这时有人告诉他，说他并不是朱家子弟，使他惊奇万分。

三十五岁时的正月，他写出了《存性编》，十一月又完成了《存学编》，都是针对宋儒而发的。这时他觉得光是思考，还不如求学，而真正要求得学问，必定要经常去研习，于是便把思古斋改为习斋，也就是他以后所用的外号。这时他更赞成王法干所说的“口边才说出去，内在的功夫便又少了些”。因而主张要时时研习，时时实践。第二年他对王法干说：他们之所以多病，是因为自己不去实地操作。他认为古人求学问是用身体和气力，现在的人却是用心和眼睛、嘴巴，既耗费精神，又使身体脆弱，当然非病不可了。这时他更坚定他的主张了。这年，他知道了自己本姓颜，是博野县人，但不知道到底是博野县什么地方的人，于是便到博野去寻找，最后知道是北杨村人，而他祖母张氏还健在，本想立即归宗，但又念及朱老先生的养育之恩，而且年纪又大，所以决定奉养到他去世，然后再回乡。

三十七岁时开始实习《论语》所说的“居处恭”，就是日常生活中要随时随地都恭敬，一点也不马虎。而且每天都实地去做，来体验亲身实践和学静坐的差别，实习之后，觉得和静坐实在像天差地别一样，因此以后力行不倦。早在习斋先生三十五岁那年，便听说陆桴亭先生（名世仪，字道威）无论自己整饬行为或教导他人，都是以六艺为主，非常倾慕。到了他三十八岁时，更觉得他们的看法很相近，便写了封信给陆桴亭先生，大体上是说：汉、唐两代的训诂，魏、晋两朝的清谈，和宋朝人整理古书，加以批注，说气质是有恶的。这都和道家的老子说礼、义的出现，是因忠信的道德衰退的关系，及佛家认为耳、目、鼻、舌、身、意六种欲望是六种贼害人的东西等不正确的观念相近。因此习斋先生很担心，才著了《存性编》，说明理气是一致的，都是天生自然而善的。各人的气质虽然有些不同，但有善恶的分别，那则是由于受外物的引诱和环境的感染所造成的。又著《存学编》，想把周公、孔子的三事、六府、六德、六行、六艺、四教的正道发扬光大。并说明真正道不在章句的训诂，学问也不在颖悟和诵读。如果想达到孔门的博学以文，约之以礼，那只要亲身去学习、研求，至死不懈即可。

当他三十九岁那年，朱九先生去世，习斋先生为他料理后事妥当之后，便回到北杨村去，并在博野县设学馆教学生。后二年，学生一天比一天多，为了好好管教，就订了教条，要学生们遵守。教条的内容都是些有关伦理观念及学习的科目。到了四十二岁，他告诉学生说："要做一个君子人，必须要学习齐桓公、晋文公的功业，而看轻他们的心念，对于程朱呢？就应该学习他们的用心思考，而不要学他们的学说内容。"可见他又主张要求功利。不但如此，他还主张做学问要笃实，身体力行，劳动苦修。有一次王法干对他说："每当我觉得无聊时，就想要休息休息。"他说："这种过错应立即改除，庄周、佛家可能都是耐不住环境的困苦，才产生避世思想的！"

习斋先生四十五岁时，李塨（字刚主，号恕谷）来就学于他，但他当时并没有正式收李恕谷为学生，直到十年之后才正式将他收入门下，可见他对学生的审察很是严格。有一次，一位叫王学诗（字全四）的来求他收为门生，他不答应，王学诗跪了两天两夜想打动他，他说："我最厌恶一般人只有老师学生的名分，而没有实际的师生情分。现在你正在服丧期间，如果能照古代丧礼仪式去做，我便收你。"来年王学诗去世，他还去吊丧，因为王学诗回去之后，的确照他的话依古代丧礼行事，所以虽然死了，仍将他收为学生。

他做人做事，真可说是一丝不苟。到了四十六岁，因看陈龙川（名亮，字同甫）《答朱子书》而感叹地说："宋人喜欢说话，学习静坐，我认为现在正应该起来操作劳动。"这是他真正主张操作劳动的开始。又认为做学问要如同走路一样，专心一致就能符合法度，心不在焉就一切都谈不到了。

习斋先生一向极力反对和尚、道士，二十六岁入京考试时，曾感化一位和尚，但一直不愿跟他们接近。到四十七岁时突然很后悔地觉得，如果不接近他们，怎么能够感化他们呢？第二年便写下了《唤迷途》，后又改名《存人编》。他的《唤迷途》所唤的是什么呢？第一唤普通僧、道，第二唤参禅悟道的僧、道，第三唤外国和尚，第四唤迷惑于僧、道的儒者，第五唤愚弄乡下人的各种邪教。四十九岁时，又批评周濂溪太极图的错误，及静坐的说法是不对的。

早在习斋先生三十二岁时，他到京城参加考试，想顺便找找看有没有辽东人，希望能替他传布寻找父亲的报帖。过了八年，当他归宗以后，又曾计划出关到辽东去找寻他父亲，但那时候正好三藩叛变，关外很乱，辽西地区戒严甚密，无法前去。悲伤之余，为了替父母留个后代，便领养了个儿子。一直到康熙二十三年（一六八四年），他五十岁时，才排除万难前去辽东，并发誓找不到父亲绝不回乡。四月八日起程徒步前往，沿途跪地求人代散寻父报帖，一路上靠着替人医病、算命来维持。到了第二年的三月四日终于在沈阳探知他父亲已死，找到的是父亲的坟墓和同父异母的妹妹。于是奉神主还乡，痛哭而回。五月五日才到达博野故乡，十三日将神主下葬，遵礼成服。居丧期间，精研士丧礼，深深感叹古代圣人作书多记事物，后代读书人则只谈道理，这就是实在的学问和空洞的学问的差别。五十三岁时，改嫁的母亲病重，他侍于病榻之侧，死后痛哭不已，一样的披麻服丧。孝子之称，他实在是当之无愧。

此后，习斋先生终日做学问，与人切磋研讨，教导学生，尊周公、孔子，而斥宋明理学。五十四岁时到郝关和冯绘升讨论存性、存学，冯绘升对他的见解起先很怀疑，后来才觉得他的看法很对。他是一位知过能改，乐意接受别人劝导的人，不论是朋友或学生的规劝，只要他觉得自己确实错了，他都乐于接受而实时改正。他又深深觉得只知读书、做文章是不行的，这是一大祸害，这种祸害侵入心中，则心理就不健全，侵入身体则身体不健康，侵入国家则国家一定衰弱。

到了五十七岁，习斋先生感到学术与生民祸福及圣道的光扬或幽晦有很重大的关系，于是拜别亲友，告辞宗祠，往南方的中州（今河南省）去游学。南游期间，和耿保汝（名极定）论存学，保汝认为他的观念很正确。而在讨论《存治编》时，耿保汝拿出他所作的《王制管窥》和习斋先生的《存治》来比较，意见竟然相合一致，因此在一起共同讨论了几十天才分手。又和张天章（名灿然）讨论存学，天章认为礼乐都亡失了，《存学编》实在不能不作，非常赞佩。从此以后，来请教他的人也愈来愈多了。之后他又和张仲诚（名沭）论修道和格物以及取士的方式等。在习斋先生还没有到南方游学之前，还不很反对程朱，虽然他不认为程朱是继孔子的正道的学说，起码还算是孔子的正道学说的支派。但是自从到南方游学回来以后，因南游时看到人人学坐禅，家家习玄学，立空言，和孔子的正统儒家学术思想和做法完全不同。所以他觉得一定要破除程朱的学说，才能迈向孔孟的正学，而坚决地反对程朱的学说，这时他已五十八岁。这年（康熙三十一年，一六九二年）七月，抄录《四书正误偶笔》，这是他平日辩驳《朱子集注》的错误的札记，并命他的学生录成一卷。又对王法干说："我们二人做学问是从程朱学说开始，虽然也受到一些益处，但蒙害更多。假如我们从小不学程朱的学说，而直接致力于研读孔孟学说，我们的成就一定比今天更高。虽然你这么聪明，理解力这么好，能够明通事理，还不免被蒙蔽。所以我常说，仙、佛只能蒙蔽一般平庸的人，程朱学说却能迷惑有贤德、有智慧的人。”由而可见他反对程朱有多激烈。

康熙三十三年（一六九四年）二月，肥乡（今河北省肥乡县）郝文灿写信向习斋先生请教学问，并请他去主持漳南书院，习斋先生辞谢不就。到了十一月再度派人备礼来聘，他还是辞谢未应。隔一年，习斋先生六十二岁时，郝文灿再一次来信相聘，终于被三请而允。五月四日他到达漳南书院，首先就为书院立下规模。正想有一番作为，不料到八月十六日因漳水暴涨，书房全都被淹没，他感叹地说："这真是天意吗？"不得已，只好回到博野，从此在家乡讲学而不再到外乡了，虽然三年后郝文灿又屡次来信聘请，但他终因当时水灾情况更加严重而未去。这年十一月作《宋史辨》，替王安石、韩侂胄辩护。

自从漳南书院回来以后，专心研习学问，认为该学而没学的，定要好好地学到。譬如他认为做官的礼节，自己因没有做官就没去实际练习，实在是因为一向无志于此，这时也开始练习士相见礼了。同时写些批评《朱子语类》的文字。六十五岁那年，有一件事情使得他非常伤心，就是他生平最要好的朋友王法干去世。后来他感慨地对李命侯说："法干死后，再也没有人责备我的过失，勉励我效法圣人的人了。"言罢，痛哭难抑。自此以后，习斋先生的身体也渐渐衰弱。康熙四十年（一七〇一年）八月，李恕谷准备到京城去，习斋先生便训勉他说："将大道写在纸上，纵然写了千百卷，也比不上亲自传给别人一、二分来得好。所以你到京城去，必须鼓舞学者，使他们振作起来习行大道，方是最紧要的事。"又教诲恕谷的弟弟李培说："写日记一定要有恒心。"一日，当他听到人称赞他的学生边之藩有孝顺和友爱的德行时，便兴奋地说："我的学生终于有些成就了。"

康熙四十三年（一七〇四年）五月二十五日，李恕谷要到郾城

（今河南省郾城县）去，请他教训，他说："待人处世要敬慎。不要只求做文章、读死书。要爱惜自己精神，也要留心提拔人才。帮助仁德清廉的官吏办事，使老百姓都能安乐。不要计较别人的小过错。无论在家在外，要处处小心谨慎。不要滥交朋友。"这也正是他一生对自己的责求，时时刻刻所遵行的。是年八月十一日，幼时积成的病复发，从此一病不起。到九月二日，他对服侍在病榻侧的学生说："天下的事，还是有希望做好的，你们要多做些学问，充实自己，以待有所作为。"交待完后，就安静地去世了，享年七十。

2. 颜习斋先生所处的时代背景

颜习斋先生生于明末，但不到十年，清帝便入主中国，在他开始求学不到二年的时候，明朝就亡了。他处在明末、清初这个阶段，当时正是王阳明的学说盛行一阵而刚要衰微下来的时期，当时学者都习惯于游学清谈，而不讲求根据，理学家的主张已经不合时代要求，也不能再维系一般社会人士的信仰，而产生了反对玄理的学说。例如黄梨洲（名宗羲，字太冲）、顾亭林（原名绛，后名炎武）、王船山（名夫之，字而农，号姜斋）等人，便在此时期出来大声疾呼，攻击王阳明明心见性的空谈，反对主观的玄思，而主张客观的考察及力行实践，所以极力提倡经世致用的实学。由于他们本身学识深厚，道德高尚，所以有很多人渐渐舍弃宋明理学而附和其说。因此梁启超先生说清朝学术思想的潮流，就是对宋、明理学的一大反动，而复古就是他们追求的理想。

一般说来，一种学术思想的发展过程，必由其特殊的时代背景而产生，然后才能兴盛起来，到了极盛时期，由于研究的人日益众多，自然就会分出许多派别，到最后大家都厌倦了，于是便自然地归于衰落，而另一种学术思想又跟着新兴起来。颜习斋先生便是处在宋明理学即将衰落，清代经世致用的学说萌起之时，与顾、黄、王等同为清代学术思想的开拓者。但他和顾亭林、黄梨洲、王船山所走的路线并不完全相同。他看到当时的学者，只言天谈性，辩论理气问题，只知道静坐空想，著作些不着实际的文字，对于《周礼》的治理田赋，选官任职，和孔门的礼、乐、兵、农等实学，根本不加探究。习斋认为这是莫大的危机，儒家的治世学说及国家的政治都将因此而衰乱。所以他才著作《存人》、《存性》、《存治》、《存学》四编，来申明自己的意见。并且教导学生要孝顺父母，尊敬长上，忠于国家，信于朋友，每天学习六艺（礼、乐、射、御、书、数）及六府（水、火、金、木、土、谷），三事（正德、利用、厚生）等实用之学，而极力反对宋明学说的空谈玄想与静坐。

颜习斋先生刚开始求学时，所学的也是八股文，后来又尊崇陆象山、王阳明的学说，二十五岁以后一直拜服程、朱的学说，并极端主张静坐。可见当时他也跟别的学者一样深受宋明理学的影响，但为什么在他五十七岁南游回来以后，便极力加以反对呢？早在三十一岁时，张石卿便开导他“理气皆善”的看法，而吕文甫也曾提示他朱子的《四书集注》并不完全正确。当他三十三岁时，便已领悟到性善、理气一致的道理，而认为宋儒对性的说法比不上孟子，第二年他更确定了周公的六艺、六行、六德、孔子的四教，才是正统学术。虽然反对程朱，但仍认为程朱是孔子学说的支派。所以他曾说：“我还没南游以前，还认为程朱是孔子学说的支派。但在南游时，看到人人坐禅冥想，家家念无用的文章，简直是和孔子的学说在唱反调。必定要破除一分对程朱学说的信仰，才能使孔孟学说深入人心一分。”在当时程朱学说的深入人心，而在这种环境之下，要大家摒弃程朱，体认真实的孔孟学说，的确是很困难的。

有一次他的好友王法干对他说：“程朱怎么可以反对呢？你看看现在学术思想界是谁的天下，人人都读他们的书，用以选取人才，教导学生。做大官的，做皇帝的，谁不都在读他们的书呢？”习斋先生答说：“不错，现在学术思想界是程朱的天下，就像周朝末年五霸威临天下一般，但是五霸用武力统率诸侯，怎能比得上尧、舜的仁政呢？程朱能影响天下，又怎能比得上孔孟呢？况且说程朱能影响天下也还太过分，十分的天下，佛家占三分，英豪侠客占三分，程朱占三分，另一分则是仙术。在这种情况下，圣人的大道怎能光辉得起来呢？”由这一段话可见当时不但程朱风行，佛家思想也很倡行，英豪侠客的影响也很大，学仙的风气也颇盛行。只因当时明末的战乱和流寇刚平息不久，而三藩又叛变，天下没有长久安宁，在这种环境之下，谈心性、主静坐的宋明理学，逃避现实的佛教和仙道，当然为一般人所欢迎，加以反清复明运动进行得很积极，英豪侠客有众多的拥护者，在这样情势之下，还有谁来继续孔孟学说的正道呢？所以习斋先生极力反对程朱、仙佛，但却不反对英豪侠客，因为他是反对异族清政府的。虽然在被逼之下，也曾去应考，却从来不想做清朝的官，而终生努力倡导周公孔子的实用学说，以求经世济民。

总而言之，我们可以说习斋先生是处在一个特殊的时代里。当时正是宋明理学正趋衰弱的时候，清兵入关，流寇猖獗，三藩叛乱之后，社会逐渐安定下来，人们也渐想研究些人生实用的学术了。再加上许多志士不愿做清朝的官，而专心要研究经世济民的学问。习斋先生在这时候出来提倡反对宋明理学，而宗尧、舜、周公、孔子的正统学术，是很适当的时刻，可惜因为他的学说太刻苦，一般人无法接受，竟致后无传人。

二、学术思想

1. 颜习斋先生的重要著作

习斋先生一生的学术主张、思想行为和日常生活的感受，都记载在他的著作和日记中，另外还有他学生李塨、王源所编订的《习斋年谱》二卷，钟錂编撰的《言行录》二卷，《辟异录》二卷等。所以我们要追求他的学术思想，首先就需要了解他的著作。他一生不赞成著作书籍，所以他的作品不多，只有《存性编》、《存学编》、《存治编》、《存人编》，总称《四存编》，及《四书正误》、《朱子语类评》、《习斋记余》等书，后人都将它们收入颜李丛书里面。在这些著作中，最能表现他思想的，是《四存编》和《四书正误》。

《存治编》原名《王道论》，是他在二十四岁时所作的。当时他看到古圣先贤的治国方法已经很久没有人再实施了，尤其是士兵职业化而形成全国都是老弱残兵，一般读书人精神萎靡，生活腐败，所以一有战乱，便造成不可收拾的局面。因此他主张恢复三代的井田、封建、考试选士和寓兵于农等制度。他认为倘能如此，国家一定可以强大起来，不再受外患和内寇的侵扰。这实在是他的政治和社会的理想。《存学编》四卷、《存性编》二卷，都是在他三十五岁时，思想由信服程朱而转变为反对理学以后所作的。《存性编》主要在反对宋儒认为气为恶而性或理是善的看法。他认为“假使说气是恶的，那么理也是恶的：如果说理是善的，那么气也是善的。”如果没有气质，那么理也就无所依存了，所以他主张理和气都是善的。他又说：“没有气质就没有性，没有气质便不能表现性。”他认为宋儒说气质的性和义理的性是分而为二的说法是错误的，而主张二者是合一的。以气质的性为基础，才有义理的性，要依靠气质的性，义理的性才能表现出来。他亦反对性的善恶是天生的说法，而赞成孟子的性善说。《存学编》主要在反对宋儒静坐、诵读、空谈性命的学说，而强调要实地学习，实地践行。他在给陆桴亭先生的信中说：“我作《存学》一编，在于阐明尧、舜、周公、孔子的三事、六府、六德、六行、六艺的道理。我认为要治学必须了解一切事物的道理，而不是在求《诗》、《书》的一章一句的了解，也不是靠空想或诵读。而要做到像孔门的‘博学以文，约之以礼’。那就只有亲身去研究，亲身去实习，一生一世永不懈怠。”他认为追求学识和修养德性，要不断地实际研究，实地练习，更要实地地践行。他之如此主张，当然是由于反对宋儒不重实用的空谈冥想，而当时的仕宦学者皆深受其影响之故。《存人编》全编共四卷，前二卷一名《唤迷途》，是他在四十八岁时所作的。他用极通俗的词句，劝说和尚、尼姑、道士还俗，孝顺父母，亲爱家人；劝诫儒者不要谈禅，一般老百姓不要信奉邪教。第三卷是解释明太祖的释迦佛赞。第四卷包括束鹿（今河北省束鹿县）张鼎彝所作的《毁念佛堂议》，和他作的《辟念佛堂说》。另有一篇拟更《念佛堂谕》，则是他寻找父亲时，到锦州（今辽宁省锦县一带）应张鼎彝邀请而作的。这《存人编》也是《四存编》之中最后成书的。

《四书正误》六卷，四存学会所刊行的颜李丛书本，原来就缺掉了第五卷，所以现在能看到的只有五卷。这是他辩驳朱子《四书集注》的见解而作的，并不是校勘或训诂的作品。在他三十一岁时，吕文甫告诉他朱子的《四书集注》有不正确的地方，当时他还不相信。到五十八岁时，叫他的学生将《四书正误偶笔》抄录为卷，这些都是他平日偶然辩驳《朱子集注》错误的言论。由此我们知道这是他平日的杂记集成的，时间当在三十三岁到五十七岁之间。从《四书正误》里面，我们可以看出颜习斋先生认为要吸收知识，就需要实地去研究，实地去练习，实地去做，而反对朱晦翁教人读书、静坐，和辨章句、学禅宗的见解。他认为知识源自外界的事物，所以他说："知识没有一定形体，以事物为形体。"因此要吸收知识，一定要力行实践。譬如要了解音乐，只一味地读乐谱、明乐理，是不可能知道什么是音乐的。但只消实地地去敲敲打打，吹吹唱唱，亲自下一番工夫，便自然会知道音乐究竟是什么了。这就是从实践中去吸收知识的例子。所以礼、乐、射、御、书、数是学问，兵、农、钱、谷、水、火、工、虞、天文、地理也是学问，没有一样不是靠实践才能获得的。

2. 颜习斋先生对人性的看法

颜习斋先生的学说，有很多是关于教育和修养的辩论，其中比较富哲学意味的是《存性编》里对"理"、"气"、"性"、"形"的看法。"理"就是义理之性，"气"就是气质之性。"性"是形的内在，而"形"是性的外在。习斋先生曾说："耳、目、口、鼻、手、足、五脏、六腑、筋骨、血肉、毛发人人完备，是人的质。虽然这人愚笨，仍然不同于其他动物。呼吸充满周徧而润益全身，精粹而又灵活，是人的气。纵然这人愚笨，仍然不同于其他动物，所以说：'人为万物之灵。'所以说：'人皆可以为尧舜。'这种灵异而能做到尧舜的能力，就是气质。没有气质便不能产生性，没有气质也不能把性表现出来。"基于这种见解，发展成他的理、气皆善，而义理的性和气质的性是一致而不可分的理论。

习斋先生对性的看法，是尊崇孟子的性、情、才都是善的说法，而加以发挥的。他说："心之理叫性，性的活动叫情，情所产生的力量叫才。宋儒不但不知道什么是性，连对情、才的解说都错了。"所以他主张要尊崇孟子对性、情、才的说法。他说："仁、义、礼、智是性，心虽只是一个理，但包含着这四项。可是这仁、义、礼、智并不是分开的四件东西。既然如此，为什么又分称为仁、义、礼、智呢？那则是外在的表现不同而已。仁、义、礼、智所表现出来的便是恻隐、善恶、辞让、是非。人们要把它们表现出来，这就是情，而能将它们表现在事物上，就是才。然则如果没有才、情，便无法知道性，没有气质，便没有什么情、才，也就无所谓性了。所以情是性的表现，而才则是性的功用而已。气质也并不是什么其他东西，就是性、情、才的气质，同一理而名称不同罢了。假如说性是善的，而才和情有恶的，那就好比说种的是麻，而长出来的麻子里面却有麦子一样。说性是善，而气质却有恶的，也就好比说树里面的纹理是柳树的纹理，而外面的枝干却是槐树的枝干一般。自有天地以来，有这种道理吗？后儒谈论性，皆将天道和人性掺杂在一起谈论，将才、情、气质和'接受外物的引诱和环境的感染'混杂在一起来说。将天道掺入人性，还不致戕害到性，可是拿'接受外物的引诱和环境的感染'混杂才、情、气质，就大错特错了，这没有什么别的原因，就有如认为经过接枝的树就是本来的树种一样啊！唉！这怎能说是树的本性呢？"因此，他非常反对宋儒所说的气质之性是恶的，而以为"性"就是气质的性，所以他说："只有我的朋友张石卿说：'性就是气质的性。有尧舜的气质，就有尧舜的性，有呆澄的气质，就有呆澄的性，但绝对不可以说性有恶的。'"他又说："假如说气是恶的，那么理也是恶的；假如说理是善的，那么气便也是善的。因为气就是理的气，理就是气的理，怎么可以说理是纯善而气却有恶呢？就拿眼睛来作比喻吧！眼眶、眼球、瞳孔是气质，而能明显地看到东西的现象是性。难道说能明晰地看到东西的现象的性，专门看正当的事物，而眼眶、眼球、瞳孔却是看不正当事物的吗？我认为根本不必分什么是义理的性，什么是气质的性。”又接着说：“能看东西是眼睛的性，是善的，而去看就是情的善；眼睛能看得清楚或不清楚，或远或近，则是才的强弱，都不可以说是恶的。因为能看得清楚而又远，当然是善的；纵然看得既不清楚又不远，也只是不够善而已，怎能说是恶呢？看到外界邪恶不正当的事物，是性的过错吗？是气质的过错吗？假使把过错推给气质，那么只有不要让眼睛看，然后才可保全眼睛的性了。”这里很明白地说出他是反对宋儒将性分之为二，而认为性是统一的，是不可以分开的。

习斋先生尊崇的是孟子性善的说法，认为恶是因“接受外物的引诱和环境的感染”而来的，而“接受外物的引诱和环境的感染”都是从外而内的，并不是本来就这样的，所以他说：“恶是怎么来的呢？这就像衣服上沾满灰尘或触染到肮脏的东西，大家看到它失去本来的颜色，就称它为脏衣服。其实这是被染脏才会这样的。有的衣服是刚做成就弄脏的，有的是穿了很久才弄脏的，有的只弄脏了一、两处，也有三、四处弄脏，甚至几十上百处弄脏，以至于无法再看出它本来是什么颜色的。但只要洗掉它所沾到的灰尘、污垢，就可看出本色了。假如要说洗去的是衣服的前襟或边缘，那就太没道理了。”这就是说人性本来都是善的，而有好人、恶人的分别，那是因外物的引诱和环境的感染所造成的，并不是人性本有善有恶。他所主张的就是孟子的性善之说。

习斋先生极力为气质辩护，这是他对人性看法的重点，但是他为什么要替气质辩护呢？这是因为他认为气质是个人做事的本钱，是非常重要的。所以他说：“尽量发挥我们气质的本能，那么就可以为圣贤了。”又说：“从前的儒者非常重视气质。学习礼、乐，学习射、御、书、数，不合礼的不看、不听、不讲、不做。这一切都是在气质来下工夫，这就是存心，就是养性。所以说：‘心志要专一，再加上气，秉持着心志，不要暴乱了自己的气。’所以说：‘养吾浩然之气。’所以说：‘只有圣人才能把气实践在自己的行为上。’从魏晋以后，佛老的思想盛行，于是在形体之外，又别立了一种空虚幻觉的性灵；在礼乐之外，又制定了一种闭目静坐的存心养性的方法。佛家说：入定；儒学者也说：我们的思想方法也有入定。从此才以为气质有恶的。”他所引的都是孟子所说的话，可见他是如何地尊崇孟子。而他认为自佛家和宋儒才以为气质有恶的，这对教人向善有很大的影响。他又说：“假如有人说：我并不是没有志气，但是气质比不上圣贤而已。那么天下作恶的人将更不知反省，而说：并不是我喜欢做恶事，但气质本来就是恶的，有什么办法呢？”如果说气质是恶的，那么就似乎肯定了作恶的人，是不可能以教育力量来改变的了。这和习斋先生所主张人皆可为尧舜的说法相违背，难怪他要极力反对了。正因为理性、气质都是善的，所以作恶的人在接受教育后，亦能勉力为善。

习斋先生又说：“气偏，性就会偏，是程朱认为气质之性是恶的立论根基。”朱子是认为气偏，性就会偏。偏就是恶。习斋先生说：“这就像说认为刀只是用来杀人的，怎会知道刀也可以用来杀贼呢？”又说：“认为偏便是恶，那么伯夷偏于清高，柳下惠偏于中和，也说他们是恶的吗？”偏固有偏于恶的一面，但亦有偏于善的一面。所谓偏，用现在的话来说，就如同说特长、特征或个性。所以他又说：“现在如果有一个人非常偏于好胜，满怀都是恻隐的善心，那不是偏于仁德了吗？这个人如果能学圣人的大道，那么就可成为圣人，像伊尹一样。就算学不到像伊尹一样，至少也可以做到像屈原一样。若有一个人满怀都是羞恶的善心，岂不是个偏于义的人吗？这个人能学圣人的大道，那么就可以成为圣人，像伯夷一样。就算学不到伯夷的地步，至少也可以做到像海瑞一样。”所以他说："宋儒以为偏就是恶，却不知不偏于恶，而偏于善，那也就是善了，而不可用偏向于恶的一面，诬言偏就是恶。"偏于仁、偏于义的人，只要他能一心学善，都可以达到圣贤的境界。但如果他的偏于邪恶的一面而不向善，那么就会受"外物的引诱和环境的感染"而为恶了。习斋先生认为这偏字，是各人个性的基础，应该好好利用，加以培植教导，而不可弃而不顾，所以他说："偏于好胜的人，可以培养成偏执善德的圣贤。"这种思想对教人向善是很有功劳的。

总而言之，孟子认为人性本善，所以认为要将人性的四端——仁、义、礼、智——尽量地扩充之。而荀子则以为人性本恶，所以要变化气质，使人去恶为善。宋儒从中调停，而认为性应分为义理的性和气质的性，而以义理的性是善的，气质的性是恶的。而习斋先生对性的看法，是尊崇孟子性善之说的，以为性是统一的，不可分为义理之性和气质之性，因为气就是义理的气，理就是气质的理。又因理本为善，所以气亦善，这就是他的"理气皆善"的看法。正因为义理和气质皆善，所以不劳变化气质。虽然他也曾讥笑周濂溪，但在他的《人论》里说："太极出在阴阳之前，阴阳又生五行。阴阳五行清的部分是气，浊的部分便是形。气属天，形属地，天地交互流通变化而生成万物。上飞在天、下潜在水之物，多得不可胜数，而物体运用的功能，又是无穷尽的。凡此，无一不是天地的自然现象。凡主生长的都称为男，主成物的都称为女，神巧的结合凝聚，而生生不息。因此，所谓天地，便是万物的大父母，所谓父母，也只是天地的变化而已。而人则独得天地的全部精华，是为万物的灵秀。"这说法其实就是根据周濂溪的《太极图说》。虽然这是早期作品，但当他宗周孔而斥宋儒之后所作的《存性编》，也说到刚恶、柔恶，亦是根据濂溪《通书》中的说法。所以习斋先生对宋儒虽是反对，但仍采用了一部分宋儒的说法，而并不是誓不两立的。至于习斋先生理气皆善的看法，也不是他独创的。他这主张和明清之际的大儒刘蕺山（名宗周，字起东，号念台）和王船山等说性皆气质之性，大旨上是相同的。所不同者是：刘蕺山虽然认为性是气质之性，但却重在实现这气质之性，在个人的气质里，由践形来成就个人的道德人格。所以他认为人之所以能牺牲自己以成仁取义，即是尽此气质之性为气质之性而已。所以他崇尚气节和忠烈。王船山之注重气质之性，则主要在说明气质的偏刚或偏柔所造成之德，都各有其可贵之处，而不以为先儒的单只崇尚中和之德是完全正确的。他又认为根源于气质之才，亦当重视，所以人只是道德高而才不足，是不够完美的，最理想的是二者兼具而且优越。而习斋先生注重气质之性，则主要在于不论人之气质如何不齐，智慧如何不等，但总是善的，而且都可以用之于身，来表现在他的行为、动作、处事和生活习惯上。

3. 颜习斋先生教学的内容

颜习斋先生以《虞书》所记载的六府（水、火、金、木、土、谷）和三事（正德、利用、厚生），以及《周礼》乡三物（六德、六行、六艺）：六德（知、仁、圣、义、忠、和）、六行（孝、友、睦、婣、任、恤）、六艺（礼、乐、射、御、书、数）和孔子的四教（文、行、忠、信），作为教学课目的内容。他为什么要用这些项目来教导学生呢？他说："不立四教，是不合于正道的，不学习六艺，等于没有学问一样。"又在给孙征君（名奇逢，字启泰，一字钟元）的信里又说："孔门一身学通了六艺的有七十二人，而谈天性问题的记载我们看不到，只知有某人专长管理田赋，某人擅长礼乐，某人擅长理政，就如同唐虞的朝廷里，有人专管农事，有人专司刑法，有人专管礼制，也有人专掌乐事一样而没有多大的差别。

可是近代学者，心性之外不讲其他的道理，静坐、恭敬之外，不讲其他的功用。观察他们的作为，我怀疑这跟孔子立教的用意是不同的。纵然其中也有人谈经世济民之学，那也只不过是说说应景的话，著书立言而已。”可见他之所以要设立这些科目来教人，仍旧居于反对宋儒的立场。另外，在给陆桴亭的信上也说：“自从汉晋以来，学者专攻于章句的训诂考证，而不知道章句只是用来传达圣贤的大道而已，并非即是圣贤的大道；争相崇尚清谈，而不知清谈只能阐说圣贤的学说，而并非即是圣贤的学说。所以虚而不实，浮而不定的现象，一天比一天地严重起来。而尧舜讲求的三事、六府的道理，周公、孔子讲求的六德、六行、六艺的学术，这些能确实应用于天地、长养万物的道理和学术，几几乎不能再在这世界上看到。”又说：“周公用六艺教导人民，端正人伦，教人民平日遵行。所以说修道才是教。三物中的六德，具体的表现就是六行，六行实际做出来就是六艺了。孔子鼓励学生学而时习之，就是要时习这些。”又说：“我很大胆地说，宋儒是集汉、晋的佛、道的大成，而不是继承尧、舜、周公、孔子的正派学者。”正因为宋儒不是尧、舜、周公、孔子正派学术的继承者，而是佛、道的继承者，所以他才极力反对，而主张要阐扬尧、舜、周公、孔子的经世致用的实学。

对于习斋先生教学，原则上他是根据三事、三物、六府、四教来教导学生，也要求自己努力做到。但他在选择教材时，则偏重于具有实用价值、尚武精神以及有陶冶性情作用的。他说：“从有儒者开始，儒者便和禅有区别，这区别就是儒者能有始有终，而力求体用合一。”又说：“宋儒之中，只有胡瑗（字翼之）能设经义、治事两斋，虽然分析得已经很差了，但所谈论的还算很实在。”又说：“其实，上有上的用处，下有下的用处，上下粗细，都要尽力去求完全，这是圣人道术的极则。如果不能做到这地步，宁可求得一点实用之学，也不要去研究整体而空虚的无用之学。”又说：“王法干说：‘射、御这一类事情，如果认为应由专门做这类事的人去做，而不值得去学，而学者只需像三公一样地坐着议论事务。那么大家都是三公，谁来专门做这些事呢？’求学正是要学这些专门技术。譬如黄帝著作的《素问》，及其他珍贵的医书，只是说明医学理论而已。要替人医病，则必定要能诊脉、配药，会磨砭针，会针灸才行。假如有个妄人，熟读医书千百卷，也能详细地说出理论，便自以为是国手，而认为诊脉、配药、针灸、磨砭石为针等是技术专家的粗活，不值得去学。书一天比一天多，知识一天比一天精，一人起来提倡读医书，大家都效法他，自认有岐黄医术的国手满天下，而天下的人一个接一个病倒，一个接一个死去，却无能加以挽救，这能算是精明的医生吗？所以从事断脉、制药、针灸、磨砭针来治疗疾病救世人的，才是真正的医生。读医学理论的书，只不过明白医理而已。如果有关医学理论的书都读过了，却看不起诊断脉搏、制造药剂、针灸、磨砭针，那就是狂妄不明事理的人。不但不是具有岐黄般医术的国手，而且根本不够资格当医生，还不如学医一种疾病，制一种药方的医生。同样的道理，读遍天下的书，而不实地去实践六府、六艺，只能算是个文人，而称不上是个儒者。”又说：“喜欢精的理论而厌恶粗的实用，这就是贻害百姓的原因。”由这些话中，我们可以看出他是如何重视实际功用了。

习斋先生深深感慨宋代之所以时遭外族欺凌侵略，都是由于人们重文轻武的关系。所以他主张要习武艺，明兵法。他说：“到今天穿戴整齐的文士，都觉得和武人并列是可耻的事。秀才带弓箭出门，乡人会大为惊讶，子弟骑马、射箭、穿着练武的服饰，父兄便认为他不成材。”又说：“怎不看看孔门无事时，弓箭宝剑不离身，干戚的武舞，也经常演练。身为司寇，参加夹谷会盟，向齐国要回三座城，未尝不尊尚武事。子路替卫国打仗，冉有替齐国打仗。平日教导学生习武，便可想而知了。学术的正道泯没不明到这种地步，可说是很严重了；孔子所讲求的实用学问，也该恢复振兴起来了。”因为武事是有实用价值的，所以他教学生习武，也要求自己如孔子教学生一样。

他也讲求陶冶性情，使人人文武兼备，他说：“谈到周公所订的制度，实在又完善又美好。因为如使人人都只习武艺、明兵法，天下必定很容易有暴乱的局势出现。而使人人都只习礼乐，那么中国必定很容易有衰弱的忧患来到。所以制定在习礼时练射术，弹奏音乐时配以舞蹈，使每家有弓箭，人人能作战，才能造成文治的善政，而又具武治的功效。休闲时应注意态度的温和，行揖让进退之礼，以陶冶百姓强悍暴躁的习性。”他主张学习武事，但并不希望大家成为强悍暴躁的人。总之，他选择教材的内容，出发点都是在着重于实用的。

以上是他认为人人应该学习的科目，是他自己努力在走的路，也是他教学生的理想方案。在他六十二岁受聘漳南书院时，他终于把理想完全付诸实现，同时也替漳南书院立下宏大的规模。漳南书院在他主持之下，有三间正厅的习讲堂，另外东边第一斋是文事，学习的是礼、乐、书、数、天文、地理等科目。西边第一斋是武备，学习的是黄帝、姜太公和孙吴等人的兵法，与如何攻守营阵、水战、陆战的方术。以及学习射、御、技击等科目。东边第二斋是经史，学习的是十三经和历代史、诰制、奏章、诗、文等科。西边第二斋是艺能，学习的是水学、火学、工学、象数等科。另有理学斋，学习静坐，编着程、朱、陆、王的学说。帖括斋，学习八股、科举等科目。他设文事又设武备，固然是文武兼重，同时设经史，又设艺能，也可见他认为不可因学古而忘今。他虽反对宋明理学，反对八股科举，但也了解时尚趋势很难一时改变，所以也另设理学和帖括两斋，以适应当时的社会情况。他并不是个极端任意孤行的人。

4. 颜习斋先生做学问的方法

习斋先生做学问的态度是很严谨的。他说："我们提出一句话、一种学说，只讨论是对或错，而不要管它和谁同和谁不同。只要说法是对的，就算是一、两个人的见解，也是不能否定改变的。如果说法是错的，就算是千千万万人的主张，人们遵行了千百年，我们也不必附和。"所以他极力反对宋儒的成天读书和静坐，而强调要习行、要劳动，以求得真实的学术。

·注重习行，不重读书

宋儒以为要明心见性，就必须读书，必须静坐，而忽略了实地习行。习斋先生一生注重习行，而反对只顾读书的人。他认为只注重舞文弄墨、谈玄说理是有害的，小则有害人心，大则有害于国家。他说："杨朱、墨翟的言论，没有君上、父母的观念。程、朱的言论，则没有臣下、儿子的观念。试观今日的士子，能救君上父母危难的有几人？"又说："古时候，有学生来拜学，先教他如何奉侍父母、尊事兄长，如何为父母兄长代劳。而现在学生来拜学，只是教他读书做文章，使他身心安逸而懒惰，却使父母兄长为他服劳、做奴隶。"又说："一个人的岁月和精神是有限的，在谈论说教中度过一天，就是在习行中错过一天。读书作文多一分，自己生命便少了一分。"可见他是多么反对只顾读书为文空谈学理的了。

他又曾说："夏、商、周三代的大道，是王者仁政的表现。三物之学，是圣人德行的表现。而今学者都不能仿效遵行。所以孟子说：'王者的仁政已没有人去遵行。'孔子说：'不实践先生的仁道是不可以的。'所以我们必须仿效实践。"又说："多看诗书最耗损精力，尤其伤害眼睛。"这里他已明白说读书有损身体健康，人们只须去实践先圣所遗留给我们的仁政大道就可以了。但是这些先圣的大道何以会亡失呢？他说："儒者的大道所以会亡失，就是亡失在错认一个'文'字。我们看帝尧'焕乎文章'，当然不是八股文章，难道就可以说是四书、五经吗？周公鉴于夏、商两代的缺点，所制订的'郁郁'（郁郁乎文哉），孔子所说的'在兹'（文不在兹乎），颜渊所说的'博我'（博我以文），是什么意思呢？可惜竟都被后人误会了。"又说："后世儒者把读书作文章认为就是文，把博学改作广博地读、广博地讲、广博地著作，岂不是天差地别了吗？"又说："汉、宋的儒家，只看到孔子为《书经》作叙，传授《礼经》，删《诗经》，订正《乐经》，作《易·系辞》，作《春秋》。便误认编纂、修饰文字的是圣人，那么自己传述而加以注解，便是贤人；把五经读熟，并能讲得明白，而会作文著书，就如同圣人一样了。于是就这样积累二千年之久，而形成一个长时期虚妄无实的局面。"他认为先圣的大道所以会亡失，还不仅是宋儒的过错，从汉代的儒者注重训诂、注解，便已开始了。

读书可以吸收知识，习斋先生不是不知道，他反对的是成天地读书、静坐。他说："朱子教人半天静坐，半天读书。这便等于半天当和尚，半天为汉儒。请问二十四小时，哪一刻是在学尧、舜、周公、孔子呢？"曾经有人感叹读过了的书无法牢记下来，他便说："何必要记？读书是用来明理的，是借书来明吾心中的理，何必要去记书。今天有一种书的理，开通我的心。明天也有一种书的理来开通我心。久而久之，我心的明通自然表现，自然可以洞照万理。譬如把粪水灌溉培育花草，久而久之，枝的本身自然会生出美好的花朵。但如果把粪水浇在枝上，那就难看透了。"他认为读书是用来明理的，如果死记书，一定达不到明理的地步。当然他不是坚决反对读书，使人抛弃书册根本不读。但读书不必死记，而要重在能使内心开通，彻底领悟，那么也才能明理，因为读书的目的本只是在求明理而已。他又说："书不是光去读就够了的，譬如读一部《论语》，不光是读，只要实行'学而时习之'这一句，便等于读过《论语》。读一部《礼经》，不只去读，只要实行'毋不敬'这一句，便等于读完《礼》了。又譬如老师教我说：'你向南方走。'我就向南方走去，就是没有学老师这么说，老师也一定会欢喜的。如果不向南方行走，而只学老师说：'你向南方走。'老师一定不高兴。"在这里，习斋先生的意思是说：能努力习行，才是正路，一味读书、谈论是毫无裨益的。虽然他反对只读书而不习行，也正说明了能读书又能习行，就是他的理想。只因当时人只知读书而不知习行，所以才特别反对只知坐而读，不能起而行的做法，而主张学行并重。如果他彻底反对读书，那么他又从何得知别人的学说，又如何能从而辩驳呢？因此他反对只读书、作文、谈论等，都是为了推行他习行的理想。

既然他主张习行，那么习行究竟有什么益处呢？他说："学行礼、乐、射、御的学问，可以使人筋骨强健、血气调和，并陶冶人们的性情，增长精神智力。习行一段时间，就会有一段时间的福，习行一天，便有一天的福。一个人习行，这人便会受福，一家人习行，一家的人受福，一国或整个天下也是一样的。在小处来说，可除去一身的疾病，从大处来说，可使百姓万物安然。"又说："人的心是动的东西。专一实习，则有所寄托而不狂妄，所以真正的儒者都是时时实习，而尽力去行，这些都可以陶冶心性。释迦穆尼则在寂静的房间里静坐，隔绝一切事物，离开群众，来调冶心性，不但理上讲不通，情势上也不可能。"他不但提倡习行，而且是要时习时行。他说："我们只须向习行上做功夫，不必用功在言语和文字上。记载孔子言论的书叫《论语》，《论语》就是讨论的话，但我们看他们弟子所记的，却句句都是行，如'学而时习之'，'有朋自远方来'，'人不知不愠'。"他又说："孔子在《论语》里开章第一句话，就说尽了为学的宗旨。想过读过，总比不上习行过，只习三两次，又比不上时习，唯有不断的实习，才能有所获益。”这一段话更明显说出他不但主张习行，而且要随时学习，随时去行。所以他常以习斋二字警惕自己，如果一天不实习六艺，怎能不对习斋二字感到惭愧呢？他又曾训勉他的学生李塨说："现在我纵然著作、阐述先圣的道，也只是不误解正道的书生而已。惟愿能节省并休养精神，依儒者的正道去做点事，我就是立即死去也不会觉得遗憾了。”他这段话，近似于子路所说的“朝闻道，夕死可也”。这种求道的精神，的确值得赞赏。

·力主劳动，反对静坐

习斋先生为学不但注重习行，更主张要亲身去劳动，而反对静坐空想。他将《易经》干卦九三爻辞的“终日干干”解释为：整天都要努力习行。而要习行的就是兵学和农事，孜孜矻矻，一刻也不要休止，到夜晚还要在内心自我警觉，不要怠惰放松。这种主张是针对宋明理学而发的，他说："宋人喜欢谈论、静坐，我认为现在应是习行劳动的时候了。”他又说："孟子‘必有事焉’这一句话，真是圣人学术的真传。心有事则心就存在，身有事则身就能修行，至于家齐、国治，都基于有事，否则道统治统都将破坏无遗。所以天下的祸害，再没有比佛家所说的空无，和宋人主张的静坐更严重的了。”他所说的“事”，就是活动、劳动的意思。他反对静坐，并不是说人不该静坐冥思，而是反对宋人受了佛家禅宗影响而变质的静坐。他认为“古人静中所做的功夫，如同洗净心灵的污染，重视本性，严密精一而没有疏漏，是一种不动而敬的功夫。但不知什么缘故，宋人竟以禅宗的空静为主，既主张‘精一’，又赘之以‘无适’（不坚持一定要如何做）。看来好像很有道理，但事实上却是错误的，因此扰乱了正统的儒家学术。”所以他极力反对宋人的静坐。

他说："独自坐在书房中，徒然颓萎怠惰人的精神，使筋骨疲倦软弱，以至于天下没有不柔弱的书生，没有不满身是病的书生，人类的祸害，没有比这更严重的了。"他认为宋朝会那么衰弱，遭外族侵凌，正是重文轻武所造成的结果。又说："五帝三王和周公、孔子，都是教天下人勤力劳动的圣人，都是要用劳动来造成世道的圣人。汉、唐两朝，只不过承袭了这种教导方式的一小部分来治国安民，便造成了辉煌的局面。晋宋两代的苟且偷安，佛家讲'空'，道家谈'无'，周、程、朱、邵主张静坐，只从事谈论和著作，而不提倡劳动，所以才致使人才穷尽，世道沦落。我曾说自己一身能劳动，那么自己的身体就强健。一家的人劳动，那么这一家就会兴旺。一国的人都劳动，国家一定强固。天下的人都劳动，那么天下也一定强盛。我自信这种说法，不但与先圣先贤的主张是一致的，即使行之于后世，也是能得到证验的。"他不但批评了佛家、道家及宋儒不重视劳动而主静的缺点，同时他也说出了劳动的好处。他又说："要养护自己的身体，再没有比学习劳动更好的方法了。早起晚睡，振作起精神，做该做的事，持之以恒，经久不懈，并不会觉得困苦疲劳。所以说：有德行的君子，能端庄敬慎而一日比一日坚强。反之，只图安舒，苟且随便，则将一天比一天衰弱。"习斋先生年轻时，也曾努力学习静坐，后来主张劳动而反对静坐，正因为他是个过来人，对宋儒静坐之弊，有着深切的体验与认识，才会极力提倡劳动。

因为他主张劳动，又重视习行，所以一生辛勤劳动。他亲自耕种田地，灌溉菜圃，亲自侍奉祖父，徒步到辽东去寻父。处处都表现了他以习行劳动为上的精神。虽然如此，但在他去世那年，还感叹上天为什么不让他栉风沐雨、胼手胝足，而觉得自己劳动得不够。真可说是个择善固执，力行实践，一生都在从事发扬圣道的人。

5. 颜习斋先生的政治思想

《王道论》，也就是《存治编》，是习斋先生二十四岁时的作品。他以为如能仿效三代，尤其是周代的王道思想和政治制度来治国，那么必能使国家强盛，人民安乐。他在《存治编》里提出了要恢复井田、征赋、学校、封建及宫刑制度，重征举的主张。

对于井田制度，他主张仿效周代之井田制而略加改变。认为井田制度实行，皇帝的恩泽才能广被于百姓，且不以为井田制度不能行于当时。他说古代一个农夫可养三人，现在一个农夫可养九人。虽然人口增多了，以致每户农民所分的土地减少，但由于肥料的改良，而使农作物增加了产量。况且有十之二、三的土地荒废着，如将这些土地复耕，一定可养天下之人，所以井田制度是可行得通的。而要行井田必须先定里制，周代制度三百步为一里，一百步为一亩，六尺为一步。他则采用清初的度量。周代一尺相等于当时七寸，所以周代九百亩相当他那时候五百四十亩，将之分为九区，则每区六十亩。中间是公田，周围是私田。其他大多仿照周代制度。

至于主张征赋制度，是在消除佣兵制度腐败的弊端。他说唐代的府兵、明代的卫制，都是专业化，后来流弊丛生，多由乞丐、流氓顶替名额，或一人领数人的饷粮。表面上好像人人皆兵，但一遇战争，则皆逃散，等于没有兵一样。因此他认为推行寓兵于农、兵农合一的征赋制度，真正做到人人皆兵，方能发挥实际力量。

在他所主张的恢复周代制度里，学校制度，是他一生中，自始至终都在努力推行的。教学内容，是根据《周礼·大司徒》以乡三物教万民的三物为主。选官则根据《礼记·王制》，先由每乡推举一秀士给司徒，称为选士。司徒再就选士中的优秀者推举到大学，称为俊士。大学再推举给大乐正叫造士。大乐正再把优秀的上奏给朝廷而为进士，再经由司马选其中贤能的上奏皇帝，评定他的能力，然后加官封爵，爵位定了，方给俸禄。说到学校体制，他在编中都借“思古人”来表达，自己称为“思古人”，可见他是多么思念古制。他说：“夏代时的学校叫校，就是教导民众的意思。现在还有以教导民众为宗旨的学校吗？商代的学校叫序，就是学习射箭的意思，现在还有教人学习射箭的序吗？周代的学校叫庠，就是养老的意思，现在还有养老的庠吗？而且教育是要教人明人伦，所以古代的小学教导学生洒扫、应对和进退的礼节。大学则教学生格物、致知、诚意、正心的功夫，及修身、齐家、治国、平天下的事务。人们除掉这些不学别的，老师除掉这些不教别的，国君宰相不学这些便无法治国。直到魏、晋，学校制度横遭破坏，唐、宋两代用诗和策论取士，其毒害一直遗留到现在。国家选拔人材的方法，既只重写作文章，所以贤能的宰相和老师劝人学习的，也是写作文章而已，父母、兄长的训勉教诲，朋友互相研讨的，同样也只是如何做好文章，连学诗都已被认为是多余的了。只会写文章，岂能治国平天下呢？所以实在应该彻底改除魏、晋以来的取士方法。想要振兴五帝三王的事业，就必使家有塾，党有庠，州有序，国有学。戒除浮夸的文章，鼓励实践力行，这样才能使人才辈出，而导致天下太平。”确实恢复周代的学校制度有它的好处，但用文章选取人才，实在也不失为公平的办法。但习斋先生因为反对读书，主张习行，而周代学校制度正是教人习行，后代则只重读书，难怪他要提倡恢复周代学校制度了。

至于习斋先生对封建亦主张完全恢复周代的制度，同时还主张要恢复宫刑。他认为宫刑虽然在汉代废除掉了，但如果要恢复封建制度，就必须连带恢复宫刑。否则封建制度一实行，天下君王增多，所需要的宦官也必随之增多了，当然要阉割人民充当其职，这样岂不是变成没犯罪的人要受阉刑；而犯罪的人却不受阉刑，所以他赞成恢复阉刑，同时他认为这和他所赞成的王道并不冲突。根据上面的说法，他所持的理由也不无道理。

他又认为要行王道政治，必须人才集中，而时势又有利于推行，才能达到。但有时人才未集中，时势也不太有利，就必须要行九典和五德。什么是九典呢？他说：“除制艺，重征举，均田亩，重农事，征本色，轻赋税，时工役，静异端，选师儒，是谓九典。”什么是五德呢？他说：“躬勤俭，远声色，礼相臣，慎选司，逐佞人，是谓五德。”所谓九典就是他实施王道政治的九个纲目，五德就是君王须具备的五种道德修养。他认为只要做君王的，能具备此五种德行，又能施行九典，就可超过汉代的文景之治了。否则，想重获像唐尧、虞舜一样的政治，是不可能的。

对于排斥异端，他认为做得最彻底的是孟子，说得最详细的是韩愈（唐代人，字退之）。他所谓的异端，就是佛、道，他认为这全是汉明帝时将佛教传入所造成的过失。百姓本是中国的百姓，而却信奉外来的神教，这不是很可悲的事吗？所以他举出九种绥靖异端的方法。他说：“一曰绝由，四边严戒异族入境中国。二曰去依，令天下毁妖像，禁淫祠。三曰安业，令僧、道与尼姑，以年岁相配成婚，俱还族，不能者，各入地籍，许鬻寺观瓦木以易宅舍，分给土地，使有恒产，老而无告者入养济院，夷人仍纵之返，此所谓人其人也。四曰清孽，有为妖言惑众者诛。五曰防后，有藏佛老等书册者诛，献一卷者赏十两，举发窝藏者赏五十两。六曰杜源，令硕儒多着辟异之书，深明彼道之妄，此则所谓火其书也。七曰化尤，令僧、道近正儒受教。八曰易正，人给《四书》、《曲礼》、《少仪》、《内则》、《孝经》等书，使朝夕诵读。九曰明法，既反正之后，察其有孝行或廉义表现者，旌表显扬之，察其愚顽不悟者，责罚诛戮之，此即所谓明先王之道以教之也。”他认为这九种方法都能做到，百姓自然不致沦于邪恶，而家家户户注重伦理，男女不致抑郁不快，而天地洽和，百姓也不会有绝种的惨剧发生了。他认为大家都信佛出家，不认自己父母、兄弟，不娶妻子，那么下一代从何而来呢？也难怪他反对、排斥佛、道了。

以上都是习斋先生在《存治编》里所表现的政治思想，但《存治编》是他在二十四岁时写的，不足以代表他一生的政治思想。因此，我们要再略为介绍一下他二十四岁以后的政治见解。他曾说；“我将用七个字来使天下富庶：垦荒、均田、兴水利。用六个字来使天下强盛：人皆兵、官皆将。用九个字来安定天下：举人材、正大经、兴礼乐。”这些看法和《存治编》里所说的内容是相同的。他的政治抱负虽然远大，但却没有做官的欲望。有一次张仲诚（名沭）和他谈到取士的问题说：“如果能不偏不私，八股取士也未尝不可行。”他说：“那就不对了，如果不能恢复由乡里举贤选士，便不会有王道的政治。”又当他看到明臣传中记述时人每因著书，而获得官爵的加封。他认为爵位是用来封给有功之人的，而竟用来封赏给著书的人，这就是朝野都只知一味读书，而不能实践力行的缘故。

他又曾说：“《论语》所载是孔子经世济民的方策，汉高祖只得‘给人恩惠，就可以使他听从你’这一句话，便能兴起而得天下。项羽只违反了‘出纳有专职’一条，便遭到灭亡。”所以他以为要想经世济民，必须研习《论语》。又说：“三达德可以用来定天下。有两德或三德互用的时候，有只用一德的时候。像汉光武在昆阳一战中，就是只用勇德而获得胜利的。”在他去世那年，他又说：“我认为从事治水，不外分、浚、疏三个字。圣王治天下，也只是这三个字而已。”这是他晚期对政治的看法。分就是分开，浚就是浚深，疏就是疏导。为什么圣王治天下只是这三个字呢？习斋先生所指的圣王是五帝三王，他认为五帝三王治天下就是采取这三个字作为原则。将政事分开，分门别类，各有专职，比较易于推行，而且不会互相推卸责任。行之既久，发现某些政事积有弊病，这就如同河川日久，泥沙堆积，不能畅通，就要浚深一样，行政效率差时，也须整顿加强。而遇政事推行受阻时，就要找出症结所在，针对缺点改进，这又如河川阻塞，就要寻找有利的地形，加以疏导一般。这的确是一种很高明的政治哲学。习斋先生一生都在倡导要恢复尧舜、三代的政治制度，实在不无道理。

他谈政治，从来不讳言于“利”，所以他极力替王安石辩护，而认为王安石变法，目的在于强国，可是一般朝臣却认为他是为自己图利，所以群起反对，以至于变法不成，宋朝终为外族侵略而灭亡。他以为宋朝如果采用王安石新法，定能使国家强盛，这便是利。他又认为正德、利用、厚生三事是去一不可的。孟子虽然极端反对谈利，厌恶聚敛搜刮民财的官吏，但取之以义的利，仍是被重视、谋求的。后来的读书人大言“正其谊不谋其利，明其道不计其功”，实则是用来掩饰他们空洞而无实用价值的学说罢了。所以他力倡“正其谊以谋其利，明其道而计其功”之说，后人因而将他视为功利主义者。

6. 颜习斋先生的伦理思想

习斋先生重视伦理道德，所以极力反对佛、道背弃孝亲之道的做法；而竟美其名为修炼道业，他说：“想要求道，应该追求我们尧、舜、周公、孔子的正统大道。尧、舜、周公、孔子的正道，是我们现成的道。我们的身体是父母所生，父母生我们，如同树根生长树干、树枝、树叶一样。如果弃父母于不顾，等于拔除树根，还能长成树吗？所以尧、舜、周公、孔子的道，全在于‘孝’字。由小处来说，就是能奉养父母，使他们安乐；由大处来说，是要显扬父母，使父母能上配于天。下自百姓，上至皇帝，都要各尽本分的去做，而且要做到圆满无缺，如有一点缺失，便是没尽到做儿子的责任，就不能算是个人，何况伤天害理的不顾父母，而将父母视为路人呢？”又说："你们佛家视天地是个大夫妇。但天如果不与地配，又怎能化生万物？同样的道理，男人又怎能不与女人相配呢？你们看见女人，果真一点也不动心吗？这心念之一动，就代表着人性不容泯灭的道理。古圣先贤，顺天应人的定下了婚姻制度的礼法，来节制情欲。即使是禽兽，尚且有寻求异性的天理，人不求配偶，岂不是连禽兽的天性都未具有吗？”他认为信奉佛、道，便不娶妻，而丧失了夫妇的关系，那就连禽兽都不如，所以他说："父母生下了我，我又娶妻而做儿子的父母，以后儿子又成为孙子的父母，所以说有夫妇的关系，然后才有父子关系，有父子关系，然后才有兄弟关系，有兄弟关系，才会有朋友关系，有了朋友关系，也才有君臣关系。因此尧、舜的大道是根置于夫妇关系之上的。再说，如果没有夫妇，就没有释迦穆尼的诞生，信佛的人也无从生之为人，哪来的佛教，哪来的和尚？”

因为他认为佛教、道教是这样地行不通，所以主张令和尚、道士返于人伦。他说："由平民做了僧、道，是朝廷的逃民，是父母的逆子，是使亲戚朋友感到羞耻的坏事，也就是古人所说的不忠不孝。”又说："僧、道归为平民，便是朝廷的返正的百姓，是父母归宗的孝子，是敦亲睦族的好事情。古人说：只要改过自新，就不咎既往。伊尹说成汤是知过能改的君子，是有过即改的圣人。我之归也，不忍我祖宗无后而归也，不忍父母无子而归也，这就是大仁。不愿天下的人都有夫有妻，只有自己没有而归也，不愿贵贱贤愚都为朝廷效力，而只有自己是乱民而归也，不愿草木昆虫都为天地生物成物，而只有自己不能而归也，这就是大义。”他不但认为信佛教、道教是不孝，不合天理，罔顾人伦，而且认为是不仁不义的事。所以大力反对人去信奉佛教、道教，而且要尽其所能把他们从迷途中唤回，让他们回到正常的世界，过正常的生活，而写下了《唤迷途》，也就是《存人编》。但是他虽然反对道教却不反对老子。道教尊老子为始祖，他认为这是后世道教附托的，老子学说的主旨和道教的主张是根本不同的。

习斋先生在《存人编》里只是申明了五伦的关系，但这五伦的关系怎样使它巩固呢？他说："天下的元气当然是在五伦。元气是虚无的，必以六艺使它具体表现出来。礼能使人得到这五种人伦关系的亲疏，乐使人得到这五种人伦关系的和洽。射、御、书、数则可帮助做到这五种人伦。如果舍弃六艺而来谈伦理常情，就流于空虚、破碎而不着边际了。"他提出了人人要得到五伦的乐趣，那么就只有先学好六艺。而在六艺之中，又特重于礼，他说："天下无所谓治，也无所谓乱，天下人皆守礼则治，不守礼则乱。家和国无所谓兴，也无所谓衰，一家一国之人皆守礼则兴，不守礼则衰。"

习斋先生也很重视人的品德。有一次李植秀（字仲果）问他说："张仲诚的学术见解既是错误的，而先生您却常常称赞他，这是什么缘故呢？"他说："对学术的批判，并不包赅其他。他做官清廉能干，这点是值得大加赞扬的。我曾说过，如果现在程、朱还在世，也应该视他们如同父执辈，就是这意思。"他认为学术归学术，品格归品格，未可混为一谈，不能因反对他的学术，便不尊敬其人格。在交友方面，他主张要交接气节之士。由习斋先生的言行看来，我们可说习斋先生能守礼、重乐、尊五伦、尚气节、敬廉能而倡仁义，是一个十足重视中国固有伦理道德的思想家。

习斋先生本是一位崇尚实行的人，他的伦理思想都具体地表现在他四十一岁时为他的学生所定的教条上。教条的主要内容是：

（1）孝父母：孝与敬并进，勿狎勿怠，昏定晨省，出告反面各一揖，经宿再拜，旬以上四拜，朔望节令俱四拜，惟冬至元旦六拜，违者责。

（2）敬尊长：凡内外尊长俱宜小心侍从，坐必隅，行必随，居必起，乘必下，呼必唯，过必趋，言必逊，教必从，勿得骄心傲气，甚至戏侮，干犯者责。

（3）主忠信：天生人只一实理，人为人只一实心，汝等存一欺心即欺天，说一谎话即欺人，务存实心，言实言，行实事，违者责。

（4）由别义：五伦若父子之亲，君臣之义，长幼之序，朋友之信，其义易晓。独夫妇一伦，圣人加以别字，洵经纶大经之精义也。七年男女不同席，行路男子由右，女子由左，叔嫂不通问，男女授受不亲，此皆男女远嫌之别也。至于夫妇相敬如宾，相戒如友，必因子嗣，乃比御夫妇之天理也。小子识之。

（5）禁邪辟：自圣学不明，邪说肆行，周末之杨、墨，今日之仙佛及愚民之焚香聚会，各色门头皆世道之蟊蛊、圣教之罪人也。汝等勿为所惑，勿施财修淫祠，勿拜邪神，勿念佛，勿呼僧道为师，老宗族邻里惑迷者，须感化改正。至于祖父有误，谕之于道，更大孝也。违者责，罪重者逐。

（6）勤赴学：清晨饭后，务期早到，一次太迟及三次迟者责。

（7）慎威仪：在路在学，须端行正坐，轻佻失仪者责。

（8）肃衣冠：非力作不可去礼衣，虽燕居、昏夜不可科头露体。

（9）重诗书：凡读书必铺金端坐，如对圣贤。大小便后，必盥帨洁净，方许展读。更宜字句清真，不许鼻孔唔唔，违者责。

（10）敬字纸：凡学堂街路，但见字纸，必拾积焚之，或不便，则填墙缝高处。

（11）习书：每日饭后，仿字半纸，改正俗讹，教演笔法，有讹落忘记者责。

（12）讲书：每日早晨试书毕，讲四书或经，及酉时，讲所读古今文字，俱须潜心玩味，不解者不妨反复问难回讲，不通者责。

（13）作文：每逢二、七日，题不拘经书、史传、古今名物，文不拘诗辞、记序、诰示、训传，愿学八股者听，俱须用心思，维题理通畅，不解题、不完篇者俱责。

（14）习六艺：昔周公孔子专以艺学教人，近世士子惟业八股，殊失学教本旨。凡为吾徒者，当立志学礼、乐、射、御、书、数及兵、农、钱、谷、水、火、工、虞，予虽未能，愿共学焉。一、六日课数；三、八日习礼，四、九日歌诗习乐，五、十日习射。

（15）行学仪：每日清晨饭后，在师座前一揖，散学同。每遇朔望节令，随师拜至圣先师四，起北面序立，以西为上，与师为礼，再分东西对立，长东幼西，相再拜。

（16）序出入：凡出入齐班，上中左鱼贯，论前后，行辈异者，以行辈叙，相遇相别皆拱手，出学隔日不相见，见必相揖，十日不相见，见必再拜，皆问纳福。

（17）轮班当值：凡洒扫学堂，注砚，盛夏汲水，冬燃火，敛仿进判，俱三日一班，年过十五，文行成章者免，惟有过免责，则罚执小学事一斑，随有善可旌者即免。

（18）尚和睦：同学之人，长幼相敬，情义相关，最戒以大凌小，以幼欺长，甚至殴詈者，重责。

（19）贵责善：同学善则相劝，过则相警，即师之言行起居有失，俱许直言，师自虚受。至诸生不互规有成而交头接耳，群聚笑谈者责，甚至戏嘲亵侮者，重责。

（20）戒旷学：读书学道，实名教乐地，有等顽童托故旷学，重责，有事不告假者同罪。

凡此诸项，习斋先生皆要求学生每天要切实遵守，凡是做不到或做不好都要受处罚。在这二十条里，主要是在培养学生良好的品格和温柔敦厚的心地，以及所应力学的科目。实在包括了六德——知、仁、圣、义、忠、和，六行——孝、友、睦、姻、任、恤，及四教——文、行、忠、信。另外并有六艺及兵、农、钱、谷、水、火、工、虞的学习。把他的理想的教学科目都包括进去了。但不可否认的，在这教条里，他是比较偏重伦理道德的培养和实践。

三、对后世的影响

颜习斋先生的学术思想，虽未能广徧流传，但由于他的躬行实践，刻苦自励，而成为一家之言。他因目睹宋、明二代读书人讲学风盛，但当国家民族危难时，却不能救国济民，所以他极力地反对空谈性理，反对静坐以及只顾读讲作文，而力主学问以实用为要，要实际去学习，实地去劳动。这是他的天性和时代环境造成的，但因为太刻苦了，他的学生李塨，因为直接受到他的教导，对于他的学术主张，还能遵守奉行。到李塨之后，就渐渐衰弱而中绝了。

梁启超在《清代学术概论》里，曾评论习斋先生和他的学生是力行派，他说："颜李之力行派，陈义甚高；然未免如庄子评墨子所云：'其道大觳，恐天下不堪'（见《庄子·天下》）；此等苦行，惟有宗教的信仰者能践之；然已不能责望之于人。颜元之教，既绝无'来生的''他界的'观念；在此现实界而惟恃极单纯极严冷的道德义务观念；教人牺牲一切享乐，本不能成为天下之达道。元之学所以一时尚能光大者，因其弟子直接受彼之人格的感化；一再传后，感化力递减，其渐归衰灭，乃自然之理。况其所谓实用之'艺'，因社会变迁，非皆能周于用：而彼所最重者在《礼》：所谓《礼》者，二千年前一种形式，万非今日所能一一实践；既不能，则实者反为虚矣；此与当时求实之思潮亦不相吻合；其不能成为风气也固宜。”案：习斋先生在三十六岁时，曾感觉到自己思想和行为皆近于墨子，太过偏激，而欲返归于中道，但事实上，直到他去世那年，还深深感叹上天为什么不让他多吃些苦，而终未能有所改变。又在五十五岁时，一日外出，一举一动，自认都能循规中矩，回到家后却难以自约，因而感叹地说：“要动作周旋而都能合于礼，实在太困难了。”他自己戒慎警惧，依礼而行，都觉得困难，而以之责求于人，那更不用说了。由这些事实来看，梁启超先生对习斋的批评，实在是很公允的。梁启超先生在《中国近三百年学术史》中又说：“对于习斋，不能不稍为觖望者，他被‘古圣成法’四个字缚住了。一定要习唐虞三代时的实务，未免陷于时代错误。即如六艺中‘御’之一项，在春秋车战时候，诚为切用。今日何必要人人学赶车呢？如《礼》一项，他要人人习《仪礼》十七篇的昏礼、冠礼、士相见礼等，岂不是唱滑稽戏吗？这个学派不能盛行，未始不由此。”因为习斋先生极端服膺尧、舜、周公、孔子的制度和学术，意欲仿效遵行，而忽略了“时代”这个因素。梁启超先生说他“被古圣成法四个字缚住”，“陷于时代错误”，诚为中肯之论。

章太炎先生也评论他说：“当明室颠覆，东胡入帝而不仕宦，盖不忘乎光复者。……古者有云：‘燕、赵（今河北省）之士，钝如椎。’颜氏其犹未脱于是邪？夫其所学，务得皮肤。（自注云：颜元长于射御，礼本粗疏，乐、书、数非其所知也。其徒李塨，言数则只知珠算之乘除，言书则粗陈今隶之正俗。而自谓明六艺，可鄙孰甚。）……非书者不可用，无良书则不可用，今不课其良不良，而课其讲读不讲读，即有良书，当一切废置邪？良书废而大言礼、乐、射、御、书、数，颜氏固弗能尽习也。就其习者，无过胥吏市井之用，固弗深致学，任驱使，而以内圣外王在是，则道德自此裂矣。”（见《章氏丛书·检论正颜》）章太炎先生的评论，固然不无道理，但习斋先生所主张的，本是要从最通俗粗陋的基础学问做起，而上达于圣人之道，所以似乎不能这样苛责他。

对于颜习斋先生的学术传播和影响的过程说得较为清楚的，要算是刘师培先生了。他说："博野颜元，以实学为倡，精研礼乐兵农，蠡县李塨，初受学于元，继从毛大可（名奇龄），故所学较元尤博。大兴王源，初喜论兵。……继亦受学于元，故持论尤高。及元游豫省（今河南省）而颜学被于南，塨寓秦中（今陕西省一带）而颜学播于西，即江浙之士亦间宗其学。然数传以后，其学骤衰。"（见《左庵外集·近儒学术系统论》）虽然颜习斋先生的学术思想到后来没有传人，但复古思想却已成清代的中心思想，宋明理学受清初学术思想家的大力攻击，终于不再盛行，代之而起的是考证与经学等实事求是的朴学。清季学术虽不能说是直接受到习斋先生的影响，但他是清代学术启蒙时期的先导大师之一，间接地开导了学术的新途径，是不容置疑的。

参考书目

《四存编》，清颜元撰，艺文印书馆出版，《百部丛书集成》。

《颜习斋先生年谱》，清李塨纂，艺文印书馆出版，《百部丛书集成》。

《颜习斋先生言行录》，清钟錂纂，台湾商务印书馆出版，《丛书集成简编》。

《辟异录》，清钟錂纂，台湾商务印书馆出版，《丛书集成简编》。

《清儒学案》，徐世昌撰，世界书局出版，《历代学案》第一期第五册。
《颜氏学记》，清戴望撰，世界书局出版。
《颜习斋学说》，刘锡五著，中华文化出版事业委员会出版，《中华学术史论集》（一）。
《四库全书总目提要》，清纪昀总纂，艺文印书馆出版。
《中国哲学原论原性篇》，唐君毅著，新亚研究所印行。
《中国教育史》，陈伯尹撰，师大教务处出版组印行。
《国学概论》，程发轫著，“国立编译馆”出版，正中书局印行。
《清代学术概论》，梁启超著，台湾中华书局印行。
《中国近三百年学术史》，梁启超著，台湾中华书局印行。
《中国学术思想大纲》，林尹著，台湾学生书局总经销。
《中国近三百年哲学史》，蒋维乔编述，台湾中华书局印行。
《中国哲学史》，谢无量著，台湾中华书局印行。
《中国哲学史》，钟泰著，台湾商务印书馆印行。
《中国哲学思想批评》，韦政通著，水牛出版社印行。
《刘申叔先生遗书》，刘师培著，大新书局印行。
《章氏丛书》，章炳麟著，世界书局印行。
《中国学术名著今释语译》，西南书局编辑，西南书局印行。

刘献廷

卢建荣　著

目　录

一、生平

清顺治五年（公元一六四八年），亦即满洲人入主中国的第五年，刘献廷降生于当时政治中心的北京附近——大兴（今北京市大兴区）。献廷字继庄，又字君贤，别号广阳子。他的先世本吴江（今江苏省吴江市）人，明代中叶，他的祖父（佚名）以医术精湛，蒙诏北上，就太医之任，因改籍大兴。他的父亲名矿，亦为当世名医，亦官太医，先后娶张、吴两氏，献廷生母究系何人已不可考。他上有一兄名宾廷，后来仕为清御史；下有弟妹，今皆不知其名。献廷妻张氏，生子数人，名可考者仅燮一人。燮死即以吴江沈彤（献廷好友）子为后。献廷门生千余人，较为后人所熟知者，唯黄宗夏一人，此因他于献廷死后，与一些知名学者如王源、李塨、梁份等人有所来往的缘故。

对于献廷的幼年我们所知不多，仅知他在“髫龄”时，已能往北京仁寿寺听大悦和尚讲深奥的“等韵”之学，可知他从小便十分聪颖。而他又常不眠不休地读书，逼得他父母晚上不给他油灯，但他仍烧香而读，以致一目失明。没几年就已遍读经史百家之书，其中《庄子》一书最为所爱（他字继庄约与此有关），他晚年曾追忆说，十四岁读《庄》后，便有“放翻宇宙”的开阔心胸。他的贱鄙举业，可能是由于他太早饱读典籍以及心胸开阔的关系。

康熙五年（一六六六年），吴三桂弑南明桂王，时献廷十九岁，双亲已逝，乃举家南隐于吴江，未几以不时济贫以致倾家荡产。此后迄康熙十二年（一六七三年）“三藩之乱”爆发为止，献廷除曾与吴县顾以安（清初诗人）赋诗唱酬外，其他事迹我们一无所知。

“三藩之乱”期间（一六七三——一六八〇年），献廷避居太湖东洞庭山；时江南明朝遗民或主张响应吴三桂的军事行动，或仍目三桂为汉奸而不予附和。献廷的态度倾向后者，有他康熙十七年（一六七八年）的一首长诗为证：“……君不见山头落日似悬鼓，又不见天边新月如垂钩，长绳百尺邈难系，楼前绿水东西流。去日苦多来日少，典型先后归荒邱。今年此日复集此，意气惨淡如清秋。人生少壮那可再，穷愁疾疫无时休；况闻年来苦战争，水旱疠疫流神州，滇黔乱人妄称帝，燕秦恶少皆封侯。嗷嗷鼎沸四五载，东山谁拯苍生忧？吾辈袖手忍贫贱，青天皓日真堪羞。时会大谬古如此，风云不会龙幽囚。且倾落日三杯酒，醉后不复开双眸。”乱定后献廷妻亦死，遂抛家别子过着浪迹江湖的生涯。

漫行期内，他结交不少志士，如隐居不仕的名画家张穆（字穆之，号铁桥）；如于朱舜水死后五年到长崎求师的张斐（字非文，号霞池）；又如从事著述的彭士望、戴名世。这四人均与献廷交非泛泛，尤其彭戴两人与献廷在学术思想上更是有莫大的关联。

康熙二十六年（一六八七年），献廷因万斯同之荐，北上应徐干学聘，入京参明史馆事，其主要工作为增订《明史·历志》稿，从此他在京师住了四年，结识了当时蜚声士林的一些学者，如王源、万斯同、顾祖禹、胡渭、阎若璩、姜宸英等，其中与王源最称莫逆。

王源为当时一位才气纵横的名士兼侠客之流的人物，在史馆中负责《明史·兵志》稿的工作。他倾心献廷誉为“非三代以下之才”。两人时在一起讨论天文历数、霸王谋略、兵法、文章典制、古今兴亡所在、方域要害、近代人才邪正，往往不谋而合。某日献廷向王源郑重表示说，苟其志不遂，则别无所愿，唯愿先王源而死。

王源听毕惊问其故，答说生平知己除王源外不复有人，设蒙立传，何恨之有云云。后来献廷死后，果由王源写了篇感人至深的墓表，使后人据以得知献廷之志与学。献廷死后，王源因李塨之介，拜颜元为师。晚年亦一如献廷，抛家别子，遍历名山大川，最后客死淮上。可见王刘两人之学问与性情大体相近，而且志节皎然——两人均终生不仕异姓而“卒老死于布衣”。

王源之外，万斯同与献廷亦甚相得。斯同为黄宗羲高弟，于书无所不读，亦心折于献廷。但两人治学门径截然有别，斯同好读书，而献廷好游历。时两人同宿徐干学官邸，斯同整日不是端坐读书就是闭目沉思；而献廷每天出游，有时一出就是十天半月，归必将所经历与斯同所读相印证，之后掉头又走。所以都下求见两人的，大体只可见到斯同一人。据《鄞志稿·儒林传》说，斯同乍闻献廷死讯，很受震骇，从此悒郁不自得，遂死于明史馆中。

不久，献廷得当时顾祖禹、黄仪两位大地理学家之引荐参《一统志》事，因得泛览天下舆地图册，独力写定《河南一统志》稿。康熙二十九年（一六九〇年），徐干学罢官归里，开局太湖东洞庭山，续辑《一统志》，史馆学者率皆南下。而献廷尚留京中，以馆俸所得钞史馆秘书无算，更旁搜稗官碑志野老遗民之记载，凡数千卷，旋欲归老洞庭，约王源、戴名世等共读其书。名世为文送之，说：“……继庄一书生，担簦游燕市，诸公贵人无好士能知继庄者。继庄衣食不遑给，而奔走拮据，出金数百购求遗书，凡继庄之所为者，其力既已勤，而其志亦已苦矣。”然献廷无力供养，故王、戴二人终未成行。献廷抵吴后又尝邀万斯同来共著书，斯同以当局坚留亦未果成行。

康熙三十年（一六九一年），献廷四十四岁，于七、八月之交，溯江西行，是冬，抵湖南衡州，衡州司马茹仪凤（字紫廷）延之署中过年。翌年正月十八日，始游南岳，此游得识王夫之，他推崇夫之："其学无所不窥，于六经皆有发明，洞庭之南，天地元气，圣贤学脉，仅此一线耳。"献廷是近代中国第一位发现王夫之伟大的人。约正、二月之交，献廷赴长沙巧遇梁份。份是彭士望的弟子，精西北地理，二人在京师时即已相识。至此，献廷录其所著《西陲今略》一过。梁份旋倦游北返，献廷则应友人之邀而入关中，约一个月后又返回衡州。初夏，于清溪（在今湖南湘乡市清溪镇西少南百五十里涟水南滨）从虚谷大师学会"等韵"之学，旋返衡州署中，定《新韵谱》一书，更思得谱土音之法。

康熙三十二年（一六九三年）四月，献廷游昭陵（今湖南昭陵，在今株洲市南三十公里湘江东滨）。冬至日南下郴州（今湖南郴州市），于此写下许多有关当地风土人情的文字，直至翌年四月始离此东归。经过汉阳时受到汉阳令张寿民的殷勤款待；但张氏绝口不谈复兴事，献廷不禁暗自慨叹："世风一变至此，天意诚不可测也。"后向黄宗夏说："余生平以来未曾见花，惟见竹耳，六、七岁时，曾见山水，少长不更见矣。前在石钟、大别，依稀如隔罗縠，不谓之见。此语索解人不得。"这段话较陆游的"遗民泪尽胡尘里"不啻沉痛万倍。在汉阳期间，他与王炜（字鹿田，又字不荠，新安人）过从甚密，尝有诗赠之曰："圣人有忧患，学易晚无成。区区后世儒，议论纷纵横。吾读四圣文，未睹天地情。沉吟三十年，愈使悔吝萌。誓将焚图书，豁然还太清。鹿田王夫子，博大世能名。孤视宇宙间，心与元化并。手摩月窟吟，足蹈天根行。一朝启灵钥，七日开聋盲。汉上受我书，易道晦复明。回环走风雷，卷之返柴荆，重理旧韦编，悦研老此生。"此处已透露献廷对积极入世的厌倦了。接着又自汉阳东行，在江西停留甚久，始返家乡。

康熙三十四年（一六九五年）春，献廷重游西湖。是年七月六日，病殁，与妻张氏合葬于吴江陆墓山。

综观献廷一生，若以其思想蜕变的轨迹而言，当以离开王源、戴名世、万斯同，开始大肆游览的四十四岁那年最为关键。关于这点，王源等人似乎尚未察觉。因此要研究献廷，有待于我们跳出王源等人的理解。

二、思想风貌

就现存资料看，献廷的思想并无玄奥难解之处，此因一则他倾力谋求时代困境——汉民族丧失独立与自由——的解决，致于形上思辨方面较为忽略，二则他英年去世，来不及向学问的纵深处发展。他思想最大特色，就是表现了知识分子的气概。他深耻当时知识分子不敢踏出书房一步，以为“今之学者率知古而不知今，纵使博极群书，亦只算半个学者”。尤其痛恨知识分子的唯利是图，他说：“今世之高谈性命，传佛心者，固不乏人，而争名竞利，有甚于贩夫屠沽，乃自以为真善知识。悲夫！”他主张：“圣人谓人为天地之心，人渺焉尔且众，胡为天地之心？尝学易而得其说：乾也，坤也，初交而生风雷，无形也；水火次之，形而虚；山泽又次之，实矣。由是草木生焉，鸟兽育焉，草木鸟兽不已章乎，未竟也，草木不实，则草木之生未竟，而草木熄，天不生人，则天地之生未竟，而天地之生熄。人者，天地之实，故曰：人为天地之心，身岂心哉？心心尔，所谓仁也，天地不能为者，人为之，剥复否泰存乎运，而转移之者心，人苟不能斡旋气运，徒以其知能为一身家之谋，则不得谓之人，何足为天地之心哉！？”这是献廷融贯宇宙论与人生论的结晶。他认为人即是上天的具体化，可以为天主持公道，将天的好生之德（即仁）广被人间，人生于气运流行之中，当人与气运在搏斗时，个人家庭幸福是可以抛弃不顾的。他有个朋友因照顾故人之子，弄得身心俱疲，不能成就一番事业，故常引以为戒。因此不免有人说他太冷酷无情。他辩称，若非“回出人情之外”，必不能成大事；虽然王道是重人情的，但那是基于站在为天下人的立场而说的。

献廷既视学问为“斡旋气运”的坚实凭借。然则学问又如何获致呢？献廷说：“为学先须开拓其心胸，务令识见广阔为第一义，次则于古今兴废沿革礼乐兵农之故，一一淹贯，心知其事，庶不愧于读书。”

至于怎样才能使心胸开拓呢？献廷认为第一要认识古今是非成败。这是一种借读史以培养见识的办法。但并非所有历史著作皆具有这种功能。献廷有一次看人读《通鉴大全》，就很沉痛地表示，一个人要是读了这种假权威之名写成的书，就如同将粪秽瓦砾填塞心胸一样，必不能成就一番“磊落轩天地”的事业。第二是不断接受自然界山水的陶冶。他极欣赏江西的风景，认系平生所见之最，并以能定居于此为已足，否则也要客居一两年。他的理由也无非是，像江西这么美妙的山水正好可以洗涤尘秽，开拓心胸。但他接着马上警告说，登山玩水并非一定可以培养出开拓的胸襟，如果游览山水的结果，仍然一如过去“吴下阿蒙”，那么干脆留在家里算了。此外，献廷有一种很奇特的想法，以为游山玩水与“读书、学道、交友、历事”四事相为表里。以下我们就依次说说他的治学途径——读书、学道、交友、历事四事吧。

就读书而论，我们从《广阳杂记》中，发现献廷所读遍及经、史、子、集。并且又不以儒家典籍为限，他曾涉猎了佛经与道藏。读书重点在“礼乐”、“兵”、“农”，并思以读书所得见诸行事。在礼乐方面，他主张如何，我们不得而知；在兵方面，他重视国防地理的研究以及兵器战具的发明；在农方面，他特别着重水利，故所到之处即留心当地水道，并加以绘图。他认为中国西北地区之所以丧失古来一直优越的经济力量，主要是水利不修的结果。这种以读书所得见之行事的观念，正是宋儒“格物致知”的真正价值所在。有一次，献廷听说郴州脚夫在替广客运锡途中，往往利用锡块内外散热不一致的原理盗锡，于是一面惊于“盗亦有道”，一面很慨叹地责备当时知识界，对于学问都是“卤莽灭裂以从事”，否则怎会连锡块内外散热不一致的道理也不知道呢？因此他体悟到：“天下事未有不从格物致知而来。”而后人所读的书只是前人致知结果的载记，并不足以涵盖整个宇宙万事万物之理。这就如他所说的：“天下事经纬错综，决非印板所能印定。”甚而他更进一步认定：“前人之书纵极尽善，不经我手，如观家宝，与予无益也。”他有了这种认识，故能说出以下的话：“大都古今人非自欺则欺人，与为人所欺耳，六经诸史暨三藏十二部诸家之书皆然。”

献廷于学道方面，似乎比较欣赏性命双修的道家北宗，在北宗全真七子中，很推许丘长春，并向人推介道：“其学先了心性，谓之性宗，后以坐功得丹药谓之命宗。”在心性了悟方面，献廷成就如何，我们无以知之。对于炼丹一事，他年轻时是做过的，只是失败罢了，但似乎并不因此而放弃，他曾以得自炼丹的经验，证明某人所言“砂汞八石，一遇黑铅，如油入面，永不得清”为确。

在佛家方面，他很看重盛行明朝中叶的等韵之学，执此说者相信借唱韵可以开悟学者，当时佛教人士目参禅为大悟门，等韵为小悟门。前已述献廷幼年听大悦和尚讲过此学，唯尚不甚了解，及游南岳期间，得遇虚谷大师而尽得其学。

交友方面，可从《广阳杂记》中记载他朋友的言论之多得以印证。他的朋友大体上可分共事的与共学的两种。

共事的朋友是他一生最看重的朋友，这是在他南下寓居江南到他北上助修《明史》这一段期间（即康熙五年—二十六年）所结交的。在他所编的《友谱》一书中，赞扬这群朋友是“事关性情学问，振古今而轩天地，虽海枯石烂，精神不可磨灭”。然而，这些人除了前述张斐以及黄宗夏之父复庵之外，都很难查究，我们怀疑可能都是与他共同进行秘密抗清运动有关的人物。

在共学的朋友中，彭士望可能是对献廷早期治学颇有影响力的一位。士望（一六一〇—一六八三年）字达生，江西南昌人，明朝诸生，师事黄道周。官至江西布政都事。曾欲助督师扬州的史可法，未获所愿。明亡后，依魏禧兄弟居翠微峰，讲学易堂以终其生。他是一位胸怀坦荡，卓然不群的学者。学宗王守仁、罗洪先二人，没有堕入当时学者朱陆之争的窠臼。他曾说：“从二先生（指王、罗两人）书，以仰溯周、程、朱、陆，其源无不同者，其有不同，仅循途之迹，或舟、或车、或马、或步，然并达于所诣之地。”依全祖望的说法，他还是献廷在学问上“尤心服”的朋友呢。

彭士望外，尚有戴名世、万斯同、王源等三人，都曾是献廷极力邀请合写《明史》的人。戴名世于献廷死后发愤独力纂写《明史》，惜因文字狱被害，无由完成。万斯同虽与献廷在治学方法上有所不同，但两人颇能切磋学问。王源的思想则注重于兵事政事等经世之学。

献廷为了《明史》的写作，还设法结识了许多不认同于清朝的明朝遗臣和遗民，其中有不少是当时颇具声誉的画家、书法家和诗人。

历事方面，献廷曾提过“天下事未有不从格物而来”，以及“天下事经纬错综，决非印板所能印定”两句话，可知他所谓的历事即秉承过去理学家“即事（物）穷理”的精神而来。关于此点，我们可从以下例子加以说明：

某年冬天，献廷在郴阳看到许多人瑟缩在寒风中兴致勃勃地看戏，初以为戏演得好才会如此叫座，后来发现竟“优人如鬼，村歌如哭，衣服如乞儿之破絮，科诨如泼妇之骂街”。他思虑良久，得到如下论断：“则声色之移人，固有不关美好者矣，夫登徒子之好色也，非好色也，宋玉固已言之。若观郴郊之剧，吾不识声色之外，复何所有也，而声色止若是焉已矣。此其故有非推测而知者也。虽然，有至人焉，见吾之深探化元，细推名理，钻故纸以终日，惟陈言之是耽，不犹诸子之立观村剧乎，而诸子之视吾也，亦犹之吾之视彼也，庄生有言，曰：‘其视下也亦若是。’（按：此处黄宗夏注云：以下疑有阙脱）”此外，他因一些酒客在感觉上大异常人的表现，遂作如下推论：“四体之即安佚，人之情也。恶安坐而乐久立，岂人情乎？攘臂相仍，至痛也。以至痛为至乐，吾未之前闻也。饮而陶然，斯为乐矣，必也翻肠倒胃，尽出而后已。譬之饮药以求病也，某人某人则皆然矣。夫目之于色，耳之于声，口之于味，四体之于安佚，则既尔矣。但未知鼻之于臭，何如也。夫集数百十人于台下，则酒气、汗气、下泄之气，氤氲郁酿，可想而知。根尘和合而识生焉。意识了别于中而好恶因之以立，人之与人，比量而知，不甚相远也，而此则乌乎测知？……余反复中夜，究不测群公之境界为何如也，呜呼异哉。”他虽然提不出解答，但他不忽略眼前日常小事之精神，由此可见。

对于物理世界，他常以亲自观察所得，证明俗说之谬误。比如，他据学理上的推论，不相信世上有重瞳子之人，因为若是如此，则视一物必为二物。他并以得见一位传说是重瞳子的算命先生，获知只是眼中多一翳障有类眼珠，乃断言历史上几位大人物如舜、项羽等人有重瞳子之说是值得怀疑的。他又指陈俗说“夏至有风三伏热，重阳无雨一冬晴”为不确。再如，他从《神农本草》一书中得知诸金石毒药不仅可以服食，而且食后可以延年益寿；然此说不为历代名医所信，献廷就觉得其中定有缘故，以其事关人命，故不敢随便拿人实验。后来他听说有人以信石、巴豆等毒药救活人命，他才释去这个深藏内心多年的疑问。

三、学术成就

在未进入本节讨论之前，让我们先一睹献廷生平的著作。兹将其分类如下 ：

（一）地理部

（1）《秦边九卫图》（佚）

（2）《楚水图记》（佚）

（3）《水经注疏》（未成）

（4）《江汉沅湘记》（佚）

（二）历史部

（1）《明史》（未成）

（2）《明初官制》（佚）

（3）《升官图说》（佚）

（4）《续竹书纪年草稿》（佚）

（5）《纲目纪年》（佚）

（6）《论宗法》（未成）

（三）音韵学部

《新韵谱》（佚）

（四）文学部

（1）《广阳集》（佚）

（2）《广阳诗集》（疑尚存）

（3）《离骚经讲录》（佚）

（五）其他

（1）《日记》（《广阳杂记》即由此摘录选辑而成，佚）

（2）《广阳杂记》（存）

（3）《日知录》（佚）

（4）《友谱》（佚）

其中《新韵谱》、《明史》、《水经注疏》三书，为其一生亟欲完成者，结果三书中只成《新韵谱》一书，其余二书之所以不成，诚如全祖望所言："凡继庄所撰著，其运量皆非一人一时所能成。"

由于刘氏遗书几已全佚，吾人今只能就现有史料而立言，首先讨论他在地理学上之成就。献廷在地理学方面的卓识，得力于他亲身的实地考查，以及遍阅当时官方庋藏的地理图籍，得悉前人地理学之总成绩。就献廷地理学的内容而言，可分：人地关系研究，经济地理，以及国防地理等三方面来加以探讨：

第一，在人地关系研究方面：

献廷能将地理学研究的焦点，从陈陈相因的抄撮陈牍，一转而到自然景观与人类生活的相互关系，实开我国地理学史上研究人地关系的先河，是极具划时代的意义的。他抨击传统地理学："所纪者，惟疆域建置沿革，山川古迹，城池形势，风俗，职官，名宦，人物诸条耳；此皆人事，于天地之故概乎未之有闻也。"我们从他"渡江令人雄毅，入湖令人深静"，"山性使人塞，水性使人开"，以及"沃土之民不材，淫也；瘠土之民好义，劳也"等对句式的片词短语中，不难窥出其中涵蕴人地关系研究的消息。较为详细的说法，他在气候研究上，发现华北中原气候古今有异，遂彻底推翻了自来历书所根据于古代中原气候所订立的“七十二候”的旧说。他观察到“诸方七十二候各各不同，如岭南之梅，十月已开，湖南桃李十二月已烂漫，无论梅矣。若吴下梅开于惊蛰，桃李放于清明，相去若此之殊也”。又说：“长沙府二月初间，已桃李盛开，绿杨如线，较吴下气候约差三四十日，较燕都约差五六十日，五岭西南又不知何如矣。”因此主张“今于南北诸方，细考其气候，取其确者，一候中不妨多存几句，传之后世”。如此一来“天地相应之变迁，可以求其微”。再者，他认为风向的不同，会影响天之阴晴，而天之阴晴，则会左右一地之寒热。换句话说，风向与气温之高低有必然的关系。在某种程度之内，这话是合理的。这种体悟是发生在他旅次湖南郴州期间：“甲戌元宵前一日，于郴阳旅邸，北风阴雨，觉冷甚。盖新春以来，无风不南，无日不晴，梅柳桃李，旧腊已如锦绣。昨风转北，天朗阴晦，寒气偪人，如北方之冬，室中非火不足以御寒，天之阴晴，由于风之南北，地之寒燠，由于天之阴晴，湖南大抵然也。”献廷久处衡阳，发现每逢北风，地即潮湿，未几雨至，询之土人，云自来如此；遂获“风水相逆而成雨”之说，此点差近现代气象学研究所得。他以其一生居住最久的两个地方——燕京与吴下——的降雨情况来印证。得知两地皆河流东南走向，每逢东南风必降雨；而“衡湘水北流，故须北风而后雨也”。因此他主张当调查清楚全国各地山脉背向，水流分合，支流与川流的走向。那么，“风土之背正刚柔，暨阴晴燥湿之微，又可次第而求之矣。”献廷所说的雨，即今气候学中的“地形雨”。以今日之气候学观之，似嫌粗略，然他能提出雨之“成因”此一研究课题，并进一步予以解答，堪称有其“突破性”的贡献。

献廷十分留意各地之物产。他曾仔细追究同一物产因产地之不同而其品质有高下之异。以茶为例，他认为“当阳羡（今江苏宜兴市南）老庙后为第一，福建武夷茶次之，他不入格矣”。他也注意到同类物产各地异名的问题，比如他发现闽广滇黔四处之人喜食一种瓜果，其味极苦，不适宜体质虚寒者食用，而这种瓜果在衡州叫苦瓜，在北方叫癞葡萄，在江南叫锦荔枝。他更注意到同一矿产因产地的不同，而有不同的开采法。如中国内陆各地的井盐，包括陕宁交界的灰盐堡的盐，秦州盐，滇境琅井、白盐井、黑盐井等处之盐，川北盐，川东盐等，他都详细查明各产地情况以及开采之难易，并较其质量高下。此外，他也注意到物产所予该地人文景观的影响。如他游历淮安海州两地时，发现该地的家具与建筑材料均为鱼骨。他寓居衡阳期间，发现湘水流域，只有衡阳百里之内产鱼种，土人中绝大多数有赖收集鱼种谋生者，而四方养鱼为业的人都齐集该地购买鱼种，当地政府每年也因此平添一笔不下千余金的税收。乃引起献廷进一步思索为何湘水之鱼“独衡之百里内产之，湘水浩浩北注，乃不移而之他耶？”最后在百思不得其解的情况下，只好叹息地说：“此亦物理之难于推论者矣。”他虽然未能提出解答，却能提出问题，也算此方面的先觉了。

第二，在经济地理方面：

在这方面，献廷一如明末学者归有光、徐光启等人一样，非常看重农田水利，以为水利关系民生至巨，必“水利兴而后民食足，教化可施”。他非常痛惜中国经济北不如南的偏枯发展，是以大声疾呼当优先开发西北水利。他说：“北方有二帝三王之旧都，二千余年未闻仰给于东南。何则，沟洫通而水利修也。自五胡云扰，以迄金元，沦于夷狄者，千有余年，人皆草草偷生，不暇远虑，相习成风，不知水利为何事。故西北非无水利也，有水而不能用也。不为民利，乃为民害。旱则赤地千里，潦则漂没民居，无地可潴，而无道可行。人固无如水何，水亦无如人何矣！元虞奎章（即虞集）奋然言之，郭太史（即郭守敬）毅然修之，未几亦废，有明三百年，更无过问之者矣，予谓有圣人出经理天下，必自西北水利始。水利兴，而后天下可平，外患可息，而教化可兴矣！”献廷是中国近三百年来第一位提倡西北水利开发的人。贫穷为祸乱的渊薮，只有像献廷这样独具慧眼的人，才晓得一个国家是不能有偏枯建设的。献廷因为郦道元的《水经注》，于西北水道，甚为详备且“毛发不失”，认为堪作振兴西北水利的“粉本”，他说：“郦道元博极群书，识周天壤。其注《水经》也，于四渎百川之原委支派，出入分合，莫不定其方向，纪其道理。数千年之往迹故渎，如观掌纹而数家宝，更有余力铺写景物，词组只字妙绝今古，诚宇宙未有之奇书也。时经千载，读之者少，错简脱字往往有之；然古玉血斑愈增声价。但其书详于西北而略于南，世人以此少之。不知水道之宜详正在北而不在南也。……西北水道莫详备于此书，水利之兴，此其粉本也。虽时移世易，迁徙无常，而十犹得其六七。不熟此书，则胸无成竹，虽有其志，从何措手？有斯民之志者，不可不熟读而急讲也。”然而，他觉得千余年来很少有人能读这部书，就是称赞它的人，也不过欣赏它的词藻，用作游记诗赋里的点缀。他的好友黄仪独能沉酣此书，参伍错综，各得其理，并取宋人善本，正其错简脱讹，支分缕析，各作一图。可是献廷仍不满意，评其：“专于考古，而不切实用。”因此献廷打算将全书依据宋版割裂改正，装裱成帙，命门人抄录黄氏之图，并辑录《二十一史舆地志考》、顾祖禹的《读史方舆纪要》，以及传是楼的《一统志稿》等，作为疏《水经注》的资料。接着，又说：“郦道元《水经注》无有疏之者，盖亦难言之矣。余不自揣，蚊思负山，欲取郦注从而疏之，魏以后之沿革事迹，一一补之。有关于水利农田攻守者，必考订所以而论之。以二十一史为主，而附以诸家之说，以至于今日。后有人兴西北水利者使有所考正焉。予既得景范（即顾祖禹）、子鸿（即黄仪）以为友，而天下之山经地志，又皆聚于东海，此书不成，是予之罪也。当与宗夏勉之。”惜献廷英年去世，此书终未撰成。后来全祖望、赵一清、戴震等人的疏证《水经注》，都很受他的影响。直至今日，“水经学”仍是一门独立的学问。

第三，在国防地理方面：

明中叶以后，中国由于鞑靼与倭寇的猖獗，激起了知识分子从事国防地理研究的热烈风潮。但所作的地理图籍，多辗转抄袭，无甚可观。献廷极不满意此类作品，这从他批评方孔昭《全边略纪》可见：“……其书略录一代事迹耳，未见历朝实录，闻见浅陋；而诸边形胜、道里远近、暨诸堡塞毫无考订。明末留心边计者，胸襟眼界只于是耳，可叹也。”因为献廷比较重视边疆险地的利用，各险地间路线的远近，以及堡塞的布置；可是方书专注重战事之陈述，却连战争的史料也没收集完备。只有献廷好友顾祖禹的《读史方舆纪要》，献廷誉之为“千古绝作”，但仍认为有如下缺点：“详于古而略于今，以之读史，固大资识力，而求今日情形，尚须历炼也。”献廷只满意梁份的《西陲今略》，此书主要包括“九卫大局”、“边堡内地”、“边疆诸夷”等三部分；花了梁份六年的时间，偏历河西，因此得悉当地山川险要，而各游牧部落的强弱多寡离合之情，皆洞如观火。献廷特地借来抄成《西陲今略节要》一书，并因之演成“秦边九卫图”，在绘上色彩后，颇感欣喜地说：“虽未尽余胸中境界，然山川之阨塞险要，驲站之迂直远近，兵将之所驻札，外夷之所游牧，已纤细毕具矣。图边塞者未之能过也。”

最后，我们谈与地理学极有关系的制图学。虽然献廷晓得利玛窦以测量经纬度的技术来制作地图，但是，他并无有过实地测绘地图的经验。不过他对传统中国的办法有所改进。他很推崇元代的大地理学家朱思本，认为朱氏独得晋裴頠地图之宗——准望——的遗意。他说：“自晋裴頠作《准望》为地图之宗，惜其不传于世。至宋朱思本纵横界画，以五十里为一方，即《准望》之遗意也。今之《职方图记》即用此法。非此，则方向里至皆模糊不可稽考。然其事甚难，至十里一方，则竟无从着手。四至八到，方方凑合，求其毛发不爽难矣。”但我们若据胡渭的看法，则他所说的“准望”，实即中国传统的“计里画方”之法。对于水道图的制作，他提出的权宜办法，是先计里画方，每方百里，然后府州县按里而填之。如此“府州定而水道出矣”。

地理学以外，我们讨论他的声韵学方面的成就：

他最奇特的想法是“而土音谱合俚音谱共为一则，而其人性情风俗之微，皆可案律而求之矣”。可见他是认为各地土音与俚音的把握，即可解开各地居民性情风俗之奥秘的。献廷这种想法显系受人之乡音永不可变此一事实的启发。献廷兄曾告以，满人掳走汉人子女，强令幼者习满语，学成后纵然其操语之纯熟直与满人无异，但一至老年，却渐露乡音。由此，献廷认为一个人早年生长的地理环境对他的影响是无法改变的，即使后天因环境的变迁而另有新的学习，也只能一时使早年的地理环境的影响因子潜伏不出，然而年纪一大终必再会暴露出来的。这种认识是有其本身的经验为基础的。原来献廷寓居吴下有十年之久，早已忘其成长于北方之时，不料突来一场大病几死，病愈之后，所思皆北方风味，所梦亦北方幼时熟游之地，至此，据他自己说，他才真正了解为何“汉帝之思丰沛，太公之乐新丰”。

那么，献廷研究音韵的结果，有何成绩可言呢？近三百年来，治音韵学而着眼到各地方音的，只有方以智、杨选杞、刘献廷、张行孚、李汝珍和劳乃宣等人，其中旁考异族语言比较研究而能有所发明的，则惟刘献廷一人而已。献廷除前述曾从蜀僧大悦、湘僧虚谷等问等韵之学外，更曾参考华严字母、天竺陀罗尼、泰西拉丁语、小西天梵书，及天方、蒙古、女真等语；其所藉资比较研究之范围，于世上三大语系：汉藏语系、阿尔泰语系、印欧语系，一无偏废。可见其音韵学凭借之雄厚与格局之宏大。当时另一学者吴修龄曾谓："圣人言治平之道，必本之身，审身之士，顾可以外其身，以求用乎？"可见献廷的音韵之学亦有浓厚之经世深意。献廷自称："于声音之道，别有所窥，颇窃造物之奥，百世而不惑。"所写《新韵谱》一书的方法是："先立鼻音二（nŋ）。鼻音为声韵之元，有开有合，各转阴阳上去入之五音，共十声，而不历喉腭、舌、唇、齿之七位。故有横转而无直送。横转为平上去入，而平声则有阴阳，故五。等韵惟不达此，故多重迭。次定喉音四为诸韵之宗。太西腊顶语以'口'、'阿'、'咿'、'呜'、'午'之五音为韵父。然'午'即'呜'横转之上声。女真国书则有六音，而第六字实即第五字也。盖外国皆不知有横转之五音，故有此惑。惟梵音十二字，恰合此式，然喉鼻不分，则父子无别矣。今定'口'（a）为喉之喉，开之开；'阿'（ə）为喉之腭，开之合；'咿'（i）为喉之齿，合之开；'呜'（u）为喉之唇，合之合。四音定而万有一千五百二十之声，举不出其范围矣，是之谓正喉音。又从'口'（a）字追出'口'（a）字，为'口'（E）之半音；从'阿'（ə）字转出'而'（r）字，为'阿'（ə）之转音；从'咿'（i）字想出'口'（l），而见之于齿之'口'（l），'思'（sl）、'慈'（dzl）、'雌'（tsl）。故'口'（l）为'咿'（i）之伏音；从'呜'（u）字究至'于'（y）字，'于'（y）为'呜'（u）之送音。'口'（E）、'而'（r）、'口'（l）、'于'（y）四字为变喉音。又以合口鼻音为韵，分配'口'（a）、'阿'、'咿'、'呜'，则为'鸯'（an）、'鞥'（ən）、'英'（in）、'翁'（un），此四音为东北韵宗；又以开口鼻音为韵，配以'口'（ə）、'阿'、'咿'、'呜'，则为口、口、口、口，此四音为（按：以上八音原书脱误，今依文意补下四字）西南韵宗。此八音立，而四海之音可齐矣。次以喉自互交合，凡得一十有七，喉鼻相互交合，得音一十，又'哀'（ai）、'爊'（au）二音有余不尽，三合而成五音，共三十二音为韵父。韵历二十二位，则韵母也。横转各五子，子凡若干。万有不齐之声无不可资母以及父，随父而归宗，因宗以归祖，由祖以归元，天地之秘藏，一朝启之。”（以上文字据两种不同版本比勘而成，括号内所注之音标，则袭自尹耕先生的研究成果。）献廷生时，西方世界尚无一人致力于比较语言学的研究工作。献廷对于《新韵谱》的设计（一六九二年），离 Rasmas Rask（一七八七年生）与 Jacob Grimm（一七八五年生）的诞生，远在九十年以前，已经能旁求诸“大荒以外，囊括浩博”（全祖望语），听康甲夫家藏刘孔当的《五经叶韵》书后附有琉球红夷文字，甚至说这是他悬金而求，募贼以窃的东西，深以面失为憾。并且对于方音调查，就想用他的《新韵谱》以诸方土音填之，各郡自为一本，逢人便可印证；以法授诸门人子弟，随地可谱，不三四年，九州岛之音毕矣。这种治学的方法与态度，已经立下比较音韵学的楷模。从现在看，我们不能不佩服献廷的先知先觉。

据今人罗常培先生的研究，认为刘献廷的《新韵谱》是受来华耶稣会教士金尼阁（Nicalas Trigault）《西儒耳目资》（Fables Choiseise Esope）一书的影响。不过，我们在《广阳杂记》一书中却没见到有关《西儒耳目资》的词组只字的记载。罗氏以为中国音韵学打在印度梵文作用的笼罩之下，遂有正负两面的影响。其正面的影响，是对于声类、等呼的辨别，自然较之从前精密甚多。而其负面的影响，是一方面由于和尚们把唱韵当作小悟门，拥戴韵主口耳相传；一方面由于等韵家牵附律吕五行弄得乌烟瘴气。这种负面影响的结束，一直要到利玛窦、金尼阁等人用罗马字标注汉音，以及方以智、杨选杞、刘献廷受了他们的启示，遂给中国音韵学的研究，开辟出一条新途径。

在《广阳杂记》中，唯独地理学、音韵学两项，比较有充分的数据显示献廷非凡的成就。其余像历史学、天文学、历算学、考据学等，均是一鳞半爪的意见，而各意见之间，又毫无系统与关联，因此不再多所引证和介绍。

四、结论

对于献廷在学术上富有创意的成就，全祖望曾有如下中肯评语："此固非一人所能为，但发其凡而分观其成，良亦古今未有之奇也。"我们以为这主要得力于"为学先须开拓其心胸"这一点认识。这道理看似人所尽知，但实行起来可不容易。就因为献廷"广心"，故能"容异"；而于学无所不窥，没有朱陆之争执，没有儒释道三家之畛域，更没有中西学之成见。学不分古今中外，只要是学问，就值得他去苦心钻研。基于此，献廷在观念上便有打破传统学术藩篱的雄心壮志；而这种观念上的自觉则构成他成就非凡的原动力。

最后，我们且以王源恭维献廷的一段话，作为本文的结束："呜呼，生死无关于天下，不足为天下士，即为天下士，不能与古人争雄长亦不足为千古之士，若处士者，其生其死，固世运消长所关，而上下千百年中不数见之人也。……处士之心，天地所以不熄之心也，古圣贤以其心传于后，而古圣贤未尝死，天下有以处士之心为心者，处士又岂死哉，后之览者尚其有感而兴焉。"

参考书目

《广阳杂记》，刘献廷，世界书局，一九五七年再版。

王勤堉：《刘继庄先生年谱初稿》（一）（二），《浙江省立图书馆馆刊》卷四，四、五两期，一九三五年八月，一九三五年十月，页一—二五，页一—三一。

王耕：《刘继庄先生及其学术概要》，《齐鲁大学季刊》，二期，一九三三年六月，页四九—六四。

尉之嘉：《二百年前大思想家刘献廷之生平与其学说》，中山大学《文史学研究所月刊》卷三，三期，一九三五年一月，页一五—二一。

姚士鳌：《述大兴刘献廷先生之地理学说》，《地学杂志》，八、九合期，一九二四年，页一—四四。

李塨

周何　著

目　录

一、传　略

李塨，字刚主，号恕谷，清保定府蠡县（今河北省蠡县）人，生于顺治十六年（公元一六五九年）。初生时取的乳名为四友，八岁时才改名为塨。塨字一边是土，一边是恭，土是希望他将来笃厚踏实，恭是希望他更能谦虚恭敬。

李塨的父亲名明性，字羽初，世称孝悫先生，无论是学问德行，都非常受乡里间人所尊敬，尤其对子弟的家教很严。在李塨四岁时，孝悫公就常把他抱在膝上，讲解《孝经》和古诗给他听，稍大一点，又把《礼记》里面的《内则》、《少仪》等几篇有关日常生活中为人子弟应该注意的很多规矩教给他。到八岁入小学之后，孝悫公还亲自教他读经书。在这样好的家庭教育熏陶之下，自然可以为李塨的品格和学问奠定十分深厚的基础。

孝悫公在李塨十五岁时，为他娶了同县王氏之女为妻，虽然她在结褵才一年多便夭亡，但是她的哥哥王法乾却因此而成为李塨切磋学问、砥砺节操方面最好的朋友。孝悫公又和附近博野县的颜元（号习斋）非常交好，所以从这时候起，李塨就一直跟着习斋求学。对李塨的一生来说，无论在道德修养、学术思想等各方面影响最深的，当然是这位一代宿儒颜习斋。

李塨十九岁时，县令毕公非常赏识他，提拔他进入县学。又知道他家道贫穷，想要在钱财方面帮助他，刚好有一件案子在手边，于是就暗示事主去李塨家请求人情关说，但孝悫公立即表示绝不可因钱财而关说人情。家训的清廉正直，于此可见。李塨二十岁时，科考获得一等，照例可以申请补为廪生，向县府领取津贴，则生活问题可以解决。但习斋先生认为在手续上必须缴纳付给书办的陋规，等于是靠贿赂进身，反对这样做，因此李塨也不愿去申请。在这样严正的庭训和师教之下，对事理的分辨、是非的判断，自会培养出非常正确的认识。因此有一次他的朋友也是想帮助他，以他的名义向捕厅报告一件事情，领得赏金之后交给他。然而李塨却认为这不是自己所当得的，拒绝不肯接受。在贫困生活之中，仍旧能把握取舍的原则，这不是一般人所能做得到的，这时他才二十一岁。

由于不断接受习斋先生的思想影响，李塨已渐渐摆脱了一般读书人以必须经过科举考试，进取功名为唯一出路的观念，抛弃了那些准备应付考试用的制业，而专心研读经学，以及具有实用价值的学问或技艺。同时为了切实督促自己的身心修养，仿效习斋每天写日记，日记内容大抵记载自己的言行得失，作为日后努力改正的课题。当时拟订的日谱凡例有五：

1. 每天学习礼乐射御书数六艺的进度。
2. 自身所犯的过失。
3. 对亲长有悖逆不孝之处。
4. 他人言行有值得勉力效法者。
5. 有关本身得失的大事。

日谱的目的在检讨自己的言行得失，所以必须记载详实，而且不能有所隐讳，才能真正切实有效。当时由颜习斋、王法乾和李塨等，定期约会，各人拿出自己的日谱来，大家共同检讨，互相砥砺。检讨的用意当然是在于劝善规过，因此大家都很认真，不容彼此回护。日积月累下来，在进德修业方面，自然会有突飞猛进的成绩。所以李塨曾说，如果不是这样的话，像我这样愚昧无知的人，怎会有成就呢？譬如有一天，实在感到很疲倦，想稍微睡一会，刚躺下去，立刻就爬起来，认为自己不应该如此偷懒。这虽是一件小事，但已经可以看出，他在身心修养方面，确实做到一丝不苟的地步。也由此可见，李塨方正不阿的人格和践履笃实的思想，从这时起，已奠定了良好的基础。

愈是如此地检讨改正，愈是感到自己的缺点太多，而用功的努力也愈感到不足。所以在他的日谱中时时可以看到有“力戒多言”、“小心翼翼”、“以考究致用之学为业”等记载，藉以督促自己，勉力向上。他认为自己最难做到的是“不动心”。所以有一次，一位朋友称赞李塨的学行俱佳，认为将来必定大有作为，李塨说：“将来究竟如何，实在是无法预料；如果只就今天来说，我自己反躬自省，遇到大事会动心，遇到急事会动心，遇到得意或失意的事更会动心，像这样哪里能谈得上有大担当和大作为呢？”为了认真策勉自己，常在墙壁上写下警惕改过的标语，如：“塨！如你改过不力，天将会惩罚你！”“最容易犯的是骄气，最难纯净的是动心。”可以说无时无地不在注意身心的修养！

家里虽然很穷，然而事奉亲长却一向都能尽心尽力。孝悫公在世的时候，虽然说不上什么享受，但只要是最好的东西，都是拿来孝顺孝悫公，李塨自己却都是食用最粗的饭菜，而且又绝对不让父母知道。有一位朋友赵思光，深深为他的孝行所感动，又知道他的经济状况不好，乘李塨在县求学，每当初一或十五的前一天，私下里派人送麦送肉到乡间李家，假称是李塨从城里专使送来的，李塨固然是孝子，而这样的朋友也真是难得。李塨二十五岁那年九月，孝悫公去世，李塨辟踊痛哭，三天之内，粒米不入口，本来身体就瘦弱多病，由于父丧哀恸过度，再加上头晕腹痛，泻肚畏寒，更形衰弱，但仍强起料理丧事，一切遵依古礼。孝悫公临终时，特别嘱咐李塨今后一定要跟着颜习斋先生努力求学，李塨也确实做到，终生不忘。

三十岁以前，李塨一直致力于实用之学，如江防、海防、预防外患入侵的形势、部署等，都下过工夫去研究，也曾陈述过如何平海寇和开发东北水利、治河利运等策略，思虑深远，胸襟超人。他认为必须是关系国计民生的大业，才是有价值的学问，因此对于应试制举的学业从来就不放在心上。但在三十二岁那年（庚午年），由于赵思光再三地劝勉，李塨八月间赴京参与考试，果然中举。回乡之后，非但不以为是件高兴的事，反而说一个人如果在举业方面能表现得很聪明，则对世事一定不会聪明；一个人如果在应时应景的文章方面能表现得不落俗套，那么对世事的体认一定是庸腐不堪。所以从此以后，每年只是照例去应春试，而绝不再在科举课业方面多下一分功夫。

住在杭州的毛奇龄，知道李塨是当世饱学之士，经常把自己的著述寄赠给他，其中《乐录》二部是专门讨论音乐的书，也正是李塨认为自己非常需要，而又感到非常欠缺的学问，于是为求能得进一步的了解，特地由河北到浙江去登门求教。毛奇龄认为自从司马迁作《史纪·律书》用数字来解释音律之后，后人往往只知道在纸上谈数，而不注重实际的音乐，所以愈辨愈繁，愈使人不了解。这些精辟的见解更使李塨由衷地折服，于是正式投帖拜师。他从毛奇龄那里不但学到许多有关音乐的学问，在经学、小学各方面，也同样获益不少。

李塨遍读史书，曾经摘录二十一史之中，凡是属于经世济民而且可以行之于今日的许多事迹和方法，编撰成册，题为《阅史郄视》，后来被司寇吴匪莽看到，不但全部钞录下来，而且还题跋在书后说，如果要想澄清官治，振兴大业，就应以此书作为努力追求的目标。等到李塨著成《大学辨业》之后，吴司寇更是佩服不已，于是就坚决邀请李塨入京，住在府中，教导自己的子侄。自从入京之后，李塨与各方学者论学，深受尊崇。吴司寇和少宰徐秉义又出资替他刊行《大学辨业》，而且在朝中与很多公卿谈起李塨，称他是“学山文海”、“不世之人”，从此更是名动京师。许多学者都来向他请教，讨论学问，一时名流如万斯同、胡渭、金德纯、徐用锡、孔尚任、窦克勤、毛孝章、王士祯等，都和他有密切的交往。李塨在京中曾经卧病在床，吴司寇亲自为他调药，徐少宰每天来床前探望，所受尊敬和礼遇，由此可以想见。

早先万斯同在史馆任纂修时，曾经和毛奇龄闹过意见，后来看到李塨为毛奇龄的《河右全集》作叙，心里当然是不高兴，所以在京中虽然和李塨时有交往，但总是有点格格不入。后来在《大学辨业》即将付印时，李塨想到万斯同学识高卓，应该再请他看看。几天之后，万斯同见到李塨时，特地向他拜谢，并且说今天我才知道什么是真正的学问。除了表示心悦诚服之外，还为《大学辨业》作了一篇叙。当时万斯同在绍宁会馆讲学，听讲的人大都是显官学者之流。有一次万斯同邀李塨一起去，在开讲之前，万斯同特地向大家介绍李塨，说：

李先生身负圣学正传，他的成就不是我所敢仰望的，不过今天我愿先讲述李先生的学问，为各位研究学问指引正路。

又让李塨上坐，请他再作讲解。从此以后，冯敬南、温德裕、刘焯然等人，邀请名流于各会馆中时，都争相请李塨去讲学。徐用锡要想把他的著作呈献给抚院李光地，并且说抚院有高位虚席以待，李塨一概拒绝。万斯同正在修纂《明史》，邀他参加，他也辞谢不去。当初入京的时候，习斋曾告诫他，不要沾染名利，李塨回答说：

塨绝不会去邀名求利的，但相信此去一定会有一番作为。先生您一向不愿和达官贵人交往，塨则不论对方地位之贵贱，只看他的人品如何。先生您操守廉正高尚，不愿涉足官场，塨则惟道是问，能够有阐明弘扬圣道的场合，一定会尽力去宣扬；能够有理想付诸实现的机会，也一定会认真去做的。先生您一向不过问乡里间的琐事，塨则于地方上的种种利弊得失，应兴应革的事，只要是可以陈述的，塨都会尽量提供资料或意见，让朝廷中人能了解真相。先生您一生廉洁清高，钱财方面更是一丝不苟，塨则遵奉孟子可食则食之的教训。但无论如何，一定会保持自身的清洁，不受社会的污染，也就是说，在大原则上，一定会让您感到满意的。

所以李塨在居留京都的那一段时日里，虽然是结交很多的显贵名流，华筵不绝，冠盖相倾，四方之士拜会论学者不计其数，但他始终是洁身自好，绝不违背心意去干求名利。

郭金汤、郭金城二兄弟和李塨的交往最为深厚。早年和李塨在一起谈论学问，李塨告诉他们真正的实用之学在礼乐兵农，而不是诗文，而且把习斋先生的《存学编》给他们看，兄弟两人深为折服，表示愿意私淑习斋先生，并且从此谢绝诗文笔墨，专心讲求天文地利、兵农射御等学。后来郭金汤任桐乡县令，再三请李塨去帮忙，转任嘉善令时，又请他去掌理刑名钱谷等事，极其礼遇。除了经常不断地往李塨的家乡致送钱财布帛首饰等贵重礼物外，还先后出资为李塨刊行《讼过则例》、《射法》、《圣学成法》等著作。由于交往密切，了解他的经济状况，郭金城以准备将来退休时可以住在一起为借口，请李塨在东庄替他买下六十亩的田地，说是将来退休之后可以在一起耕田读书，但现在的收成全都归李塨所有。又顾虑到李塨年已四十，还没有子嗣，郭金汤出重资为李塨从苏州娶了一房侧室，当时李塨住在郭家，惟恐不方便，又为他在隔壁买下一座留春楼给他们住。孩子满月时，又设筵大为庆贺，然后又专程送他们回乡。回到家乡之后，才知道郭金城在家乡也已经为他买了一房侧室。像郭氏兄弟这样热心的朋友虽属难得，但如果不是李塨能以盛德服人，又如何能得朋友如此的敬爱？

杨勤任富平县令，拿着父亲的名帖和长辈的介绍信来拜见李塨，敦请他出来佐政。当时李塨已经五十一岁，实在不愿管这些琐事，但经不起再三的敦请，最后才答应咨商政事，但并不直接负责事务。就这样，杨勤还是待之以师礼，言无不听。几个月之后，全县风俗为之一变，四乡感念德政的士民为县令建牌坊，奉献衣物以表谢意，而杨勤却特来拜谢李塨的指导。富平县原先是风俗凋敝，秩序非常紊乱的地方，一上来李塨就提出宽严相济的原则，教他严禁打架赌博等不良习气，一方面又减低赋税，勤政爱民，等到已有相当绩效之后，再教他表扬孝悌事迹，提倡学校教育，选拔乡保，训练民兵，奖励农桑，振兴水利。这些都是李塨平时经常所谈论的实学，如今借杨勤之手来实行，小试其道，而件件都能获致实用效果，也由此可见李塨所谓至道正学之一斑。

李塨身体一向就很衰弱，到老年时，几乎浑身都是病痛，五十六岁时，相国王掞知道李塨学行俱优，准备向康熙推荐，李塨得到消息之后，上书力辞。五十八岁时，吏部选拔贤能，派任知县，名单内有李塨，李塨又上书，说明母亲年高，不能远离，请求另选其他人材。到六十岁时，部文批示，改选通州学正，不得已勉强上任。八月十二日到任，十一月十八日就告病请假，辞职回乡。六十二岁，十四王在西陲用兵，先后两次派专使，特备车马来敦聘，李塨都以病弱不能行动为借口推辞不去。这件事使李塨深感外面的声望过高，实在不是好事。于是打算搬家到南方去，命长子习仁先去，没想到一月之内，先是母亲去世，接着又传来消息，习仁又病死在船上，只好打消南迁的计划。六十五岁时，朝廷预备聘请学问德行兼优的人，入宫教导皇子，当时张廷玉、徐元梦两位尚书都郑重推荐李塨，又需要找人纂修《明史》，二公也拟征召李塨，李塨都以年老多病为由，竭力推辞。这些年来，固然是由于无意仕进，而身体的逐渐衰弱也是事实，因此对于名望的日高，非但不以为喜，反而因为学问不能传播，道德不能推行，人材不能蔚起，圣道不能光大，认为这才是值得忧虑的问题。所以他经常感慨地说，当年颜先生以天下万世为己任，颜先生卒后把一切希望寄托在我身上，如今却不见有足以寄托的继承人选。其实李塨一生汲汲于治学论道，也曾南游江浙，西至秦晋、山东、河北等地，凡到一处，所有当地及附近的英才彦士都纷纷赶来，或向他请教，或投帖拜师；住在家乡时，不远千里裹粮负笈而来拜于门下的，更是络绎不绝，而有的路远不能亲自来，以书信传递，讨论学问，甚至遥拜为师的，也大有人在。在当时接受他的思想影响的，真可以说是所在皆有，不计其数，然而他却仍认为没有足以寄托圣道者，那只能说是他对理想人选的要求太高而已。所以最后他说不得已只好寄托于著述，留俟后人了。雍正十一年（一七三三年）正月初一卒，享年七十五岁。

李塨的著述有：

1.《周易传注》七卷（《颜李丛书》）

2.《周易筮考》一卷（《颜李》）

3.《诗经传注》八卷（《颜李》）

4.《学礼》五卷（《颜李》、《畿辅》二丛书，又《丛书集成初编》）

5.《郊社考辨》一卷（《颜李》）

6.《禘祫考辨》一卷（《颜李》）

7.《宗庙考辨》一卷（《颜李》）

8.《田赋考辨》一卷（《颜李》）

9.《李氏学乐录》二卷（《丛书集成初编》）

10.《春秋传注》四卷（《颜李》）
11.《大学传注》一卷（《颜李》）
12.《大学传注问》一卷（《颜李》）
13.《大学辨业》四卷（《颜李》、《畿辅》）
14.《中庸传注》一卷（《颜李》）
15.《中庸传注问》一卷（《颜李》）
16.《恕谷中庸讲语》一卷（《颜李》）
17.《论语传注》一卷（《颜李》）
18.《论语传注问》二卷（《颜李》）
19.《阅史郄视》四卷、续编一卷（《颜李》）
20.《颜习斋先生年谱》二卷（《颜李》、《畿辅》）
21.《拟太平策》七卷（《颜李》、《畿辅》、《集成初编》）
22.《平书订》十四卷（《颜李》、《畿辅》、《集成初编》）
23.《瘳忘编》一卷（《颜李》、《畿辅》、《集成初编》）
24.《瘳忘编续编》一卷、附后一卷（《国粹丛书》第一集）
25.《恕谷语要》二卷（民国徐世昌辑，《颜李书》）
26.《圣经学规纂》二卷（《颜李》、《畿辅》、《集成初编》）
27.《论学》二卷（《颜李》、《畿辅》、《集成初编》）
28.《讼过则例》一卷（《颜李》）
29.《小学稽业》五卷（《颜李》、《畿辅》、《集成初编》）
30.《学射录》二卷（《颜李》、《畿辅》、《集成初编》）
31.《天道偶测》一卷（《颜李》）
32.《评乙古文》一卷（《颜李》、《畿辅》、《集成初编》）
33.《恕谷诗集》二卷（《颜李》）
34.《恕谷后集》十三卷（《颜李》、《畿辅》、《集成初编》）

二、思想背景

宋元明三代的理学，在中国学术思想史上又掀起一次高潮。在学术思想的范畴中，大至宇宙的起源，小至于一行一念，都被他们讨论得非常彻底。不过他们讨论的过程中，和前人不同的特色是引进了佛家和道家的成分，来解释儒家的经典。佛道二家的精义虽然与儒家的传统未必相同，然而究其起点在以个人的修持为基础，又其终极目标在成佛成仙之后的普济众生，和儒家的以修身为本而以成圣成贤以济世的理想，似乎相差并不太远。正由于具有这些地方的共同性，所以引进的成分大都落足在有关修身部分的解释上。因为终极目标的济世虽然相同，而圣贤仙佛之间毕竟还是有些阻隔，不能完全相通，因此在引进时没有像修身部分那样的顺利。既然引进佛道二家精义以解释经典，成为宋元明三代学术的特色，所以他们在个人修身方面的探索结果，其贡献实在是非常的可观。理学家们提出了很多有关修身的理论和方法，而且他们自己也都能切实做到，因此对人格培养及社会风气的建立来说，也的确有很大的影响。在中国历史上，讲求气节操守，而能蔚成一代风气者，东汉以外，余下的就是宋明两代了。这不得不归功于理学家的努力。其努力成绩的具体表现，在两代亡国的前后最为显著，上自王公将相，下至贩夫走卒，当他们面临义利忠奸之辨，或生死存亡的关头时，产生了许多可歌可泣的血泪史实，产生了许多大义当前，奋不顾身，以及许多明知已不可为，而仍鞠躬尽瘁，死而后已的人物。由个人高尚人格的发挥，扩大而成为民族精神的壮烈表现，可以说这都是理学家倡导修身、标榜圣贤、培养人格的收获。这种收获的确是值得我们后人击节称赏和模仿效法的。

不过佛道二家功德修养的目标，与儒家的要求毕竟不同。儒家修身的最高理想为成圣成贤，佛家的要求是寂灭无我，道家则以虚静为其最高境界。尽管在观念上，个人必须以本身修养为入道的基础，儒道佛三家似乎具有共同的要求，然而即因为累积功德的修养过程及终点的不同，因此最后的收获必不可能完全相同。假如有意地彼此来掺和一下，很可能会导致差之毫厘，谬以千里的偏失。其结果往往是始料所未及的，或者是非常有价值，或者是贻害无穷。当时绝难想象预料，而往往必须要等到尘埃落定，始能论定是非。既然宋儒开始引用佛道二家的理论，来解释儒家经典中有关修身的问题，则在修养的方法途径上一定会有很多新的启示，但也必然会形成许多新的倾向或偏向。譬如道家讲求虚一宁静，讲求先天气禀，讲求有生于无；佛家讲求明心悟性，讲求无住无碍，无染无着；如果用这些道理来解释儒家天命之性、率性之道的本体，或是慎独存诚、精一执中的方法，不仅是一定可以讲得通，而且还会有很多新的发现和意见，于是探讨的程度自会日益深入而细密，在指导人生及社会群众的途径方面，也自然会有非常深广的影响。然而同样的，在思想的路线上也会不自觉地随着这些影响，而逐渐远离现实生活，逐渐趋于抽象的冥想，玄虚而不可捉摸的境界。起先多少还能把握住儒家的经典为依据，到姚江学派的末流，则严重到根本束书不观，只知静坐自省，希望能从虚无生静、静而能悟的过程中，塑造出理想的儒家仙佛，能悟出圣贤掺和佛道的道理来。稍有一点心得，就召开讲学会，写语录，以广流传。渐渐蔚成风气，得到大家公认，认定这就是学问，这就是圣贤之道。结果自然形成普遍的游谈无根和萎靡衰弱的景象。

大凡学术思想的发展，总是有本有源的，本深而枝茂，源远而流长，这是一定的道理。在发展的过程中，可以随时吸收旁枝近流，使河道逐渐壮阔，内容日见革新而充实。但须注意的是，无论如何不能由于接纳了新的思潮而动摇根本，尤其不能否定传统。因为根本受到动摇，传统一经推倒之后，一定会形成一片混乱，不可能在最短期间内找出比较适合民情需要的中心思想来维系人心，来指引社会人群的动向，终必会失去群众共同生活所必需，而且是最重要的向心力和凝聚力。我国汉唐以来，儒家的经典维系人心千余年，掌握住思想行为的正确动向，指引了生活意识的正确型态，从来很少发生思想偏失的问题。到宋代学者开始表示怀疑态度，对所有经书的真实性重作估评，虽然究其求真的用意无可厚非，然而传统经书的尊严性被推倒之后，人心的动向失去了依归，由于需要填补内在的空乏，于是自然而且很容易地让人们普遍地接受了佛家或道家的思想指导，而终致迷失了本来，这不能说不是他们所造成的后果。还有我国的科技发展一向都是相当进步的，无论是天文数学、矿冶火药、水利通运、建筑、印刷等，都领先西方数百年之久。但是很明显的，自北宋中期以后，所有的科技发明大致停顿下来，一般的科技思想好像都萎缩了。到现在我们似乎只能从历史上凭吊往日灿烂的光辉，而不能承先启后，急起直追者，原因当然是多方面的，但是由于理学家超越现实的冥想占有了读书人的心灵，耗费了人们的智慧才华，也自是科技落后、民生凋敝、国防孱弱，终至亡国而后已的主要因素之一。又宋明两代的读书人，一个个只知道空谈性命道理，对现实生活日渐疏远，对社会状况漠不关心，以致变成真正百无一用是书生了。在宋代以前，读书人往往都是书剑并携，文武兼修的，宋以后不仅武事全然放弃，甚至连书都可以不读，国家大事、人民生计等，平常也不愿留心，结果造成宋明二代的积弱，甚至最后亡国于异族之手，追究其根本原因，可以说理学家的过分偏重心性之学实不能辞其咎。到最后人人空有报国之心，而没有报国的能力，虽然能为国家壮烈牺牲，亡国史上忠义节烈的事迹足以彪炳千秋，但是徒然牺牲了多少人，毕竟还是于事无补。

清人入关之后，起初还是有人沿着前明的学术思想路线继续努力而不改。可是已有不少有识之士，鉴于宋明学者空谈无补于事，积弱导致亡国的教训，于是有的在思想及行动上希望能找寻出突破前人桎梏的途径；有的直接针对前代的积弊和思想衰微的颓势，力谋矫正，并探求振衰起弊之方。前者有黄宗羲、王夫之等，后者则有南方顾炎武、北方颜元、李塨等。前者以史学研究为主，另辟蹊径；后者则以实事求是的精神，倡导经世实用之学。顾炎武曾说："舍经学无理学。"这等于表明就是理学反动的态度。他们认为学者应该完全摆脱宋明治学专以心性为主的观念，应直接回返到儒家的经籍里去探索，不仅要求以经籍为主要依据，同时更标榜必须以对国计民生、社会群众有实用价值者才算是真实学问。这些治经以探本源，治事以切时务的论调，正是针对理学末流的弊端而发的，也可以说是理学衰微之后，必然产生的反动现象。由于这几位先贤的倡导，首开风气，然后才启示了学术思想新的生机，清代征实之学，实在是由此而开其先河。

三、思想简介

1. 修养方面

·辨理气

宋代学者依据《易经·系辞传》的“易有太极，是生两仪”这两句话，推衍出“理”和“气”的基础观念，以这两种基础观念来分析天地间万事万物的起源，来解释人的心性行为的现象问题，从而确定自我修养的重要目标和方法。他们认为“理”是一种抽象的原理概念，太极就是天地间万事万物的“理”的总和。有这样的理，就一定有这样物的现象，有多少种理，就有多少种的物。所以“理”是属于形而上的，是无形无影的，是超越时间空间而潜存的。物则是属于形而下的，是有情有状，是在时间空间之中而存在的。譬如说有可以陆地上行走的理，有可以在水上行走的理，于是就会有在陆地上行走的车辆，有在水面上行走的船只。车有车的理，船有船的理，然而一定是先有其理，而后才有车船的形状产生。如果没有这种原理，便不会有车船的形状产生；因此可以说理是产生一切事物的根本。至于由理而生物的过程，就是所谓太极而生两仪的说法了。这是说在形上的概念中，先有了动静、浮沉、清浊各种特性的理，而后产生了涵有这些特性的阴阳二气，阴阳之气原是散漫浮游于天地之间，一旦合聚起来就形成了物。任何物的形成都不可能得到气的全部特性，也就是说所得到的气禀往往是或多或少，或是得其一偏。因此由气所形成的物，往往是各具其特性之一部分。理是无所不在、无所不包，而气的凝聚则往往有所差异，能得到气之至清者就是圣贤，得其气之浊者便是愚蠢的人。所以理是纯然至善的，而这种纯然至善的理，一旦与代表物性的气相结合，形成物的时候，往往会受到蔽塞、阻碍、限制等，而不能充分表现其原有的完整而纯然至善的原理。这种情形就好比是宇宙间原本有圆的理，而后才有圆形的气泡，和圆形的木球。气泡与木球都是由圆的原理产生出来的，但气泡与木球毕竟不同，虽各得其圆形原理的一部分，而不可能得到原有全部圆的原理。原因就是由于木球与气泡的气禀特性毕竟不能全同，因此在获得圆的原理时，必然是各有各的蔽塞、阻碍和限制等，彼此之间，显然产生了许多差异。假定我们能找出造成彼此气禀特性所以有不同的原因，也就是能找出这些蔽塞、阻碍、限制的症结所在，而予以破除的话，相信一定可以使木球和气泡同样地都可以涵容完整无缺的圆的原理。人之所以有智有愚、有贤有不肖，也同样地是由于气禀有异所致，所以才会有性行各自不同的表现，这也就说明了人也有所谓的蔽塞、阻碍、限制等因素在内。如果我们希望每一个人都能成圣成贤，或者是希望能多涵容一些圣贤之道，一样地也是应该从破除蔽塞、阻碍、限制处下工夫，才能获致理想或比较理想的完整而纯然至善之理的充分表现。至于如何下工夫，宋明学者大致都同意"格物致知"就是古人教导我们破除蔽碍的最好方法。关于格物致知的解说，朱熹、王守仁等所论尽管各有见地，后来各家所论竟多至二十余种不同的看法，但是无论如何，他们的思想路线是从理气的分析，一直推到修养心性的重点关键，最后落脚于格物致知的结论上，这是理学家们大致差不多的共同论点，而由此论定修养的目标重点就在心性上，更几乎是大家共同的意见。

然而李塨的看法则有所不同。首先他认为理与气不可分而为二，认为宋儒所谓无极而太极等说，实在是源于道家之说，如果在根源上未能有正确的认识，如此推衍出来的结果必然会产生偏差，所以他从基础观念上先作辨析。他说在儒家经籍中，我们只能看到有很多“道”字，却很少发现有谈论“理”的文字，至于“气”字尤其少见。原因就是由于宋儒所分析的理与气，实际上本来就包含在这个道字里面。所以他认为理与气根本没有分的必要，尤其不应该有理先气后之说，因为如此一来，会使人误以为在阴阳伦常以外，还有一种“理”的存在。孔子说：“一阴一阳之谓道。”就其阴阳之气的流行周遍，无所不包，可称之为道；就其运行不息，变化无形，却又有规则可循，有条理可见，所以又称之为理；所以理气与道，实本一体，并不是气以外另外还有道理可言。他认为所谓阴阳就是形成天的道，刚柔就是形成地的道，仁义就是形成人的道，因此所谓“道”者，实际上就是阴阳、刚柔、仁义等的通称，根本就是一体的别称而已。绝对不应该看作在仁义刚柔阴阳之前，还有另一个道的存在。譬如说糖是甜的，醋是酸的，甜是糖的特性，酸是醋的特性，但甜与酸同时也是原理概念，并不是在糖的甜和醋的酸以外，还另有甜酸之理，更不能说先有了这种甜酸的原理概念，而后才有糖的甜和醋的酸。因此他认为气就是理，理也就是气，二者根本就是道，不可分而为二。宋儒说理在气先，理气分而为二，从逻辑观点来看，并没有错；李塨说理气都是道，二者不可分，纯粹是就事实情状来说的。不过这样的看法有其好处，那就是对修身的讲求，不必过分考虑非常抽象的先天因素和玄虚的心性问题，而自然会比较着重于既已成形的物的本身。由物的本身不圆不直的偏差，力求矫正使之圆，使之直；在生活行为上有不方不正的失误，可以具体地力求其方正；于是可以实见功效，而不会落于玄虚缥缈，不着边际地徒尚高谈。这可以说就是李塨不重心性而特重行为的思想基础理论，也可以说是针对宋明学者理论流于空虚之后所产生的反应，而导引出的矫正匡谬的看法。所以当时天下都知道颜李之学要求实事求是的精神，无论在论学、论政、论修身等任何方面，都绝不会离开人身思想行为的实际问题的讨论。这也正合乎《礼记·中庸》所说的："道不能容许有一瞬时间、一线空间的隔离，如果可以容许有所隔离的话，那就不是道了。"又说："修养之道不可以远离人的本身，如果人所认为可以遵行的修养方法居然可以远离人身的话，那就根本不可以认作是真正的道。就好比手里拿着斧头准备砍下一条树枝来做斧柄，手中的斧柄不是正可以作为长短大小的依据吗？但还是必须要歪过眼睛来看才知道，还是有一段空间的距离，不能作准。真正的准则应该就在树枝本身，照着枝条本身的长短粗细再作修正那就对了。"这也说明了人所拟订的修养方法，如果把抽象的心性问题看作重点或依准的话，那就与实际的行为有了相当的距离间隔，也就不足以称之为道了。因此他特别强调理气不能分，主要的意思就是说不必在名称上强分理气，造成重点的偏失，因而导致误入虚无渺茫的冥想境地，应该抛弃理气观念上的分歧，以便直接接触人生实际问题，面对现实，实实在在地寻求修己治人之道。

·论体用

理学家们往往把"道"又分为体用两方面来解释。譬如以内为体，以外为用；以性为体，以行为用；以自治为体，以及人为用；以明德立全体，以亲民致大用；像这样体用分析的说法，主要用意在肯定"性"的价值观念。因为人的行为是由思想支配的，思想却又源于内在的性的活动，所以内心本有甚么性，然后才会有甚么思想行为的表现。他们强调体用的分野，目的就在强调心性的修养才是正途。譬如说人为什么会有邪恶不正的思想行为？那就是因为本体之性受到后天的污染或蒙蔽所致，如果能清洗这些污染，解除这些蒙蔽，就可以恢复其原有光明澄澈、纯然至善的本性，也自然会有善的行为表现。因此修养的重点和目标，必须最后归根于如何解除心性所受后天污染蒙蔽的问题上。由此而推论，人的心性实在就是天下万事万物之理的全体，能掌握住这代表全体的心性，必然就能掌握住道的全体大用。因此他们的修养方法虽然也似乎关顾到外在的行为表现，但其重视的程度绝不会超过对心性本体所要求的体认和把握。

李塨则认为这种体用分而为二的说法，根本就是从老子《道德经》以无为体、以有为用的理论中变化出来的；他认为所谓体用根本不能分，应该合而观之，合而行之，才能获致理想的效果。譬如说心是本体，可是心的功能在于能够思想，那么能够思想就是“用”了；但如果心不能思想，或不去思想，当然也就无所作用了；因此有体而无用的话，所谓的体也不成其为体了，这就说明了体与用是不可分的。体或是用都不可能有单独存在的价值，因此尤其不应该在予以相对分离之后再特别偏重于任何一部分。又譬如说自我修养的具体表现就是行仁义、尽孝悌，好像自我修养是体，行仁义、尽孝悌是用，但是反过来说，行仁义、尽孝悌又何尝不是在建立本体？又好比天下国家是体，提倡道德，推行教化，讲信修睦，选贤与能都是用，可是一旦国治天下平的现象，又何尝不是用的表现呢？所以李塨的意思认为所谓“体”，一定要具有“用”的条件才足称为体；所谓“用”，也一定专指能用其本体，才足称之为用。体用二者不能分，也不应该分。因为理学家强调体用之分，结果有所谓有体而无用，及有用而无体之说。如果真有有体而无用的话，那就等于在说人有手有足，可是不能拿东西、不能走路，必然是手足萎缩废弃，而不成其为体了；至于有用而无体之说，那就等于在说一个人能走路、能拿东西，可是他既没有足，也没有手，这不仅是说不通，而且简直是荒唐之言。所以李塨认为如果有体有用，也必须合而为一，才有价值，如果一定要勉强予以分开，那就失去意义了。而且就其价值而论，必须用然后才能显示体，体必须发挥用然后才能站得住，照这样看来，体的价值原就包含在用的范围以内。换句话说，只要能注意用，自然也就能把握住体了。由知他的否认体用二分之说，实在就是一种价值观念的体认。由此而反应到他的行为思想的理论基础上，便是无论自治或是治人，必须首重实用精神的来源。

·斥异端

李塨认为中国的道统以及学术思想，到了宋代所以会发生严重偏差的原因，应该是从周敦颐开其端绪说起。周敦颐经常和寿涯和尚、陈抟道士相往来，自然在思想上不自觉地会接受他们的影响，而把佛道二氏的思想牵引进来。周敦颐的《太极图说》，很显然地掺有道家之言在内，而其所主张的修养方法“无欲故静”，又显然是佛家之说。表面上看来虽然还是依附儒家在谈圣贤学术，实质上却已经受到感染及潜移默化的影响。由是推衍探究，深入发展，最后终于会导致道统的歧异、思想的变质，流毒天下，贻害无穷。接着二程、张、陆等人，继承其思想路线，更相发明，于是在虚无缥缈的意识中，都自以为窥察到了宇宙和人性的真正根源，而且说是汉唐学者所未尝见、所未曾到达的境界。其实汉唐学者处处不离儒家的经典，所说都在阐释道统思想，完全依照孔子罕言性天的本旨，侧重实际生活体验及言行修养，绝不涉及玄虚。宋儒则似乎偏于人性根源的探察，除人生观外，更论及宇宙观等很多抽象问题，与孔孟传统思想并不近似，反而还以真正的传道者自居，这些当然招致颜、李等人的深为不满，李塨即曾标举宋儒改变旧章的罪行有八：

（1）引用道家讲修炼的太极图来解释儒家的修养方法。

（2）误信河图洛书等伪书，依其数字观念创立所谓先天图等的曲说。

(3) 宋儒立下修养的课程，必须有半天静坐的规定，这一套僧徒蒲团打坐的方法，在十三经里从未见过。

(4) 教人修养必须先从明性着手，与孔子不谈性天的原则相违。

(5) 朱熹说古人八岁入小学，学如何做事，十五岁入大学，学如何明理。毫无根据，全是凭空捏造的。

(6) 宋儒讲求修养的目标，以真知为主；认为如有真知，则行为必不致有偏失；一般人所以不能行的原因只是在于不能知，能知必能行。到王阳明创为致良知之说，更以追求我心的源流澄澈为目的；这种思想的影响，结果却导致任何事都不能行的严重后果。

(7) 从朱熹始立道学之名，《宋史》才有所谓《道学传》，于是后世学者只知尊重那些专讲心性本源的道学，而把孔门的德行、言语、文学、政事这些实用之学都抛弃了，从此读书人才变成了迂腐无用的书生。

(8) 从宋代起，开始有书院的兴起，从此之后才有了不问世事，只知读书讲学的专门学问。

以上这些对理学家的批判，可以说完全是站在儒家道统的立场上，把他们承受佛道影响后的变革，看作是异端曲说，而大肆攻斥的总结账。虽然在语气上略嫌过火，然而在观念上及事实上却是相当正确的。因此针对理学所犯的错误，提出谋求补救改正的方法，综核其论点，大致重要的约有下列数端：

(1) 必须以儒家经典为依归，不可误涉他学，牵入歧途。

(2) 竭力倡导实用之学，以杜绝虚无恍惚的言论，务求振衰起弊，挽救颓风。

(3) 个人修身应特别注意“行”字，摒弃向来偏重心性之说，主张从实际生活行为上去检讨得失，才能立竿见影，以观实效。

(4) 建立正确教育目标，拟订妥善教育规划，以培育真正有用人材，厚植国家资本。

2. 治学方面

·治学目标

凡事都必须先确立目标，然后才能朝着既定目标，拟具计划，努力实现之。治学更应该如此，而且尤其需要注意先立其大。所以李塨在《寄李中孚书》中说："圣贤正学在明德亲民。"这句话实际上已指出正学的三项目标：(1) 最高的理想目标当然是成圣成贤；(2) 个人修身目标在明德；(3) 社会实用目标在亲民。这正是儒家道统所标举的内圣外王最高理想价值的说明。

在个人修身方面，虽然标举圣贤为最高目标，但从李塨的言论中看来，他所重视的并不是儒家的仙佛，而是儒家实实在在的人。仙佛境界毕竟是超现实的，似乎是可望而不可即的；而人的标准却是落实在现状中的，是人人都可以做得到的。落实在现况中的人，必然具有各种不同的身份，和各种不同的人际关系；如果一个人能在他自己的立场，学到如何恰如其分地做人，如何善尽才力地做事，这就是完全地成功了。所以他说："圣学践形以尽性。"就是这个意思。换句话说，当你体认自己是甚么身份，具备甚么样的才力，而面对着何种人际关系，或何等事类的时候，能尽其所有地作最适当的表现，那就对了。譬如说为人子者应该尽孝，为人臣者应当效忠，为人弟者应当敬长，为人友者应当致信。读圣贤书，追求学问道理，其目的首在了解如何做人，做一个正正当当的人。真能完全切实做到了，那就是圣是贤；即使目前尚未完全做到，但已是尽心尽力认真去学去做，那也是说明逐渐逐渐地近于道了。所以他所特别强调的是应该着眼于外在实际行为方面，而绝不是用力于不可寻见的内在心性问题上。所以虞龙章向他问学，他的回答是："应该首先认清自己的地位和立场，这样的地位立场必须要了解的是甚么样的道理？于是你就应该一心一意努力去追求这样的道理。还有必须了解自己本身的才智毕竟如何？自己的才智比较接近哪一类的学问？于是你就应该一心一意努力去追求这类的学问。"由此可见李塨对个人的明德修身，其目标放在由个人实际生活行为所反映的人格表现，而不偏重于内在心性活动完美理想的追求上。

至于亲民的社会实用目标，最高理想当然是治国平天下，不过就实用的观点而言，还是以济世为主。因此凡是有关国计民生，或有关社会秩序的，在李塨都认为是实用之学。所以他常说应该留心世务，随时储蓄这类实用之学，以备不时之用。他平时最讨厌两种人：一是书生，一是隐士。因为书生只知道静坐明心，读书应考，根本不问世事，这样的读书人，终究是迂阔无用，而且由于他们这种浓厚的个人主义思想，缺乏国家民族的整体观念，不仅是违背儒家道统的济世宗旨，而且影响所及，更会腐蚀人心，造成社会颓废的风气。至于隐士者流，喜欢讲论虚无清静，漫谈心性，十足道家的出世思想，消极的人生态度，丝毫没有经济世务的心怀，完全是社会的蠹虫，却偏偏还要自命清高。所以他认为前明之亡，就是亡于这两种人的手中。李塨在提到这些人的时候，常说学为圣贤，哪里是专靠读书或是谈论就可以做到的？所谓圣贤，必须要有贡献才智、服务社会的胸怀，实实在在做事的态度才是。由此可见李塨治学必须以济世为目标的基本观念。

·治学内容

李塨治学既然标举明德亲民为其主要目标，其治学内容自然也是依此为准。在明德修身方面，依《礼记·大学》所说，确定个人修身的基础在"格物致知"。格物二字，过去的解释非常分歧，而且大都偏向于心性活动现象的控制或修饰上，因此李塨一概不取。他的解释，“格”是举的意思，就是提举出学习的对象。“物”就是所提举的对象，也就是治学的内容。物的内容，他是依据《周礼·大司徒》所载的“以乡三物教万民”来作解释。古代学制有国学与乡学之分，国学中有大学小学的层次，属于高级教育部门；而乡学则是群众的一般教育，大司徒的职掌就是专管群众教育的，因此李塨援引大司徒的“乡三物”作为一般群众基础教育科目的说明，是非常正确的。大司徒所谓的三物：

（1）六德：知、仁、圣、义、忠、和。

（2）六行：孝、友、睦、姻、任、恤。

（3）六艺：礼、乐、射、御、书、数。

当然在实际治学的过程中，也不一定要完全照此细目一样而不能变改，所以李塨在给方苞的信中说明，所谓三物就是代表三类学业，如仁义礼智就是“德”的课业，如子臣弟友等五伦关系就是“行”的课业，如礼乐兵农就是“艺”的课业。他所谓的仁义礼智，也就是指品德的修养；所谓子臣弟友等五伦关系，也就是指行为的修养；所谓礼乐兵农，也就是指技艺方面的修养；所以虽然名称细目上和《周礼·大司徒》的原文小有出入，但实质精神上并没有太大的不同。甚至可以说一直到现代的学业内容，也没有超出这三类范围以外。譬如说仁义礼智相当于今日教育的德育，子臣弟友五伦关系相当于今日教育的群育，而礼乐兵农则相当于今日教育的智育和体育。由此看来，李塨标举大司徒的三物作为治学的内容，包括了德、智、体、群四育，在精神上可说是传统教育的继承，在实质上尤其是极为完整而合乎理想的。而且李塨还认为德、行、艺三者，应该是互相融会贯联而不可分割的。一个人学习各种技艺，具备智能基础之后，就可以立足于社会，就可以在社会上体验到为人子、为人臣、为人弟、为人友种种人际关系的适当相处方式，而就在这各种复杂的人际关系中，才能深切体验出仁义礼智各种德性的价值。

至于有关社会实用的亲民平治的治学内容，则是依据孔子所说的“博学于文，约之以礼”。李塨认为博文也就是格物，是要求广泛而普遍地学习各种德性技艺；约礼则是把所学习到的各种德行技艺，切实验证于修身齐家、治国平天下上面去；这就是他时常所说的正学实用的观念。就像是以读书为例，必须要先了解读书的目的何在？也就是问读书有什么用？如果说读书只是为了应付科举考试，而后博得一官半职，对社会群众而言，不但没有好处，反而是贻害无穷，这样的书不读更好些。李塨认为读书人应该立志贡献家国，服务社会。因此在治学的内容方面，必须慎加考虑，有所选择。李塨生平最反对浮泛文章，他曾说明成祖提倡武功，所以明代曾经强盛过一阵。可是自从明孝宗时李东阳引进所谓典雅秀丽的浮文之后，一时蔚为风气，而明代从此削弱下去，再也无法振兴。由此可见浮文之害政，可以说真是严重。所以他在智育方面列举礼乐兵农四项，也就是特别表明其治学注重内容科目的实用价值。礼是维系社会秩序的总纲，乐是调和情性培养品格的工具，兵是国防力量，农是生产资源。任何一件都是直接关系着国家的安危，社会的隆污，其重要性绝非那些浮泛制举文章所可以相比的。其实他虽然只列举了这四项科目，而他心目中的实用之学应该绝不止此而已。就以李塨自己所学而言，他跟颜习斋学礼，向毛奇龄学乐，又学琴于张而书，学射于赵思光，学数于刘见田，学书于彭雪翁，学兵法于王五公，其他如田赋、刑名、钱谷、天象、地理、河川水利，及郊社禘祫、宗庙大典等，可说无所不学，无所不通，于此可见在他的看法，治学而想达到亲民的目标，进而完成治国平天下的理想者，举凡有益世务的实用之学都应该认作是正学的内容，岂止是礼、乐、兵、农四项而已。

· 治学方法

（一）订日谱：李塨从二十二岁起，就仿照颜习斋的方法拟定日谱。每天以时辰为单位，所有言行得失，都照实地用各种不同的符号填在单位空格之中，有的是○ X，有的是黑白等，以备事后的检讨。又立常仪功，自己拟订课业的进度和修养的层序。有了这些准备之后，为了能确实照表实施，而且能持之以恒，当时颜习斋跟他的学生曾拟定了一种学会的办法，约定每月聚会一次，聚会时各人拿出自己所记言行得失的日谱纪录，互相批评规谏。这次有了某种缺点失误，下次就应该彻底改除，一次又一次地检讨改进，以逐渐减少过失为主要要求。学会中的互相规过，虽然是师生之间，也不能稍微宽松容情，其用意就是要从严格训练开始，而后才能要求实际效果，以及养成有恒的习惯，使人人能终身奉行这种修养方法。在课业方面，逐年计划，然后按照既定的课程进度，选择自己所需要的知识，循序渐进，逐渐吸收。这样有目标的治学，日积月累之下，既不旁心广骛，又能节省精力，所学自然就会深厚起来。

（二）通经史：李塨鉴于宋明学者承受佛道二氏影响，偏重心性，流于空疏，其主要关键就在利用别的思想及方式来解释古代圣贤之道，途径及主旨不同，结果自然是远离儒道。理学家们不但自己不知道错误，反而还以正学道统自居，贻误后世，莫此为甚。因此想到如果想谋求挽救之道，就必须从古代经史入手，扎稳根基，才能不受别的思想所左右。李塨自己治学，就是先读经书，以经学为基础，真正从中国学术根源上下工夫。然后再读史书，二十几岁时就已读完二十一史，由史书的记载了解历代兴亡的缘由、治政的得失、社会的演变，以及群众的生活状况等。具备了这样的基础之后，可以说确实掌握了大我的民族性和小我的生活意识，而后无论在明德修身，或是亲民治平等各方面的体验，都是经由直接探索本源及其流变而后得者，当然不会再有隔靴搔痒，不着边际的空泛之弊。而且他的读经读史，也绝不是只以记诵为满足，而是要从这里面发掘真正的圣贤思想和治平之道，作为启迪自我思考的依据。譬如当他读完史书之后，把史书里有关治理社会的实例整理出来，编成《阅史郄视》，读经书也是一样，往往都有自己的心得或意见。这样的读书，与一般人死读书的方法完全不同，其实际效果也自可以想见的了。

（三）增阅历：李塨的思想，有很多是从颜习斋那里得来的，但也有些地方和习斋不同。譬如说习斋虽不能算是完全闭门读书，至少他的确不求闻达，生平除为了寻父出过一次远门之外，几乎根本很少离开家乡；李塨则是长在北方，而足迹遍及大江南北。游踪所至，往往特别留心当地的形势和民情风俗等，而且又广结名流，互相切磋德行学问，其主要用意就是在于增进阅历，从阅历中体认世事，验证所学。因为读书再多再精，最后总是要与实际生活相结合，才能使所学不致落空。如果只知一味死读书，整天在文章里面翻滚，而对社会状况、人情世故一点都不懂，这种人不但不能做事，连做人的资格都不够。所以他常说："一个人如果纸上的阅历多，相信他在世事的阅历上一定不足，一个人如果在笔墨上所表现的精神多，那么相信他在治事方面的表现一定不足。"无论在个人修身方面，或是济世治事方面，缺少阅历，就如同是纸上谈兵，终不免流于空疏虚浮，不切实用。所以李塨在治学的方法上，真正做到读万卷书，行万里路，一方面从书本上获得知识，一方面从实际生活中吸取做人做事的经验。

（四）切时用：李塨自幼承受颜习斋的影响，对于宋明学者议论心性，流于空疏无用，深感不满，所以无论自我的修养，或是教授子弟的治学途径，都着眼于切合时用的观点，认为非如此不足以论学术价值。关于这点，在前文已经介绍很多了，不再赘述。不过他虽然很重视时用价值，然而却绝不流于偏失。他曾对门下弟子说："学术研究不可有所偏颇。譬如说过分偏于如何建立本体理论的探讨，结果必然会走向清净空虚的路上去，成为违反传统儒术的异端，其流弊之深，为害之巨，前儒都已讲过很多了。但是如果过分偏于致用也是不对的，因为致用的观念太重，也必然会流于功利现实，成为刻薄寡恩的小人，也同样是与传统的儒术相违背。这就是我们今天所应该特别小心警戒的地方。"这段话可以说明李塨的治学态度的确是中正无偏的，他未尝不知道真正的学问应该是体用合一的。但是因为鉴于理学偏重本体认识，终于导致前明亡国的惨痛史实，为了挽救士人的积弊，人心的萎靡，因此才特别强调重视实用价值。然而又惟恐由于偏重致用发生流弊，所以又特别告诫门生，要他们特别小心谨慎，千万不可走向功利现实，而成为刻薄寡恩的小人。

3. 政治方面

李塨对《周礼》这部书非常信服，他依据《周礼·大司徒》的乡三物拟订了治学的目标，又按照《周礼》的设官分职，加上自己的理想，配合实际状况，著有《拟太平策》一书，其用意当在上考三王，下俟百代，为万世开太平之策划。这部著作可说是他政治理想付诸实施的蓝图。另外他有一位好朋友王源，着有平治天下之书，所以题名为《平书》，李塨读了以后，觉得彼此意见相当接近，不过有些地方尚需再加补充修订，于是就写了一部《平书订》。这里面全是有关政治方面的意见，因此他的政治思想大多见于这部书中。兹分条缕述如下：

·民政管理

天下万民，形形色色，品类繁杂，良莠不齐，因此主张先予统类，再施养教。他认为只能保存士、农、工、商四种人，其余不属于这四类的，如倡、优、僧尼、道士、左教、西洋、回回、盗贼、乞丐、穷民等，都应该逐渐地给予引导教化，使他们都归化成为这四类人。也就是说天下正常的公民只有这四种，其余不正常的人民都必须予以改变，使之归于正常，然后才能普遍地施以养教。至于实际民政管理方面，则主张行保甲法，十家为一甲，十甲为一保，十保为一乡，乡有乡长，五乡有一公正。实际上这也是仿照周礼乡遂闾里的制度而来的。组织严密，管理简便，而且彼此守望相助，团结力强。加上寓兵于农的办法，地方自治武力，足够抵御外侮，一旦有事，不必行文州府，等待公文旅行，地方父老子弟就可以挺身而起，保卫乡梓，奋力一战了。这可以说就是鉴于前明所以亡覆，根因于地方武力不足，州府应援太慢，因此而引发的自治保卫思想和办法。

·地方行政

李塨反对封建制度，是因为封建制度的爵禄都是世袭的。他认为如果富贵功名，几百年间都只由一家人，或三两个有功的大臣所占据，那么草野之间的贤能俊秀的人材就永远没有出头的日子了，这是不公平的。因此在他的思想中，无论如何郡县制度总比封建制度好。这也是由于看到宋明之亡，主要原因就在郡县的权太轻，以致盗贼蜂起，流寇横行时，地方上根本没有任何力量以作阻遏。就如宋代方腊造反时曾说过：“我们要造反，十天之内可以聚集十万人，郡县里的守官当然会商议对策，但是未必立刻申奏朝廷，拖上一两个月是不成问题的。这一两个月之间，我们已足够把江南各郡一鼓而下了。等到朝廷得到消息之后，仍然未必就能立刻决策发兵，经过再三商议，然后再遣兵调食，非至半年不可，而我们早已羽翼丰满，势力壮大了。”这就是中央集权政治的缺点。因此他不仅主张行郡县制，而且认为地方官必须重权久任，重权才能应付不虞之变，久任才能了解民间实际情况。其主要用意就在要求官民一体，民兵一体，然后才能要求地方行政的实效。

·行政组织

他认为守令以上的大官应该尽量减少，真正办事的小官不妨多些。因为上面的大官如果太多，他们的地位尊贵，权力又大，然而往往就因为高高在上，不直接接触民隐，必然会形成上下壅隔的情形。而且由于大官都是指挥别人做事的，指挥的人多，则办事的人手怎么样也会嫌不足的。即使下面真的能有一些公正廉勤、精明练达的干吏，在这样多头马车的官场里，逢迎应付尚且不暇，哪里还能谈到为民众做事呢？何况如果用非其人，事实上也不可能有非常整齐的干部，其后果真是不堪设想。因此在他的思想中，政府组织是以办事为宗旨，不是以享受为目的，因此在设官分职时应该掌握此原则，减少大官，多设小官。基于这种思想，所以他认为古代同姓藩王与异姓州牧并建，亲贤并用，情义兼顾，的确是很有道理的。不过在选任人材及处理问题时，更需要以至公之心莅之，不能以亲疏有别而有所偏，凡事必求事之是非为判断基准，那么国家必能长久，天下必能安宁。此外在行政方面，他又提出四大原则：一是仕与学合，二是文与武合，三是官与吏合，四是兵与民合。所谓仕与学合，也就是学术与行政的结合，以行政实现学术理想，以学术领导行政。所谓文与武合，是指文臣武将的通力合作，避免产生不必要的隔阂猜忌、摩擦冲突。所谓官与吏合，是谓消弭阶级观念，上下一体，竭尽才力，忠勤体国。兵与民合，是说寓兵于农的办法，平时无事，在乡为良民，时时习练战术，一旦有事，个个都是良兵，而且处处是兵，不愁兵源之不足。他的这些政治思想，可说大半都是源出《周礼》。

· 人材选用

在人材选用方面，他竭力反对科举考试制度，尤其反对以八股文章作为制举课业。因为当局既然用这种考试方式来选拔人材，上之所取在是，下之所趋亦在是，天下所有以此为唯一进身之途的读书人，当然都会朝着这个方向走，结果必然使天下人都认为这就是学问所在，能写八股文章的人才是士，结果浪费精神，耗尽才智，而不切实用。如此这般选拔出来的人，真的个个都是干才吗？会应付考试的人，不见得就能办事；八股文章写得好，不见得一定有远大的见识，宏毅的胸襟。因此他认为登进人材，必须要以六德、六行、六艺为标准。依照这个标准所选拔出来的，才确实是干练之材，才是真正国家需要的人材。所以在他的思想中，教育与政治是一贯的，必须先由教育扎根，然后才能在政治上结果。也就是说必须先确立目标，我们希望培养什么样的国民，然后再订定正确的培养方法，培养教育有了成效，再加上行政方面的选拔精审，和用之得当，自然会有理想的政治效果，才是真正国家之福。

· 田政

他认为如想国家富强，首先必须做到均富。均富的基础就是民有恒产。如农夫自己没有田，一辈子都只是做佃农，帮助别人耕种，自然造成不均。所以他主张应该实行收田办法：第一先清理官地，也就是公地放领政策，让真正的自耕农可以有自己的田。第二是开辟旷土，使空旷的土地因开垦而地尽其用，而且也可以促进资源的开发。第三是收购闲田，自己有田地而不耕种，就是一种浪费，可以官银收购，然后再以平价卖给自耕农，使国无闲田，促进生产。第四是没收贼产，贼产没收之后，再予妥善处理。第五献田限田，规定有田的人必须自己耕种，只有真正的农人才有田地，如果有田而不自耕者必须献田给公家，或转卖给自耕农。但自耕农也不许拥有超过耕力的土地，一位农夫规定至多不得超过百亩。这些田政的理想就是使各安其业，而且人人拥有恒产，这就是促成均富的基本条件。然后再加上士农工商各业的促进发展，必然能获致国家富强的实效。

·其他

其他如军事主张寓兵于农，人人可以执干戈以卫社稷。财用方面主张废除征缴钱财，而以米谷布帛代替，府库因而充实，一旦有战乱发生，不愁粮饷，或是有水旱灾患，也不怕无赈灾之资。再如盐法、商税的征收，治淮导河、整饬刑罚，及礼乐教化等，都有非常切实而精辟的意见或策划。从这些意见或策划中，可以看出这都是他平日留心世务，关怀国是，酝酿胸臆，盱衡全局而后出者，也可以说这些都是根源于《周礼》及其他经史典籍所形成的圣贤道艺、经世致用的政治思想的具体实施。

四、结论

李塨的思想学问，大半得自颜习斋的指导，所以他的思想形态和思想方式等，与习斋如出一辙。李塨秉承师教，行道于四方，任何场所往往都言必称师，尽量把习斋的著作介绍于人，然后天下才知道有颜、李之学。因此可以说如果没有习斋，也许不会有这样的李塨，但是如果没有李塨，当时天下人未必有谁知道习斋。

颜、李都是北方人，北方人的习性比较踏实笃厚，因此他们所表现的思想形态，必然是偏于实用的。正好在时间上又是承接着由于浮文泛论而导致亡国的前明时代，黍离之悲，亡国之痛，更激发其力谋矫正，振衰起弊的心意，从而在思想方式上摆脱了宋明以来数百年间所承受的佛家道家的影响，而自成一格。虽然有人认为颜李之学不免于偏激，但当我们实际了解其地理环境和时代背景后，应该可以因了解而认为原亦无可厚非。至于因为他们的努力，启迪后学，培育人才，终于缔造了有清一代征实之学的辉煌成果，其贡献可以说是够大的了。

他的思想内容大抵根源于《周礼》为多，其他偏及的经书和史书，范围也非常广泛。由于他的努力倡导，宋明以来讲论心性的空疏之学，终告结束，学术风气为之一变。从此之后，学者的研究大都重归经史的实学里来，使古代经典重又显现其领导人生的价值，使儒家道统得以解除蔽障而更发扬光大，使中国的学术思想再次回到端正无偏的路线上，这些伟大的贡献，不仅是足以令人敬仰，在今天尤其可以发人深省。

参考书目

李塨的著述大多已收在《颜李丛书》、《畿辅丛书》、《丛书集成初编》内，除此三部丛书以外，可供参考者有：

《清史列传》

《国朝耆献类征初编》

《李恕谷年谱》

《李恕谷学案》

《中国哲学史》

惠栋

王法周　著

目　录

惠栋（公元一六九七——七五八年），字定宇，号松崖，江苏吴县人。惠栋是清代吴派经学的鼻祖，也是乾嘉朴学的奠基人。在清代学术史上，惠栋堪称是一个具有划时代意义的人物——在他之前，清代学术还未脱出程朱理学的范围，在他之后，则进入了乾嘉汉学的学术时代。对于这样一个值得大书一笔的人物，长期以来，学术界对他的研究却很不充分。所以，使其人其学恢复本来的面目，放出原有的光彩，自然是一件有意义的事。

一、惠栋传略

康熙三十六年十月初五日（一六九七年十一月十八日），惠栋出生在江苏吴县的一个官宦之家。吴县隶属于清朝的苏州府，风景秀丽，具有典型的江南水乡的特点。苏州又是文人荟萃之地，是中国江南一带有名的文化胜地。惠栋的家居在苏州城东南不远处，附近有一座禅寺，是文人骚客的理想去处。总之，这里是一个文化气氛十分浓厚的地方。

苏州惠氏，更是江南一带著名的经学世家。虽然，惠栋的祖父和父亲两代为官，但他们二人都是清代著名的学者。祖父惠周惕，以研究《诗经》和善作诗文著称于世。父亲惠士奇，更是名噪一时的经学大师。从惠栋的曾祖惠有声开始，惠氏四代致力于经学，对于《周易》、《诗经》、《周礼》、《春秋》等儒家诸经的研究，代代有所专长，代代各有造诣。因此，惠栋的家庭大大不同于一般的书香之家，这是一个经学气氛十分浓厚的家庭。惠栋是士奇的次子。惠栋弟兄七人，他是七个兄弟中后来成就最大的人。

1. 青少年时代

惠氏几代人都是当地的名士，与惠家相互往来的人自然多是一些有名气的学者，他们在惠氏家居一起研经问学，作诗唱和。惠家藏书也极为丰富，惠家的师友们也不免常有借阅往还。惠栋的童年及青少年时光，就是在这样一个文化味十足的家庭环境中度过的。

有迹象显示，惠栋开蒙的时间要大大早于一般的少年人。他从小就立志于学问，他的童年的大部分时光都用于读书和学习。他的性格沉静朴实，对于潜心学问颇有益处，然而也缺少了一般少年儿童贪玩的乐趣。江藩的《国朝汉学师承记》中有一则趣事，可能有助于我们了解少年惠栋的读书生活。惠氏在周惕先生时，全家由吴县东渚屯迁居到城东南香溪以北的地方。城东有一座禅寺，寺里有一棵红豆树，相传是白鸽禅师所种，由于年轮过长，树已经枯老，接近死亡了。到了惠氏一家迁居此地以后，这棵树居然长出了新枝。周惕先生移了一枝，栽在房屋石阶前，竟然长得生意郁然。有一个寺僧为周惕先生画了一幅《红豆新居图》，周惕大为兴奋，于是在画上题了五绝句诗，又赋得《红豆》词十首。这一雅趣传了出去，文人名士纷纷唱和，和诗者竟有二百多人。路途经过吴县的四方名士纷纭来访，成为江南文坛的一大美谈。周惕因此自号红豆主人。同乡人称周惕为老红豆先生，称士奇为红豆先生，称松崖为小红豆先生。后来，惠栋就把他的藏书之处命名为“红豆书庄”，可见此事对他的影响非小。惠栋之祖周惕先生的卒年不详，但种种迹象显示，惠栋的小时候，其祖父有可能还活在世上。所以，惠栋启蒙教育的初期，可能受到祖父两辈人的督导。这件事不知对少年惠栋是否产生过直接影响，但作为惠氏家庭生活的一个侧面，我们似乎能够推测，周惕先生的文雅的带着浪漫色彩的生活，对士奇乃至惠栋的生活方式势必产生不同程度的影响。惠栋的少年读书生活尽管是规律的，可能并不是十分刻板的。

对于青少年时期的惠栋来说，读书是最重要的生活。他每天早晨早早起来读书，晚上很晚才去睡觉。他读书的范围很广，从经学、史学、诸子、小学，到道家、佛学、汉代纬书、稗官野史，无所不读。具体来说，其所读的书目，在文字训诂及音韵方面，有《尔雅》、《说文》、《急就章》、《经典释文》及汉魏时代的一些碑碣——这是我们所知道的书目，实际上可能还要多。惠栋在少小的年纪，所读之书就如此广泛，连一些著名学者也感到惊奇。父亲士奇的朋友江西临川人李绂，目及此情之后说：“仲孺有子矣！”言语之中透出了一个父辈的无比赞叹。有趣的是，惠栋的读书生活，与士奇的经历极其相似。士奇在二十一岁时，还是一个诸生，没有去省里参加乡试。有人问他为什么不去参加考试，他说，胸中无书，参加考试有什么用？于是奋志力学，早晚苦读，对于六艺、九经、诸子及《史记》、《汉书》、《三国志》，都能出口成诵。在一次文人宴会上，曾有人给士奇出难题，让他背诵《史记》中的《封禅书》，士奇从容出口，整篇不错一字一句，在座的人无不叹服。士奇的这件事，大概也可以作为少年惠栋问学的一个侧影。我们从中可以看到，惠氏一门博闻强记的治学风貌。同时也可以看到，在惠氏一家，学问本身是至高无上的，学问不是获取功名的工具，它本身就是人生的目的。惠氏治学来自一种崇高的使命感，而这种博闻强记的特点，使得惠家子弟的学问根基相当牢固。少年惠栋读书的范围很广，形成了广阔的学术视野，加上传统的强记硬背的教育手段，使他的学问扎下了坚实的童子功。

从诸多方面看，惠栋的青少年时代，过的是一种平静、充实而又很有规律的读书生活。值得一提的，是惠栋的读书生活，与一般书香之家的少年子弟颇有不同。其时，一般的书香世家大都以追求科举功名为依归，其年少弟子的读书范围局限在四书和朱注之内。惠氏一门则更多地表现出对经学研究本身的无任追求，惠栋从小沐浴在浓厚的经学气氛之中，其读书之博，远非四书所能范围，用功之苦，也大大超出一般少年。关于这一点，以上所述已可略见其端。总之，少年惠栋的读书生活，不仅是启蒙的，而且是全面的系统的汉学训练。

康熙五十五年（一七一六年），二十岁韶龄的惠栋，进入了吴江县学。不久惠栋改元和县籍，并改补元和县“博士弟子员”。这以后的四年时间，惠栋仍然在平静的读书生活中度过。

2. 宦居广东时期

康熙五十九年（一七二〇年）冬，惠士奇出任广东学政。从这一年到雍正四年（一七二六年），是惠士奇为期六年左右的督学广东时期。这段时间，惠栋随父亲宦居广东。二十四、五到三十岁，正是人的一生中求学的大好时光，也是从青年走向成熟的人生重要时期。这是惠栋一生中最为意气风发的青年时代。读书和交友构成了惠栋的主要生活。惠栋与父亲的门生故友频频往还，尤其和士奇门下的高材生“惠门四子”苏珥、罗天尺、何梦瑶、陈海六过从甚密，每日谈艺问学。这种切磋问学的方式十分轻松，然而对于为学却很有益处。我们所知道的是，与“惠门四子”相比，惠栋的学问明显地高出一筹。

在广东的一段时期，惠栋更大的收益在道德素质方面。士奇视学广东，甫到此地，就发誓不妄取一文，不妄徇一情。在广东数年，士奇的道德文章对广东的士风产生了很大的影响，深得士人的爱戴。从广东任满回京时，广东一地为他送行的人山人海，情景十分感人。后来广东士人为了纪念他，特为他在祠内设位祭拜。关于士奇的道德品格，当时的文人名士们有口皆碑。士奇的弟子之一、后来任吏部尚书的杨超曾就认为，士奇的学问固然足为海内人士所尊崇，但其道德人格、其修身律己的高世之行，更加值得称颂。连雍正皇帝也十分信赖士奇的人格，曾经下旨说“惠士奇做官名声好，他所推荐的人不会是出于私意”，因此而格外批准他的一个奏请。广东期间，惠栋亲眼目睹了父亲士奇作官为人的崇高的道德质量，以及种种感人的情景，这对他的一生都将产生重要的影响。

广东时期，惠栋学行双修，这几年中，最重要的收获之一是来自人生历练方面。

雍正四年（一七二六年）冬，士奇任满回京供职，惠栋也回到了故乡。

3. 艰苦的岁月

雍正五年（一七二七年）五月，惠士奇蒙雍正召见，因其言语不合圣意而被罚修筑镇江城。为了筹集修城的费用，惠氏父子倾尽了所有家产。但与庞大的修城费用相比，仍无异杯水车薪，修城之事最终还是因为费用告罄而不得不停工，惠士奇本人也被罢官。这一事件使惠栋一家的生活从此坠入贫寒，几乎到了破败的边缘。雍正五年，这一年惠栋三十一岁，在此后的长达二十多年时间里，惠栋的生活长期与贫困为伍。长期以来，贫寒与问学形影不离，构成了惠栋生活中的两个侧面。

从雍正五年开始，在此后的数年之中，为了筹集修城的费用，为父亲分忧，惠栋经常在苏州和镇江之间来回奔波，万分艰苦。这种情形，严重地打破了惠栋惯有的读书生活。大约在这一时期，惠栋开始构思撰写《周易述》一书。

雍正九年（一七三一年），惠栋全家迁居到苏州城南。这时，他的家居破陋，常常是到处尘灰。生活的逼迫，使惠栋开始收徒授业，以授徒得来的微薄之物来维持全家的生计。惠栋一方面与贫困相伴，一方面继续将主要精力投入易学之研究。他整日闭门读易，朗朗的读书声响彻户外，过往的行人无不为之感叹。这段时间，惠栋和父亲士奇一起研经问学，虽然生活贫困，父子二人切磋琢磨，却也其乐融融，活生生一幅颜子安贫乐道之图画。士奇在这段时间开始奋笔撰著，先后写成《易说》、《礼说》、《春秋说》、《琴箧理数考》等书。从雍正九年开始，课徒与治学，伴随了惠栋的后半生，一直到他的去世。

乾隆元年，士奇应诏进京，被免去所欠的修城银两，并于次年六月，被补授翰林院侍读。但这一喜讯却没有给惠氏一家带来福音。士奇年事已高，连年的奔波，生活的贫困，使士奇身心俱疲，两年之后告病还乡。再过两年，即乾隆六年（一七四一年），士奇因病去世。父亲去世不久，母亲也相继而去。惠栋的父母双双去世，使惠栋的精神异常痛苦，这时的家境也更加破败。父母去世后，惠栋一面为父母守制，一面在丧亲之痛中沉潜于经学，废寝忘食，孜孜不倦。

乾隆九年（一七四四年）秋，惠栋参加了这一年的乡试，企图通过走向仕途改变贫困的生活。但由于他的试卷引用了《汉书》的立论，而超出朱熹《四书集注》的范围，因而遭到斥黜。科场的失败，使惠栋不得不继续生活在贫困之中，然而，他仍然一如既往地沉潜于易学。这一年，完成了他的第一部易学著作《易汉学》初稿。此书是易学史上研究汉易的力作，对乾嘉汉学的复兴有重要价值。乾隆十二年（一七四七年）秋天，五十一岁的惠栋染上了疾病，辗转病床长达两年之久。这时惠栋的诸般生活更为艰苦。在卧病期间，惠栋仍是潜心治易，开始正式着手撰写《周易述》。此后的几年，惠栋虽然继续着贫困的生活，但他一如既往地埋头于经史书籍之中。辛勤耕作换来了累累硕果，他的几部重要著作，如《古文尚书考》、《左传补注》、《后汉书补注》等相继完成。在这一时期，惠栋还表现了对古籍珍本书的浓厚兴趣。他广泛搜求各种善本书籍，每次得到一部善本，惠栋都是如获珍宝，常常倾尽囊中所有而购书。实在囊中羞涩，就千方百计借来，用手抄写。工夫不负有心人，惠栋辨别古本真伪的工夫，“见识精到，如辨黑白”。

乾隆十四年（一七四九年），惠栋五十三岁。这一年，乾隆皇帝下诏，责令九卿、督抚举荐学高德劭之士。第二年，陕甘总督尹继善和两江总督黄廷桂，以惠栋“博通经史，学有渊源”而列名举荐。惠栋此时已经是江南著名的通学硕儒，所以尹黄二人虽然从未与惠栋见过一面，仍然向上推荐。惠栋对这次被举十分看重，对于国家重视经术的举措更是给予了高度的评价，认为这是魏、晋、唐、宋以来从所未有的“旷典”。乾隆十六年，因为被举荐者来京候试的人太少，乾隆大为不悦，命九卿诸公将所举人员重新核实，重新举荐，不可回护以前所举之人。乾隆的态度，使各级主持科举的官员手足无措，举止失当，因此惠栋的著述未能及时呈上朝廷而落选。惠栋在赴京应试途中，听到落选的消息，只好悻然返回故里。命途多蹇，惠栋再次在科举及入仕的道路上失败。然而，身处困境之中，惠栋从不怨天尤人，而是兢兢于治学，艰苦的生活砥砺了他的学问和品行。惠栋名望愈高，不少人慕名问学。惠栋的两个得意弟子余萧客和江声就是此一时期收下的。大约在乾隆十六年（一七五一年）前后，余萧客以《注雅别钞》请教惠栋，惠氏嘱他做学问要从“大者远者”方面下工夫，余氏听后精神为之一振，随即执礼问学，拜惠栋为师。三年后，江声执弟子礼向惠栋问学，惠栋出示自己所著的《古文尚书考》等书，教导江氏学宗汉儒为师，收授江声为徒。此时，惠栋也常与一些文人名士或青年学者在一起讲经论道，著名的有沈彤、王鸣盛、钱大昕等人。

4. 晚年与扬州时期

乾隆十九年（一七五四年），惠栋五十八岁。这一年，两淮盐运使卢见曾慕名发出聘书，欲延惠栋入幕。卢见曾，山东德州人，康熙进士，素有诗名，在文人中也颇有雅望，名门之士多入其幕。惠栋此时已年近花甲，他的最大心愿是将自己的著作刊行于世，由于卢氏能帮助自己完成著作刊世的心愿，于是，惠栋北上扬州，应聘入幕。入幕卢见曾署，使惠栋的生活免去了柴米之忧，二十多年以来的贫顿生活得以改善。因此，惠栋晚年的生活颇为安逸。

在卢见曾府，卢见曾阅读了惠栋所撰的《渔阳精华录训纂》一书。此书是为王士祯的诗集《渔阳精华录》所作的注释，其注释颇为详尽。卢氏对于此书十分推崇，他为该书作序，称许此书是千百年来绝无仅有的好书。惠栋高尚的人格和精湛的学问赢得了卢见曾的敬重，宾主之间颇为相得。

扬州时期，惠栋生活中的一个重要部分，是和一干文人名士常相过从，互相切磋论学，颇为悠然自得。在扬州，惠栋名义上是卢见曾的幕宾，而实际上却已经具有了学术大宗师的身份。此时，惠栋已经声望殊高，名动天下，当时的士大夫无不以不识惠氏为耻，惠氏俨然已是江南一方的学术领袖。这段时期，惠栋交游颇广。在惠栋的朋友中，与惠栋最为相知的是沈大成。惠沈二人年龄相当，学问相若，又长时间同馆于卢见曾署舍，相互之间十分投机。惠栋深以与沈氏为友而高兴，他在为沈氏的《学福斋诗文集》所作序中说，“沈君和我对经学的认识真是重规而迭矩，我真为能有这样一个志同道合者、为吾道之不孤而高兴啊！”除了沈大成之外，惠栋还结交了一些青年学者，如王昶、戴震等。王昶也是卢见曾府的幕宾，年轻而有诗文之才，与惠栋相交甚厚。惠栋去世前不久，还把他的重要著作《易汉学》手稿传授给王昶，由此也可见二人关系之密切。戴震则是从北京南归途中结识惠栋的。乾隆二十二年（一七五七年）冬，戴震路过扬州，见到了惠栋。惠栋一见戴震，就握着戴震的手说，“以前我的亡友沈彤先生告诉我，他和安徽休宁人戴震认识已经很久了”，表现出年长者对后学的一片厚爱。由此可见惠栋的为人与质量，虽有学术宗师的身份，却能谦虚为怀，不以一代经师自居，更不恃才傲物。惠栋与这一干知友相游相伴，说经论文，其乐融融。这些年轻学者与惠栋虽处于师友之间，但他们从与惠栋的交往中得到了不少好处，对他们未来的治学产生了相当深刻的影响，同时也对有清一代的学术思想产生了深远的影响，关于这一点，我们在下文中再作详细交代。总之，与文人名士们一起论学问道成了晚年惠栋的一部分生活，这使他在扬州度过了几年愉快的时光。

惠氏的晚年，一边与病体搏斗，一边从事撰述。从乾隆二十一年（一七五六年）开始，年届六十的惠栋将全部精力都投入于《周易述》的撰写工作，期望能在三年时间内完稿。但年老体病没有为他留下更多的时间。乾隆二十三年春，惠栋病情日益加重，不得不带病回到家乡。回乡之后不久，即病入沉重，《周易述》未及完稿，从鼎卦到未济十五卦及《序卦》、《杂卦》两传均告阙如，惠栋就在这一年的五月二十二日（一七五八年六月二十七日）病逝，享年六十二岁。《周易述》一书历三十年，四五易稿，惠栋自己对该书十分看重，认为此书是继往圣之绝学，是他的毕生心血之所在，临终前犹以《周易述》不能完稿而引为极大的憾事，对他的两个儿子说："录而藏之，毋致迷失。"

在中国历代的思想家中，惠栋是一个缺少传奇色彩的人物，他的一生既缺少波澜壮阔的动人场景，也没有轰轰烈烈令人怦然心动的事功业绩。他很少把时间花在与治学无关的事情上，终生沉静在学术园地，用力地耕耘着，取得了丰硕的成果，成为有清一代著名的经学大师，他的学术成就，对清代学术产生了深远的影响。惠栋生性耿直，于孔颜之道素有持养，其道德质量与他的学术成就一样赢得了世人的敬重。尤其是在他三十岁以后，在长期的十分困苦的生活中，以常人无法想象的自持能力，潜心经史，安贫乐道，更表现出超人的意志质量。惠栋作为一个独具特色的人物，足以成为人们的楷模。

二、惠栋的学术思想

惠栋生于康熙三十六年（一六九七年），卒于乾隆二十三年（一七五八年），在清康熙、雍正、乾隆三朝中度过了自己的一生。这一时期，清王朝以其强悍的军事力量为后盾，在政治上已经确立了对汉族的稳固统治。相形之下，清王朝对中原进行的文化征服却并不顺利，汉文化优越意识所支配的反清思想始终在文人中间潜滋暗长。面对先进的汉民族文化，清朝统治者却始终有一种落后民族的自卑心理，采取了一种近乎变态而又十分强硬的镇压政策，大兴文字狱，以迫使汉族知识分子就范。清朝的文字狱从康熙开始，大盛于雍正。乾隆时期，对思想言论的钳制更是形松实紧，文人们谈狱色变，不敢放言高论，更不敢奢谈国家政治。这种形势，使学术研究被迫走向一种远离政治的方向。

清王朝一方面加紧压制思想言论，一方面提倡程朱理学。康、雍、乾三朝都相当自觉地维护理学的学术正统地位，企图以理学规范士人之心。然而，理学从宋代起被确立为官方哲学，在历经数百年之后，已然逐渐丧失了思想权威。中间虽然经过陆王心学的改造，但不久心学的流弊暴露得更为严重。清朝的入关和明朝的灭亡，对广大知识分子的心灵产生了巨大的震撼。明朝何以灭亡？这一问题，成为所有有卓识的知识分子共同思考的重大课题。对于明朝灭亡的原因，不少人直接归咎于王学末流的空谈心性。对陆王心学的批判逐渐导致对程朱理学本身的检讨。清初学者的批评，不仅言论激烈，而且锋芒直指程朱理学的心脏部位，顾炎武、唐甄、傅山等人对“君臣”之纲的批判，黄宗羲、胡渭对宋儒先天易学的批判，直指理学的要害，理学的哲学根基已经面临倒塌的危险。

程朱理学失去了规范人心的功能，同时也将失去规范学术的功能，新的学术规范取代理学的旧规范，已经成为一件不可避免的事情。简言之，这个时代，正是中国学术思想发生转捩的重要关头，是汉学即将复兴和有待于全面复兴的学术时代。

惠栋继承清初学者对宋儒空泛学风的批判，坚执惠氏数代揭橥的复兴汉学的学术方向，终于完成了清代学术思想的转变。一方面，惠栋全面清理魏晋以来妄谈说经的空泛学风，在学理上判然划分了汉宋之间的学术界限，非常明确地提出了弃宋复汉的学术主张；另一方面，惠栋埋头于汉儒经说的勾稽考证，以尊汉信古的学术标准遍考儒家九经，建立了以易学为中心的汉学系统，从而完成了清代汉学的奠基工程。

1. 学术渊源

惠栋的学术渊源，从远处说，要追溯到清初学者黄宗羲、顾炎武、胡渭、阎若璩等人。黄、顾等人一方面对理学末流进行了激烈的批判，另一方面，则已经开始提倡“读经考文”的治学方向。黄宗羲提倡考据经籍，顾炎武研治声音训诂之学，阎若璩考据《古文尚书》的真伪，胡渭否定宋儒“河图”、“洛书”之说，都标志着治学风气转变的开始。理学的空谈性理的学风被斥黜，取而代之的是一条通向经学考据的方向。黄宗羲等人虽然还没有提出复兴汉学的主张，但他们提倡的经学考据已经表明：复兴汉学的思想以朦胧之势悄然抬头。这正是惠栋弃宋复汉主张诞生的前奏曲。

惠栋学术思想的直接渊源，则是惠氏家学。惠氏之学，走的正是一条复兴汉学的路线，而且，比清初诸儒走得更远。与清初学者黄宗羲、顾炎武、阎若璩等人不同，顾、黄、阎等人是从理学出发走向经学考据的，而惠氏一门从一开始就表现出埋头经学的异趣，在相当的程度上表现出为考据而考据、为治经而治经的汉学特征。到了惠士奇，复兴汉学的自觉意识更加明确，已经把汉学的方法作为判断学术真伪的主要标准。

惠栋家学的源起，要上溯到惠栋的曾祖父惠有声。惠有声，号朴庵，世称朴庵先生。据惠栋说，朴庵先生幼通《左氏春秋》，曾采先儒旧说，作《左传补注》一卷，此书自朴庵以下，四世相传。朴庵又曾取唐代李鼎祚的《周易集解》及汉儒解易的零散资料，撰书为汉易立传，此书虽亡于乱世，但仍由朴庵口授传之周惕，再经士奇传给了惠栋。

惠栋的祖父惠周惕，清经学家，字符龙，又有字研溪，江苏吴县人。康熙三十年（一六九一年）进士。后由庶吉士改任密云知县，有善政之声。周惕从小受家学熏陶，打下了比较深厚的学问根柢。早年在家乡教授儒家经典，壮年时，四处游历，广为结交当代名士，在成为进士以前已经是江南名士了。周惕一生的学问以研究《诗经》用功最勤，同时又以诗才和善作古文而著称。其代表作为《诗说》三卷。因为他不满意前人对《诗经》的解释，所以注重自己对《诗经》字句的考证解释。他的考证以儒家其他经典作为证据，旁征博引，左右采获。周惕并不拘于字句的考据，他同时又能自己思考，在整体上加予变通和贯穿的工作，他对于《诗经》的解说多有创见。时人评价他是兼有汉儒之博与宋儒之醇两大特征。《四库全书总目》评价此书是“引据确实，树义深切”。惠周惕对于儒家的其他经典也颇有造诣，其风格总的来讲，他还没有能够区分汉宋界限，而是兼有汉宋两家的长处。他的著作除《诗说》外，还有《易传》、《春秋》、《三礼问》及《研溪诗文集》等。惠氏一门研治汉学，虽从朴庵开始却无据可以详考，而周惕则有著作传世，使我们可以看到他治理经学的成绩。周惕实在是吴派经学的导源人。

惠栋的父亲惠士奇（一六七一——一七四一年），清经学家，字天牧，又字仲孺，晚年自号半农人，江苏吴县人。士奇少传家学，少年即有诗名，十二岁时所作的诗句“柳未成阴夕照多”，就曾受到先辈们大大的赏识。康熙四十八年（一七〇九年）进士，改庶吉士，授翰林院编修。康熙五十九年（一七二〇年）典试湖南，这年冬天督学广东。乾隆二年（一七三七年）升为侍读学士，去世前几年在家居养病，乾隆六年病逝，终年七十一岁。士奇是当时有名的经学大师，他的代表作有《易说》六卷、《礼说》十四卷、《春秋说》十五卷。此外，还有《交食举隅》二卷，《琴箧理数考》四卷。又有诗集《红豆斋小草》、《咏史乐府》、《南中》等。

在惠栋的一生中，对他影响最大的人，正是他的父亲惠士奇，惠栋的易学思想有不少是直接继承父亲而来。士奇之学，以经学为主，经史兼治，到晚年更着力于经学。他对儒家经典的解释，先从考证材料入手，对于汉代经说以及周秦诸子，凡是他认为可靠的史料，都加以搜集征引，然后进行解说。而材料的考证，以汉代经说为基础。有关这一点，《易说》一书最能代表士奇的治学风格。他认为，易从伏羲创卦开始，到文王时已初具规模，到孔子已经很完备了，易学在汉代还得以有基本完好的保存。不了解孔子的易，就不可能了解文王的易，而不了解文王的易，就不可能了解伏羲的易，舍弃文王孔子的易而远求于伏羲，是不可能的事。同样，舍弃汉儒之易而远求孔子，也是不对的。虽然汉儒各自立说的角度不同，但却都是有一定根据的，都各有存在的价值。所以，士奇的解易，举凡孟喜的卦气说，京房的通变说，荀爽的升降说，郑玄的爻辰说，虞翻的纳甲说，对于以上诸家都进行广泛征引，表现出专宗汉学的学术倾向。在广征博引的基础上，以象数之学为主对卦爻辞进行解释。士奇还指出：为什么解易要以汉儒为基础，而不更求之于汉代以后呢？他说，这是因为汉代以后的易说已陷入一种玄谈式的义理之学。他对王弼以来漫无根据而解易的空泛学风大为反感，指出，现今所流传的《周易》经传，是由费直传承而来的，费氏易本来是古文，而王弼却全都改为俗书，又创为虚象之说，使易学流于空泛，从而真正的易学逐渐消亡了。易者，象也，圣人观象而系辞，君子观象而玩辞，六十四卦都是实象，怎么能够虚象呢？

士奇解易，已表现出比较明显的专宗汉学的治学倾向，他的另外的重要著作《礼说》和《春秋说》，也基本能够持守汉学立场。士奇还试图进一步从理论上解释专宗汉学的原因。他认为，汉儒所以可信，是因为汉代“去古未远”，较能接近先儒的原意。同时，汉代经说都是七十子之徒一脉传承而来，所说都有一定的根据。然而，汉代离古代虽不远但尚有距离，唐又远于汉，所以唐人解经已经不能尽通，宋以后的情形更可想而知的了。因此，经义必须通过训诂才能明白，通过识字审音才能了解，所以汉代故训是不可以改的，后世学者治经必须从汉儒开始。但是，后世学者并不明白以上的道理。《礼说》指出，《周礼》大都是古字古音。经的义理存在于训诂之中，识字审音，才能了解经义，所以汉家故训是不能改的。汉代以后研究三礼的，大都不懂汉代故训，如贾公彦对于郑玄的注，如“飞茅”、“扶苏”、“薄借綦”等，都不能进一步注疏解释，总是说“从俗读”，大大违背了故训所谓的不知者存而不论的原则。汉以后对《春秋》的研究也是如此。本来，《春秋》三传各有所长，或以史实，或以论公，各有价值：《左传》记录二百四十年的历史，详尽而又确实；《谷梁》由孔子弟子代代历传下来，持论公正；《公羊》笃信师说，虽有所失误，但到底是孔子之徒一脉而传。汉儒对于三传也各有家法。然而，自王通大言欺人，诋毁三传，从此异说突起，信其不可信者，而疑其不可疑者。这种状况如不改变，恐怕废弃三传之后，《春秋》也要随之而亡了。

士奇的《易说》等三书，不仅是朴庵和周惕之学的集大成之作，更是一种学术思想的再创作。士奇之学的价值，正是在于他把汉学作为判定学术思想的主要标准。他的治学宗旨，已经比较明显地表现出复兴汉学的倾向。其学术特征在思想的总体架构方面已经呈现出乾嘉汉学的治学风貌。同时，士奇已经有意识地矫正王弼以来空言说经的流弊。但是，士奇之学还没有严格区分汉宋界限，也未能建立起一个汉学系统，他在对经文的具体解释中常杂出已意，呈现出过渡时期杂而无章的思想特征。与惠栋相比，士奇还未能旗帜鲜明地高举汉学的义旗，也未能建立起汉学的壁垒。惠栋之学，在思想宗旨、学术特征、治学规模等方面，都似极其父——无论如何，士奇之学从宏观到微观都对惠栋发生了相当深刻的影响。

关于惠氏家学对惠栋发生的影响，惠栋自己说得很明白。惠栋曾多次说过，从其曾祖朴庵先生起，惠氏即数代传经，数代治易。也是从朴庵先生时起，惠家便“以古义训弟子”，因此惠氏一门到惠栋，“四世咸能通汉学”。他自己更是“少承家学”，“长闻庭训”，从小对于九经注疏涉其大要，治学一宗汉儒。可见，惠栋的家学训练，不仅使他初步掌握了汉家训故之学之技术训练，而且获得了以汉学作为判断学术真伪的标准。

惠栋所处的历史时代，是清代学术思想发生转折的重要时期，理学的衰落和汉学的复兴形成鲜明的对比。在这种思想转折的时期，惠氏家学充当了一个承前启后的角色，对惠栋未来的学术思想产生了深刻的影响。

2. 弃宋复汉的学术宗旨

魏晋时期的玄谈之风，导致主观臆断的解经风气的泛滥，到宋明理学而造其极，所以，宋学实在是魏晋以降一千多年空言解经的主要代表。惠士奇未能从清初学者对宋学的批判中把握这一学术的大背景，惠栋要在父辈的基础上继续前行。惠栋更不满意清初学者对宋学的不彻底的批判，他要在学理上建立一套批评的标准——即以汉学为标准，以汉代经师的解经方法，对宋学所代表的千余年来的解经流弊进行全面的清理。复汉必须弃宋，把宋学从经学研究中剔除出去，在宋学和汉学之间划分出一条泾渭分明的界线。这是惠栋治学的宗旨，也是他治学的思想起点。

·弃宋说

惠栋少承庭训，从小就对汉代以后的经说和注疏持一种怀疑态度。以后随着年龄的增长和经学研究的不断深入，惠栋越来越多地发现了魏晋以来解经注经的荒谬，对这种解经的凿空之风也越来越感到不满。在他的几乎所有重要的经学著述中，都不厌其烦地指斥这种空言说经的现象，如王弼空谈《周易》，杜预注经不明，孔颖达毫无见识，宋人不可以穷经等等。解经而陷入无根之谈，最典型的就是宋儒。这里首先需要对弃宋说进行明确的界说，弃宋不仅是指弃绝宋学本身，而且是要弃除魏晋以降千年以来的主观片面的解经之风。

（一）王弼虚象说易

在《易汉学·自序》等著述中，惠栋指出，孔子手定的六经，在汉代还得以保存。但到了魏晋人的手里，却被糟蹋得不成样子了，至今汉学亡失已经有很久的历史了。六经之中只有《诗经》、三礼和《春秋公羊传》还被保存了一部分。而《周易》、《尚书》和《春秋左氏传》三经，或被解释得面目全非，或被躐等篡改得错误百出。六经之中，以《周易》的损失最为严重，其罪魁祸首就是魏人王弼。

惠栋说，王弼以虚象说解易，空谈义理，纯粹是无根之说、无本之谈，汉易之所以遭到破坏，王弼实为祸首。自王弼以黄老为根本，援黄老空虚无为之说来解易，倡言得象忘言，得意忘象，以一己之意随意解释，全不顾汉儒传来的《周易》本意，对汉儒之易造成了毁灭性的破坏。王弼以后，研易的学者虽多，但全不顾汉经师及先儒的本意，空疏泛言，从此解易离汉儒之说日远，而离孔子之易也就更远了。王弼还把《周易》的古文全部改为俗书，大大篡改了《周易》的古义。从而，汉代经师对易的正解才荡然无存，这真是王弼出而易学亡啊！

（二）晋人经师道丧

在《周易述》、《左传补注》、《古文尚书考》等书中，惠栋极力批评晋人歪曲解经之弊。他并非对晋人的功劳绝对抹杀，晋人治经，并非一无是处，如杜预注《左传》，在地学方面就胜过东汉的服虔。但晋人经师道丧，可取之处实在太少。治经大多不合汉经师之旨，如杜预注经不明，王肃之攻郑玄，袁准“昧于古制”，邹湛讥讽荀爽，诸如此类，都是不明汉儒经说之故。

比如关于《春秋》一书，杜预作《春秋左氏经传集解》，虽然所说都来自前人，其中大都出自汉儒经说，但他却注释不明，持论乖悖，大大不合汉儒的原意。杜氏又为了博得君主的喜欢，而将守制时间大大缩短，这是对《春秋》的纂改，不仅大失孔子制礼的原意，也无视汉儒经说的存在。杜预之后，北周人乐逊作《春秋序义》，刘炫又作《规过》，此后浅薄之辈又纷纷效仿，《春秋》遂危矣。更有甚者，东晋人梅赜，伪造《古文尚书》，并将之献出朝廷，随后又被立于学官，使后世儒者不知孔安国的真古文。惠栋对梅氏大加鞭挞，指出梅氏随意采撷汉儒著述，错误纷出，“东晋之古文出而西汉之古文亡矣”，梅氏实为千古罪人。

晋人治经，或全凭己意，空谈说经，或曲解古人，注经无据，或偏于一说，昧于古制，汉学的严肃客观治经之方法几乎丧尽。后来的学者沿袭晋人，“郢书燕说一唱百和”，于是治经遂离汉儒日益遥远，于是“明堂之制亡，《周易》之学晦”。西汉古文濒临汲汲不保，晋人为害不小。

（三）唐人毫无见识

惠栋首先肯定唐人的存古之功。他说，李鼎祚撰《周易集解》，保存了汉儒说易的一些材料，使汉易不致完全散失，居功不小。又说：唐人的注疏，首推孔颖达和贾公彦二人。除了《周易》采用王弼注，《尚书》采用伪《古文尚书》毫不可取之外，至于《毛诗》、《春秋》、《左传》、三礼，则旁采汉魏诸儒之说，学有师承，文有根柢。古说得以保存，很大程度上是孔、贾二人的功劳。

唐人虽有存古之功，但更有亡古之过。孔颖达主纂《五经正义》，为古经作注释，于《左传》只采杜氏。本来，杜氏的治《左传》远不及东汉的服虔，而服氏之说在北方又一直十分流行，五代时期虽亡而不尽亡，孔颖达取杜氏而全弃服氏，遂使服虔的《左传》真正地亡失了。无独有偶，东晋人梅颐的伪《古文尚书》传之后世，后世之儒不加辨识，唐人孔颖达等辈更盲然信从其真。孔氏正义于《尚书》只采梅氏伪书，对梅氏之伪一无所见。还有，孔颖达等人注经，于《周易》也只采王弼之学，汉代古文被弃之于不问之列。这真是毫无见识，不解汉学的真义。

（四）宋儒不可以穷经

空谈说经之风，到了宋代，发展到了登峰造极的地步。宋儒解经，漫无根据，空谈性理，完全抛弃了汉经师注经的方法，其流风所及，举世风从，数百年而不振，汉学随即丧失殆尽。宋儒对先儒经说的破坏，罪莫大焉，惠栋愤愤地说，“宋儒之祸，甚于秦灰”。

惠栋对宋儒的批判是极为严厉的，但却也并非全盘否定，一棍子打死。惠栋说，“宋儒谈心性，直接孔孟”，这是汉代以后的儒者所不能相提并论的，表现出一种客观的治学精神。但是，宋儒的心性之学，不久即流于一种大言空谈的极坏弊端，宋儒之学，臆说太多，解经注经一无根据，甚至像朱熹这样的一代宗师也不能幸免。他说，宋人大都根本算不上“大儒”，因为真正的“大儒”必须同时兼通“汉人经术”。总之，宋儒治经，不仅比不上汉儒，而且也不及唐儒。

惠栋对宋学的清理，具有代表性的是他对“河图”、“洛书”之书和先后天易学的批判。惠氏在斥黜王弼的空言说易之后，对宋儒言易的浮游无根进行了更为有力的清洗。关于河图和洛书，他在对汉代诸儒解易注易的材料进行详尽的排比勾稽之后，否定了宋儒易说中的神秘主义因素。《周易述·系辞上》中说，河图洛书并非宋易中所说的十河九洛图。在《易汉学·辨河图洛书》中说，自古相传的戴九履一之图，就是《乾凿度》中所说的九宫之法。关于这一点，大量的材料证明，在宋代以前，从来就没有人以九宫之法为河图，直至刘牧和阮逸的出现才有此种荒谬之说。宋代的刘牧才开始以之为河图，又以五行生成图为洛书。阮逸又伪作《洞极经》，以五方为河图，以九宫为洛书。汉儒郑玄和虞翻关于“天地之数”的说法，虽与河图之数相合，但他们都没有说这就是河图，以汉代去古未远，他们尚且没有这种说法，那么，宋代以后所说河图和洛书为伏羲时所出，则必然为没有根据的妄说了。惠栋的此论与胡渭的考证颇相一致，这就从考据学的角度，把宋以来的河图洛书视为晚出，把易学中的神秘主义扫荡一空，于是，惠栋的河图洛书之说随为定论。

惠栋认为，邵雍和周敦颐解易都大大受到了道教的污染，失去了先儒言易的本旨。他说，伏羲四图出之于邵雍，而邵雍又本之于道教和佛教。周敦颐的太极图同样出之于道教。在《易汉学》中惠栋进一步发挥此论，指出，道教以宋代最盛，所以邵雍的图式和周氏的太极图，都来自于道家。而世人说易，都以他们为表率，却不知道他们已经走上了邪教的一路。惠栋还以宋以前的史料为据，揭示宋儒说易之荒谬。在《易汉学》中指出，邵雍一分为二,二分为四,四分为八之说，在汉唐的易学著述中都不见此说。据此，惠栋指出邵氏解易，全任臆说，漫无根据。虽然程颐对于邵氏解易多不以为然，然而自朱熹以下则多不能逃出于邵雍之论了。总之，以邵氏为代表的宋易，不合于《周易》经传。这样，惠栋提倡汉易，排斥图书学和先后天易学，不仅反对宋易的义理之学，同时也反对了宋易的象数之学。

直而言之，对于先儒古经，宋儒一无所能，所以“宋儒可与谈心性，不可与穷经”。惠氏十分强调“宋儒不可与穷经”的论断，他说，宋儒不足于言经，这一论断是无可怀疑的，可以称作“不朽”

之言。惠栋还提出了彻底的弃宋说，指出：说经不以伪乱真，舍河图洛书和先天图，然后才可以谈《周易》；舍十六字心传然后才可以谈《尚书》。先后天易学及河图洛书之说，是程朱理学的哲学基石，十六字心传，是理学道德心性论的精义。惠栋此说，是要把宋学对于经学研究的影响连根拔起，清除干净。这样，惠栋以不容置疑的断然态度否认了宋儒之学在经学研究中的地位，把宋学剔出了经学研究的范围之外。

以上，惠栋对魏、晋、唐、宋等各个时代的经学研究历史几乎进行了全程的追踪清理，对于主观解经和片面解经——前者以王弼和宋明理学为代表，后者以晋代和唐代学者为代表——的两种流弊进行了批判。惠栋的清理工作，有两个特点，一方面是他的系统性，对于王弼和宋明理学所代表的义理之学，以及晋人和唐人片面解经的流弊进行了全面清算；另一方面是他的彻底性，指出宋儒不可与穷经，把宋学所代表的千余年来的空谈说经的学风，从经学研究中彻底清除出去。

弃宋并不是目的，弃宋的目标是复汉。更重要的，弃宋与复汉是一个事情的两个方面，惠栋对宋学所代表的义理之学的批判是在复原汉学的工作中同步展开的，是在大量排比汉儒经说的基础上进行的，所以与其说是批判，不如说是清理。比如他对宋易的批判，以汉代易说为据，对自周秦以来的历史材料极力排比归纳，一步一步地剥去了宋儒给易学罩上的神秘光环，犹如剥笋，一层一层剥落下来，最后露出汉学的原汁原味。对宋易的批判，是在复原汉易的过程中实现的；对魏晋及唐人的批判也是如此，是在对儒家诸经的具体注疏中完成的。换言之，弃宋与复汉，犹如手心和手背，不能判然断为两截。

· 复汉说

惠栋治学，以恢复汉代经说为依归。在把宋学从经学研究中彻底剔除出去之后，惠栋断然宣布：“若经学，则断推两汉。”这就是说，研究经学只能取法两汉，以汉儒的治经方法为标准。这样，惠氏严格地区分了汉学和宋学的界限，指出前者是治经之学，后者是讲性理之学，二者是学术上的两个不同范畴。这是清代学者在经学史上第一次严格区分汉宋界限，确立汉学门墙。

惠栋首先论说复汉的前提条件。在《易汉学·自序》中指出，孔子手定的六经，虽然经过秦火之难，在汉代还仍然得以保存；到了魏晋人的手里，六经被糟蹋得不成样子，至今汉学失传已经有很久了。虽然如此，六经之中的《诗经》、三礼和《春秋公羊传》，赖毛亨毛苌兄弟、郑玄和何休三家之力而有较为完好的保存。《尚书》和《春秋》二经虽被改窜，但毕竟还保留了一些汉儒经说。六经之中，汉易亡失最为严重，但后人的著述中仍可寻得一些散见的材料。所以汉儒诸家之说虽然散失了一些，但还没有完全散失。为什么要复原汉学呢？复汉的原因何在呢？惠栋提出复汉说的理论根据如下：

（一）汉代去古未远

惠栋认为，唐代经说不如汉代可信，宋代不如唐代可信。汉儒说经所以可信，是因为汉代“去古未远”。与汉代以后的历代相比，在时间上，汉代离先儒古经的距离最近，所以其可信的程度也最高。所以，恢复汉学，就是把经学研究建立在一种可信的史料或尽量接近真实或事实的基础上。惠栋治经，不仅根据汉儒经说，而且也援引晋代和唐代的材料，比如惠栋解易，批评邵雍的“一分为二”说，就指出“汉唐言易者未有此理”，据唐代比宋代更可靠的公例，以越近古越接近史实为原则，以唐人为据而批驳宋人，推翻了宋易中的一些不合史实的说法。尊汉信古，援古正后，把历史材料以愈接近古代为愈可信作为考据的公例，这是惠栋治学的一个根本观念，也是乾嘉学派的一个重要学术概念。以我们今天的学术眼光来看，这与现代科学的实证精神和方法，也是颇为接近的。

（二）汉儒不妄下己意

惠栋屡次称赞汉经师客观平实的治学精神，他说，汉儒说经，不妄下己意。在《左传补注·自序》中说，郑玄注《周礼》，韦昭注《国语》（韦氏是三国人），纯粹采集先儒之说，从不妄下己意，现在的学者可以从中考得失而审异同。惠栋说，（他）自己作《左传补注》，就是刺取经传并附以先世遗闻，用以详备各种说法，用以去除后世之俗议，效法郑玄、韦昭不作臆断之义，反对晋人乐逊、刘炫主观武断之风。他希望《春秋左传补注》一书将传之子孙，让后辈们了解惠氏四世之业，使之传承下去。对于汉儒不妄断己意的治学精神，惠栋是有意识地继承的，这也是乾嘉学者治学的根本观念之一。

（三）汉学重故训

惠栋认为，汉儒重故训之学，最能接近儒家经典的本义。在《九经古义·述首》中指出，儒家古经中，大部分都是古代的语言和古代的文字，要理解这些古经，必须从研究古文字下手。汉代经师专治故训，只有汉代经师才能了解古代的语言和文字的正确意义。因为古文字往往音同而形异，所以汉代经师的音韵故训之学颇能接近古文字的本来的含义。惠栋又说，自从唐代孔颖达等人纂《五经正义》，于易只采王弼一家，于《左传》采杜预注，于《尚书》采梅赜伪古文，而王、杜、梅三氏都不懂古文，把不少古字尽改为俗字。晋以后治经的学者大都不识古字，往往不考古言古字的本来意义，而以近代文字的字形和字音来度测古文的含义，大大失却了先儒的真义。惠栋的结论是：汉儒治经，代代相传均有根据，汉代故训之学是从恢复古代语言和文字的本来意义入手的，所以治经必须从汉代经师的故训之学做起。汉代故训即现在所说的训诂，是惠栋治学的基本方法，也是乾嘉汉学的不二法门。

（四）汉儒重师传口授

惠栋在《九经古义》中指出，汉儒通经，学有渊源，代有师承，先儒经说由经师口授，其说皆有根据。经师之说又著之于书，又被立于学官，与古经本身的地位同等重要。因为汉儒通经有家法，一代一代传承而来，汉儒对经学的理解接近古经原义。魏晋以降，诸家的解释都不免离经背义，其中的重要原因就是没有经师。在《九曜斋笔记》中，惠栋指出，汉代有经师，代代相传，学有所本。汉儒在心性之学上虽然不及宋儒，但汉儒立说都是有根据的；宋代无经师传授，所以虽在性理方面有所成就，但立说没有根据，这就叫“深而无本”。因此，对于汉儒不要轻易怀疑；而对于宋儒，则不要因为其心性之学深而轻信。惠栋强调说，汉儒与宋儒的区别，就在于有经师还是无经师，后来学者务必区分清楚。他不止一次地指出，惠氏四世传经，重视家学传承，颇能持守汉儒师法之义。惠栋极力宣扬汉儒的尊家法重师传的治学传统，把它看作与汉儒的文字训诂同等重要，表明其对汉儒言经有据崇尚实证的学风极为注重。

复汉说的理论根据中，同时也蕴含着汉学的主要方法，汉家故训之学本身就是汉学方法的核心。

·复汉的方法

惠栋之学，崇信汉儒，一尊汉经，对汉代经师的注经方式给予充分的肯定。惠栋复原汉学的方法——在相当的意义上是恢复汉儒的学术精神与风范：不妄下己意、说经有根据，这既是汉儒的治学精神，又是一种客观实证的治学方法，试图把汉学的精神与方法截然分开是徒劳无益的——正是以汉家故训之学即声音训诂为核心而建立的。这就必然导致治经从考据文字入手，对儒家经典进行广泛的考稽和注释，恢复相传为孔子所整理和传授的六经的本义。

惠栋治经，由考据文字入手，而考文则又以汉儒的经说和注疏为主要根据。他认为，魏晋之后的学者大多不识古字，其注经解经的著述多不足取；而汉代经师的故训之学，保存了先儒的古言古字，最为接近先儒说经的本来意义，所以汉代的故训之学，是治经的唯一正确的入手方法。惠栋治经，以对经文的文字考释为主，试图确立一个经学研究的牢固基础，他对汉儒诸家的注释详加排比，力求使经文合乎古义。如惠栋《周易述》注乾卦“元亨利贞”，即据《子夏传》、何休《公羊传》注及董仲舒、荀爽、虞翻等诸家说，所引十分详细，力求在诸家易说的基础上作出较为折衷和适当的解释。惠栋注经，旁及先秦诸子，但主要是根据汉儒。也引述晋唐学者之说，但多出于从中搜寻汉儒的数据。

恢复汉儒笺注的重要任务之一，是把魏晋学者改为俗字的经文，凡是有据可查的全部恢复成古字。惠栋认为，古代语言和文字历经变迁，在读音、字形和含义方面都已发生不少变化，而自汉代以后，历代学者大多都不认识古字，而以近代的声音来训读古字，又常常以一知半解将古字改为俗读，以讹传讹，致使西汉的古文至今几乎不复存在。为了尊崇先儒古经，对于魏晋以后传下来的各种注释本，应该通过声音训诂等手段尽可能改正所有的错误文字，把它恢复成古字。《九经古义·周易古义》指出，“唐代孔颖达等人纂《五经正义》，《周易》只采王弼一家，把很多古字改为俗字，如晋当为晉，巽当为顨，垢当为遘。”诸如此类，《周易》诸家注释中的有异议之字多达数百。惠栋把王弼以来所改的俗字，其中有据可查的七十多个俗字尽改复为古字。比如在《周易述·周易下经·明夷》中，释“箕子”为“其子”，认为其读为亥，亦作箕。惠氏据刘向、荀爽、赵宾等说，先将箕子之箕与亥通训，箕与亥音义相通，音训义训将箕训为亥，箕子即亥子，系“荄兹”之误，从而把箕子训作“荄兹”。惠栋自己认为，他的易学研究的最得意之笔，是把《周易》中被后人错改的七十多个俗字，尽行改成了古字，他自称此项发现“卓然无疑”。惠栋作《九经古义》，对有据可查的俗字尽行改为古字，所改遍及儒家九经，如《礼记古义》：训谢为謶，拾当为涉声之误；刀从力训为劳；迁或为还，迁与还义得相通，故或为还等等，其他诸经的改字之例比比皆是，不能详述。在《九经古义·周易古义下》中，惠栋还解释他改字的原因，他说：“我怎么敢轻易涂改圣人的古经呢？我是根据汉魏以来数十家说易的资料，把诸家有分歧的异字作一番折衷取舍，恢复圣经的旧观而已。我不过只是改正了很小的一部分罢了，还有很多有疑问的字，因为汉易的亡佚而没有充足的证据，只得采取‘阙疑’的态度存而不论了。”

除了文字训诂，惠栋对辑佚、校勘等治经方法也表现出浓厚的兴趣和深厚的功力，并取得了同样丰硕的成果。比如校勘，惠栋从小博览群书，对经学之外的诸子百家广泛涉猎，培养了浓厚的整理、校勘古书的兴趣。江藩说他“校勘精审，于古书之真伪，如辨黑白”，由此可见惠栋于古书版本的识辨之精，校勘功力之厚。惠栋治经，运用辑佚、辨伪、校勘、考据文字等诸种方法，对于汉儒的经学数据，拾遗补阙，勾稽考训，辨源察流，极尽搜集之功。他的主要经学著述，无一例外地依据汉代经说对儒家经典进行广泛的注释，对经文的辑佚、文字的衍脱、篇章次序的考订，也极尽其工。比如他撰《易汉学》，几乎遍涉汉儒言易各家，保存了大量的汉易资料，以至于今天研究汉易的学者也仍无法跳过《易汉学》一书。

概括地说，惠栋复汉的方法，是以声音训诂为中心，以汉儒经说为基本材料，对汉儒诸家经说进行考稽勾沉、对汉代经学源流进行条理性的梳理。但是，恢复汉学，是对汉儒治学精神与方法的双重肯定，惠栋推崇的是汉学精神与方法合成的一整套学术风格。因此，惠栋对一律盲从古人、食古不化者大加讽刺，他说："有人喜欢用古文现成语，又喜欢摹拟古代文体作文，这种现象我称之为：'比如人吃鱼，连肉带骨囫囵吞下。读古文便抄古文，难道不是一种病吗？'这虽然只是比喻，却含有极深刻的道理。"总之，对于汉学方法，惠栋注重把握汉学治学精神与方法的一致性、完整性和全面性。惠栋的恢复汉学的方法，不能简单地理解为恢复西汉古文以及把俗字改为古字，或者机械地理解为对汉儒经说的搜集和整理。我们对惠栋治学方法的理解，也应该从其对恢复汉学的原因所作的理论解释出发，从汉学与宋学的对比中去把握，从汉学精神与方法的整体一致性方面去把握。

·弃宋复汉说小结

弃宋复汉说，在清代学术史上有不同寻常的意义。清初学者黄宗羲、顾炎武、阎若璩等人对理学的批判，已经兆示了学术研究即将发生转变的历史趋向。但他们还未能与理学划清界限，更没有明确的弃宋复汉的思想意识。

在相当的意义上，弃宋复汉是对汉儒治学精神与风格的肯定。惠栋不厌其烦地赞扬汉儒说经有本、不武断的治学风尚，他提倡的是一种整体性的学术风范与学术精神，是一种以汉代去古未远为立说基础的信古求真的精神，与皖派的"实事求是"有前后承接的关系。这样，弃宋和复汉具有了严格的学理上的标准，汉学客观实证与宋儒的主观武断形成鲜明的对比。惠栋对魏晋以来主观武断的治经习气及其代表人物进行的全面清算，尤其是对宋学的批判与清理，以及对恢复汉学的理论根据和方法的阐释，一方面区分了汉宋界限，把宋学从经学研究中彻底清理了出去，一方面坚执尊崇汉学的旗帜，把汉学确立为经学研究的唯一标准。这样，惠栋严格划分汉宋界线、确立汉学为治经的标准，从而成为清代学术从程朱理学中彻底地走出的标志，也是乾嘉学派确立汉学门墙的标志。以上也正是惠栋大大超越清初学者的地方。

3. 易学为中心的汉学系统

以尊汉信古的学术标准，惠栋埋头于汉儒经说的勾稽考证，力图恢复汉学之旧观。就其治学领域而言，易学、《尚书》和《左传》堪称惠栋治经的三大部门，此外，惠氏遍考儒家九经，兼及考史，在清代学术史上第一次建立了以声音训诂为基本方法、以易汉学为中心的汉学系统。

·易学研究

惠栋是清代的易学名家，他的学术思想与治学成就集中地体现在易学研究领域。惠栋治易，对汉儒诸家易说进行详尽的考证梳理，其中以汉易中的象数之学为主干，在此基础上对《周易》经传进行注释。他的主要易学著作有《周易述》、《易汉学》、《易例》、《周易本义辨证》、《周易古义》及《新本郑氏周易》等。《周易述》二十三卷，广取汉儒诸家易说，以荀爽和虞翻之说为主，采集汉儒诸家易说，逐句解释《周易》经传，自注而又自疏。《周易述》是惠栋学术思想的代表作，也是清代易学史上的重要著作。该书目录共四十卷，自一卷至二十一卷，皆训释经文；二十二、二十三卷为《易微言》，杂录各家论易材料；二十四至四十卷，载有《易大义》、《易例》、《易法》、《易正伪》、《明堂大道录》、《禘说》六书书名，但都是有录无书。《易汉学》八卷，对于汉儒诸家——孟喜、京房、郑玄、荀爽、虞翻、易纬、《参同契》等——各家各派易说广为辑佚、考证和爬梳，对各流派进行系统阐述，篇末以汉易及晋唐易说驳宋易，辨证图书及先后天之学。此书是清代研究汉易的代表作。

《易例》二卷，惠栋对于自己解易的体例和原则所作的列举说明，按照内容，此书极为重要，《四库全书总目提要》认为此书为未成稿，其说较妥。《周易本义辨证》五卷，是以音训考订朱熹的《周易本义》。《周易古义》二卷，是对《周易》经传的文字进行考订训释。《新本郑氏周易》三卷，是对南宋王应麟所辑录的《周易郑氏注》的补正。

对于恢复汉代易学，反对宋儒易说，惠栋有着相当明确的自觉意识。易学在儒家的学术思想中历来占有重要地位，而且其重要性随着时代的变迁也越来越明显，特别是程朱理学以易学为全部学说的理论根基，对于惠栋确立以易学为中心的治学方向起了直接的作用。惠栋认为，从王弼以虚象说解易以后，汉易就濒临于几乎亡绝不继的边缘，到了宋儒援道家谬说以入易，先天后天易学与河图洛书之说纷纷出笼，世人已完全不得易之真解了，宋儒对汉易之亡责任更大。所以，反对宋易必须恢复汉易，由恢复汉易进而恢复孔子易学的古义，成为惠栋治易的目标。在《易汉学·自序》中，惠栋指出，自从孔子作《易传》十翼，才开始建立起广大精深的易学体系。这一体系赖于孔子七十弟子及后学的传承，直到汉代，古文《周易》经传仍行之于世。经王弼到宋代千余年的曲说谬解，易学真义几乎尽丧。所幸唐代李鼎祚《周易集解》中尚保存了汉易中的一些零散的数据，易学不至完全失传。惠栋以上，惠氏数代治易，皆宗汉儒。惠栋的曾祖父朴庵先生，对汉易即将失传十分忧虑，于是取唐代李鼎祚的《周易集解》，参考其他诸家著述中有关汉儒治易的零散资料，撰而成书，为汉易立传。可惜天崇之际遭逢乱世而亡佚。于是，朴庵口授传之周惕，周惕传授给士奇。父亲惠士奇所著《易说》六卷，以象为主，专宗汉易，直斥王弼以降改古文为俗书。惠栋继起治易，承接以汉易为宗的家学传统，建立起比较成熟的汉易考据学。可见，惠栋对于恢复汉代易学的企图是非常明确的。

这里有趣的是，惠栋简直是要找出一个汉易传承的学统出来，可以直接比之于韩愈恢复儒家道统的努力。惠栋复兴汉易、继承家学的态度是相当自觉的，他说，“以我的无才无识，如何敢著书立说呢？只不过惠氏四世传易，上承先汉，为了让后来学者还能了解汉儒的易说，为了使惠氏的子孙不忘祖业啊！”

惠栋治易，一仍治经从经文考据的入手的方法，对孔颖达正义本中的《周易》经传的篇章次序、文字内容进行考校，对于文字内容的考订尤所着力。惠栋作《周易古义》，即系专门考订《周易》之文字。惠栋说：“自从唐人孔颖达为五经作正义，所谓之易只采王弼一家，不仅篇章次序紊乱，还把许多古字改成俗读。如晋当为簮，巽当为顨，垢当为遘。”又指出，孔氏正义多衍字、伪字及脱落字，如乾卦“不成乎名”，衍“乎”字；“文言曰坤至柔”，定本中没有“文言曰”三字；《蒙卦·象传》“匪我求童蒙，童蒙来求我”，脱“来”字等等。对于孔氏正义本的误字、衍字、脱字及其他诸多之谬，惠栋对上自先秦下至唐代的易说数据，以汉代易说为主，证孔氏正义本之谬。如蒙卦初六爻爻辞中的“以往吝”，惠栋引《说文》、《史记》、《汉书》及周伯琦《六书正伪》等数据，从声音训诂证“吝”是“遴”的俗读。又如需卦的“需”字，惠栋根据《归藏》，改作“溽”，认为“需”是“溽”的俗读。惠栋从两方面证明“需”为“溽”字之误，一是从声音训诂，引《说文》“需声读若耨”，“需”与“溽”音同；又从文理方面引《礼记·儒行》“饮食不溽”及郑玄注、服虔的《左传》注，以证“需”改作“溽”与《象传》所说“君子以饮食宴乐”在义理上相合。要言之，惠栋广泛采辑汉儒的笺注，力图恢复《周易》经传文句的古义，这是惠栋治易的基础工作。

惠栋复原汉易的重要工作，是恢复汉代诸儒的易说，勾勒汉易的源流和演变。他的重要易学著述，如《周易述》、《易汉学》、《周易古义》等，均广泛征引汉儒易说，显示了对于汉代易学的精湛功力，其中《易汉学》是复原汉易的专门之作。《易汉学》一书，采辑搜寻汉儒孟喜、虞翻、荀爽、京房、郑玄、干宝诸家之易说，收辑遗闻，广征博寻，采撷了大量汉儒说易的材料；又条分缕析，勾稽考证，把汉易各家的源流进行梳理，使后来学者得以了解汉易的条理。《周易述》还以虞翻和荀爽之说为主干，企图对汉儒各家的易说进行通盘的理解。从现代史学的眼光看来，汉易中的卦气说、纳甲说、乾坤升降说、飞伏说等等，在很大程度上都赖于惠栋易汉学的保存和阐发之功。

惠栋历三十余年撰成的《周易述》，是其解易的代表作，该书以荀爽和虞翻的易说为主干来解释《周易》，形成以象数之学为特色的汉学易系统。惠栋的象数之学的汉学易，不仅否定宋易中的义理之学，同时也反对宋易中的象数之学。他的汉学易是对汉易的恢复，但并非无条理的死搬硬套，而是对汉易的重新整理，是清代学者中第一个以完全的汉学方法建立起来的汉易系统。以下即以《周易述》为主，对其汉学易作大略的介绍。

（一）首重卦象

象数之学，首在象。惠栋的象数之易，首重卦象和爻象，以及卦爻所象的事物，如以乾为道，以地为器；又以乾为天，以坤为田；辟卦为君，杂卦为臣等等，大凡六十四卦，每一卦及每一爻都有其所象之实，剔除了易学中的神秘主义因素。如关于《说卦》所谓的“穷理尽性以至于命”，宋儒极力发挥，赋予其深厚的哲学和道德意义，“穷理尽性”遂成为理学体系中的重要哲学范畴。而惠栋的解释，则一本象数，据虞翻之义解释说，坤为理，天动而地静，以乾通坤，就是穷理；乾为性，以坤变乾，就是尽性；巽为命，乾下有伏巽，所以至于命。这样，惠栋以乾坤二卦之爻象的变通说，来解释穷理尽性说，宋明易学所阐发的义理皆被否定了。惠栋大力发掘汉易中的卦象和爻象，在《易汉学》中统计虞翻所取八卦之物象共三百七十之多，并称许虞氏所取的每一物象都不是空说无凭的。

在汉代，易学已有象数之学与义理之学的分歧。惠栋恢复象数之学，首先肯定易含万象之说，以取象说为纲，对《周易》经传辞句进行详尽的注疏和解说，也就是传统所谓的注疏。惠栋的注疏，糅合汉代诸儒的卦气说、五行说、卦变说、爻辰说、纳甲说、九宫说、互体说及乾升坤降说等等，把孟喜、京房、虞翻、荀爽、郑玄、干宝等诸家之说详加罗列和排比，然后会通其说，进行解释。比如，关于乾卦，惠栋注卦辞“元亨利贞”为“元始亨通利和贞正”，其自注而又自疏：取《子夏传》之说，以乾为始，亨为通，利为和，贞为正；据何休《公羊传》注，解释乾元之义说，乾初，谓初九爻，初为始，元亦始义；取荀爽之说，初九爻为乾卦之始，亦是乾道之始，故象称乾元；又依董仲舒的《对策》，疏解为乾初九谓之道本，并称其为元。其中，惠氏对虞翻的卦变说和月体纳甲说解易尤为推崇，说虞氏易学有系统，说有根据，在汉易中最为广大。

（二）注重物象之数

惠氏的象数，重视卦象的数度，认为《周易》六十四卦卦爻的物象都包含有一定的数序与法度，每一卦与每一爻的象数都代表了特定事物的发展状态与规律，而《周易》则表现了世界万事万物发展的总规律。对于《系辞》中的“天一，地二；天三，地四”及“大衍之数五十”等，惠栋也以象数之学来解释天道和人事的变化，其具体的解释，又糅合了卦变说和升降说，而以卦气说作为解释的根据。他以卦气说来解释《周易》卦爻辞，其中即含有以卦象和爻象与二十四气候相配的思想。如对乾卦九五爻的爻辞“飞龙在天，利见大人”的疏解，采《说文》之义，龙为星象，其解释为：“春分而登天，秋分而潜渊。”又依干宝说，乾九五爻为三月卦，表示阳息至九五爻，龙已登天。卦气说是惠栋解易的主要根据之一，他对六十四卦卦象的解释，皆主卦气说。如《易汉学》发挥孟喜、京房的卦气说，以坎、离、震、兑为四正卦，四卦主四时气候，二十四爻主二十四节气。其余六十卦主六日七分，爻主三百六十五日又四分之一日。从复至乾、姤至坤另为十二月消息卦，代表一年十二月阴阳消息的变化过程，如乾卦象征消息四月，坤卦消息十月，蒙卦消息正月，师卦消息四月，明夷卦消息九月等等。其意旨明显地包涵了恢复先儒解易踏于实地、与百姓的日用相即不离、与人们的生活相关相切的思想倾向。他解释“一阴一阳之谓道”说，一阴一阳所蕴含的十五之数，既是天地之数，又是君子之道，而天道之变化、人事之变化及百姓日用都在其中。卦气说是惠栋易学思想中最富有哲学意义和理论特色的部分，他以卦气说与取象说相结合，着眼于象数，与宋易中的义理之学和象数之学都不相同，在汉易考据学的基础上进行条理和贯穿，颇有自己的特色。

（三）以阴阳相交说为纲

惠栋还以虞翻的取象说为基础，对荀爽的乾坤升降说和乾坤相交说、虞翻的旁通说加以贯通，以阴阳相交说对《周易》六十四卦的卦义进行通盘的解释——下面以其对乾卦的部分注疏为例说明之。惠栋对“元亨利贞”的解释，采汉儒各家之说，其中以荀爽和虞翻说为主：荀氏的乾坤升降说，乾二升于坤五之位，坤五降于乾二之位，表示乾坤相交；虞氏“以阳通阴，故始通”，都是以阴阳相通为“亨”，这与《象传》以“刚柔正位”解释“利贞”一脉相承。惠栋还依虞氏义，卦辞中凡言“元亨利贞”四德者，皆指卦体变为既济卦象。他解释乾卦的各爻，如二五爻，按荀爽乾坤升降说及乾坤相交说，乾二升于坤五之位，坤五降于乾二之位，表示乾坤相交——乾二上升坤五之位为坎卦的卦象，坤五下降乾二之位为离卦的卦象，坎上离下又成既济卦象，故虞氏也说阴阳交通为亨；乾卦二四六爻为阳居阴位，皆不当位，故说“匪正”。在荀爽和虞翻之说的基础上，惠栋把阴阳相交而得其正，作为代表汉易的根本大义。他说，“独阳不生”，非化育之常，须得阴阳相济，才是生化之道。惠氏认为乾作为纯阳之卦，与阴相交，具有坎离之象，水火相济方有化育之功，方具元亨利贞之四德，这是四德的本义，更是《周易》六十四卦的根本大义，六十四卦中的每一卦无不符合此义。比如虞氏对于革卦的解释，释革卦辞“巳日乃孚，元亨利贞，悔亡”。惠栋疏解说，革卦兑上离下，九四之爻其位不当而“失其正”；九四变而为阴爻，则上体为坎卦象，下体为离卦象，阴阳相济，成为既济，所以动而得其位。离为日，按虞氏取象说，坎为孚；坎上离下，故卦辞说“巳日乃孚”。因其已成既济，六爻皆得其正，所以说“元亨利贞”。惠栋还概括性地指出：“如今幸亏东汉之易还得以保存，荀爽和虞翻之说还仍然存在，从此而明白汉儒说易的根本大义，又可以上知孔子易的微言大义，使两千年的绝学没有坠毁，一切不正在这里么！”以汉易阴阳相交作为绝学，以继孔子之绝学的口气而作论，可见其重视之程度。

惠栋以易学名家，他的易学研究，有两大贡献：

第一，对汉代易学的恢复和保存。惠栋一本汉儒的治经传统，以声音训诂为基础，对《周易》经传中的文字，严格按照故训进行注疏，对汉儒诸家易说的恢复和保存作出了重要贡献。惠栋治易，可谓是再次复原了汉代易学。

第二，创立了清代易学史上第一个完整意义的汉易考据学。惠栋治易，是在复原汉易的基础上进行的，但又不仅是对汉易的恢复。他对《周易》的解释，是在对王弼以来尤其是对宋易的全面清理的基础上开始的，自始即带有明末清初以来的考据与实证的治学风格，因此他的立足点已站在了清代学术转变的前沿上。他对汉儒诸家是有所取舍、有所选择的，是在对庞杂的汉易诸说的整理的基础上，以取象说为纲，以虞翻的升降说和荀爽的旁通说为主干，以象数之学为主体，从卦象和爻象的形成和变化来解释《周易》经传中的概念和范畴，从而建立了与宋易判若河汉的汉易考据学。可以说，惠栋的易学，是对汉儒诸家易说的融会与贯通，虽非完全贯融，但已超越了汉儒解易的水平，他的易学已不是纯粹的汉易，而进入了朴学易的范畴。惠栋的朴学易并非精致，而只是粗略地形成了自己的一个轮廓，这在现代人看来虽然没有什么了不起，但在清代易学研究史上具有重要的意义，这就是终于建筑起来了一个清代朴学易的坚固阵地。惠栋的易学研究，是乾嘉学派取代宋儒易学并进而建立起全新的朴学考据学的标志。

惠栋治易，其局限也比较明显。表现之一，是在哲学思想方面。惠栋对《周易》经传的注疏和解释，主要限于卦象的形成和变化，而把《周易》经传中的哲学思想大大的淡化了。按照现代的学术标准，其哲学方面，除了其卦气说外，并没有什么重要贡献。又如易学上企图沟通天人之学，以《公羊传》三世之说配合说易，杂有阴阳灾变等迷信之说，他引《周易参同契》等书以六十四卦来验人事、占吉凶，诸如所谓“失道妄行则卦气悖乱”等迷信思想，也在所不少。

·《尚书》研究

《尚书》，向来被认为是惠栋的又一重要的治学领地，其学术成绩也斐然可观。其著作有《古文尚书考》和《尚书古义》两种，虽不若易学之篇幅浩大，但却以精要著称。《尚书古义》着力于文字训诂，意在恢复《尚书》经文的古义，从声音训诂方面兼证梅氏古文之非。以下仅就《古文尚书考》谈惠栋的《尚书》研究。惠栋治《尚书》，其宗旨有两个方面，一是证明孔安国的《尚书》为真，一是证明梅氏之书为伪。

（一）证孔安国《古文尚书》为真有

惠栋在《古文尚书考》开篇就说，孔安国的《古文尚书》五十八篇，在汉代还没有亡佚。其中的三十四篇与伏生的《今文尚书》相同，所增多的二十四篇，篇名都还存在。

惠栋曾经考出孔安国《古文尚书》的传授系统，指出，孔安国得壁中古文，然后传给都尉朝，然后由都尉朝——庸生——胡常——徐敖——王璜和涂恽，再由涂恽传给桑钦和贾徽，然后由贾徽传至其子贾逵。贾逵为《古文尚书》作训，马融作传，郑玄作注解，遂使孔安国的《古文尚书》大备。

惠栋考索汉代经典传注中，发现孔安国所得的逸书二十四篇，确是实有其事。对于这二十四篇，在汉代有不少书都曾引用过，比如刘歆的《三统历》，班固的《律历志》，郑玄注《尚书》序等等。惠栋又录郑玄所述增多的二十四篇的篇名，这二十四篇中，《九共》九篇合为一卷成十六篇之数，分开即为二十四篇。对于这二十四篇，汉代学者不仅能知道它的篇名，还能列举出篇中的一些条文，虽然没有专门的著作对其进行章句训诂，但汉代学者都知道这二十四篇为孔安国的逸书。此书曾藏入中秘，刘向校阅古文时曾经录其篇目，并把二十四篇篇目录于《别录》中。

惠栋还解释：为什么马融作序说，历代经师传授中没有亡逸的十六篇呢？惠氏指出，十六篇内，《内九》又分为了《九共》九篇，所以马融说的十六篇实即二十四篇。马融为什么这么说呢？惠栋从两方面加以解释，认为这与汉代的学官制与重师说是相关的。汉代没有把孔壁古文立于学官，所以贾逵马融等虽传孔安国的古文，但不传古文中所包括的这二十四篇。同时汉代重家学和师传，学习《尚书》的人都以为二十九篇已经齐备了（伏生所传的二十八篇，加上后来所得的《泰誓》，所以说二十九篇）。所以刘歆说，逸礼、《尚书》、《左传》中，以《尚书》的保存最为完备；臣瓒也说，当时学者知道《尚书》二十八篇，但不知道本来是有百篇的。所以当时虽有孔壁之文，但也只是视之为逸书，所以没有传授。刘向《别录》本来著录五十八篇，但到东汉迁京时，二十四篇中只缺少了《武成》一篇，所以刘歆的《艺文志》所载为五十七篇。惠栋还据服虔的《左传解谊》，认为在汉代也曾有逸诗，因未立于学官而不传，用来作为逸书不传的旁证。

惠栋又解释孔安国古文五十八篇，与汉代诸儒所说篇数的出入问题。比如，《汉书·艺文志》记孔氏《尚书》四十六卷，这是怎么回事呢？惠栋引桓谭《新论》所载，《古文尚书》的四十五卷为五十八篇。也就是贾逵、马融的《尚书》注三十四篇，加上多出的二十四篇，共为五十八篇。具体来说，四十五篇之数是指，《内盘庚》三篇同卷、《泰誓》三篇同卷、《顾命》、《康王之诰》二篇同卷，共二十九篇，这二十九篇正合贾、马《尚书》的三十四篇之数。多出的十六篇中，《九共》九篇同卷，分开即为二十四篇之数。所以桓谭所说的四十五卷为五十八篇是对的，可与贾、马尚书相合。而《艺文志》所谓四十六卷，是指桓谭的四十五卷外加序言。

惠栋还力辩孔氏逸书不是张霸伪书。因为后来学者以孔颖达等人为代表的，说孔安国的逸篇二十四篇是张霸所伪。惠栋还引《汉书》、《论衡》等书，指出古籍所载言之凿凿，孔氏逸书绝非张霸所伪。孔颖达等辈只是“信所疑而疑所信”，只是无知的表现。

在《证孔氏逸书九条》中，惠栋还试图搜求文献，拾辑逸书的佚文，但成绩甚微。

（二）证梅赜《古文尚书》为伪

惠栋通过对晋以前的几乎所有文献数据的勾稽，引伏生的今文本《尚书》及《左传》、《国语》、《墨子》、《荀子》等书，论证梅氏伪《古文尚书》从篇章数目、分篇次序到文字内容，有诸多方面之谬。

从篇章数目上证梅氏古文为伪。惠栋指出，梅氏古文的篇章数目与伏生今文本、《汉志》、《别录》及魏以前的诸书记载不相符合。惠栋首先与伏生本《今文尚书》对照，列出梅氏增多的古文二十五篇。增多篇数中，《太甲》、《说命》、《泰誓》三篇，又各分为上、中、下三篇，共九篇，所以梅氏古文增多篇数分开为二十五篇，合计为十九篇。按照《汉书·艺文志》所记载，孔壁中《古文尚书》多得的篇数为十六篇，把《九共》分为九篇，分开之数为二十四篇。可见梅氏古文的篇数与《艺文志》的记载不合。梅氏又因刘向《别录》记载《古文尚书》有五十八篇，遂分《尧典》“慎徽五典”以下为《舜典》，分《皋陶谟》“帝曰来禹”以下为《益稷》，以合《别录》之数，于是现在流行的《尚书》为三十三篇。然而，汉魏以来的典籍中，从来没有三十三篇之数。

从分篇上证梅氏古文为伪。或是为了迎合古籍的记载而凑篇数，或是出于无知，梅氏古文分篇极为紊乱。如伏生《尚书》和他本《古文尚书》原书都无《舜典》一篇，从“粤若稽古”到“陟方乃死”都是《尧典》之文，所以司马迁的《史记》和郑玄、王子雍注《尚书》，都以“慎徽五典”以下为《尧典》之文，《孟子》称“二十有八载放勋乃殂”也可证其为《尧典》文。而梅氏从《尧典》中分出《舜典》一篇，从“慎徽五典”以下分出一篇作为《舜典》，从而把《尧典》从中间一分为二，明显与《孟子》及上述诸书相悖。又如伏生《尚书》，以及马融、郑玄、王子雍等人的《尚书》注本，均把《皋陶谟》作一篇，而梅氏也只根据片言只语，把《皋陶谟》从中间分断，从“帝曰来禹”以下别分为《益稷》一篇。以上二例，梅氏分篇错乱，其原因之一，是他不知道《尧典》与《皋陶谟》之外本来就有《舜典》与《益稷》，于是不想根据孔安国古文之原文进行补缀，而只是把原篇中分断。惠栋继续揭出梅氏在分篇次序上错误纷出，乱如麻团，如“征苗誓师”为《禹誓》的文字，“往于田号泣于旻天”为《舜典》的文字，而梅氏却以之为《大禹谟》；

“葛伯仇饷”是《汤誓》中的文字，而以之为《仲虺之诰》；“聿求元圣，与之戮力，万方有罪，在予一人”都是《汤誓》中的文字，而以之为《汤诰》；“惟尹躬先见于西邑夏”是《咸有一德》之文，而以为《太甲》，皆与书传不合。

从文字内容上证梅氏古文为伪。梅氏伪古文，在文字内容上诸多错乱，惠栋也详考其出处原委。在卷下中，惠栋对梅氏增多的《大禹谟》、《五子之歌》、《嗣征》等二十五篇，篇篇进行详细考校，对各篇中有疑问的部分逐句辨正，一一析考其源，指证其从何而来，出于何典。如《大禹谟》“稽于众舍已从人”，本乃孟子称舜之语，此在“舜曰中称尧，非也”；《大禹谟》“人心惟危”等十六字心传，惠栋承阎若璩之说，再次指斥，此十六字系杂采《荀子·解蔽》之“人心之危，道心之微”等语以及《论语》“允厥执中”而来，并力攻梅氏此十六字之不通。《说命中》的“有备无患”是本《左传》；《大禹谟》“祈承于帝”是根据《孟子》“启贤能敬承继禹之道”，如此等等。

惠栋还从与史实不合、与史例不合、与古籍不合、与先儒之旨不合、与文理不合、与古制不合等等诸方面证梅氏古文之伪。如援引《左传》所引夏书，及伏生《尚书》虞夏传，证明启时才有九歌，而梅氏古文却以虞时已有九歌，与史不合；又如，引《墨子·兼爱》、伏生《尧典》、《荀子》、《谷梁传》等书之记载，说明“誓始于禹”，舜时还没有誓师之事，而梅氏把誓师之事采入《大禹谟》，显然与史例及与古籍记载均不相符合；梅氏根据《荀子·议兵》说“舜伐有苗”，而误以“伐”指“誓师”之事，而如《国语》所说“大刑用甲兵”，只称之为“伐”而不称“誓师”，所以舜时还没有“誓师逆命”之事，梅氏之说与先儒之旨不合。梅氏如此牵引“先代政典之言”，而据以伪造，实在是大开伪造三坟五典之先河，真是造伪的始作俑者。

最后，惠栋得出结论有二：第一，孔安国的古文共五十八篇，在汉代还没有亡佚，三十四篇与伏生同，二十四篇增多之数篇名都保存在汉代的典籍中；第二，现在所传的所谓《古文尚书》，只不过梅赜的伪作，并不是壁中所藏的古文。所以东晋之古文出而西汉之古文亡也。惠栋继阎若璩之后，再度证明东晋晚出的二十五篇为伪作，这一说法成为被现今学术界所普遍接受的铁案之说。惠栋的考证比阎若璩更加缜密，被认为是伪古文之伪的最后定案者。

《尚书》研究是惠栋之学的重要部门，他的《古文尚书考》一书，通过大量勾稽周秦及汉儒诸家说，证明了沿传一千三百余年的梅赜《古文尚书》为伪，确为惠栋治《尚书》的主要功绩。但惠栋同时力图证明孔安国的《古文尚书》为真有，而不是仅把它作为辨伪的手段与前提。证明梅氏之伪，与证逸书之真，这两者之中，其重要性实在难分轩轾。而长期以来，人们往往忽略其证孔氏逸书为真的一面，不便于全面把握惠栋治《尚书》的学术特征。惠栋与阎若璩的区别之一，也正在于惠氏具有鲜明的复兴汉学的思想意识。一方面，辨伪的目的就在于恢复汉学，在对梅氏伪古文逐条辨驳之时，同时部分地恢复《尚书》的古义；另一方面，逸书十六篇是否真有过，虽是一个历史悬案，但从中可见惠栋复汉的宗旨与精神，我们不可因为惠栋未能确切考出逸书的条文而否认这一点。

·《左传》研究

《周易》、《尚书》之后，《左传》可谓是惠栋治经的又一重要领地，著述有《左传补注》六卷。《左传补注》原为《九经古义》之一，后来以其内容增益较多，故抽出来单独刊行，在清代即广为流行。

惠栋在《春秋左传·自序》中说，《春秋左氏传》是古学，著于竹帛之上，其中大部分是古文字。唐代之后，《左传》的注释本大都亡佚不传，于是《左传》只剩下杜预一家。而杜预的《春秋集解》，训解颇多错误，不合先儒原旨。惠栋又说，他自己注《左传》，“剌取经传，附以先世遗闻”。所以，惠栋的《左传补注》，一如治经，仍以声音训诂为主，其材料的引证实则以两汉为主，旁采先秦，主要内容是对杜预的集解进行补注，并纠正杜氏之弊。

《左传补注》，本为《九经古义》之一，所以，恢复《左传》的古义，本来就是惠栋作《左传补注》的基本宗旨。如隐公元年，“其乐也融融”，惠栋训“融”为“彤”；桓公六年，“粢盛丰备”，惠栋训“粢”为“粢”；闵公二年，“龙凉”，惠栋据说文，训“龙凉”作“牻椋”，解释为黑白杂色的牛；僖公十二年，“应乃懿德”，“应”训为“膺”；文公十年，“麇子逃归”，“麇”训作“麏”。惠栋一边进行文字训诂，一边还对后人改古文为俗读发出“不知何时淆乱”的感慨。凡此种种，不一而足，都体现了惠栋把杜预之后的俗读恢复为西汉古文的努力。

因为是在杜预集解基础上所作的补注，故惠栋此书或者补杜氏之遗漏，或者证杜氏训解之误，或者考杜氏之说的出处。如隐公十一年，“隰郕”，惠栋引司马彪和刘昭之说，隰郕作隰城；桓公元年，“公即位”，引郑众说，古代位立同字，“公即位”为“公即立”，以正杜氏解经不明之弊；又如庄公十四年，“绳息妫”，引《吕氏春秋》及郑玄注，训“绳”为“誉”，说明杜氏训誉的由来；僖公二十四年，“昌邑县西有茅乡”，“西”与“有”之间脱一“南”字，指出杜氏脱字之误。

惠栋治《左传》，可以称道者不胜举例。文字训诂如，隐公七年，“歃如忘”，训“如”为“而”；僖公十五年，“蛾析谓庆郑曰”，训“蛾”为“蚁”；文公二年，“废六关”，训“废”为“置”等等。更值得称道的是，惠栋在考史方面有不少成绩，如庄公二十八年，

“臧孙辰告籴于齐礼也”，引《周书》考出为古礼之一；文公十八年，“九刑不忘”引《周书》证为刑书九篇；昭公十五年，“一岁而有三年之丧二”，引《墨子》证妻丧三年为春秋末造之礼等等。

惠栋治《左传》，广征博引，成绩不俗，表现出客观实证的治学风格。但其局限也比较明显，《四库全书总目提要》说他盖“长处在于广博，短处也在博杂；长处在于信古，短处也正在于泥古”。《四库提要》之说可谓中的。

·史学研究

史学研究，是惠栋治学的一个重要部门。其代表作有《古文尚书考》、《左传补注》、《明堂大道录》、《禘说》、《后汉书补注》、《续汉志补注》等。其中，《后汉书补注》和《续汉志补注》，无论从传统的学术标准，还是按照现代的学术标准，都属历史学的范围。在这两部著作中，惠栋一仍治经，立足于考据，从汉代的相关著述中广引材料，进行注释、订正和辑补，同时解决了一些历史遗留问题。例如，有关《后汉书》建武十九年的记载“复南顿田租岁”，仅云“租岁”，但缺少确切的年数，宋人刘颁就看出了这一点，但没有考定到底是几年。惠栋根据《东汉观记》“但复一年少薄”，指出确切的答案就是一年。惠栋还批评刘颁辄以臆说，是“宋人之蔽”。

惠栋的《古文尚书考》、《左传补注》、《明堂大道录》和《禘说》等，既是历史著述，其本身又是对儒家古经所作的考订和疏解。这便使惠栋之学有一个明显的特点，就是治经兼及考史。惠栋治经，同时兼及考史，其考史的目的固然在于考经，但从纯粹史学的眼光来看，其考史的意义则在治经之外。关于惠栋的《尚书》与《左传》之研究，前面已有阐述，不再赘言。下面我们以《明堂大道录》和《禘说》为例，说明惠栋治经兼及考史的学术特征及治史成就。明堂是古代帝王施行政教的地方，凡祭祀、朝会、庆贺、选士、教学、养老等大典，都在其中举行，显然此问题十分重要。但古代典章制度的研究，在清代成为绝学，这一重要问题即缺少专门论述。惠栋撰《明堂大道录》与《禘说》，据汉人卢植《礼记注》及其他周秦两汉文献数据，考出明堂就是太庙，与灵台、辟雍在一起，此二书还详述明堂制度的内容及其变迁，如指出明堂有五室四堂，室以祭天，堂以布政；帝王在明堂举行大享之礼，称之为禘、祖、宗，而郊则在南郊举行，禘、郊、祖、宗四大祭统称为禘，如此等等，大有功于古代典章制度的研究。此二书迄今为止，对于研究中国古代政治制度史仍有重要的参考价值。惠氏著《明堂大道录》和《禘说》，其初衷出于研究《周易》，考史是为了治经，但从中可见惠氏考史的意义。梁启超说《明堂大道录》是清代学术专门研究古代制度的开始，的确有历史眼光。惠栋的史学研究，对吴派学者产生了不小的影响，治经兼及考史也同时成为吴派学术的显著特征。

·其他

惠栋之学，以治经为主，兼及考史。其治经，除易学、《尚书》、《左传》外，尚遍及儒家九经。其于《毛诗》、《周礼》、《仪礼》、《礼记》、《公羊传》、《谷梁传》、《论语》，一一考稽，虽然于群经不及易学研究的规模与成就，但通过声音训诂恢复汉儒治经的旧观，其成绩仍然不容忽视。此外，惠栋治学的范围并不限于经学和史学，地学方面的著作有《山海经训纂》，文学方面撰著有《渔阳精华录训纂》，还有一些其他著述，均广征博引，左右采获，均有成绩。惟上述领域在方法与体例上，一如治经，故不一一阐述。——由其治学规模可见，惠栋的全面复兴汉学之志确已表露无遗。

4. 小结

惠栋治学，以文字训诂入手治经，以易学为核心，由易学而《尚书》、而《左传》，稽考遍及儒家九经，并旁及史学及其他治学领域，其汉学研究可谓全面开花。惠栋初步建立了以易汉学为中心的汉学系统，这是乾嘉学派登上清代学术舞台的标志。惠栋之学，对清代学术产生了深远的影响。

· 学术思想之贡献

惠栋之学，正值清代学术思想发生转变的重要关头，对惠栋之学的评价也必须放在这一时间范畴之内。离开这个学术时代，是不可能准确地把握惠栋其学的。谈惠栋的学术贡献，理应把他与前人相比较。清初学术思想的主要代表人物黄宗羲、顾炎武、胡渭、阎若璩等，他们对清代学术思想的影响主要在于对宋学的批判，并揭出了经史考据的治学方向。相比之下，惠栋无论是在对宋学清算的力度及彻底性方面，还是在治经考史的具体成绩以及新的学术风范的建设方面，都明显地超越了这些清初学者。

梁启超在《清代学术概论》中，把清代学术的形成分为两个时期，一是启蒙期，一是全盛期。启蒙期的代表人物是顾炎武、胡渭、阎若璩，全盛时期的首要代表人物就是惠栋。全盛期的学者，又称为正统派。启蒙派与正统派的区别有二：第一，启蒙派对于宋学，一方面进行猛烈攻击，另一方面又因袭了宋学的一部分。正统派则自固壁垒，将宋学置之不议不论之列；第二，启蒙派抱通经致用的观念，喜欢谈论经世之学，正统派则为考据而考据，为治经学而治经学。梁氏之说确有所见，但并非全对，因为梁氏忽略了惠栋对宋学的强有力的清理。实际上，惠栋的学术思想，来自两个方面，一是对宋学的彻底批判与清理，一是建立在训诂考据基础上的治学成就。惠栋之学对清代学术思想的深远影响，正在于这两个方面的有机结合。

惠栋对宋学的批判与清理，并非表现为单纯地攻击宋学，而是建立在学理上的，是在正面复原汉学、恢复汉学的治学方法的过程中完成的，尤其是在研究易学的过程中完成的。具体内容，已见前述，不再赘言。这里略谈其清算的力度及其彻底性。惠栋的弃宋复汉说，在汉学与宋学之间划分了一条泾渭分明的学术界线。惠栋指出，治经"则断推两汉"，"宋儒不可以穷经"，明确指出以汉学方法作为治经的标准，经学研究中没有宋学存在的余地，把宋学从经学研究领域断然剔除。这种彻底的不可调和的态度，正是乾嘉学派建立自己学术阵地的思想前提。惠栋所一再标榜的汉儒说经有本、不武断的治学风尚，并极力批判宋儒主观武断的解经习气，就在于从整体上恢复汉学的学术方法、学术风范与学术精神，把经学研究彻底导向以训诂为特征的汉学轨道。在学术思想上明确高举复兴汉学的旗帜，以汉学取代宋学，正是启蒙派与正统派的区别之所在，也正是惠栋对宋学批判与清理的力度之所在。清初学者顾炎武、阎若璩等人就是没有这种汉宋之间的明确界限，因而在学理上缺少了批判的力度。未能判然划分汉宋界限，也正是清初学者不能作为乾嘉汉学正统派代表的主要原因之一。

当然，惠栋的学术贡献，主要来自其正面的学术建设，即恢复汉学与开创乾嘉汉学的治学成就。在这一方面，惠栋也大大超越了清初学者，以及他的父亲惠士奇。

惠栋提倡的训诂考据之学，导源于顾炎武等人提倡的读经考文的治学方向。黄顾等人虽然倡导儒经的研究，但他们个人的学术旨趣却是以理学作为背景的，如顾氏"辨陆王之非，以朱学为宗"，黄氏的尊刘宗周，"乃蕺山之学，矫良知之弊"，都极具代表性地道出了宗朱述王而不出理学范围的特征。以易学为例，惠栋之前，清初学者治易而有成绩者，主要有顾炎武、黄宗羲、毛奇龄和胡渭。顾炎武以古韵治易，黄宗羲对象数易学的清理，均有可观，但二人尊王述朱之意甚明，都持守宋易的义理派立场。毛奇龄在提倡朴学易及对宋易的批判上，均为有力；胡渭的《易图明辨》，更对宋易进行了有力清算，可谓是清初以来易图辨伪的集大成之作，但毛、胡二人都还停留在办伪的阶段，未能判然划分汉宋之间的界限，更谈不上系统恢复汉易了。胡渭的《论易学正宗》，还明确指出他自己是一个正统的义理易学家。而惠栋的易学研究，彻底剔除了宋易的义理之学，他对汉易的恢复、融会与系统整理，形成了易学史上独具特色的汉易考据学，是清代易学史上第一个成系统的朴学易。在《尚书》研究领域，阎若璩的《古文尚书疏证》，勾稽考证，条分缕析，根据充分，但也仅限于辨伪工夫。正如钱穆所说，阎氏之意本在于尊崇朱熹，是从理学内部得出通经在溯古的结论。简言之，顾炎武、黄宗羲等清初大儒，常糅杂宋明之言，未与宋学划清界限；至胡渭、阎若璩，于汉学考据及古籍整理，都有进一步的成果，宋学也早已声名狼藉，但草创未精，且仍然未能与宋学俨然划界——清初学者对于复兴汉学虽有清障之功，却无开创之力——这与惠栋从一开始俨然划分汉宋阵营、高张恢复汉学的鲜明旗帜是大异其趣的。

苏州惠氏之学，从对宋学的怀疑精神变为对汉学的尊崇，由辨伪的工夫转向求真的考据，从蔑弃唐宋开始，执尊汉信古之立场，治学一尊汉儒。复兴汉学的学术方向，到惠士奇开始明朗化。惠士奇已经把汉学作为治经的学术标准，确立了宗汉的学术宗旨，并且他在《易》、《礼》、《春秋》三经之研究方面也都有具体的贡献。但士奇之学尚不成熟，还不能卓成系统，其治《易》、治《礼》均不能严格恪守汉学方法和精神。诚如钱穆所说，士奇治易独遵己意，而惠栋的《周易述》则持守旧说，父子二人颇有不同。

在清代学者中，确然以研究汉学卓成系统并标宗名家的，正是从惠栋开始的。清初黄宗羲、顾炎武等人开始提倡读经考文的治学方向，但并未建立严格的学术标准，也未能形成具有朴学特征的治学方法系统。至惠栋弃宋复汉说出，判分汉宋界限，确立汉学门墙，唯汉是尊，唯古是信，以汉学为治经之标准，考据治经才从宋儒义理之学脱出，辨伪、辑佚、校勘、训诂等考据手段才成为独立的方法——具有新的学术规范的完整意义上的方法。由此，惠栋之学，训诂考经，由《易》而《书》、而《春秋左传》，遍考儒家九经，治经兼及考史，从而建立以易学为中心的汉学系统，乾嘉汉学从方法到规模得以奠基。清代学者任兆麟称惠栋是“卓然成一家之言，为海内治经者所宗”；著名学者钱大昕评价惠栋：“汉学之绝者千有五百余年，至是粲然复章矣。”

概括而言，惠栋的学术贡献，有两方面，一是在思想观念上彻底打破了宋明理学一统天下的格局，一是其在治学规模与方法上完成了乾嘉汉学的奠基，这两方面都是前代学者不能比肩的。

·惠栋之学对后世的影响

作为乾嘉学派的奠基人，惠栋之学在总体上确立了乾嘉以后学术思想发展的路向，其表现为：尊信汉儒，持守家法的汉学壁垒；弃绝主观臆断，崇尚朴实的客观实证的治学精神；以文字训诂入手考经证史的治学方法。乾嘉学派中，最主要的派别是吴、皖二派，这一说法，自章太炎、梁启超以来，基本上已成定论。惠栋作为乾嘉学派的开派宗师，其学术思想对乾嘉后学也无疑具有深刻的影响力。

第一，对吴派学术的影响。

吴派经学是乾嘉学派中的两大派别之一，其所以称之为吴派，正是因其奠基人物惠栋为苏州吴县人而得名。吴派的主要学者都来自于吴县及元和、阳湖、嘉定、华亭等地，在地域上形成以惠栋的居住地苏州府为核心地带的汉学研究中心。惠栋之学，多是搜集汉儒旧说，注重训诂考证，不重义理发挥，这种学风，逐渐成为吴派不同于皖派的最显著的特点。吴派的重要代表人物有沈彤、江声、余萧客、王鸣盛、钱大昕、王旭、汪中、孙星衍、江藩等。其中，几位主要代表人物，如江声、余萧客、王鸣盛、钱大昕、王旭等人，都曾受过惠栋的直接影响，这些人形成了吴派的中坚力量。

江声（一七二一—一七九九年），字叔云，号艮庭，吴县人。江声三十五岁时成为惠栋的弟子，得于阅读惠栋所著的《古文尚书考》，从此明白了梅颐的《古文尚书》为晋人的伪作，开始花大力气治《尚书》，其《尚书集注音疏》，为清人治《尚书》的重要著作。余萧客（一七二九—一七七七年），字仲林，别字古农，吴县人。余萧客二十二岁时，成为惠栋的高足，以后在惠栋熏陶下，专心致力于经书的辑佚和解释，从各种类书中广泛辑录汉、晋、唐三代的解经之说，撰成《古经解钩沉》三十卷。余氏颇能领悟惠栋的治学方法，对于吴派学风的阐发功不可没。江、余二人为惠栋弟子，惠栋对他们影响之大之深自不待言。

王鸣盛（一七二二—一七九七年），字凤喈，一字礼堂，号西庄，江苏嘉定人。大约乾隆十九年或稍前，王氏在苏州认识惠栋，得与惠栋常相过从，相互研求经义，从此明白了训诂必以汉儒为宗。王氏著有《尚书后案》三十卷，此书以郑玄之注为主，旁采马融等诸家之说，力图恢复汉代注经的古义，自称有存古之功。他所著的《周礼》，也尊郑玄。王氏撰成《十七史商榷》一百卷，为史学名篇，该书以汉学家考经的方法考订史籍，颇能体现吴派经学的治学方法。钱大昕（一七二八—一八〇四年），字竹汀，嘉定人。钱氏在乾隆十九年之前的一段时期中，与惠氏一起游学，精研经学古义，致力于音韵训诂之学。钱氏的经学造诣颇深，精于声音训诂之学，此外，于史学、地学、金石以至天文历算，均有较深的造诣。他根据金石文字校订经文，著《经典文字考异》等，在经学研究中别树一帜。他把吴派经学的治经方法援以治史，撰著了大量的史学著作，他的《廿二史考异》更是史学名篇。值得一提的是，王鸣盛、钱大昕结识惠栋，虽处于师友之间，但二人年龄都较小，正处在学术思想走向成熟的重要时期，而惠栋早已名声大振且学术造诣已达颠峰，所以他们二人受惠栋影响是可以想见的。

王昶等人也受到惠栋的直接影响。王昶（一七二五—一八〇六年），在二十一岁到二十九岁之间，随惠栋一块游学，虽然彼此关系处于师友之间，治经受到惠氏的深刻影响。此时开始，王氏潜心经术，从汉代诸儒入手，讲求声音训诂之学。他对惠栋学术思想的评价是："流风所煽，海内人士无不重通经，通经无不知信古，而其端自先生发之。"由此可见惠栋对他的影响。

除以上几人，吴派学者均受到惠栋不同程度的影响，不能一一叙述。

惠栋对吴派的影响，表现在治学宗旨、风格乃至治学领域等诸多方面，几乎是全方位的。吴派治学，一尊汉儒，其持守汉儒家法之严，比惠栋更甚。钱大昕指出，"训诂之学必尊汉儒，因为其去古未远，家法相承，孔门七十子的大义还能保存"，这显然承袭了惠栋之说。吴派后学把持汉宋界限，对宋儒指斥之力，也不让惠栋本人，江声就明确声明他厌恶宋儒的性理之学。至于从声音训诂考经证史，更是吴派的不二法门，均不赘言。以下从治学领域方面略谈惠栋对吴派的影响。

惠栋之学，以易学、《尚书》、《左传》为三大领地，同时惠栋治经兼及考史，又有史学的专门著述《后汉书补注》、《续汉志补注》等。吴派治学，也以易学、《尚书》、《左传》与史学为主要治学领域，使吴派学术首尾一贯，前后呼应。于易学，惠栋之后，有江藩和李松林的《周易述补》，均以荀爽、虞翻两家说为主，兼及汉儒诸家易说，从内容到方法，与惠栋治易如出一辙，只是成就不及惠栋。《尚书》方面，有江声的《尚书集注音疏》，广泛搜集汉儒之说，为《古文尚书》二十九篇作注，以“音疏”为主，又沿袭惠栋以古字改俗字之习，极力张大师说，成为继阎若璩、惠栋以后又一部治《尚书》的力作。江声之后有王鸣盛的《尚书后案》，以郑玄注为主，广集东汉诸儒之说，也充分体现了吴派的学术风格。再后有孙星衍，沿吴派学风治《尚书》，其《尚书今古文注疏》，辑录汉魏古注，又采江声、王鸣盛的考订成果，是吴派汉学关于《尚书》研究的集大成之作。《左传》方面，洪亮吉的《春秋左传诂》，沿惠栋治学遗风，训诂以东汉贾逵、许慎、郑玄、服虔等人为主，并参据汉唐石经校误字，是春秋左传学的重要著述。关于史学，惠栋治经兼及考史，则由此开辟了吴派后学由经入史的治学新路，并且成绩斐然。王鸣盛的《十七史商榷》和钱大昕的《廿二史考异》，不仅为吴派学者治史的代表作，而且都是中国史学的名篇。王、钱二人在史学方面的成就均超过了经学，吴派由经入史，至钱大昕而达到了高峰。治经兼及考史，以及由经入史，使传统学术研究突破了经学的范围，在中国传统学术千年以来以儒家经典为尊的学术时代，这一突破在清代学术史上具有不同寻常的意义。

第二，对戴震的影响。

乾嘉学派中，与吴派并称的为皖派。作为乾嘉学派的奠基人，惠栋弃宋复汉的学术宗旨、以文字训诂而求经义的方法、客观实证的治学精神，无疑确立了包括皖派在内的乾嘉汉学的治学风格与方向。这里只谈惠栋对戴震的影响。

戴震是皖派的奠基人物，是清代学术史上继惠栋之后的又一关键性人物。戴震（一七二四——七七七年），字慎修，一字东原，安徽休宁人。乾隆二十二年（一七五七年）冬，戴震由北京南归，在扬州与惠氏结识。此时戴震三十四岁，惠氏年逾花甲，二人当时的学术造诣及地位声望都不可同日而语。惠栋一见戴震，就十分热情，表现了对这个年轻学者的无比爱惜，使戴震惊喜不已。此后，惠、戴二人切磋论学，惠栋不断向戴震讲述自己的经学主张，时间多达半年之久。戴震对惠栋的学术思想十分推崇，在惠栋去世七年之后，他还以“莫能窥测先生涯”而自愧。诸多情况表明，在戴震的学术思想发生转变的过程中，受到了惠栋的深刻影响，这不仅关系到戴震的学术思想本身，而且与皖派学术有重要的关系。关于这一问题，钱穆的《中国近三百年学术史》所述颇为详尽。

惠、戴结识之前，戴震师事江永。江永自称其学以“卒朱子之志”为宗旨，戴震与江永同归一途，时人称为江戴，这时程朱理学的格物致知说还主导着戴震的学术思想。在扬州结识惠栋之前，戴震也推崇汉儒，重视考据名物制度的研究，已有从文字训诂而求经义的思想，但他汉宋并举，同时称许郑玄与程朱，把义理之学与名物制度同时并立，明确地把名物考据和义理之学分为二途，各不相干，充分说明他抑宋尊汉的学术宗旨和训诂以明经义的学术方法还未能确立。

戴震学术思想的变化，正是在结识惠栋以后。此后，他已不再汉宋并称，而是抑宋尊汉，主张以训诂推求义理，同时明确反对把训诂与义理视为二途，这正是从惠栋弃宋复汉、训诂考经的学术思想而来。乾隆三十年（一七六五年），戴震在其有名的《题惠定宇先生授经图》中，对惠栋之学推崇备至，称颂惠栋上追汉代经师之学，对复兴汉学有莫大的功劳。又说：“有人总是说，有汉儒经学，有宋儒经学，前者主张故训之学，后者主张义理之学。这实在令人大惑不解。所谓义理之学，如果不去考经而全凭臆断，人人空言说经，怎么有益于经学呢？”“只有通过文字训诂才能明白古经，才能明白圣人的义理，这是所以求得义理的根据。古代圣贤的义理不是别的，只能存在于典章制度之中。惠松崖先生治经学，以汉代经师的故训之学，广泛考校三代典章制度，由此推求义理，以求论有所据。不知惠栋学说的人，把训诂义理判分二截，以为训故不是用于明义理，那么训诂又有什么用呢？义理之学不以典章制度为根据，势必流于无根之谈而曲解古人，这些人和惠先生的教导相差太远了，不可同日而语。”以后，戴震反复斥责空言说经，强调从文字训诂以明义理，他说：“由文字训诂以通达语言，由语言而通达古代圣贤的心志，这比如进入屋内一定要先经过台阶，而不可以一步超越。”戴震通过训诂探求经义的学术思想，与以前的汉宋并立之主张大异其趣，其思想转变的关键正是在于受惠栋的影响。与乾嘉后学终于走上琐细的考据的一路相比，惠栋之学确有不完全否定义理的一面，惠栋曾经明确肯定宋儒心性之学在历史上的贡献。戴震兼训诂与义理为一途，也与此相关。对于惠学，戴震虽然又有进一步的发展，但二人之间一脉相续、前后承启的关系却十分明显。

以戴震为首领的皖派汉学，到段玉裁及高邮王氏父子，形成了一个最高峰，代表了清代文字考据学的最高水平。学术方法的精密，是建立在日益积累之上的，即如清人的文字训诂学，在清初学者及惠栋之后，复经吴派经学和戴震、段玉裁的洗礼，到高邮王氏父子才达到其颠峰水平的。王引之后来虽然批评惠栋考据不精，但推其源流，则皖派是从继起惠栋及吴派学术而开始的。

汉学的复兴，堪称是一场学术观念与方法的革命。惠栋之学以汉为尊，以古为是，不求义理，与后来皖派“实事求是”的学术宗旨尚有差距；同时，惠栋在规模与方法上，因其处于奠基之初，还显得略为粗糙，其考据方法与后来的学者如高邮王氏父子相比，无疑还不成熟。然而，学术思想的粗浅，并不是影响后世的最主要因素。大凡在开风气之时，思想趋于极端是不可避免的公例，它反而有矫枉过正的功效，历来的思想家所以影响后世者，往往一方面是以其学术的正面建设，同时也是以其对旧有学术规范之破坏而获得的。即如惠栋弃除宋学，不注重义理，本身是褊狭的，但其建立朴学壁垒的功业也从此而起，惠学能够发生影响，正是以其近乎极端的学术主张方才造成了对宋儒义理之学的冲击力，这本身就是一种高瞻远瞩的学术眼光。又如惠栋的考据训诂方面的成就，清代学者中就有不少人极力称赞惠栋的文字训诂工夫，章太炎也认为，“就惠戴本身学问论，戴不如惠”。清人及章氏之说未必确切，但能够说明：以纯粹经学家的眼光看来，惠栋之学即使尚嫌粗略，也是十分有限的，至少丝毫不能减少惠栋影响后世的思想效果。在此所以要强调这一点，是因为不少学者对惠栋存在偏见，他们认为惠栋褊狭而且粗糙，未对后世发生重要的影响。简言之，惠栋的训诂考经证史，在总体上确立了乾嘉汉学的学术风范，其影响波及整个清代的考据学，在清代学术史上也罕有能和惠栋相匹敌者。以上是从宏观上把握惠栋对整个乾嘉学派及清代学术思想的影响。

·惠栋的局限

惠栋既处于乾嘉朴学草创时期，其学术思想自有局限。大体而言，惠栋治学，拘泥于古说，以古为是；治经不分今文古文，混淆了经学中今古文的界限。

惠栋治学，一尊汉说，盲从汉人，以为凡古皆好，凡汉皆是。由此而大量引征汉儒之说，以为可以存古。正如《四库全书总目提要》所说，“不免曲徇古人，失之拘执”，“爱博嗜奇，不能割爱”，“牵引旁文，无关训诂”，“为例不纯”等等。惠栋泥古的典型之例，莫过于以西汉古文改替“俗读”，以古字替换“俗字”。如《周易述》中将“箕子”改为“荄兹”，据陈澧考订，惠栋是以赵宾后起之说改西汉古本的原文，是以荀爽之易改虞翻之易，实为大大的错误。

阮元批评说：《周易述》一书，其“改字多有似是而非者”，阮氏认为实在不必擅自易说，仅录之以供考证就可以了。

汉代经学本身就包括古文经与今文经两大派，惠氏不分其区别，只知崇汉，以为汉人都是古学，有不分今古文学派、不知家法之嫌。这就使惠栋在梳理汉代经学源流时失去了正确的标准，混淆了经学中的今古文界限。比如治易，惠栋把今古文易说混杂，兼收并蓄，对汉儒的爻辰、纳甲、卦气、旁通、反复、升降说和《易纬》中的谶纬神学一道征引、详尽发挥。

当然，以弃宋复汉为标帜，惠栋重视汉儒诸家经说，不遗余力，广为搜辑勾稽，是不可避免的。包括改“俗字”在内，惠氏的成功之处，也正是其失误所在，失误之处也正是其成功之处。正如有的学者指出的：其失误与成功，均在于由信古而崇实，大胆地改用古字古义，他的成功在于不是无条件的，而是有条件的，是在有限的甚至错误的试验中洞察出真理的粒子来，他的思想要比太极图的白圈黑点高明万倍。这正证明了惠栋学说的创造性和其本身所具有的学术价值，惠栋之学在总体的方法论意义上并不因此而失去其本身的光彩。

对于惠栋局限与错误的批评，自清代学者开始即不乏其人，如王引之说：惠栋考古虽勤，但见识不高，心不细，泥于古而不问是非。近代学者中，批评惠栋最力的代表人物当属梁启超，他说惠栋“凡古必真，凡汉皆好”，“无怀疑之精神，批评之态度”。王引之与梁启超二人，的确看到了惠栋的缺陷，但王氏的批评夹杂着门户之见，梁氏的批评则更显过激，如说惠栋治易与宋儒的河图洛书没有差别，这是失之客观的。

三、惠栋的经世思想

留心时事，关注现实，是中国知识分子的优秀传统。惠栋生活的时代，虽然表面上正是清王朝的盛世时期，但百姓的疾苦和政治的腐败等仍然是一个严峻的现实问题。作为一个经学家，惠栋并不是完全与现实隔膜，只问经书不问时世的学究。他也关注现实，留心时事，关心民瘼，痛绝腐败。他的《九曜斋笔记》、《松崖文钞》等书中，即包含了对时事的思考与关注。惠栋关于时政的议论，是隐晦和间接的，他很少直接抨击时政，其言论往往藏在讨经论史的文字中，使得他的经世思想表现出浓厚的学术特征。然而，正是因此，引起了长期的历史误会。由于惠栋的经世思想深藏于学术著作中，而不得显山露水，加以文字狱的原因，一向不为时人所知。以至于一直到现在，人们也往往认为惠栋没有经世思想，是两耳不闻窗外事、一心只向故纸堆式的人物。所以，对惠栋的经世思想作一简略介绍，不仅有益于全面准确地了解惠栋其人，而且有助于进一步了解惠栋的思想。

惠栋坚执儒家知行并进的治学传统，指出，章句训诂，这是知；洒扫应对，这是行，这两者必须兼顾，不可偏废。废掉其中的任何一个方面，都算不上是真知真学。他认为，儒家的志业在于明古今之道，通天人之理；不仅要注重个人品行，还应该关心国家的治理。对此，他越往后体认越深，成年以后，更是兼及于经学艺术之间，反复研求于古今之际。他说，经学是可以经世治国的，不是简单地汲汲于故纸了事，只有明白了这一点，才可称得上懂得了经学。他举例说，《禹贡》可以用于治理江河，《洪范》可以用来考察变化，《春秋》可以用于校刊律令刑法，《诗》三百零五篇可以用来当作谏书，《周官》可以至于太平，这才是真正的经学。

惠栋治经，经常联系到现行的实际，最典型的表现是他的治河治水思想。在这一方面，他有《河议》、《天下水势》、《水学》、《治水法详考》等，表现出对治河治水的浓厚兴趣。惠栋专门写过一篇《河议》，其中不少资料来源于儒家经籍，对黄河的治理历史进行了详尽的考证。该篇从大禹开始，对周代、汉代、唐代直到清代的黄河流变的全部过程进行追踪性的考察。指出，黄河自孟津以下地势平坦，往北流则安全，直接往东流则势必溃败。关于这一现象，大禹时人们就有深刻的了解。于是大禹治水，改河竣道，将东流之水改道北流，从而使得禹以后的七百多年一直没有水灾。大禹治水功在千秋，圣名远播，最值得称颂的是他能考察黄河流变的规律。而自周定王五年，河徙故道，水向东流，则四处溃决，水患肆虐，这种情况一直延及汉初。汉武帝在临发一带拦截阻塞东流的河道，顺着大禹治河之旧迹改道北流，方得以河清水晏。这样从汉到唐，千年以来没有水灾，这都是河水北流带来的成效。五代开运初年，滑州河段决口，河水又开始东流；熙宁十年，澶州河段决口，河水又自东向南流，直到元丰以后开始北流，才又恢复平安。当时著名大臣文彦博等人，就曾极力主张回河之议。到了金代以后，河水日趋于流向东南而无可挽回。到了明代则又以河委淮，到了今天则又以漕委河。总而言之，前代单治黄河，现在必须兼治淮河；以前人们治河是纯粹被动的除害，现在治理黄河则应该以积极的态度，不仅除害，还要长谋远虑，兴修水利。

以古讽今，抨击时弊，更能写照惠栋对现实的关注。康雍乾时期，清王朝虽处于皇朝的兴盛时期，但政治腐败仍是相当严重的问题，尤其是乾隆时期，政治腐化已到了令人发指的程度，一般士大夫也丧德败行，斯文扫地。惠栋对这种贿赂公行贪污腐化的风气非常齿冷。但在当时文罗密网、文人动辄得咎的时代，却也不敢直接抨击朝政，于是借古讽今，以古时的弊端讥刺现实的弊政。他在《汉末用贡举之弊》中说，汉末选拔人才，从上到下大失其道，贤者不得举，用者非良才。所选用的人才，秀才不学无识，孝廉不养父母，文臣学士污浊不堪，武臣将官胆小如鼠。什么原因造成的呢？是因为卖官鬻爵成风，贪污贿赂公行，卖官好像市场上做生意，漫天要价，就地还钱。有钱的人不辨黑白可以平步青云，无钱的不论贤愚了无门路，谁的钱多谁的官职大，谁的钱少谁的官位低，竟成了社会的公例，而人们却不以为耻。上梁不正下梁歪，士风腐化日甚一日。所以奸佞当道，小人得志，官场变成了贼窝，清贫贤良之士没有一点希望，有德才者也只好望官场兴叹了。当惠栋对腐败之风实在不能忍受时，他也越出借古讽今的范围，愤而直接抨击当世，指斥今朝的士大夫不如商贾，商贾虽然追逐什一之利，但还知道名誉二字。而士大夫中不少人趋势妄义，连起码的信誉都荡然无存了。怎么办呢？惠栋指出：治理之道，关键在于用人，选拔有用的人才是消除弊政的有效工具。惠栋十分重视选拔人才，他认为，治国首在用人，选拔的标准必须德才兼备；而在人才的选拔上，提学官职更是首当其冲，提学贤则得人贤，提学不肖则得人也不肖。

惠栋经世思想的言论当然不止如此，他在《九曜斋笔记》和《松崖文钞》等书中还有不少类似的记载，其中十分显著的特点，就是事事以经史为据，在经史之论中带出对时政的批评，这固然与当时的文字狱有关，但由此也形成了其颇具特色的经世思想。概而言之，惠栋是一个以古御今、通经致用的经学家。

应该指出，与学术思想相比较，惠栋的经世思想并不突出，其本人也殊少用世的欲望。惠栋的经世思想，无论是在篇幅数量，还是在思想质量及对后世的影响方面，都远远无法与其学术思想相匹抗，经世思想在他的整个思想中也并不占有重要的位置。

四、惠栋的作品介绍

惠栋一生著述宏富，其中的大部分已经刊世，但也有少数著述至今未能刊行。为了方便读者，现把惠栋的作品作出统计如左：《周易述》二十一卷；《易汉学》八卷；《易例》二卷；《周易本义辨证》五卷；《新本郑氏周易》三卷（增补）；《明堂大道录》八卷；《禘说》二卷；《易微言》二卷；《易大谊》一卷；《周易爻辰图》一卷；《古文尚书考》三卷；《左传补注》六卷；《九经古义》十六卷；《后汉书补注》二十四卷；《续汉志补注》二卷；《汉事会最人物志》三卷（辑）；《山海经训纂》十八卷；《惠氏读说文记》十五卷；《精华录训纂补》十卷；《渔洋山人自撰年谱》一卷（注补）；《太上感应篇注》二卷；《九曜斋笔记》二卷；《松崖笔记》二卷；《松崖文钞》二卷。此外，惠栋还有《诸史会最》、《竹南漫录》，此二者均未成稿。据记载，惠栋还有《屈原赋注》，录此存疑。

关于惠栋著作的刊布情况。在惠栋去世后不到三个月，他一生的最重要的著作《周易述》遗稿便在扬州刊行问世。以后，随着朴学考据之风的盛行，惠栋的著作更是广为刊布。其中，惠栋主要的经学著作大都于乾隆中叶被抄入于官修《四库全书》。《四库》抄录的惠栋著作，计有六部，为《新本郑氏周易》、《周易述》、《易汉学》、《易例》、《左传补注》和《九经古义》。另有《精华录训纂》作为存目被著录。未抄入《四库全书》的其他著述，后来也陆续被清代各种丛书收入，流布甚广。如《贷园丛书》、《借月山房丛书》、《指海丛书》、《经训堂丛书》、《守山阁丛书》、《墨海金壶丛书》、《泽古斋丛书》、《聚学轩丛书》、《省吾堂丛书》、《海山仙馆丛书》、《学海堂丛书》、《读经楼丛书》、《粤雅堂丛书》、《昭代丛书》、《续经解丛书》，以及《皇清经解》等等，几乎清代所有著名的丛书刻本，都分别收有惠栋的一种或数种著述。当然，上述丛书的主要搜集对象是惠栋的经学著作。

张之洞的《书目答问》和范希曾的《补正》，对中国历代重要书籍及其善本进行著录，其中惠栋作品的著录，对于了解惠栋著述善本的刊印流行情况极有帮助。现把范氏的《书目答问补正》中有关惠栋著作刊行情况简要抄录如下：

《易例》二卷　《贷园丛书》本，借月山房汇钞本，指海本，续经解本。

《易汉学》八卷　《经训堂丛书》本，《惠书昭代丛书》本，续经解本。

《周易述》十九卷，《易微言》二卷　卢氏刻本。学海堂本。

《周易本义辨证》五卷　省吾堂汇刻书本，日本《昌平丛书》本。

《古文尚书考》二卷　省吾堂本，学海堂本，《惠书昭代丛书》本。

《明堂大道录》八卷　经训堂本，续经解本。

《左传补注》六卷　《贷园丛书》本，守山阁本，金壶本，学海堂本。

《九经古义》十六卷　《贷园丛书》本，省吾堂本，学海堂本，

《惠书昭代丛书》补编本，《槐庐丛书》本，益都李文藻刻本。

《后汉书补注》二十四卷　宝山李氏刻本，粤雅堂本，冯集梧刻本，广州局本。

清刻本书籍，或破损或散失，且多有校点不精者，搜寻起来颇为不易。惠栋的重要著述，现多存于民国以来一些大型丛书之中，比较容易得到。民国以来，惠栋著述的刊行，有代表性的是上海博古斋的影印本（据《借月山房丛书》和《墨海金壶丛书》影印）和上海商务印书馆的《丛书集成初编》本。其中《丛书集成初编》选本、排印（一部分影印）较好，影响也最大。《丛书集成初编》于二十世纪三十年代分期出版，曾收入惠栋的《易汉学》、《易例》、《易大谊》、《明堂大道录》、《九经古义》、《后汉书补注》、《汉事会最人物志》、《惠氏读说文记》等书。一九八三年，台北商务印书馆印发的《四库全书》文渊阁本影印本，将《四库全书》抄入的惠栋的六部经学著作全部影印。一九八五年，北京中华书局又据《丛书集成初编》再次影印，将惠栋的《九经古义》、《明堂大道录》、《郑氏周易注》、《后汉书补注》、《汉事会最人物志》、《惠氏读说文记》等书收入其中。

以上粗略地介绍惠栋作品的刊行情况，并不全面。

参考书目

《周易述》二十一卷，惠栋撰，铅印本（据学海堂经解本排印），三册，十九·五厘米，线装，上海，中华书局，一九二九年。

《周易述》二十三卷，惠栋撰，《四库易学丛刊》影印本，三〇〇页，十九厘米，上海古籍出版社，一九九〇年一月版。

《易汉学》《易例》，惠栋撰，《四库易学丛刊》影印本，一册，十九厘米，上海古籍出版社，一九九〇年。

《周易本义辨证》五卷，清惠栋撰，省吾堂刻本。

《郑氏周易注》，汉郑玄撰；宋王应麟辑；清惠栋增补新一版（据《丛书集成初编》本影印），六八页，十九厘米，北京，中华书局，一九八五年。

《中庸分章、中庸本解、易大谊》，宋黎立武、清杨骅、清惠栋撰，《丛书集成初编》排印本，一册（合订），三十二开，上海，商务印书馆，一九三九年十二月。

《古文尚书考》卷上、下，清惠栋撰，读经楼定本，乾隆五十七年刊。

《明堂大道录》，清惠栋撰，新一版（据《丛书集成初编》本影印），二册，北京，中华书局，一九八五年。

《九经古义》，北京，中华书局，二册，一八〇页。

《左传补注》，六卷清刻本（《贷园丛书》本）。

《后汉书补注》，惠栋撰，新一版（据《丛书集成初编》本影印），十二册，十九厘米，北京，中华书局，一九八五年。
《惠氏读说文记》，惠栋撰，新一版（据《丛书集成初编》本影印），二册，三十二开本，北京，中华书局，一九八五年。
《渔洋山人精华录》十卷，清王士祯撰，惠栋注，一九三一年，上海，中华书局，铅印本，八册，十九·五厘米，线装。
《汉事会最人物志》，清惠栋辑，新一版（影印本），北京，中华书局，一九八五年，九七页，十九·七厘米（《丛书集成初编》本）。
《九曜斋笔记》，清惠栋撰，清刻本。
《松崖文钞》，清惠栋撰，清刻本。
《戴震集》，戴震撰，上海古籍出版社，一九八〇年。
《四库全书总目》，清纪昀等纂，北京中华书局，一九六五年。
《书目答问补正》，范希增编，瞿凤起校点，三六六页，上海古籍出版社，一九八三年四月第一版。
《清儒学案》，清徐世昌等纂，《海王屯古籍丛刊》本，北京，中国书店，一九九〇年九月第一版。
《国朝汉学师承记》，清江藩著，北京，中华书局，一九八三年。
《中国近三百年学术史》，钱穆著，北京，中华书局，一九八〇年。
《清代学术概论》，梁启超著，《饮冰室合集》专集之三十四，北京，中华书局，一九八九年。
《中国近三百年学术史》，梁启超著，《饮冰室合集》专集之七十五，北京，中华书局，一九八九年。

图书在版编目（CIP）数据

中国历代思想家. 清. 1 / 中华文化总会，王寿南主编；许锬辉等著. —北京：九州出版社，2011.3
ISBN 978-7-5108-0796-1

Ⅰ. ①中… Ⅱ. ①中… ②王… ③许… Ⅲ. ①思想家—评传—中国—清代 Ⅳ. ①B2

中国版本图书馆CIP数据核字(2010)第252296号

中国历代思想家. 清. 1

作　　者	中华文化总会　王寿南 主编　许锬辉等 著
出版发行	九州出版社
出 版 人	徐尚定
地　　址	北京市西城区阜外大街甲 35 号 (100037)
发行电话	(010)68992190/2/3/5/6
网　　址	www.jiuzhoupress.com
电子信箱	jiuzhou@jiuzhoupress.com
印　　刷	涿州市星河印刷有限公司
开　　本	880 毫米 ×1230 毫米　32 开
印　　张	16.375
字　　数	404 千字
版　　次	2011 年 3 月第 1 版
印　　次	2011 年 3 月第 1 次印刷
书　　号	ISBN 978-7-5108-0796-1
定　　价	35.00 元